高等职业教育电子商务专业系列教材

新编网络营销实务

（第2版）

主　编｜唐　麒　吴铭峰
副主编｜杜化俊　张敏洁　戴天瑾

微信扫描
获取配套资源

南京大学出版社

内容简介

本书在第1版的基础上进一步总结了多年教学改革和教学实践的经验，根据网络营销业务及岗位能力要求按工作过程编写而成，力求突出高等职业教育特色。本书的结构设计及内容新颖，坚持"任务驱动，项目引导"；坚持理论够用，体现理论实践一体化的教学要求；突出案例教学和知识拓展，实用性强；各任务都附有能力训练，实践性强。

全书参照网络营销工作岗位的基本要求，分为八大项目，具体为：认识网络营销、网络营销基本工具、网络营销策略、B2B网络营销业务、B2C网络营销业务、C2C网络营销业务、O2O网络营销业务、网络营销策划等。

本书不仅适用于商贸类高职高专相关专业，也适用于应用型本科，还可供其他有志于从事电子商务和网络营销行业的相关人员参考。

图书在版编目(CIP)数据

新编网络营销实务 / 唐麒，吴铭峰主编. —2版. —南京：南京大学出版社，2022.1
ISBN 978-7-305-25109-2

Ⅰ.①新… Ⅱ.①唐… ②吴… Ⅲ.①网络营销—教材 Ⅳ.①F713.365.2

中国版本图书馆 CIP 数据核字(2021)第 228984 号

出版发行	南京大学出版社
社　　址	南京市汉口路22号　　邮编 210093
出 版 人	金鑫荣
书　　名	新编网络营销实务
主　　编	唐　麒　吴铭峰
责任编辑	武　坦　　　　编辑热线　025-83592315
照　　排	南京南琳图文制作有限公司
印　　刷	南京京新印刷有限公司
开　　本	787×1092　1/16　印张 18.5　字数 473 千
版　　次	2022年1月第2版　2022年1月第1次印刷
	ISBN 978-7-305-25109-2
定　　价	54.80 元

网址：http://www.njupco.com
官方微博：http://weibo.com/njupco
微信服务号：njuyuexue
销售咨询热线：(025) 83594756

* 版权所有，侵权必究
* 凡购买南大版图书，如有印装质量问题，请与所购
　图书销售部门联系调换

前 言

本书根据网络营销工作过程划分教学模块,并根据专业系列岗位工作构建技能知识点,在此基础上创建各任务项目,并将理论与实践合二为一,突出知识技能的针对性,精简部分不需要的理论知识,强化课程的核心技能。

本书是江苏省哲学社会科学"'互联网+现代商贸'创新创业教育"科技创新团队重点研究项目之一,在编写过程中力求体现以下几个特点:第一,采用任务驱动式项目编写法,每个项目按实践技能要求分解为几个任务,让读者在真实任务中探索学习。第二,结构设计及内容新颖,以"项目情境创设—项目任务书—项目学习引导—案例导读—学习引导—项目总结—资源链接—同步练习—实训项目"为主线进行全书内容的编排,并力争体现网络营销最新的理论知识、应用工具和发展趋势。第三,理论实践一体化——围绕应用讲理论,突出项目实践。考虑到高等职业教育要积极构建与社会生产实践相结合的学习模式,本书理论内容安排适度,注重实践能力的训练,不仅每个项目后都安排了同步练习和实训项目,而且在每个任务下都设有能力训练。第四,全书内容突出实用性——本书按照网络营销人才的项目任务和岗位能力要求设计、组织内容结构,对网络营销知识和技能进行了重新构建。

本书由江苏信息职业技术学院唐麒、吴铭峰担任主编,负责确定编写思路、编写大纲,并对全书进行统稿;由江苏信息职业技术学院杜化俊、张敏洁、戴天瑾担任副主编。全书包括八个项目,其中项目一、项目五由唐麒编写,项目四、项目八由吴铭峰编写,项目二由杜化俊、唐麒编写,项目三由戴天瑾编写,项目六由杜化俊编写,项目七由张敏洁编写。

在编写本书的过程中,编者得到了南京大学出版社及相关企业和学校的大力支持。同时,参考和引用了国内外专家学者的大量文献资料及许多案例和研究成果,在此表示衷心感谢。

由于编者学识水平及时间有限,疏漏之处在所难免,恳请读者和有关专家批评指正。

编 者
2021 年 12 月

目 录

项目一 认识网络营销 ………… 1

项目情境创设 ………… 1
项目任务书 ………… 1
项目学习引导 ………… 1
任务一 网络营销的产生与发展 … 3
任务二 网络营销的功能与特点 …
 ………… 11
任务三 网络营销的目标市场
 分析 ………… 16
项目总结 ………… 26
同步练习 ………… 26
实训项目 ………… 28

项目二 网络营销基本工具 ……… 29

项目情境创设 ………… 29
项目任务书 ………… 29
项目学习引导 ………… 29
任务一 搜索引擎营销 ………… 31
任务二 微博营销 ………… 36
任务三 即时通信营销 ………… 43
任务四 视频营销 ………… 50
项目总结 ………… 57
同步练习 ………… 58
实训项目 ………… 58

项目三 网络营销策略 ………… 60

项目情境创设 ………… 60
项目任务书 ………… 60
项目学习引导 ………… 61
任务一 网络营销产品策略 ……… 61
任务二 网络营销定价策略 ……… 70
任务三 网络营销渠道策略 ……… 78
任务四 网络营销促销策略 ……… 83
项目总结 ………… 93
同步练习 ………… 94
实训项目 ………… 96

项目四 B2B 网络营销业务 ……… 97

项目情境创设 ………… 97
项目任务书 ………… 97
项目学习引导 ………… 97
任务一 网上商务信息搜集与
 发布 ………… 98
任务二 B2B 平台竞价与广告
 投放 ………… 110
任务三 网上洽谈与合同拟订 … 119
任务四 网络客户关系管理 …… 124
项目总结 ………… 135
同步练习 ………… 136
实训项目 ………… 137

项目五　B2C 网络营销业务　140

项目情境创设　140
项目任务书　140
项目学习引导　140
任务一　B2C 网络营销调研　141
任务二　网络消费者分析　149
任务三　B2C 网上支付与交易　157
任务四　B2C 电商物流　170
项目总结　176
同步练习　177
实训项目　178

项目六　C2C 网络营销业务　180

项目情境创设　180
项目任务书　180
项目学习引导　180
任务一　网上商店创建与装饰　182
任务二　网上商店经营与管理　197
任务三　网上商店推广与促销　208
项目总结　224
同步练习　224
实训项目　225

项目七　O2O 网络营销业务　227

项目情境创设　227
项目任务书　227
项目学习引导　228
任务一　O2O 及其产生的原因　228
任务二　O2O 经营模式与营销策略　236
任务三　大数据时代的 O2O 运营　246
任务四　O2O 发展趋势　252
项目总结　260
同步练习　261
实训项目　262

项目八　网络营销策划　263

项目情境创设　263
项目任务书　263
项目学习引导　264
任务一　网络营销策划概述　264
任务二　网络营销策划流程及策划书　270
任务三　网络营销策划实务　277
项目总结　286
同步练习　287
实训项目　288

参考文献　290

项目一
认识网络营销

🌐 项目情境创设

作为一种直接的、交互的、客户始终参与营销全过程的营销模式,网络营销始终面向日益个性化和多样化的客户需求。网络营销有什么独特的优势,能够给企业和个人带来哪些机会呢?

📝 项目任务书

任务编号	分项任务	职业能力目标	知识要求	课时
任务一	网络营销的产生与发展	树立现代网络市场营销理念	1. 了解互联网发展与应用现状; 2. 掌握网络营销产生和发展的基础; 3. 领会网络营销相关概念与理论	3
任务二	网络营销的功能与特点	学会利用互联网开展网络营销活动	1. 了解网络营销的内容; 2. 明确网络营销的功能; 3. 理解网络营销的特点	2
任务三	网络营销的目标市场分析	能运用市场细分理论进行网络市场细分和定位	1. 了解网络市场的相关概念; 2. 理解网络市场细分的概念与内容; 3. 掌握网络市场定位的概念与策略; 4. 掌握网络目标市场的营销策略	3
职业素质目标			1. 乐观向上的敬业精神; 2. 沟通协作的团队意识; 3. 获取和应用知识的自主学习能力; 4. 探索实践的创新能力	

☕ 项目学习引导

"健康码"助9亿人通畅出行,互联网为抗疫赋能赋智

2020年,面对突如其来的新冠肺炎疫情,互联网显示出强大力量,对打赢疫情防控阻击战起到关键作用。疫情期间,全国一体化政务服务平台推出"防疫健康码",累计申领近9亿

人,使用次数超过400亿人次,支撑全国绝大部分地区实现"一码通行",大数据在疫情防控和复工复产中作用凸显。同时,各大在线教育平台面向学生群体推出各类免费直播课程,方便学生居家学习,用户规模迅速增长。受疫情影响,网民对在线医疗的需求量不断增长,进一步推动我国医疗行业的数字化转型。截至2020年12月,我国在线教育、在线医疗用户规模分别为3.42亿、2.15亿,占网民整体的34.6%、21.7%。未来,互联网将在促进经济复苏、保障社会运行、推动国际抗疫合作等方面进一步发挥重要作用。

2021年2月,中国互联网络信息中心(China Internet Network Information Center,CNNIC)发布了《第47次中国互联网络发展状况统计报告》(以下简称《报告》)。《报告》数据显示,截至2020年12月,我国网民规模达到9.89亿人,互联网普及率为70.4%,手机网民达到9.86亿人,网民使用手机上网的比例达99.7%。此外,中国农村网民规模达3.09亿人,占比31.3%。

随着我国互联网普及率的逐年提高,互联网不断走进人们的工作与生活。2020年,即时通信、搜索引擎、网络新闻作为基础的互联网应用,用户规模一直保持稳中有升的趋势,使用率分别达到99.2%、77.8%、75.1%。

短视频、网络支付和网络购物的用户规模增长最为显著,增长率分别为12.9%、11.2%和10.2%。基础类应用中,即时通信、搜索引擎保持平稳增长态势,用户规模较2020年3月分别增长9.5%、2.6%。网络娱乐类应用中,网络直播保持快速增长,增长率为10.2%;网络视频、网络音乐的用户规模较2020年3月分别增长9.0%、3.6%。

从产业发展来看,电子商务助力传统产业数字化转型,推动我国经济高质量发展。2020年我国电子商务市场规模逆势增长,产业转型持续推进,配套产业溢出效应明显,彰显出较强的抗冲击和抗风险能力。从产业规模来看,网络零售交易额稳定增长,持续释放消费新动能。数据显示,2013至2019年间,我国电子商务交易额从10.40万亿元增至34.81万亿元,年均复合增长率为22.3%,2020年仍保持稳步增长态势。以网络零售市场为例,2020年全国网上零售额117 601亿元,比上年增长10.9%。其中,实物商品网上零售额97 590亿元,比上年增长14.8%,占社会消费品零售总额的比重为24.9%,比上年提高4.2个百分点。

企业将各类新型的互联网工具应用于生产研发、采购销售、财务管理、客户关系、人力资源等全业务流程中,将互联网从单一的辅助工具转变为企业管理方法、转型思路,助力供应链改革,促进"互联网+"深入融合发展的进程。

以Internet为载体的网络营销正在打破旧的商业习惯,创造新的各种机会。掌握网络营销方式,能为企业发展创造良好的运营环境。

任务一 网络营销的产生与发展

案例导读

"封杀王老吉"的成功营销

（一）事件背景

2008年5月18日，CCTV赈灾晚会成为史上收视率最高的节目。而在本次晚会中以一介民营企业身份，用1亿元巨款捐助灾区的王老吉饮料，引起了很多国人的注意。第二天，在国内著名的互动网络论坛天涯BBS上，一篇"王老吉，你够狠！让王老吉从中国的货架上消失！封杀它！"的帖子引起了网民的注意。帖子号召大家"为了'整治'这个嚣张的企业，买光超市的王老吉！上一罐买一罐！"

（二）营销效果

这篇帖子在短短数小时内点击量飙升到数百万，回帖以十万计，转帖无数，遍及互联网各个角落，影响空前。但其内容却是用极为简短的几句话，借亿元捐款，号召大家以实际行动回报慷慨的王老吉。很多人看到标题本想去驳斥，看到内容后却会心一笑，并被煽动起当时情境下特有的激情，不但使网友疯狂地主动转载传播，更直接鼓舞了网民对王老吉的购买热情。于是，网上一度爆出不少王老吉饮料在商场供不应求的新闻，许多网民自发组织购买，导致王老吉在多个城市的终端都出现了断货的情况。

这篇帖子借时势用反话成功诱导了网民的消费心理，是一次完美的策划。

（三）值得借鉴

一是口号有创意："让王老吉从货架上消失，封杀它！""封杀王老吉""够狠"等字眼正话反说，利用带有负面字眼的标题吸引网民关注，深具"标题党"的创意，引人入胜的标题是话题成功的关键之一；二是情节够煽情：利用在中央电视台大型募捐活动中突出表现，通过一个"封杀王老吉"的口号，把"一个亿"吸引到的公众目光转移到企业自身，借助公益来煽情，把网民的好感直接引导为实际行动。

网络是一个非常好的平台，就看企业如何利用，它可以让你一夜成名，也可以让你突然之间一败涂地。企业不仅仅要学会网络营销的技巧，还必须学会企业的网络公关。

案例思考 "封杀王老吉"的成功营销案例给我们带来了哪些启示？

课前准备

市场营销观念的演变。

课中思考

网络营销是在什么情况下产生的？网络营销能否给营销界带来大的变革？

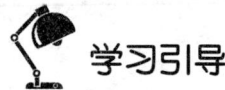

学习引导

一、市场营销和网络营销的概念

(一)市场营销的概念

对于市场营销(Marketing),西方学者从不同的角度下了多种定义。美国学者基恩·凯洛斯曾将各种市场营销定义分为3类:一是将市场营销看作是一种为消费者服务的理论;二是强调市场营销是对社会现象的一种认识;三是认为市场营销是通过销售渠道把生产企业同市场联系起来的过程。

而著名营销学家菲利普·科特勒教授认为:"市场营销是个人和群体通过创造并同他人交换产品和价值以满足需求和欲望的一种社会和管理过程。"根据此定义,可将市场营销概念具体归纳为以下3点:

(1) 市场营销的最终目标是"满足需求和欲望"。

(2) "交换"是市场营销的核心,交换过程是一个主动、积极寻找机会,满足双方需求和欲望的社会过程和管理过程。

(3) 交换过程能否顺利进行,取决于营销者创造的产品和价值满足顾客需求的程度和交换过程管理的水平。

(二)网络营销的概念

网络营销是基于网络及社会关系网络连接企业、用户及公众,向用户及公众传递有价值的信息与服务,为实现顾客价值及企业营销目标所进行的规划、实施及运营管理活动。网络营销是企业整体营销战略的一个组成部分,网络营销是为实现企业总体经营目标所进行的,以互联网为基本手段,营造网上经营环境并利用数字化的信息和网络媒体的交互性来辅助营销目标实现的一种新型的市场营销方式。

关于网络营销(E-Marketing)的含义,我们认为:网络营销是以现代信息和计算机网络技术为手段,为了组织自身及利益相关者的利益,通过与顾客的互动,而创造、传播、传递客户价值,管理客户关系的一系列过程。简单地讲,网络营销就是指利用现代电子技术进行的营销活动。

网络营销贯穿于企业经营的整个过程,从信息收集、信息发布、贸易磋商到交易完成,其自始至终存在着。为了更好地理解网络营销的全貌,在理解网络营销的概念的同时应注意把握以下几个问题。

1. 网络营销是手段而不是目的

网络营销具有明确的目的和手段,但网络营销本身不是目的,网络营销是营造网上经营环境的过程,也就是综合利用各种网络营销方法、工具、条件并协调其间的相互关系,从而更加有效地实现企业营销目的的手段。

2. 网络营销是企业整体营销战略的一个组成部分

在互联网时代,网络营销将成为企业营销战略中必不可少的内容,只不过所扮演的角色不同而已。但不论其占主导地位还是占从属地位,网络营销活动都不可能脱离一般营销环境而独立存在。网络营销与网下营销是一个相辅相成、互相促进的营销体系。因此,一个完整的网络营销方案,除了在网上做推广之外,还很有必要利用传统营销方法进行网下推广。

3. 网络营销不等于网上销售

网络营销是为实现产品销售目的而进行的一项基本活动。网络营销的目的并不仅仅是为了促进网上销售,很多情况下,网络营销活动不一定能实现网上直接销售的目的,但是可能提升企业品牌价值、加强与客户之间的沟通、增加客户忠诚度、拓展对外信息发布的渠道、改善客户服务等。

4. 网络营销不等于电子商务

网络营销和电子商务是一对紧密相关而又具有明显区别的概念。电子商务是指系统地利用电子工具,高效率、低成本地从事以商品交换为中心的各种活动的全过程。可以将电子商务简单地理解为电子交易,电子商务强调的是交易行为和方式。

企业在开展网络营销时,利用EDI、互联网实现交易前的信息沟通、交易中的网上支付和交易后的售后服务。显然,网络营销是企业电子商务活动中最基本的、最重要的互联网上的商业活动。无论是传统企业还是互联网企业,都需要网络营销,网络营销仅是企业整体营销战略的一个组成部分;网络营销本身并不是一个完整的商业交易过程,而只是促进商业交易的一种手段。因此,网络营销是电子商务的基础,开展电子商务离不开网络营销,但网络营销并不等于电子商务。

2016年以来网络营销体现了一些新的特点:

网络营销是基于互联网和社会关系网络连接企业、用户及公众,向用户与公众传递有价值的信息和服务,为实现顾客价值及企业营销目标所进行的规划、实施及运营管理活动。

(1)体现了网络营销的生态思维:网络营销以互联网为技术基础,但连接的不仅仅是电脑和其他智能设备,更重要的是建立了企业与用户及公众的连接。连接成为网络营销的基础。

(2)突出了网络营销中人的核心地位:通过互联网建立的社会关系网络,核心是人,人是网络营销的核心,一切以人为出发点,而不是网络技术、设备、程序或网页内容。

(3)强调了网络营销的顾客价值:为顾客创造价值是网络营销的出发点和目标,网络营销是一个以顾客为核心的价值关系网络。

(4)延续了网络营销活动的系统性:网络营销的系统性是经过长期实践检验的基本原则之一,网络营销的内容包括规划、实施及运营管理,而不仅仅是某种方法或某个平台的应用,只见树木不见森林的操作模式是对网络营销的片面认识。

二、网络营销的产生与发展

网络营销是以Internet为主要媒介的一种新型营销手段,它的产生有其特殊性和必然性。它是由计算机网络技术和Internet的应用、消费者价值观念变革和商业竞争等综合因素所促成的。

(一)网络营销产生的基础

1. 互联网的发展是网络营销产生的技术基础

1969年9月2日,美国国防部高级计划研究局ARPA(Advanced Research Project

Agency)启动了 ARPAnet 实验。目的是通过这个名为 ARPAnet 的网络把美国的几个军事及研究机构用计算机主机连接起来,形成一个新的军事系统。ARPAnet 是 Internet 的雏形。在 Internet 环境中,网络信息的需求和网络传播的模式发生了很大的变化。网络上信息资源的共享性和功能性,使得互联网具备了商业交易与互动沟通的能力。企业利用互联网开展经营活动,显示出越来越大的区别于传统营销模式的优势。以互联网为技术基础的网络营销的产生是社会经济发展的必然。图 1.1 为近年来移动互联网接入流量。

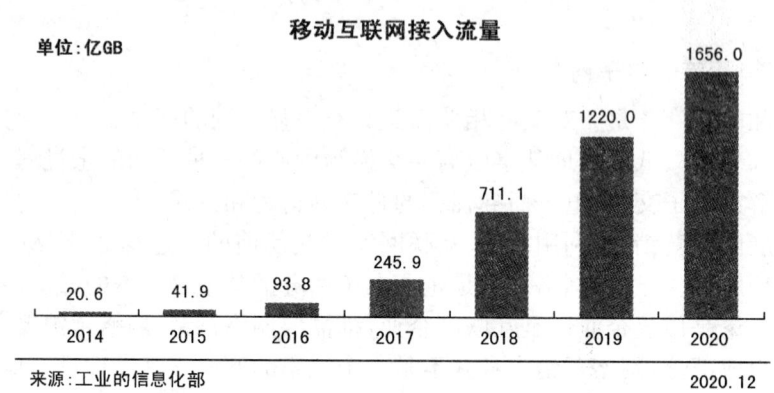

图 1.1 移动互联网接入流量

2. 消费者价值观的改变是网络营销产生的观念基础

满足消费者的需求是市场营销的核心。随着科技的发展、社会的进步、文明程度的提高,消费者的观念也在不断地变化(见图 1.2),这为建立在 Internet 上的网络营销提供了普及的可能。

图 1.2 网民规模和互联网普及率

(1)个性消费的回归。消费者以个人心理愿望为基础挑选和购买商品或服务,心理上的认同感是做出购买决策的先决条件,以商品供应千姿百态为基础的单独享有成为社会时尚。

(2)消费主动性的增强。由于商品生产的日益细化和专业化,消费者购买的风险感随选择的增多而上升。消费者会主动通过各种途径获取与商品有关的信息,并进行分析比较,以减少购买失误的可能。

（3）对购物方便性的追求。由于现代人工作负荷较重,消费者希望购物方便,尽量节省时间和精力,特别是对某些品牌的消费品已经形成固定偏好的消费者,这一需求尤为重要。

3. 激烈的竞争是网络营销产生的现实基础

当今市场竞争日趋激烈,企业为了取得竞争优势,想方设法吸引顾客,传统的营销已经很难有新颖独特的方法来帮助企业在竞争中出奇制胜了。市场竞争已不再依靠表层的营销手段,经营者迫切需要更深层次的方法和理念来武装自己。企业开展网络营销,可以节约昂贵的店面租金,可以减少库存商品的资金占用,可以使经营规模不受场地限制,可以方便地采集客户信息等。这些长处使得企业经营的成本和费用降低,运作周期变短,从根本上提高了企业的竞争力。

（二）网络营销的发展

网络营销是伴随信息技术、网络技术的发展而发展的。20世纪90年代初,网络技术的发展和应用改变了信息传播方式,在一定程度上改变了人们生活、工作、学习、合作和交流的方式,促使Internet在商业上得到大量应用,掀起全球范围内应用Internet热,所以网络用户规模不断增长,商业效益越来越大。Internet的出现与飞速发展,以及可以带来的现实和潜在效益,促使企业积极利用新技术变革企业经营理念、经营组织、经营方式和经营方法,搭上技术发展的快车,推进企业飞速发展。从发展时间来看,网络营销可以划分为4个阶段。

1. 网络营销的传奇阶段(1997年之前)

这一阶段,大多数企业对于网络几乎一无所知,而尝试利用网络的企业对网络营销的概念和方法也不明确,对其能否产生效果也是盲目的。

2. 网络营销的萌芽阶段(1997—2000年)

这一阶段,电子商务蓬勃发展,网络服务意识增强,越来越多的企业开始注重网络广告、E-mail营销等多种形式的网络营销方式的应用。

3. 网络营销的应用和发展阶段(2001—2010年)

网络营销服务市场初步形成,企业网站建设发展迅速,专业化程度越来越高;网络广告形式不断创新,应用不断发展;搜索引擎营销向更深层次发展,形成了基于自然检索的搜索引擎推广方式和付费搜索引擎广告等模式;网络论坛、博客、RSS、聊天工具、网络游戏等网络介质不断涌现和发展。

4. 网络营销社交移动化(2010年至今)

移动网络营销、微信公众号、微营销占据主导地位,博客、论坛等营销为辅的营销时代来临,互联网+、O2O电商体系冲击,带动营销业迈向更高高度。

三、网络营销的模式与分类

电子商务模式,就是指在网络环境和大数据环境中基于一定技术基础的商务运作方式和盈利模式。研究和分析电子商务模式的分类体系,有助于挖掘新的电子商务模式,为电子商务模式创新提供途径,也有助于企业制定特定的电子商务策略和实施步骤。

电子商务模式可以从多个角度建立不同的分类框架,最简单的分类莫过于B2B、B2C和

C2C这样的分类,还有新型B2Q模式、BOB模式,就各模式还可以再次细分。

从不同的角度对网络营销进行不同的分类。

(一) 按照商务活动的内容分类

(1) 间接网络营销,指有形货物的电子订货与付款等活动,它依然需要利用传统渠道(如邮政服务和商业快递车等)送货。

(2) 直接网络营销,指无形货物或服务的订货或付款等活动,如某些计算机软件、娱乐内容的在线订购、付款和交付,或者是全球规模的信息服务。

(二) 按照交易对象或模式分类

(1) B2B(Business-to-Business),指企业和企业之间进行的网络营销活动,如阿里巴巴。

(2) B2C(Business-to-Consumer),指企业借助于Internet开展的在线销售活动,如亚马逊的在线销售书店。

(3) C2C(Consumer-to-Consumer),指个人和个人之间进行的网络营销活动,如淘宝网。

(4) O2O(Online To Offline),指线下与线下商务活动(Online To Offline,O2O)。

(5) BOB(Business-Operator-Business),指供应方(Business)与采购方(Business)之间通过运营者(Operator)达成产品或服务交易的一种新型电子商务模式。

(6) B2Q(企业网购引入质量控制),通过在采购环节中引入第三方工程师技术服务人员,提供售前验厂验货、售后安装调试维修等服务。

(三) 按照应用范围分类

1. 广义的网络营销

笼统地说,网络营销就是以互联网为主要手段[包括Intranet(企业内部网)、Extranet(企业外部网)及Internet]开展的营销活动。

2. 狭义的网络营销

狭义的网络营销是指组织或个人基于开放便捷的互联网络,对产品、服务所做的一系列经营活动,从而达到满足组织或个人需求的全过程。

3. 整合网络营销

网络营销是企业整体营销战略的一个组成部分,是为实现企业总体经营目标所进行的,以互联网为基本手段营造网上经营环境的各种活动。这个定义的核心是经营网上环境。整合网络营销是一个整合各种有效的网络营销手段制造更好的营销环境创造品牌价值的过程。

4. 颠覆式网络营销

2010年出现了颠覆式网络营销模式。以高端的商业策划为指导,突破常规网络营销方法,创造出独特、新颖、创意、吸引、持久的颠覆式网络营销方法,才能实现网络营销效果。

5. 社会化媒体营销

社会化媒体营销就是利用社会化网络、在线社区、博客或其他互联网平台媒体来进行营销、公共关系和客户服务等的一种方式。一般社会化媒体营销工具包括论坛、微博、微信、博客、视频、直播等。目前有越来越多的企业投入社会化媒体营销当中。

(四) 按照具体推广方式分类

网络营销按照具体推广方式可分为口碑营销、事件营销、搜索引擎营销、E-mail营销、软文营销、短信营销、视频营销、病毒式营销、QQ群营销、微博微信营销、论坛营销、体验式营销、新媒体营销等。

阅读思考 1-1

网络营销与传统市场营销的关系

1. 网络营销的优势

与传统的营销手段相比，网络营销具有很多独特的优势。

（1）使消费者的决策更具有便利性和自主性

由于 Internet 可以超越时间约束和空间限制进行信息交换，因此消费者可以根据自己的喜好或需要去选择相应的信息。这种轻松自在的选择，不必受时间、地点的限制，不用一家一家商场地跑来跑去，只用动动鼠标即可，完全由自己做主。

（2）有利于企业取得成本优势

在 Internet 上发布信息，将产品直接向消费者销售，可以缩短分销环节，从而减少流通费用，降低成本；可避免无用的信息传递，使企业的营销活动具有针对性。

（3）有利于企业和顾客良好沟通

在 Internet 上可以通过制作调查表来搜集顾客的意见，让顾客参与产品的设计、开发、生产，使生产真正做到以顾客为中心，从各方面满足顾客的需求，实现一对一营销。

（4）有利于企业提供更优质的服务

在传统营销中，消费者的购买决策受销售人员、企业营销策略等因素的影响比较大，因而消费者经常会有冲动性的购买行为。网络营销能给顾客更多自由考虑的时间，避免冲动购物，可以反复比较后再做出决策。

（5）有利于提高产品促销的多媒体效果

网络广告既具有报纸、杂志等媒体承载信息量大的特点，又具有电视、广播媒体的视觉和听觉效果，可以说图文并茂、声像俱全。而且网络广告的发布不受时间和空间的限制，只要顾客需要，随时可以索取。

2. 网络营销对传统营销策略的冲击

传统营销致力于建立并维持和依赖层层严密的渠道，在市场上投入大量的人力、物力和广告，这一切在网络时代将被看成无法负担的奢侈和摆设。在网络时代，人员推销、市场调查、广告促销、经销代理等传统营销手法将与网络相结合，并充分运用互联网上的各项资源，形成以最低成本投入，获得最大市场销售量的新型营销模式。

（1）网络营销对产品策略的冲击。

首先，对传统的标准化产品的冲击。作为一种新型媒体，Internet 可以在全球范围内进行市场调研。通过 Internet，厂商可以迅速获得关于产品概念和广告效果测试的反馈信息，也可以测试顾客的不同认同水平，从而更加容易地对消费者行为方式和偏好进行跟踪，向不同的消费者提供不同的商品，更有效地满足各种个性化的需求。其次，适应品牌的全球化管理。与现实企业的单一品牌与多品牌的决策相同，对公司开展网络营销的一个主要挑战就是如何对全球品牌和共同的名称或标志识别进行管理。在实际执行时，对公司的品牌管理采取不同的方法会产生不同的效果。例如，只有一个品牌的公司可以允许它的地方性机构根据需要发展自己有本地特色的区域品牌,这些品牌会分别有明显不同的市场和形象。当多个有本地特色的区域品牌分别以不同的格式、形象、信息和内容进行沟通时,虽然给消费者带来了某种程度的便利,但也会引起他们的困惑。公司为所有品牌设置统一的品牌形象,虽然可以利用知名品牌的信用带动相关产品的销售,但也有可能由于某一个区域品牌的失利而导致公司全局受损。因此,开展网络营销的公司是实行具有统一形象的单一品牌策略,还是实行有本地特色的多种区域品牌策略,以及如何加强对区域品牌的管理是公司面临的现实问题。

(2) 网络营销对定价策略的冲击。

相对于目前的各种媒体来说,Internet 先进的网络浏览和服务器会使变化不定的且存在差异的价格水平趋于一致。如果公司某种产品的价格标准不统一或经常改变,客户将会通过 Internet 认识到这种价格差异,并可能因此而对公司产生不满。这将对有分销商分布在海外并在各地采取不同价格的公司产生巨大冲击。

(3) 网络营销对传统营销渠道的冲击。

通过 Internet,生产商可与最终用户直接联系,中间商的重要性因此有所降低。这造成两种后果:一是由跨国公司所建立的传统的国际分销网络对小竞争者造成的进入障碍将明显降低;二是对于目前直接通过 Internet 进行产品销售的生产商来说,其售后服务工作由各分销商承担,但随着他们代理销售利润的消失,分销商将很可能不再承担这些工作。因此在不破坏现有营销渠道的情况下,如何提供这些售后服务是这些利用网络进行销售的公司不得不面对的问题。

(4) 网络营销对传统广告障碍的消除。

企业开展网络营销主要通过 Internet 发布网络广告进行网上销售,网络广告将消除传统广告的障碍。

首先,相对于传统媒体来说,由于网络空间具有无限扩展性,因此在网络上做广告可以较少地受到空间的局限,可以尽可能地将必要的信息一一罗列。

其次,网络广告效率极高,这为企业创造了便利条件。例如,可以根据注册用户的购买行为很快地改变向访问者发送的广告;可根据访问者的特性,如硬件平台、域名或访问时的搜索主题等,有选择地显示其广告。

讨论与思考

通过对传统市场营销的分析,了解传统市场营销与网络营销的关系。

能力训练

登录苏宁和海尔等网站,认识其开展网络营销的情况。

训练任务	认识网络营销
训练目标	了解和掌握企业开展网络营销的现状
训练内容	上网搜索资料,结合体会,思考企业应当如何运用网络营销
训练成果	掌握企业开展网络营销活动的方法与技巧

任务二　网络营销的功能与特点

案例导读

海尔网络营销的成功之路

海尔通过 BBP 交易平台，每月接到 6 000 多个销售订单，定制产品品种逾 7 000 个，采购的物料品种达 15 万余种。新物流体系降低呆滞物资 73.8%，库存占压资金减少 67%。

在要么触网、要么死亡的互联网时代，海尔作为国内外一家著名的电器公司，迈出了非常重要的一步。海尔公司 2000 年 3 月开始与 SAP 公司合作，首先进行企业自身的 ERP 改造，随后便着手搭建 BBP 采购平台。从平台的交易量来讲，海尔可以说是中国最大的一家电子商务公司。

海尔首席执行官张瑞敏先生在评价该物流中心时说："在网络经济时代，一个现代企业如果没有现代物流，就意味着没有物可流。对海尔来讲，物流不仅可以使我们实现 3 个零的目标，即零库存、零距离和零营运资本，更给了我们能够在市场竞争中取胜的核心竞争力。"

通过与 SAP 公司合作成功实施的 ERP 和 BBP 项目，海尔物流"一流三网"的同步模式可以实现以下 4 个目标。

1. 为订单而采购，消灭库存

在海尔，仓库不再是储存物资的"水库"，而是一条流动的"河"，"河"中流动的是按单采购进行生产必需的物资，也就是按订单来进行采购、制造等活动，这样，从根本上消除了呆滞物资，消灭了库存。新的物流体系将呆滞物资降低了 73.8%，仓库面积减少了 50%，库存占压资金减少了 67%。

2. 双赢，赢得全球供应链网络

海尔通过整合内部资源，优化外部资源，使供应商由原来的 2 336 家优化至 978 家，国际化供应商的比例却上升了 20%，从而建立了强大的全球供应链网络，有力地保障了海尔产品的质量和交货期。

3. 实现 3 个 JIT，即 JIT 采购、JIT 配送和 JIT 分拨物流的同步流程

目前通过海尔的 BBP 采购平台，所有的供应商均在网上接受订单，并通过网上查询计划与库存，及时补货，实现 JIT(Just In Time，即时) 采购；货物入库后，物流部门可根据次日的生产计划，利用 ERP 信息系统进行配料，同时根据看板管理 4 小时送料到工位，实现 JIT 配送；生产部门按照 B2B、B2C 订单的需求完成订单以后，满足用户个性化需求的定制产品通过海尔全球配送网络送达用户手中。目前海尔在中心城市实现了 8 小时配送到位，区域内 24 小时配送到位，全国 4 天以内配送到位。

4. 计算机网络连接，新经济速度

在企业外部，海尔 CRM(客户关系管理)和 BBP 电子商务平台的应用架起了与全球用户资源网、全球供应链资源网沟通的桥梁，实现了与用户的零距离沟通。目前，海尔 100% 的采购订单由网上下达，使采购周期由原来的平均 10 天缩短到 3 天；网上支付已达到总支

付额的 20%。在企业内部，计算机自动控制的各种先进物流设备不但降低了人工成本，提高了劳动效率，还直接提升了物流过程的精细化水平，达到质量零缺陷的目的。计算机管理系统搭建了海尔内部的信息高速公路，能将电子商务平台上获得的信息迅速转化为企业内部的信息，以信息代替库存，达到零营运资本的目的。

海尔在物流方面的探索与成功，尤其是采用国际先进的协同电子商务系统，进一步提升了海尔在新经济时代的核心竞争力，提高了海尔的国际竞争力，给国内其他企业带来了新的启示。

案例思考　海尔成功的网络营销之路给国内其他企业带来了什么启示？

市场营销的作用与内容。

企业为什么要开展网络营销活动？

一、网络营销的特点

（一）跨时空性

营销的最终目的是占有市场份额，由于 Internet 具有超越时间约束和空间限制进行信息交换的特点，因此使脱离时空限制达成交易成为可能，企业可以有更多时间和更大的空间进行营销，可每周 7 天、每天 24 小时随时随地地提供全球性营销服务。

（二）交互性

Internet 通过展示商品图像、商品信息资料库提供有关的查询，来实现供需互动与双向沟通，还可以进行产品测试与消费者满意调查等活动。Internet 为产品联合设计、商品信息发布及各项技术服务提供了最佳工具。

（三）个性化

Internet 更便于搜集用户的信息资料，可以实现一对一的个性化服务。网络营销是一对一的、理性的、消费者主导的、非强迫性的、循序渐进式的，而且是一种低成本与人性化的促销，能够避免推销员强势推销的干扰，并通过信息提供与交互式交流，与消费者建立长期良好的关系。

（四）多媒体性

Internet 被设计成可以传输多种媒体的信息，如文字、声音、图像、流媒体等，使得为达成交易进行的信息交换能以多种形式存在和交换，可充分发挥营销人员的创造性和能动性。

（五）整合性

网络营销将对多种资源进行整合，对多种营销手段和营销方法进行整合。网络营销可由发布商品信息至收款、售后服务一气呵成，因此是一种全程的营销渠道。另一方面，企业可以借助 Internet 将不同的传播营销活动进行统一设计规划和协调实施，以统一的传播方式向消费者传达信息，避免不同传播中由于不一致性产生的消极影响。

（六）高效性

计算机可存储大量的信息供消费者查询，其可传送的信息数量与精确度远超过其他媒体，并能顺应市场需求及时更新产品或调整价格，因此能及时有效地了解并满足客户的需求。

（七）冲击性

网络营销具有很强的冲击性及市场穿透能力。Internet 是一种功能强大的营销工具，它同时兼具渠道、促销、电子交易、互动顾客服务、市场信息分析与提供等多种功能。它所具备的一对一营销能力，可以实现定制营销与直复营销。

二、网络营销的功能

实践证明，网络营销可以在以下几个方面发挥作用：网络品牌创建、网站推广、信息发布、销售促进、网上销售、顾客服务、顾客关系、网上调研、信息搜索等。这也是网络营销的职能。网络营销策略的制定和各种网络营销手段的实施也以发挥这些职能为目的。

（一）品牌创建与价值延伸

网络营销的重要任务之一就是在 Internet 上建立并推广企业的品牌，以及让企业的网下品牌在网上得以延伸和拓展。网络营销为企业利用 Internet 建立品牌形象提供了有利的条件，无论是大型企业还是中小型企业都可以用适合自己企业的方式展现品牌形象。网络品牌的价值是网络营销效果的表现形式之一，通过网络重塑品牌形象、提升品牌核心竞争力。

（二）信息发布

网络营销的基本思想就是通过各种 Internet 手段，将企业营销信息以高效的手段向目标用户、合作伙伴、公众等群体传递，因此信息发布就成为网络营销的基本职能之一。Internet 为企业发布信息创造了优越的条件，不仅可以将信息发布在企业网站上，还可以利用各种网络营销工具和网络服务商的信息发布渠道向更大的范围传播信息。可以说，网络营销既可以把信息发布到全球任何一个地点，又具有交互性。

（三）销售促进

市场营销的基本目的是为最终增加销售提供支持，网络营销也不例外，各种网络营销方法大都直接或间接具有促进销售的效果，同时还有许多针对性的网上促销手段，这些方法并非仅限于对网上销售的支持，事实上，网络营销对于促进网下销售同样很有价值。这也就是为什么一些没有开展网上销售业务的企业一样有必要开展网络营销的原因。

（四）网上销售

网上销售是企业销售渠道在网上的延伸，一个具备网上交易功能的企业网站本身就是一个网上交易场所,网上销售渠道的建设并不限于企业网站本身,还包括建立在专业电子商务平台上的网上商店,以及与其他电子商务网站不同形式的合作等,因此网上销售并不仅仅是大型企业才能开展的,不同规模的企业都有可能拥有适合自己需要的在线销售渠道。

(五)顾客服务

在网络营销中,通过顾客关系管理,将顾客资源管理、销售管理、市场管理、服务管理、决策管理集于一体,将原本疏于管理、各自为战的销售、市场、售前和售后服务与业务统筹协调起来。Internet 提供了更加方便的在线顾客服务手段,从形式最简单的 FAQ(常见问题解答),到 E-mail、邮件列表、在线论坛和各种即时信息服务,再到目前全渠道接入、人工智能等。在线顾客服务具有成本低、效率高的优点,在提高顾客服务水平方面具有重要作用,同时也直接影响到网络营销的效果,因此在线顾客服务成为网络营销的基本组成内容。

(六)顾客关系

顾客关系对于开发顾客的长期价值具有至关重要的作用,以顾客关系为核心的营销方式成为企业创造和保持竞争优势的重要策略。网络营销为建立顾客关系、提高顾客满意度和顾客忠诚度提供了更为有效的手段。通过网络营销的交互性和良好的顾客服务手段,增进顾客关系成为网络营销取得长期效果的必要条件。

(七)网上调研

网上调研具有调查周期短、成本低的特点。网上调研不仅为制定网络营销策略提供支持,也是整个市场研究活动的辅助手段之一。合理利用网上调研手段对于市场营销策略具有重要价值。网上调研与网络营销的其他职能具有同等地位,既可以依靠其他职能的支持而开展,同时也可以相对独立进行。网上调研的结果反过来又可以为其他职能更好地发挥作用提供支持。

(八)信息搜索

在网络营销中,可以利用多种搜索方法,主动、积极地获取有用的信息和商机。

网络营销的职能是通过各种网络营销方法来实现的,同一个职能可能需要多种网络营销方法的共同作用,而同一种网络营销方法也可能适用于多个网络营销职能。开展网络营销需要用全面的观点,充分协调和发挥各种职能的作用,让网络营销的整体效益最大化。

阅读思考 1-2

网络营销相关理论

1. 关系营销理论

关系营销(Relationship Marketing)是 20 世纪 80 年代末 90 年代初在西方企业界兴起的一种新型营销观念。它是由西方的营销学者对大量企业的营销思想、营销策略、营销行为进行分析总结之后提出的一种新的营销理论,契合了现代企业的营销实践活动。关系营销是一种与关键对象(顾客、供应商、分销商)建立长期满意关系的活动,以便维持各方之间长期的优先权和业务。根据世界著名的营销学权威、美国西北大学教授科特勒的观点,关系营销是当今营销学中最被看好的趋势。

广义的关系营销是指企业通过识别、获得、建立、维护和增进与客户及其利益相关人的关系,通过诚实的交换和可信赖的服务,与包括客户、供应商、分销商、竞争对手、银行、政府及内部员工的各种部门和组织建立起一种长期稳定、相互信任、互惠互利的关系,以使各方的目标在关系营销过程中得以实现。

狭义的关系营销是指企业和客户之间的关系营销。其本质特征是企业与顾客、企业与企业间的双向的信息交流;是以企业与顾客、企业与企业间的合作协同为基础的战略过程;是关系双方以互惠互利为目标的营销活动;是利用控制反馈的手段不断完善产品和服务的管理系统。

关系营销的核心是留住顾客,为顾客提供高度满意的产品和服务,在与顾客保持长期关系的基础上开展营销活动,实现企业的营销目标。实施关系营销并不是以损害企业利益为代价的。关系营销提倡的是企业与顾客双赢策略。Internet 使企业与顾客之间可以实现低成本的沟通和交流,是企业与顾客建立长期关系的有效保障。

2. 软营销理论

软营销理论是针对工业经济时代以大规模生产为主要特征的"强式营销"提出的新理论。它强调企业进行市场营销活动的同时必须尊重消费者的感受和体验,让消费者能舒服主动地接受企业的营销活动。传统营销活动中最能体现强势营销特征的是两种促销手段:传统广告和人员推销。在传统广告中,消费者常常是被动地接受广告信息的"轰炸",它的目标是通过不断的信息灌输方式在消费者心中留下深刻的印象,至于消费者是否愿意接受、需不需要则不予考虑;在人员推销中,推销人员根本不考虑被推销对象是否愿意和需要,只是根据推销人员自己的判断强行开展推销活动。

软营销与强势营销的一个根本区别就在于:软营销的主动方是消费者,而强势营销的主动方是企业。网络营销恰好是从消费者的体验和需求出发,采用拉式策略吸引消费者关注企业来达到营销效果的。

3. 整合营销理论

整合营销兴起于美国,是 20 世纪 90 年代以来在西方风行的一种实战性极强的操作性策略。整合营销又称整合营销传播(Integrated Marketing Communication,IMC)。全美广告协会对其的定义是:"整合营销是一个营销传播计划的概念,即通过评价广告、直复营销、销售促进和公共关系等传播方式的战略运用,将不同的信息进行完美的整合,从而最终提供明确的、一致的和最有效的传播影响力。"

整合营销强调营销即是传播,是和客户多渠道沟通,和客户建立起品牌关系。与传统营销"以企业为中心"相比,整合营销更强调"以客户为中心"。整合营销的倡导者——美国的舒尔茨教授用了一句简单的话来说明这种理论重心的转移,他说,过去的座右铭是"消费者请注意",现在则是"请注意消费者"。在传统营销理论架构中,居中心地位的是 20 世纪 60 年代的 4P 理论(即 Product、Price、Place、Promotion),90 年代以后,营销领域逐渐转向 4C 理论。

(1) 4P 理论——以推销产品为中心的模式。

传统的以 4P 理论为典型代表的营销理论的经济学基础是企业理论,即利润最大化。所以 4P 理论的基本出发点是企业的利润,而没有把顾客的需求放到与企业的利润同等重要的位置上,它指导的营销决策是一条单向的链。市场营销策略中的 4P 组合,反映的是销售者能影响购买者的营销工具的观点。

(2) 4C 理论——以客户为中心的模式。

网络互动的特性使得顾客能够真正参与到整个营销过程中来,顾客不仅参与的主动性增强,而且选择的主动性也得到加强。在满足个性化消费需求的驱动之下,企业必须严格地执行以消费者需求为出发点、以满足消费者需求为归宿点的现代市场营销思想。据此,以舒尔茨教授为首的一批营销学者从顾客需求的角度出发研究市场营销理论,提出了 4C 组合。其要点如下:

① 顾客(Consumer)。先不急于制定产品(Product)策略,而以研究消费者的需求和欲望(Consumer's Wants and Needs)为中心,卖消费者想购买的产品。

② 成本(Cost)。暂时把定价(Price)策略放到一边,而研究消费者为满足其需求所愿付出的成本。

③ 方便(Convenience)。忘掉渠道(Place)策略,着重考虑怎样给消费者方便,以购买到商品。

④ 沟通(Communication)。抛开促销(Promotion)策略,着重加强与消费者的沟通和交流。

讨论与思考

4C 理论与 4P 理论的主要区别在哪?

能力训练

中国互联网发展现状及变化趋势分析。

训练任务	分析 CNNIC 最近 2 次统计分析报告
训练目标	了解中国互联网发展现状及变化趋势
训练内容	1. 搜索下载最近 2 次 CNNIC 统计报告; 2. 了解互联网发展的总体情况,重点分析网民结构与特征及网络应用情况等
训练成果	写出最近 2 次报告公布的我国网民数、宽带接入率、CN 域名注册量、网上支付用户数及排名前十位的网络应用并进行分析

任务三 网络营销的目标市场分析

案例导读

新零售下的永辉超市营销模式及定位

案例背景:

张轩松是永辉超市的创始人,早在 1995 年就进入超市行业。2001 年 3 月,福州首家"农改超"超市福州永辉屏西生鲜超市开业。张轩松率先开创了"生鲜食品超市"这种全新的经营业态,凭借其独有的生鲜食品经营特色,永辉超市巧妙地避开了与其他超市巨头的正面交锋,迅速发展壮大。目前,永辉已经发展成为以零售业为龙头,以现代物流为支撑,以现代农业和食品工业为两翼,以实业开发为基础的大型集团企业。伴随消费升级,不断改善购物环境和提高商品档次,永辉超市形成了红标店、绿标店、精标店、会员店、超级物种多业态结构。

随着阿里巴巴、腾讯、京东、美团点评等巨头的进入,新零售成为风口。在当前行业环境下,盒马鲜生与超级物种两个品牌可以说是线上线下融合大势下的创新代表。超级物种是永辉超市2017年年初推出的"超市+餐饮+O2O"新零售业态,以生鲜售卖和烹饪为主,80%的生鲜和商品靠进口,食材新鲜,周转率高,店面的装修也更符合年轻一代的审美。超级物种是高端超市、高端餐饮和永辉生活App的综合体。

案例补充:
1. 永辉自我颠覆升级,全新业态超级物种进阶完成。

永辉深耕零售十余载,从早先"平民化"民生超市,逐步发展成为如今引领精致生活的行业风向标,超级物种是永辉自身求变并顺应商业新趋势的自然产物。

2. "超市+餐饮"跨界混搭,玩转极致服务体验。

"超市+餐饮"深度融合,超级物种闪亮登场。黄金地理位置加上绝佳环境氛围,锁定中高端消费人群。超级物种组合工坊系列,实现多重餐厅的结合模式:提供多样优质商品,打造现代舒适购物空间,满足消费者多样化的餐饮服务和互动性需求。

3. 工坊系列组合出击,多重餐饮服务满足多元体验需求。

此番超级物种融合了永辉目前孵化的8个创新项目:鲑鱼工坊、波龙工坊、盒牛工坊、麦子工坊、咏悦汇、生活厨坊、健康生活有机馆、静候花开花艺馆。

案例思考 永辉超市的营销模式及定位是否成功?还存在哪些问题?请查找资料对该公司营销现状进行分析。

 课前准备

市场细分和市场定位的含义及关系。

 课中思考

在网络营销下,企业如何对网络市场进行市场细分和市场定位?

 **学习引导**

一、网络市场概述

(一)网络市场的概念

网络市场也称网上虚拟市场(Cyber Market),是企业进行电子商务活动的虚拟市场

(Electronic Marketplace)。自 2013 年起,我国已连续八年成为全球最大的网络零售市场。2020 年,我国网上零售额达 11.76 万亿元,其中,实物商品网上零售额 9.76 万亿元,占社会消费品零售总额的 24.9%8。截至 2020 年 12 月,我国网络购物用户规模达 7.82 亿。

从网络市场交易的方式和范围看,网络市场经历了 3 个发展阶段:

第一阶段是生产者内部的网络市场。其基本特征是工业界内部为缩短业务流程时间和降低交易成本,采用电子数据交换系统所形成的网络市场。

第二阶段是国内的或全球的生产者网络市场和消费者网络市场。其基本特征是企业在 Internet 上建立一个站点,将企业的产品信息发布在网上,供所有客户浏览,或销售数字化产品,或通过网上产品信息的发布来推动实体化商品的销售。如果从市场交易方式的角度讲,这一阶段也可称为"在线浏览、离线交易"的网络市场阶段。

第三阶段是信息化、数字化、电子化的网络市场。这是网络市场发展的最高阶段,其基本特征是虽然网络市场的范围没有发生实质性的变化,但网络市场交易方式却发生了根本性的变化,即由"在线浏览、离线交易"演变成了"在线浏览、在线交易"。这一阶段的最终到来取决于以电子货币及电子货币支付系统的开发、应用、标准化及其安全性、可靠性。

(二)网络市场的特征

1. 无店铺的经营方式

运作于网络市场上的虚拟商店不需要实体店面。1995 年 10 月"安全第一网络银行"(Security First Network Bank,SFNB)在美国诞生,这家银行没有建筑物,没有地址,只有网址,营业厅就是网站首页,所有的交易都通过互联网进行,员工只有 10 个人。

2. 无存货的经营形式

Internet 上的商店可在接到顾客订单后,再向制造厂家订货,而无须将商品实物陈列出来以供顾客选择。店家不会因为存货而增加成本,这有利于增加网络商家和"电子空间市场"的魅力和竞争力。

3. 成本低廉的竞争优势

虚拟商店的成本主要是设立网站的成本、软硬件费用和以后的维持费用。它的成本比普通商店的成本要低很多,这是因为普通商店需要昂贵的店面租金、装潢费用、水电费、税费及人事管理费等。

4. 无时间限制的全天候经营

虚拟商店可以一天 24 小时,一年 365 天持续营业,这对于平时工作繁忙、无暇购物的人来说有很大的吸引力。另外,虚拟商店不需要雇用很多的经营服务人员,也不受劳动法的限制,还可避免员工引起顾客反感所带来的麻烦。

5. 无国界、无区域界限的经营范围

互联网创造了一个即时全球社区,消除了同其他国家或地区客户做生意的时间和地域限制。面对提供无限商机的互联网,国内的企业可以加入网络行业,开展全球性营销活动。例如,浙江省海宁市皮革服装城把男女皮大衣、皮夹克等 17 种商品的式样和价格信息放到网上,不到 2 个小时,就分别收到英国威斯菲尔德有限公司等 10 多家海外客商发来的 E-mail 和传真,表示有订货意向;服装城通过网上交易仅半年时间,就吸引了美国、意大利、日本、丹麦等30多个国家和地区的5 600多个客户,仅仅雪豹集团一家外贸供货额就达到了1亿多元。

二、网络市场细分

(一)网络市场细分的概念

网络市场细分是指企业在调查研究的基础上,依据网络消费者的需求、购买动机与习惯爱好的差异性,把某一产品的网络市场整体划分成若干不同类型的消费群体,每个消费群体就构成了企业的一个细分市场。在同一细分市场内部,消费者需求大致相同;不同细分市场之间,则存在着明显的差异。企业可以根据自身的条件,选择适当的细分市场为目标市场,并依此拟定本企业的最佳网络营销方案和策略。

(二)网络市场细分的作用

(1) 有利于分析网络市场,开发新市场。企业通过对网络市场的细分,可深入了解网络市场中顾客的不同需求,并根据各子市场的潜在购买数量、竞争状况及本企业实力进行综合分析,发掘新的市场机会,开拓新市场。

(2) 有利于集中使用企业资源,取得最佳营销效果。企业通过网络市场细分,可发掘网络市场机会,并根据主、客观条件的分析选定网络目标市场。因此,可以将企业资源集中用于最有利的子市场中,争取较理想的市场份额,以使有限资源得到较充分的利用,取得最佳营销效果。

(3) 有利于制定和调整营销方案,增强企业竞争力。企业通过网络市场细分,比较容易认识和掌握各细分市场消费者需求的变化,以及对营销措施的反应,从而相应地调整营销策略,制定最佳的营销战略。

三、网络目标市场

(一)网络目标市场的概念

网络目标市场,也叫作网络目标消费群体,是指企业进行网络营销所针对的产品和服务的销售对象。一个企业只有确定了自己的服务对象,才能有的放矢地制定经营服务策略。

网上目标市场的选择,是企业进行网络营销的一个非常重要的战略决策。它主要解决企业在网络市场中满足谁的需要,向谁提供产品和服务。例如,奥迪轿车在欧洲的目标客户是殷实的中年经理,腾讯(QQ)的目标访问者是在校学生。

一个好的网络目标市场,必须具备以下几个条件:

(1) 该网络市场有一定购买力,能取得一定的营业额和利润。
(2) 该网络市场有尚未满足的需求,有一定的发展潜力。
(3) 企业有能力满足该网络市场的需求。
(4) 企业有开拓该网络市场的能力,有一定的竞争优势。

(二)网络目标市场营销策略

(1) 单一细分市场覆盖策略。当企业的资源有限,细分市场并无竞争对象,或是企业在此单一细分市场拥有关键的成功要素时,营销人员可以考虑采用此种策略,即集中火力攻击单一细分市场。

（2）选择性的专业化覆盖策略。这是指有选择性地进入几个不同的细分市场。如果每个细分市场都具有吸引力，且符合企业的目标和资源水平，同时这些细分市场之间很少或根本不发生联系，就可采用此种策略。这种策略的优点在于可分散风险。

（3）产品专业化覆盖策略。这是指企业在某个专业领域享有良好的声誉，可以凭单一的专业化产品、服务满足数个细分市场的需要。

（4）市场专业化覆盖策略。这种策略是指集中满足某一特定顾客群的各种需求。

（5）全面覆盖策略。这种策略是指试图为所有顾客群提供他们所需要的所有产品。

以上五种网络目标市场覆盖策略如图1.3所示。

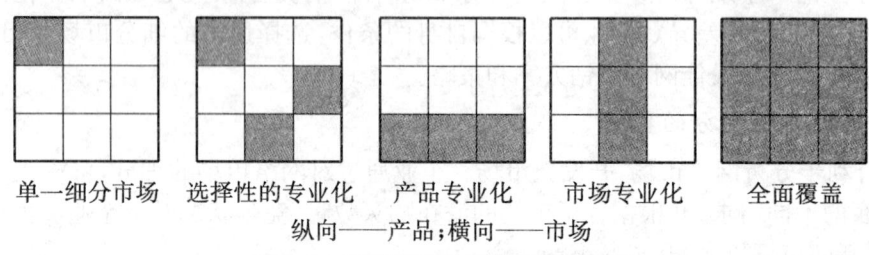

图 1.3　五种网络目标市场覆盖策略

（三）网络目标市场营销战略

1. 无差异性营销战略

无差异性营销战略是指企业将产品的整个市场视为一个目标市场，用单一的营销战略开拓市场，即用一种产品和一套营销方案吸引尽可能多的购买者的营销战略（见图1.4）。无差异性营销战略只考虑消费者或用户在需求上的共同点，而不关心他们在需求上的差异性。例如，可口可乐公司在20世纪60年代以前曾以单一口味的品种、统一的价格和瓶装、同一广告主题将产品面向所有顾客，采取的就是这种战略。

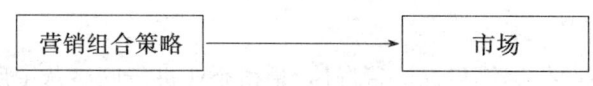

图 1.4　无差异性营销策略

这种战略的优点是：产品品种单一，销售渠道单一，生产成本、管理费用、销售费用相对低，节省营销成本，有可能强化品牌形象。其缺点是：不可能满足所有消费者需求，共性市场竞争激烈，易受其他竞争者的伤害。该战略适用于刚起步的企业，可以在刚刚开始时采用无差异性营销，等到取得一定成功和发展后，再选择其他营销战略。

2. 差异性营销战略

差异性营销战略又叫差异性市场营销，即在市场细分的基础上，针对目标市场的个性化需求，通过品牌定位与传播，赋予品牌独特的价值，树立鲜明的形象，建立品牌的差异化和个性化核心竞争优势（见图1.5）。差异性营销的关键是积极寻找市场空白点，选择目标市场，挖掘消费者尚未满足的个性化需求，开发产品的新功能，赋予品牌新的价值。

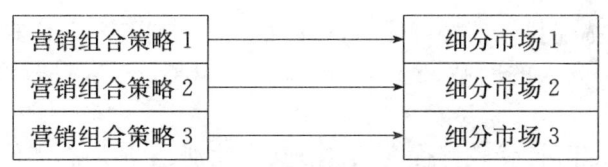

图 1.5　差异性营销策略

这种战略的优点是：可以使顾客的不同需求得到更好的满足，也使每个子市场的销售潜力得到最大限度的挖掘，从而有利于扩大企业的市场占有率。同时也大大降低了企业的经营风险——一个子市场的失败，不会导致整个企业陷入困境。其缺点是：营销成本过高，生产一般为小批量，使单位产品的成本相对上升，不具经济性。

3. 集中性营销战略

集中性营销战略则是集中力量进入一个或少数几个细分市场，实行专业化生产和销售（见图 1.6）。实行这一战略，企业不是追求在一个大市场中进行角逐，而是力求在一个或几个子市场占有较大份额。集中性营销战略的指导思想是：与其四处出击收效甚微，不如突破一点取得成功。这一战略特别适合于资源力量有限的中小企业。

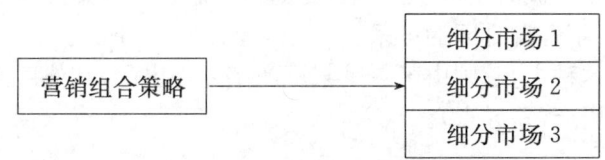

图 1.6　集中性营销策略

这种战略的优点是：产品更适销对路，有利于强化产品形象和企业形象，能节省生产成本和营销成本。其缺点是：一是市场区域相对较小，企业发展受到限制；二是潜伏着较大的经营风险，一旦目标市场突然发生变化，如消费者趣味发生转移，或强大竞争对手的进入，或新的更有吸引力的替代品的出现，都有可能使企业因没有回旋余地而陷入困境。该战略主要适用于实力不强的小企业。

四、网络市场定位

（一）网络市场定位的概念

网络市场定位，就是针对竞争者现有产品在网络市场上所处的位置，根据消费者或用户对该种产品的某一属性或特征的重视程度，为产品设计和塑造一定的个性或形象，并通过一系列营销活动把这种个性或形象强有力地传达给顾客，从而适当确定该产品在网络市场上的位置。

在网络市场上要想提高产品或服务的品牌形象和知名度，企业必须采用恰当的网络市场定位策略，并找准定位的出发点。广告奇才欧格威对定位所下的定义是："这个产品要做什么，是给谁用的？"因此定位要考虑 3 个问题：目标消费者是谁？产品或服务的差异点是什么？竞争者是谁？

1. 目标消费者

网络目标消费群体的描述与掌握，是定位的首要因素。描述要尽量明确、完整，以便指出"进攻"的方向。在描述目标消费群体时,可以把人口统计资料与心理描绘资料一起使用。例如,阿里巴巴定位为商人的网站(http://www.alibaba.com),只要是商人就一定要用阿里巴巴。

同时可以将收入、年龄、受教育程度、居住地区、性别、生活形态和价值观等组合起来,对目标消费者进行描述。

2. 产品或服务差异点

每一种产品或服务都必须提出有力的差异点,以激起消费群体的购买欲望,即购买原因,不论这个差异点是实质的(产品的确有差异)还是心理的(产品差异不大,只是消费者的心理认为其中有差异)。这里介绍两个发现产品差异的方法。一是找出"独特的差异点",也就是自己有,其他竞争者没有(或较弱)的特点。二是如果找不到差异点,那就要换一种方式,即由企业提出一种具有独特吸引力的主张。也就是说,当产品或服务同质性高,难以找出有意义的差异时,厂商就应该提出简短有力、别人未曾提出的主张,以作为与消费者沟通的语言,并引导消费者以厂商所提出的观点去衡量产品的优劣。例如:

海飞丝:头屑去无踪,秀发更出众。

雀巢儿童专用奶粉:添加钙、铁、维生素,帮助孩子成长得更好。

娃哈哈儿童可乐:不含咖啡因的可乐。

一旦消费者接受这种主张,则由于它是某厂商率先提出的,其他厂商无法跟进,因此,它就变成该厂商的宝贵资产(差异点)。

3. 竞争者

要明确在消费者心目中,自己是在哪个市场与谁竞争,这有助于了解自己被放在哪个阶梯、哪层梯子。与竞争者最好采取迂回战术,先找一个闲置的位置,等基础稳固后,再去渗透已被占有的位置。例如,阿里巴巴与中国鞋业互联网之间是竞争者,但它们服务的客户群体是有一定区别的。

(二)网络市场定位策略

1. "针锋相对式"定位策略

这种定位策略把企业的产品或服务定位在与竞争者相似或相近的位置上,同竞争者争夺同一细分市场。实行这种定位策略的企业,必须具备以下条件:能比竞争者提供更好的产品或服务,该市场容量足以吸纳两个以上竞争的产品或服务,比竞争者有更多的资源和更强的实力。例如,优酷定位:中国第一视频网站;爱奇艺定位:中国第一影视门户。

2. "填空补缺式"定位策略

这是企业寻找市场上尚无人重视或未被竞争对手控制的位置,使自己推出的产品能适应这一潜在目标市场需要的策略。例如,腾讯公司推出的"移动QQ"服务,开创了移动通信与互联网合作的新领域——移动QQ。

通常在两种情况下适用这种策略:一是这部分潜在市场,即营销机会没有被发现,在这种情况下,企业容易取得成功;二是许多企业发现了这部分潜在市场,但无力去占领,这时需要有足够的实力才能取得成功。

3. "另辟蹊径式"定位策略

当企业意识到自己无力与强大的竞争者相抗衡从而获得绝对优势地位时,可以根据自己的条件取得相对优势,即突出宣传自己与众不同的特色,在某些有价值的产品和服务上取得领先地位,与竞争者划清界限。例如,美国的七喜汽水,之所以能成为美国第三大软性饮料,就是由于采用了这种策略,宣称自己是"非可乐"型饮料,是代替可口可乐和百事可乐的清凉解渴饮料,突出其与两"乐"的区别,因而吸引了相当多的两"乐"品牌转移者。

4. 比附定位策略

这是比拟名牌、攀附名牌来给自己的产品定位,以借名牌之光而使自己的品牌生辉的定位策略。比附定位策略的主要办法有两种:一是甘居"第二",就是明确承认本门类中另有最盛名的品牌,自己只不过是第二而已。这种策略会使人们对企业产生一种谦虚诚恳的印象,相信企业所说是真实可靠的,这样自然而然地使消费者记住了这个通常不易进入人们心中的品牌。二是攀龙附凤。首先是承认同一门类中已有卓有成就的名牌,本品牌虽自愧不如,但在某地区或在某一方面还可与这些最受顾客欢迎和信赖的品牌并驾齐驱、平分秋色。例如,内蒙古的宁城老窖,以"宁城老窖——塞外茅台"的广告诉求来定位,就是一个较好的例子。

5. 属性定位策略

这是根据特定的产品属性来定位的策略。例如,广东客家酿酒总公司生产的"客家娘酒",把其定位为"女人自己的酒",突出这种属性,对女性消费者来说就很具吸引力。因为一般名酒酒精度都较高,女士们多数无口福享受,客家娘酒宣称是女人自己的酒,就塑造了一个相当于"XO是男士之酒"的强烈形象,不仅可在女士们心目中留下深刻的印象,而且还会成为不能饮高度酒的男士指名选用的品牌。

6. 利益定位策略

这是根据产品所能满足的需求或所提供的利益、解决问题的程度来定位的策略。例如,中华、白玉牙膏定位为"超洁爽口";广东牙膏定位为"快白牙齿";洁银牙膏定位为"疗效牙膏",宣称对牙周炎、牙龈出血等多种口腔疾患有显著疗效。这些定位都各能吸引一大批顾客,分别满足他们的特定要求。

阅读思考 1-3

"互联网+"时代海澜之家的成功之道

移动互联网时代的来临,让一些行业找到了发展方向,也让一些行业遭遇了发展瓶颈。海澜之家一开始就将自己做了精准定位,将自己定位为"男人的衣柜",这一定位既精准又精细,奠定了海澜之家后续的发展。海澜之家作为从传统商业模式到融合"互联网+"的成功品牌,从30万元起家,发展成为市值超800亿元的A股市值最大的服装类企业,其在发展过程中的年轻化思维及互联网思维的运用值得我们借鉴。

1. 年轻化思维

(1) 时尚化、个性化。

2015年,海澜之家第三季Hi-T上市后依旧销售火爆。第一季由于富于个性化的特点让Hi-T一上市就销售一空;第二季在设计上紧贴当下时尚潮流,各类印花图案、文化符号、艺术拼接、大胆撞色让Hi-T更富个性化;第三季继续秉持"格调、活力、自由"的设计理念,不仅沿袭了海澜之家Hi-T受消费者欢迎的版型优势,而且还大胆尝试了众多适穿耐看的彩色,巧妙地将印花与艺术完美结合。相较第二季,第三季推出了更多有款有型的Hi-T。产品设计极富时尚化、个性化。

(2) 趣味化。

海澜之家Hi-T的趣味性主要体现在包装和营销上。第二季Hi-T上市的时候,海澜之家举办了"Hi-T彩虹墙"展示活动,将Hi-T依照赤橙黄绿青蓝紫的顺序摆放,形成一道彩虹风景,炫彩的视觉效果及展示方式很快便吸引了众多年轻人的关注。

第三季Hi-T的营销更加富有趣味性。35米长的巨型"Hi-T彩虹墙"展示在地铁站,吸睛无数。而且在这一季的Hi-T营销宣传中,海澜之家打破饮料罐的常规用途,将其作为Hi-T的外包装,将Hi-T罐装并以自动贩售的形式展现在众人面前,人们打开罐子出来的不是饮料而是一件Hi-T。这种新奇有趣、不拘一格的宣传方式赚足了眼球,很快便吸引了无数消费者的关注。

2. 互联网思维

互联网思维讲究极致、互动,海澜之家在产品打造及营销传播方面做得都很到位。

(1) 极致。

"极致性价比"这几个字看似矛盾,但海澜之家却将其完美演绎。在产品设计上,调整纽扣的位置、调整配色、优化领形,使服装更匹配亚洲人的穿着习惯。海澜之家10年前就建立了人体数据库,其西装能做到40个码,而世界其他品牌最多才有36个码,可见其在产品设计上追求极致。

在产品上追求极致,而且还要保证品质和高性价比,这在原材料、渠道和营销成本不断攀升的今天,对企业来讲着实是一个很大的考验。海澜之家Hi-T定价68元起,最贵不过200多元,而且还坚持高品质,这与动辄四五百元的男装品牌T恤相比更具竞争力。海澜之家凭借供应链优势和规模化订单压缩成本,利用反季节订货在制造环节降低采购单价等来实现。

极致、高性价比的产品很快便为海澜之家赢得了口碑,2015年一季度,海澜之家实现营业收入45.8亿元,同比增长72%。在极致思维的推动下,海澜之家产品销售额大幅增加。

(2) 互动。

除了以时尚个性、极致、高性价比的产品示人外,在产品销售过程中,海澜之家还特别注重与消费者在线上线下的互动。其举办的一些线下活动通过线上的传播,线上活动对接线下,以促进海澜之家的产品销售。

例如,在"Hi-T彩虹墙"活动中,除了展示产品外,海澜之家还积极与消费者互动。人们可以在现场扫码参加游戏,免费获得海澜之家最新款时尚Hi-T,这种迎合年轻人风格的互动方式大大增加了参与感。由于海澜之家在《奔跑吧兄弟》节目中的广告植入,风格各异的精美罐子里不仅装有海澜之家新款Hi-T,更有《奔跑吧兄弟》节目中明星同款。

海澜之家举办的"为父爱行动""多一克温暖""品质非凡"羽绒展等线下活动开展的同时还在线上与网友进行互动,有的在线下举办线上传播,均产生了较大影响。这为海澜之家品牌带来广泛关注度的同时,也在消费者心目中树立了良好的形象。

(3) 大数据。

海澜之家从整合全产业链资源,到企业内部管理日常工作,再到店面对消费者需求的掌控都是一个数据化的动态过程。

熟悉海澜之家的消费者会有切身的体验,10年前的海澜之家还是以销售男士正装和休闲装的基本款产品为主,款式相对简单,颜色也多以黑、白、蓝、灰为主色调。之所以有这种产品构架,是因为2000年左右的男性消费者穿着还是以西装配白衬衫为潮流所致。再看近5年,海澜之家为消费者所提供的服装产品款式在不断增加,颜色更加丰富,Hi-T产品就为消费者提供了数十种款型。

这种产品结构的变化,一方面来自海澜之家4 000多家门店客流所反馈的大数据,另一方面来自对合作供应商的要求。"可退货的联营"合作模式决定了海澜之家的供应商必须具备自主设计能力,要能开发适销对路的产品,关注消费者对于衣服的追求和感知,从而提高动销率,减少退货。

同时,海澜之家仓储系统采取的是"供应商—总部—门店"的扁平化管控模式,全部数字化的数据管理,既可以通过产品库存来监控市场销售,又可以为下一年度的原材料采购、产品订单、区域门店差异化销售提供数据支撑。

3. 把握行业发展趋势

海澜之家在定位为"男人的衣柜"后,对于男装行业未来发展趋势的把握上也很精准。

我们常常会把优衣库、ZARA、GAP这样的品牌称为国民品牌,因为这些品牌拥有巨大的市场占有率。海澜之家一直将优衣库作为自己的竞争对手和学习典范,优衣库的商业模式让海澜之家看到了男装品牌未来的发展趋势,打造中国男装国民品牌成为海澜之家的发展目标。

海澜之家正是看到了这一点,在商业模式上积极向这些国际品牌靠拢。优衣库用30多年摸索发展起来的商业模式,海澜之家在后发优势的追赶下,只用了13年便做到了如今规模。海澜之家的互联网思维运作,已经不是单纯地为了顺应潮流而喊喊口号。十余年的企业发展,从采购、设计、生产、物流、仓储、市场、门店的每一个环节,一直以来都是以数据化为核心。这种企业运作方式已经与世界一流企业品牌没有实质性的差异,而这也是海澜之家如此成功的重要因素。

从"男人的衣柜"到"中国男装国民品牌",海澜之家精准洞察男人购衣心理特征,通过全方位选择、时尚个性化的高品质衣服、亲民价格、轻松自在的购物体验及与消费者线上线下的互动,让海澜之家在很短的时间内便取得了快速发展。海澜之家在市场上的成功也预示了一些中国服装品牌与国际服装品牌同场竞技的可能性,从中国制造到中国创造,让品牌为产品带来更高的附加值。

[资料来源:前瞻网,http://www.qianzhan.com。(有修改)]

讨论与思考

1. 你认为海澜之家成功的主要原因是什么?
2. 谈谈你所了解的海澜之家"互联网+"商业模式及其营销举措。

能力训练

登录前程无忧网站(http://www.51job.com)和智联招聘网站(http://www.zhaopin.com)等,用网络营销作为关键词搜索,了解各城市中与网络营销有关的职位数量、相关名称及职位要求,并进行总结。

数量\职位名称	北 京	上 海	深 圳	南 京	无 锡

思政元素

认识当代中国经济社会发展成就——互联网的发展及在企业中的应用。

项目总结

网络营销是个人或组织借助互联网为主要营销手段创造交易机会,提供并与他人交换有价值的商品,以满足各自需要和欲望的一种社会活动和管理过程。现代通信技术与互联网的发展、人们消费观念的改变、市场的激烈竞争是网络营销产生的主要原因。网络营销的主体是个人或组织,营销的产品可以是有形的物品,也可以是信息、服务和软件等无形产品。网络营销的特点是:营销过程虚拟化和互动化、成本低廉化、满足个性化需求及营销范围的全球化。网络营销主要实现的是网上市场调查、营销策略制定、信息发布、销售达成、物流配送、支付结算及售后服务等。网络营销对传统营销有着重大影响与冲击,这对企业来说既是挑战,也是机遇,企业应把握机会、整合资源、创造条件,迎接挑战。

资源链接

1. 中国互联网络信息中心:http://www.cnnic.cn
2. 艾瑞咨询网:http://www.iresearch.com.cn
3. 淘宝网:http://www.taobao.com
4. 海澜之家网站:http://www.heilanhome.com
5. 海尔官网:http://www.haier.com

同步练习

一、单项选择题

1. 网络市场的特点是(　　)。
   A. 全天候市场、实体性市场、全球性市场、互动性市场
   B. 全天候市场、虚拟性市场、区域性市场、互动性市场
   C. 全天候市场、虚拟性市场、全球性市场、常规性市场

D. 全天候市场、虚拟性市场、全球性市场、互动性市场
2. 下列说法不正确的是（　　）。
　　A. 关系营销的核心就是保持客户　　B. 网络营销就是网上直接销售
　　C. 软营销的主动方是消费者　　　　D. 4C理论是以客户为中心的模式

二、多项选择题

1. 与之前传统的网络营销定义相比，网络营销定义（2016）体现的一些新的特点有（　　）。
　　A. 体现了网络营销的生态思维　　　B. 突出了网络营销中人的核心地位
　　C. 强调了网络营销的顾客价值　　　D. 延续了网络营销活动的系统性
2. 网上目标市场营销战略有（　　）。
　　A. 无差异性营销战略　　　　　　　B. 差异性营销战略
　　C. 集中性营销战略　　　　　　　　D. 分散性营销战略
　　E. 非集中性营销战略
3. 网络市场细分的原则是（　　）。
　　A. 可衡量性　　B. 可进入性　　C. 可盈利性　　D. 稳定性　　E. 随机性
4. 一个好的网络目标市场，必须具备（　　）条件。
　　A. 该网络市场有一定购买力，能取得一定的营业额和利润
　　B. 该网络市场有尚未满足的需求，有一定的发展潜力
　　C. 企业有能力满足该网络市场的需求
　　D. 企业有开拓该网络市场的能力
　　E. 企业有一定的竞争优势
5. 按照交易对象或模式分类，网络营销包括（　　）。
　　A. B2B　　　　　B. B2C　　　　　C. C2C　　　　　D. B0B　　　　　E. O2O
6. 与传统的营销手段相比，网络营销具有很多独特的优势，表现在（　　）。
　　A. 使消费者的决策更具有便利性和自主性
　　B. 有利于企业取得成本优势
　　C. 有利于企业和顾客良好沟通
　　D. 有利于企业提供更优质的服务
　　E. 有利于提高产品促销的多媒体效果

三、案例分析

根据本项目所描述的几个案例，思考以下问题：
1. 结合"封杀王老吉"的成功营销案例，探讨网络营销能否给传统企业带来大的变革。
2. 结合海尔网络营销的成功之路案例，阐述企业为什么要开展网络营销活动。
3. 结合"互联网+"时代海澜之家的成功之道案例，探讨海澜之家成功的主要因素。

实训项目一　网络市场细分及定位策略

实训目的：通过实训，熟悉企业网络市场细分及定位策略。

实训器材：计算机和互联网。

实训指导：登录 http://www.pg.com.cn(宝洁中国公司)，以了解它在中国的市场细分及定位策略。

实训要求：登录 http://www.pg.com.cn(宝洁中国公司)，列出它在中国的市场细分及定位策略。

请写一篇实训报告。

实训项目二　企业开展网络营销活动的情况

实训目的：掌握企业是如何实施网络营销的，掌握企业开展网络营销活动的好处。

实训器材：计算机和互联网。

实训指导：登录海尔、京东、苏宁等购物网站，认识其开展网络营销的情况。

请写一篇实训报告(提示：通过以上实训，描述企业是如何实施网络营销的。上网搜索资料，结合体会，描述企业应当如何运用网络营销)。

项目二

网络营销基本工具

项目情境创设

随着网络营销的发展,越来越多的网络工具,如搜索引擎、微博、微信、视频等应用到网络营销中来,那么如何正确、有效、充分地利用这些工具为网络营销服务呢?

项目任务书

任务编号	分项任务	职业能力目标	知识要求	课时
任务一	搜索引擎营销	1. 学会如何进行搜索引擎营销; 2. 学会运用百度指数挖掘信息	1. 搜索引擎营销及其发展阶段; 2. 搜索引擎营销主要模式及SEO; 3. 搜索引擎竞价排名	2
任务二	微博营销	能运用微博进行网络营销	1. 微博及其创建; 2. 微博营销	2
任务三	即时通信营销	能运用即时通信工具进行网络营销	1. QQ营销; 2. 微信营销; 3. 平台商务工具	3
任务四	视频营销	学会视频营销策划与制作	1. 认识网络视频平台; 2. 视频类型及营销策略	3
职业素质目标		1. 沟通协作的团队意识; 2. 获取和应用知识的自主学习能力; 3. 探索实践的创新能力		

项目学习引导

中国互联网络信息中心(CNNIC)2021年2月3日发布的《第47次中国互联网络发展状况统计报告》显示:截至2020年12月,中国网民规模达到9.89亿人,普及率达到70.4%,2020年,我国互联网行业在抵御新冠肺炎疫情和疫情常态化防控等方面发挥了积极作用,为我国成为全球唯一实现经济正增长的主要经济体,国内生产总值(GDP)首度突破百万亿,圆满完成脱贫攻坚任务做出了重要贡献。

从网民经常使用的互联网服务来看,2020年网络应用使用率排名前三名的是即时通信、网络视频、网络支付(见图2.1)。值得注意的是,短视频、网络支付和网络购物的应用增长最显著,即时通信和搜索引擎的应用保持平稳增长态势,网络直播①保持快速增长。中国互联网应用的消费商务化特征走强趋势明显。

知识拓展

E-mail营销的技巧

网络营销需要借助这些服务和工具,为企业发展创造良好的运营环境。

应用	2020年3月		2020年12月		增长率
	用户规模(万)	网民使用率	用户规模(万)	网民使用率	
即时通信	89 613	99.2%	98 111	99.2%	9.5%
搜索引擎	75 015	83.0%	76 977	77.8%	2.6%
网络新闻	73 072	80.9%	74 274	75.1%	1.6%
远程办公	—	—	34 560	34.9%	—
网络购物	71 027	78.6%	78 241	79.1%	10.2%
网上外卖	39 780	44.0%	41 883	42.3%	5.3%
网络支付	76 798	85.0%	85 434	86.4%	11.2%
互联网理财	16 356	18.1%	16 988	17.2%	3.9%
网络游戏	53 182	58.9%	51 793	52.4%	−2.6%
网络视频(含短视频)	85 044	94.1%	92 677	93.7%	9.0%
短视频	77 325	85.6%	87 335	88.3%	12.9%
网络音乐	63 513	70.3%	65 825	66.6%	3.6%
网络文学	45 538	50.4%	46 013	46.5%	1.0%
网络直播	55 982	62.0%	61 685	62.4%	10.2%
网约车	36 230	40.1%	36 528	36.9%	0.8%
在线教育	42 296	46.8%	34 171	34.6%	−19.2%
在线医疗	—	—	21 480	21.7%	—

图2.1 互联网应用

---

① 网络直播包括电商直播、体育直播、真人秀直播、游戏直播和演唱会直播。引自中国互联网络信息中心《第47次中国互联网发展状况统计报告》。

项目二 网络营销基本工具

任务一 搜索引擎营销

案例导读

搜索引擎 30 年，视频搜索在崛起

视频搜索这种更具画面感、个性化的搜索方式，会成为未来搜索引擎新趋势吗？

2月17日，字节跳动CEO张楠透露，抖音视频搜索月活用户超5.5亿，日均视频搜索量已达4亿，抖音将加大对搜索的投入力度之后，在知乎，由官方"知乎科技"发起，已有400来人参与的热门问答。

在移动端积极布局搜索业务的不止抖音，其早已成为所有巨头布局方向。2021年微信公开课上，微信搜一搜首次完整亮相。更早之前，字节跳动等互联网巨头也公开宣布发力搜索业务。区别在于，无论是微信搜一搜，还是其他互联网巨头，重点发力方向都是通用搜索，而不是视频搜索。

搜索，英文名Search。过去30年来，作为用户需求、依赖最多的领域，搜索对互联网发展有天翻地覆的影响，如果没有搜索，那么大概率不会有如今的互联网。

从文字搜索到整合搜索、图片搜索、音频搜索，乃至现在的视频搜索，搜索成为互联网进化最快的领域之一。直到如今，智能设备和信息技术大爆炸仍持续影响着搜索方式，推动搜索变得越来越聪明。

这也让过去多年来，众多业界人士，甚至谷歌搜索产品和用户体验副总裁玛丽莎·梅耶尔（Marissa Mayer），在十多年前的《搜索的未来》中发出相同提问：

搜索引擎会成为过去时吗？未来的搜索，又会是什么模样？

毋庸置疑。也许谷歌、百度会没落，但搜索引擎不会过时，它本就是一部在技术不断革新中变得更好的搜索简史——面对日益复杂的各种内容，越来越懂得用户的查询需求，并迅速为用户提供更精准的信息和答案，本就是搜索引擎诞生以来一直致力的前进方向。

归根结底，无论百度、谷歌、微软、雅虎、Pintrest，还是YouTube、抖音、微信搜索，尽管各大搜索引擎获取信息的方式已不尽相同，但其目标都一致：谁更准确理解用户想找什么，谁就将引领下一代搜索潮流。

（资料来源：杨铭，艾瑞网，http://column.iresearch.cn/b/202102/906826.shtml）

案例思考 你知道什么是搜索引擎营销吗？你想学习搜索引擎优化及营销的方法吗？

课前准备

了解百度等搜索方法。

搜索引擎的概念和工作原理

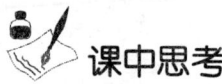
课中思考

如何利用搜索引擎让消费者更快速、更方便地找到我们?
如何运用百度指数挖掘舆情信息?

学习引导

一、企业在互联网时代的市场行为与道德规范

在互联网时代,企业利用互联网作为商业渠道和公关渠道,并希望通过互联网手段来增强竞争优势。但在这场市场竞争中,企业需要重视用户利益,商业竞争要有底线,不能过于依赖公关,需要政府监管,并推动相关部门完善各环节的监管,完善相应的法律法规,为行业构建更加健康、公平和可持续的竞争环境。

二、搜索引擎营销

搜索引擎营销(Search Engine Marketing,SEM),是一种营销方法,它根据用户使用搜索引擎的习惯,采用付费形式或技术手段,使相关网页、视频等在关键词搜索结果中排名靠前,引导用户单击,从而达到品牌展示和促进销售的目的。

搜索引擎营销的基本内容是:构造合适的信息源,创造被收录的机会,占据搜索结果靠前位置,获取用户关注,为用户获取信息提供方便。

三、搜索引擎营销的主要模式及搜索引擎优化

(一)搜索引擎营销的主要模式

目前,利用搜索引擎开展网络营销的主要模式有以下几种:

(1)免费登录分类目录。这是最传统的网站推广手段,方法是企业登录搜索引擎网站,将自己企业网站的信息在搜索引擎中免费注册,由搜索引擎将企业网站的信息添加到分类目录中。现如今,免费登录分类目录的方式已经越来越不适应实际的需求,将逐步退出网络营销的舞台。

(2)搜索引擎优化(Search Engine Optimization,SEO),也叫网站优化。这是通过对企业网站本身的优化使其更符合搜索引擎的搜索习惯,也就是更符合用户的搜索习惯,从而获得比较好的搜索引擎排名。通过搜索引擎优化不仅要使企业网站获得好的搜索引擎排名,更应该使网站获得更多的机会和效益。

(3)收费登录分类目录。收费登录分类目录与免费登录方法非常相似,区别仅是这是需要付一定的费用才能够实现的一种搜索引擎营销方法。

(4)关键词广告。这也是付费搜索引擎营销的一种形式,或称为搜索引擎广告、付费搜索引擎关键词广告等。当用户利用某一关键词进行检索,会在检索结果页面出现与该关键词相关的广告内容。由于关键词广告具有较高的定位,其效果比一般网络广告形式要好,因而获得快速发展。

(5)关键词竞价排名。竞价排名是一种按效果付费的网络推广方式,由百度在国内率先推出。企业在购买该项服务后,注册一定数量的关键词,其推广信息就会率先出现在相应的搜索结果中。竞价排名属于许可式营销,它让用户主动找上门来,只有需要的用户才会看到竞价排名的推广信息,因此竞价排名的推广效果具有很强的针对性;其次,竞价排名按照效果付费,根据给企业带来的潜在客户访问数量计费,没有客户访问不计费,企业可以灵活控制推广力度和资金投入,投资回报率高。

(6)网页内容定位广告。这是基于网页内容定位的网络广告,也是关键词广告搜索引擎营销模式的进一步延伸,广告载体不仅是搜索引擎搜索结果的网页,也延伸到这种服务的合作伙伴的网页。

搜索引擎的特点决定了搜索引擎营销是网络营销最重要的一种应用。随着搜索引擎技术的不断发展,必然会出现更多新的搜索引擎营销方法。

(二)搜索引擎优化

搜索引擎优化是针对搜索引擎对网页的检索特点,让网站建设的各项基本要素适合搜索引擎的检索原则,从而使搜索引擎收录尽可能多的网页,并在搜索引擎自然检索结果中排名靠前,最终达到网站推广的目的。

搜索引擎优化可以从以下几个方面考虑:

(1)为每个网页设置一个相关的主题。网页标题中的关键词在搜索引擎排名中具有重要的作用,当两个同时做童装的厂家都有自己的网站,并且都在相同的网站上注册了,可是一个厂家网站的搜索排名却比另外一家高许多。原因何在?经过分析原来是那个排名低的厂家把自己网站上所有网页的标题都设为厂家的名称,而另一家在标题中加上了童装关键词。当用户用某种商品名进行搜索时,他关心的首要问题是商品,而不是厂家。因此在设计网页的标题时,应尽量体现网页中的核心词汇,这些核心词汇应该是有较大的被检索可能的,而不是一些冷僻词汇,也不是一些过于通用的词汇。

(2)尽量使用静态网页。目前能够对动态网页进行索引的搜索引擎还比较少,而同样内容的动态网页其权重比静态网页要低很多。因此无论是从效率上还是方便搜索引擎收录方面来讲,使用内容发布系统将网站内容发布成静态网页都是非常必要的。

(3)在网页中以文字为主。目前搜索引擎只分析 HTML 页面中的文字(动态页面如 ASP、PHP 也行,不过优先级会比较低),尽管 Flash 动画内容比起一般的文字加图片形式的 HTML 网页,具有更好的视觉效果和艺术效果,但全 Flash 网站中的文字很难被一般的搜索引擎捕捉到。

(4)重视外部网链接的数量和质量。被外部网站链接的数量称为链接广度,它是影响网站排名的一个重要指标。在注重外部链接的数量的同时,更要重视外部链接的质量——一个高质量网站的链接的重要程度高过多个低质量网站的链接。经验表明,对于新网站有一种有效获得高质量链接的方法,就是在付费分类目录中登记网站,并且优先登录分类目录,等到获得收录后再向搜索引擎提交,因为主要搜索引擎的分类目录的链接通常可以作为链接广度来计算。被已经登录于搜索引擎的网络链接,对于新网站的另外一个价值在于,即使没有主动向搜索引擎提交网站,搜索引擎也会根据原有网站的链接路径来发现这个新网站。

(5)为搜索引擎访问网站提供便利。当有用户开始搜索时,搜索引擎的索引要到网站上发现有价值的网页,要到每个网页检索有效的关键词,但这些信息有时并不一定能被索引顺利发现,因此为搜索引擎提供便利是提高网页被搜索到的有效方法。为此,专门设计一个名为 sitemap.htm 的网页,存放在网站的根目录下,称为"网站地图",在这个网页中列出网站所有子栏目的超链接。

为搜索引擎提供方便,最终也是为网络营销提供方便,网络营销者总是希望搜索引擎能够方便地检索整个网站的所有网页,并且便于发现网络营销者所希望被检索的所有关键词。这是设计"网站地图"网页的基本原则。

(6) 正确处理各种关键词的优化关系。网页标题、网页主体内容、图片的 alt 属性、meta 标签等都可以设置关键词,但其重要程度不同。其中,网页标题最高,其次是网页主体内容,alt 属性、meta 标签的重要程度则视具体搜索引擎而定。在处理关键词优化时,应注意以下几个方面:首先,要对搜索引擎"诚信";第二,不要把 meta 标签设计等同于搜索引擎优化;第三,在网页中设置与内容相关的吸引人的图片,并设置图片的 alt 属性;第四,重要的关键词应尽量放在网页主题代码中靠前的地方。

阅读思考 2-1

搜索引擎竞价排名

截至 2020 年 12 月,我国搜索引擎用户规模达 7.70 亿人,使用率为 77.8%,搜索引擎已成为人们在互联网上最常用到的工具,成了网民生活的必需品。毕竟,对于大多数人来说上网的目的就是为搜索信息。搜索引擎顺应了人们这一需求,即在浩瀚的信息海洋中快速、准确地找到自己所需要的信息。而这一点恰巧是企业所需要了解的信息,由此应运而生的搜索竞价排名给企业带来了巨大商机。搜索引擎竞价排名是网络推广服务,竞价排名与搜索引擎收费登录有类似的地方,但本质上不一样。相似之处:它们都借助搜索引擎平台进行推广;说本质上不同,是因为竞价排名不是按照排名的时间长短收费,而是按照客户网站带来的实际访问量收费。竞价排名的收费方式是记录下有效单击次数,并以此为收费依据。因此,这是一种真正按照效果收费的网络推广服务。

目前,在网络上提供这种服务的搜索引擎不少。在国外,有谷歌,而在中文搜索领域,百度占据着上风。因此,对于国内企业来说,只要参加百度搜索竞价排名,企业的网站就会出现在百度的数据库中,并被千千万万的在搜索引擎中查找相关行业、产品、企业、公司、网站等信息的网民优先看到。值得一提的是,它带来的是目标性极强的访问者。具体分析起来,百度竞价排名有以下几大特点:

(1) 广。竞价排名通常是联合众多知名网站,共同提供服务。百度搜索竞价排名服务,联盟包括中国所有的主流门户网站,这些网站不仅包括雅虎、搜狐等人们可以想到的大牌网站,也包括一些地方网络媒体。

(2) 专。竞价排名的服务模式是让用户注册属于自己的产品关键词(即产品或服务的具体名称),当网民通过搜索引擎寻找相应产品信息时,该网站会出现在搜索结果的醒目位置,成为客户首选。这是真正的广告投放,让商品找到买家,让买家找到自己想买的商品,其针对性极强。

(3) 全。很多企业提供多种产品或服务,即使是同一种产品,往往也会有许多名称,竞价排名不限制用户注册的产品关键词数量,通过注册大量产品关键词,企业的每一种产品都有机会被潜在客户发现,从而最大限度地得到潜在客户的访问,获得最好的推广效果。

(4)活。竞价排名按照为用户带来的访问量付费,任何参加竞价排名的用户都可以灵活地控制自己的成本预算,随时按照自己的监测效果来调整竞价产品关键词的价格。先进的成本控制措施,使得用户的每一分钱都会物有所值,真正为用户带来良好的效益。

网络经济正在改变世界,并导致了新经济时代的产生。在新的市场环境下,企业处于不断的变化之中,各企业正迅速地从其传统的商业模式向电子商业模式转换。有人说,对网络经济来讲,创新似乎是它可以如此不断膨胀,并且持续繁荣的唯一原动力,而且,好像在互联网上谁合理运用了这个动力,谁就会成为财富的聚集地。看得出来,竞价排名这种营销方式有两个突出的优势。第一个优势是有极高的针对性。当人们是通过搜索引擎有针对性地寻找某种信息的时候,这种营销方式的成功率就会非常高,网站的推广者就可以很容易抓住潜在的客户。第二个优势是实时性。企业参加竞价排名后,能很迅速地出现在很多搜索引擎结果页面上。同时,竞价的过程也是实时的,企业随时可以调整价格来控制自己要花多少钱,这是传统网络营销所不具备的特点。

讨论与思考

论述搜索引擎营销的步骤。

1. 网上信息搜集训练

训练任务	通过网络搜索相关信息资料,写一篇1 000字左右的介绍网络营销的短文
训练目标	1. 了解信息搜集的主要途径,补充网络营销相关知识; 2. 掌握使用搜索引擎搜索特定信息的方法,学习搜索引擎的使用方法和技巧
训练内容	1. 登录互联网并选择搜索工具,运用搜索技巧搜索网络营销相关信息; 2. 选择下载相关资料并保存; 3. 利用下载资料撰写短文,在规定时间内通过网络提交给老师
训练成果	制作一个演示文稿(PPT),向大家介绍短文内容和体会

2. 搜索引擎优化训练

自己任选一个网站,结合相关知识拓展案例,策划该网站搜索引擎优化方案。

(1)优化要求

内容要求:

① 分析网站存在的问题,撰写搜索引擎优化方案。

② 根据优化方案对原网站进行优化。

③ 完成搜索引擎优化报告。

技术要求:

① 关键词优化。从关键词频率、密度、主辅关键词、关键词分布及表现形式、关键词策略等几个方面进行优化。

② URL 优化。从 URL 命名技巧、分隔符使用、URL 长度及 URL 各组成部分进行优化。
③ 网页结构优化。从网页组成元素、区域分布规律、结构类型等几方面进行优化。
④ 链接优化。从内部链接和外部链接两个方面进行优化。
⑤ 避免搜索引擎优化误区。

(2) 报告要求

① 结构合理，层次清晰，内容充实。
② 优化合理、全面，有翔实的优化方法和策略。
③ 优化策略具备可行性。
④ 排版规范。

任务二　微博营销

案例导读

微博营销助力，故宫文创 IP 走红

近几年，故宫猫系列、故宫盲盒、故宫礼品、故宫文具等一系列故宫文创出世，故宫不再是严肃辉煌的代名词，而是借助着互联网这道"东风"，变成了全国最大的"IP"，故宫文创，让圈子外的路人所知晓、所喜爱。

在这个娱乐至上的年代，首次触网的故宫，舍弃了古板严肃的面貌。故宫官方微博"恶搞"了一批图片发布在网上，如图 2.2、图 2.3 所示，这批照片一经发出便在网民中病毒式传播。之后故宫又发布了一批趣味性极强的文创产品，掺揉着趣味性和实用性，一经推出就受到年轻人的追捧。故宫衍生品的销量，也开始水涨船高。2017 年故宫文创收入达到 15 亿元。

知识拓展

怎样推广博客（微博）

图 2.2　故宫淘宝卖萌文创 1

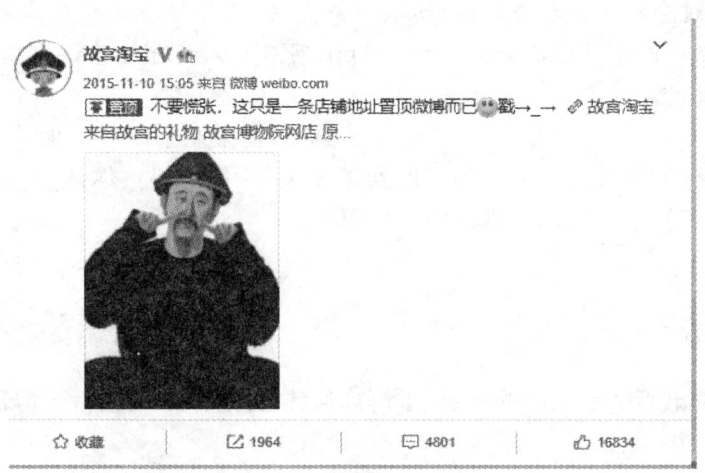

图 2.3 故宫淘宝卖萌文创 2

故宫打造了自己的自媒体矩阵,而微博因其信息流传播快及开放性强的特性,匹配故宫潜在用户群体特征而成为故宫文创宣发的主要营销战场。IP 形象是很多微博用户对于一个企业的第一印象。此时的故宫抛弃了紫禁城传统形象,选择更为亲近微博年轻群体的 Q 版形象,还制定与之相符的个性特点,用"软贱萌"性格发动攻势,拉近群众与故宫之间的距离,扩大自身影响力。并在本体大热之后持续推出"故宫猫"等热门 IP,制定相关背景文化,并围绕"故宫猫"主题推出系列衍生品,使每个 IP 都充满鲜活的生命力,同时关注热点话题进行博文发布以及产品发布,如图 2.4 所示。

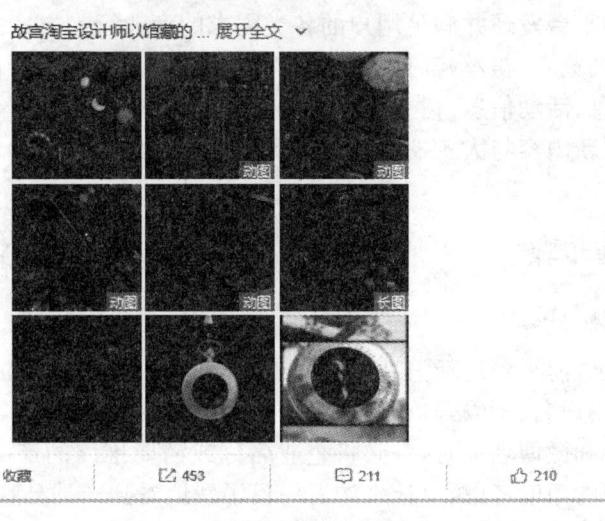

图 2.4 故宫淘宝热点文创

故宫文创通过分析客户特点,打造萌版形象产品,宣传传统文化艺术的同时,融入时代特点,充分运用互联网手段以及微博、微信、App、网店等方式进行营销推广,实现了高销售、高增长、客户高黏度。

(资料来源:故宫淘宝北京故宫文化服务中心官方微博)

案例思考　你知道故宫文创是如何做到年收入 15 亿的吗?你认为真正的营销需要具备哪些因素?你想知道如何赢得良好的口碑吗?

课前准备

查看新浪、腾讯等平台微博的内容,了解如何建立微博,如何进行微博营销。

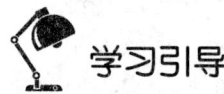

课中思考

如何提高微博的点击率?

学习引导

一、微博营销

(一)微博的概念

微博即微博客(MicroBlog)的简称,是一个基于用户关系的信息分享、传播及获取平台。用户可以通过 Web、WAP 及各种客户端组建个人社区。一般一条微博包括 140 字左右的文字信息。

(二)微博营销

微博营销是指通过微博平台为商家、个人等创造价值而执行的一种营销方式,也是指商家或个人通过微博平台发现并满足用户的各类需求的商业行为方式。微博营销以微博作为营销平台,每一个浏览者(粉丝)都是潜在的营销对象,企业利用更新自己的微博向网友传播企业信息、产品信息、活动信息,树立良好的企业形象和产品形象。

微博会时常更新内容与大家交流互动,或者发布大家感兴趣的话题,以此达到营销的目的。

二、微博创建步骤

(一)注册微博

目前国内四大微博平台是新浪、腾讯、网易、搜狐。微博的注册流程类似于一般的注册流程,主要是填写用户名、密码等信息,在此不赘述。需要强调的是,微博名称和个性域名的选择。在填写昵称和微博名称时,务必将企业名称或需要推广的产品品牌加进去。这样操作一方面是从用户的角度考虑,可让来访者一目了然地看到产品品牌名称;另一方面是从搜索引擎的角度考虑,对搜索引擎友好,更便于品牌宣传。

（二）微博设置

注册好微博后，需将微博信息补充完整，设置时要加入主打品牌的名称，同时考虑搜索引擎友好的原则。主要设置内容包括企业简介、头像、关注信息的类别、友情链接等。

在企业网站中，一般的企业简介内容都较长，而在微博中企业简介不允许过长，这就需要考虑哪些内容应该放置、哪些应省略。企业简介主要说明企业的概况、企业的主营产品和在行业内的影响力就可以，便于来访者了解企业的情况。

此外，头像的选择也很重要，作为企业的推广微博，最佳的选择是企业的 Logo。

关注信息的类别，基本是选择微博所关注的行业范围。

友情链接的设置，既可添加自己要推广的网站链接，也可和较友好的网站交换链接，增加访问量。

微博认证。从营销的角度出发写微博，无论个人还是企业，一般都需要将微博实名认证。这样不仅能够提升微博的权威性和知名度，还能够带来意想不到的"粉丝收益"，便于更好地与名人互动。例如，新浪的微博认证提供了针对个人、企业、媒体、网站等多种认证方式，可按照要求完成认证过程。

微博认证的一般步骤为：

（1）提交网站认证申请。

（2）下载、上传检测文件，验证网站真实性。

一般认证很快就可以获得批复，认证后的微博较之未认证的微博，运营速度相对更快。

（三）微博内容编辑

微博注册完成之后，则进入微博营销的重要环节——内容编辑，即进行日志写作。

微博营销终归是一种营销手段，其目的是推广产品，促进产品销售，因此微博内容一般都要与企业和产品相关。

微博文章一般可分为转载类、原创类和伪原创类。

（1）转载类文章的选择要注意三点：浏览量高、转载量高、主题吸引人。满足这三点且一定要与企业服务或产品相关。

（2）原创类文章要根据企业服务或产品确定内容范围，然后选择关键词，根据关键词进行文章写作，并注意文章的编辑、修改。

（3）伪原创类文章一般是在转载类文章的基础上结合企业的服务或产品进行编辑加工，使搜索引擎认为其是原创文章，从而提高网站权重。一般伪原创类文章会修改文章标题及首尾内容。

微博文章的写作要把握住一点——向用户提供有价值的信息。只有给用户提供的信息有价值，才能达到潜移默化的营销效果，带来潜在客户。写好的微博文章还需要进行编辑、修改，切忌出现错别字，以免影响企业形象。还要注意检查语句是否通顺、段落衔接是否得当、用词是否恰当等。检查无误后即可发布。

（四）微博内容发布

在发布微博文章时，要注意一些细节问题，如关键词（Keyword）、描述（Description）、标签（Tag）的设置和链接的添加。

1. 标签及摘要内容设置

一般微博平台中会有关键词或标签及描述内容的设置,这几个要素基本决定了微博文章搜索引擎优化的效果。标签主要选择用户日常检索频率较高的词语及与自己的产品相关的词语,如图2.5所示。标签的设置可以很好地体现在搜索引擎的搜索上,其在引导用户来访问微博方面起到了重要作用,所以在标签的设置上一定要斟酌。

与关键词和标签同样重要的描述是摘要内容,一般微博平台都要自定义文章摘要。摘要中的内容应为本篇文章的核心内容,可以将整篇文章的大概意思浓缩于此。由于摘要内容会在微博首页显示,也可将文章中的亮点语句放于此,以吸引用户浏览。在摘要中加入所需关键词,一方面能促进搜索引擎及时收录,并使搜索快照的内容包含关键词,便于用户搜索;另一方面摘要内容被搜索引擎收录后会显示在搜索标题下方的关键位置处,因此摘要内容的选择是十分重要的,如图2.5所示。

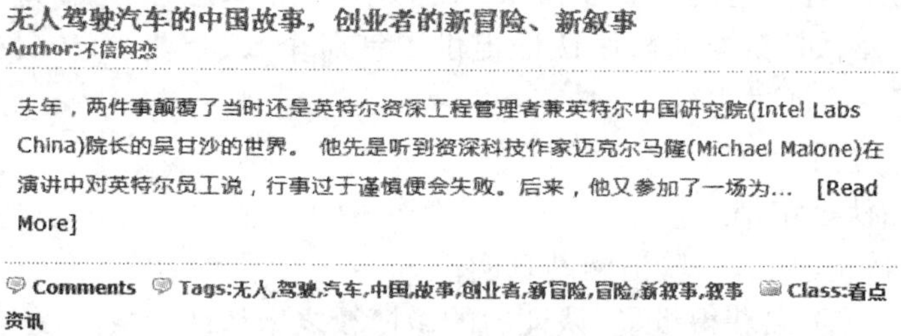

图2.5 微博标签及摘要内容

2. 关键词加链接

每篇微博文章的关键词为该篇文章的核心词语或能概括该篇文章内容的词语,也可选择企业或个人推广的目标关键词。可为文章中挑选的关键词加上产品或网站的链接地址。关键词所加链接应指向产品内容页或各类产品列表页,如图2.6所示。

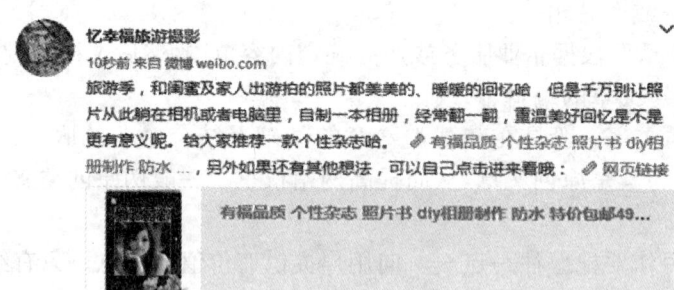

图2.6 关键词加链接

在文章末尾加上链接,不仅可以引导用户进入产品网站,也可以给网站增加外链。除文字链接外,在微博文章中增加外链的方式还有图片链接、小图标链接、视频链接等。

三、微博营销的优势

（一）细分程度高，广告定向准确

微博是个人在网上发表的文章，拥有个性化的分类属性，因而每个微博都有不同的受众群体，其受众也往往是一群特定的人，细分的程度远远超过了其他形式的媒体。而细分程度越高，广告的定向性就越准确。

（二）互动传播性强，信任程度高，口碑效应好

微博在广告营销环节中同时扮演了两个角色，既是媒体（Blog）又是人（Blogger），既是广播式的传播渠道又是受众群体，能够很好地把媒体传播和人际传播结合起来，通过微博之间的网状关系扩散开去，放大传播效应。

每个微博都拥有一个兴趣爱好相同的微博圈子，而且在这个圈子的内部微博之间的相互影响力很大，可信程度相对较高，朋友之间互动传播性也非常强，因此可创造的口碑效应和品牌价值非常大。虽然单个微博的流量绝对值不一定很大，但是受众明确，针对性非常强，单位受众的广告价值自然就比较高，所能创造的品牌价值远非传统方式的广告所能比拟。

（三）影响力大，引导网络舆论潮流

多起微博门事件的陆续发生，证明了微博作为高端人群所形成的评论意见影响面和影响力度越来越大，微博渐渐成了网民的"意见领袖"，引导着网民舆论潮流，对企业品牌产生巨大影响。

（四）大大降低传播成本

口碑营销的成本由于主要集中于教育和刺激小部分传播样本人群上，即教育、开发口碑意见领袖，因此成本比面对大众人群的其他广告形式要低很多，但结果往往能事半功倍。

如果企业在营销产品的过程中巧妙地利用了口碑的作用，必定会达到很多常规广告所不能达到的效果。例如，微博规模盈利和传统行业营销方式的创新，都是现在社会热点话题之一，因而广告客户通过微博口碑营销不仅可以获得显著的广告效果，还会因大胆利用互联网新媒体进行营销创新而吸引更大范围的社会人群、营销业界的高度关注，引发各大媒体的热点报道，这种广告效果必将远远大于单纯的广告投入。

（五）有利于长远利益和培养忠实用户

运用口碑营销策略，激励早期采用者向他人推荐产品，劝服他人购买产品。随着满意的顾客增多会出现更多的"信息播种机""意见领袖"。因此企业赢得良好的口碑，长远利益也就得到了保证。

（六）微博的网络营销价值体现

微博营销大大增加了企业网站或产品说明的链接数量，新增了搜索引擎信息收录量，直接带来潜在用户的可能性迅速增大，且方便以更低的成本对用户行为进行研究，让营销者从对媒体被动的依赖转向自主发布信息，使传播在相当长的时间里得以不间断延展，而不仅局限于当期的传播主题活动。

四、微博营销的法则

(一)遵循写作的基本法则

写作的基本法则是一定的,但许多微博文章不太遵守拼写和语法规则。当然,微博不需要拘泥于传统的出版形式,但是如果希望读者能够轻松阅读,最好还是遵循写作的基本法则。

(二)简明扼要

微博写作虽然不需要像出版物那样考虑文章篇幅,但读者的时间是宝贵的。网友通常会阅读许多内容,如果你不直接说出自己的观点,他们不会有耐心看你的微博。

(三)有新闻价值

微博需要有新闻价值、有趣、有用和幽默。一些微博文章没有注意到这些,所以效果不理想。

(四)内容有用

有新闻价值还不够,"有用"才是最重要的。人们喜欢有意思的东西,但如果你不是专业的,他们不会仅仅因为好玩而再次回来订阅你的微博。你可能还有其他特长,如善于讲故事,这也是一个有利因素,但不足以让人们订阅。人们订阅或经常看微博的主要原因是,微博的内容对他们的日常工作和生活有用。

(五)便于浏览

人们订阅了大量的微博,但并没有时间每天全部阅读,因此你需要让他们快速浏览,很快抓住文章主旨。如果微博文章里全是大段的文字,谁也不愿意阅读。文章便于快速浏览的最好方法是列表,人们扫一眼就可以了解主要观点。另一个好方法是"高亮"显示你的主要观点。

(六)标题出彩

标题需要简练并且具有吸引力。没有一个好标题,你的文章将没人去看。有太多的文章在读者的阅读器里,他们只关注吸引他们的标题。当然,你的文章内容要和标题相符。

(七)使用第一人称

这可能是微博写作与其他写作的最大区别。在一般的出版物中,惯例是作者保持中立。但微博不同,你就是你,越明确地表达出自己的观点越好。网上有上百万博主,你很难做到很特别,除非你写出了独一无二的内容,那就是你自己。

(八)形成互动@好友

在博文中@好友,之后会出现在"您的主页"和"用户提到我的"页面,引起好友的关注,同时也与好友形成良好的互动。

(九)延续链接

微博虽然在网络门户里是独立并自成体系的,但也是互联网的一部分,应该充分利用这个优势,让其他文章为你的微博文章提供知识背景,让读者通过链接继续深入阅读,并尽量为他们提供优秀的链接。

（十）做好编校

满篇错别字、排版不工整,让人很不舒服。和其他写作不同,写微博需要自己校对,因此要认真地逐字逐句校对,甚至重写,否则将来出了问题,只能怪自己。

（十一）关注好博

不但要关注话题相近的微博,还要多看一些优秀微博。好的微博会随着时间推移逐渐崭露头角。看看他们哪些地方做得好,也可以看看其他人哪些地方做得不够好。坚持不懈地学习,不久你也会成为别人学习的楷模。

（十二）＃固定话题＃

如图2.7所示,使用＃固定话题＃进行话题分类。

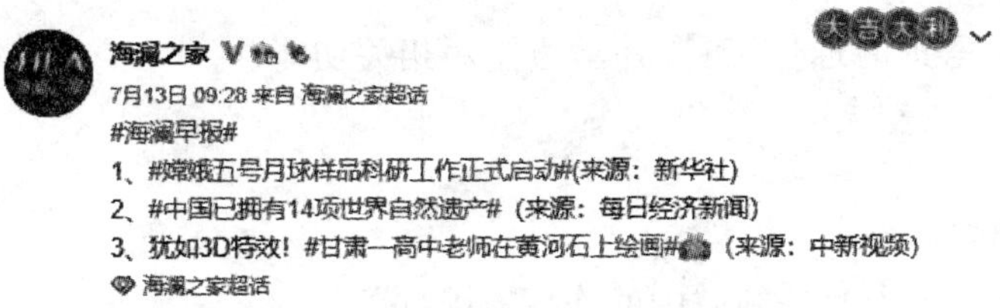

图 2.7　固定话题

能力训练

在新浪微博或网易微博上开设个人微博。

训练任务	微博营销
训练目标	开设个人微博,并进行维护和推广
训练内容	选择网站,注册微博,选择模板,上传内容,进行写作,维护管理
训练成果	写出开设、管理微博的流程,上传个人微博主页及相关内容

任务三　即时通信营销

案例导读

王老吉的二维码+微信营销

国内知名凉茶品牌王老吉利用和微信联合推出条形码扫描的新模式,以产品罐身为媒介,以条形码为纽带,用点亮广州塔赢《亲爱的》电影票这样深具土豪气质且萌哒哒、爱满满的互动活动,消费者可以通过扫一扫王老吉罐身条形码连接到微信的商品主页,找到免费观影的栏目,即可进入活动页面。

这一活动瞬间就点燃了网友们转发分享狂摇不断的热情。而王老吉依托和微信联合推出的扫条形码新技术,以印刷在罐身的条形码作为媒介,以数以万计的王老吉罐子为桥梁,最大范围连通了消费者,这在保证活动的参与人数的同时,也有效挖掘了王老吉的潜在消费者,可谓是一举两得。

最终,王老吉在发起活动时预计会有 100 万人参加,而最后活动尚未结束已有超过 190 万人参加,这远远超出了既定目标。

案例思考 王老吉微信营销的成功之处有哪些?如何使用微信进行营销?还有哪些即时通信工具?如何使用这些工具进行网络营销?

课前准备

了解 QQ、微信等即时通信工具,并学习使用相关功能。

课中思考

即时通信工具在电子商务领域中的作用有哪些?

学习引导

一、即时通信的概念

即时通信(Instant Messaging,IM)就是基于网络通信协议产生的点对点或点对面通信的一种软件。它可以提供即时文件、文字、图像、语音、视频等多种格式的媒体数据,使人们方便地进行沟通。

目前即时通信工具是网民最常用的排在首位的网络服务应用。2020 年即时通信用户规模达到 9.81 亿人,占网民整体的 99.2%,其中手机即时通信用户为 9.78 亿人,占手机网民的 99.3%。目前的网络即时通信工具有三大类:第一类是以手机 QQ、微信、Skype 等为代表的门户网站提供的即时通信工具;第二类是以 B2B 平台服务商开发的即时通信工具,如阿里旺旺、慧聪发发等;第三类是各个通信公司发布的即时通信工具,如飞信、超信、灵信等。

二、门户网站提供的即时通信工具

这些即时通信工具虽然不是针对商业用途设计的,但是由于用户多,使用方便,成了许多网商的最爱。不同的即时通信工具在不同的领域中都有应用,QQ、微信是国内网络营销的首选工具,Skype 则是外贸领域的必备工具。

(一)QQ

腾讯 QQ 支持在线聊天、视频和语音聊天、点对点断点续传文件、共享文件、网络硬盘、自定义面板、远程控制、QQ 邮箱、传送离线文件等多种功能,并可与多种通信方式相连。此外,QQ 不仅是简单的即时通信软件,它与全国多家通信公司合作,实现与传统的移动电话的短消息互联,是国内最为流行、功能最强的即时通信软件。

QQ群是一个聚集一定数量QQ用户的长期稳定的公共聊天室。QQ群成员可以通过文字、语音进行聊天,在群空间内也可以通过群论坛、群相册、群共享文件等方式进行交流。创建QQ群的人叫作群主,它能委任群成员为管理员转让和解散群,群主和管理员可以添加、删除群成员。相对于QQ群,群讨论组适合较少人的文字图片聊天,QQ群与QQ校友里的班级绑定后,QQ群即变为班级群,群内的成员名字默认显示为其在QQ校友中注册的名字,同时共享空间也会被置换成QQ校友的共享空间,容量为1 GB。目前QQ群已成为各个企业进行客户关系管理的一种优选工具。

(二) Skype

Skype是一款即时通信软件,其具备即时通信所需的功能,如视频聊天、多人语音会议、多人聊天、传送文件、文字聊天等。它可以免费地与其他用户进行高清晰语音对话,也可以拨打国内、国际电话,无论是固定电话还是手机均可直接拨打,并且可以实现呼叫转移、短信发送等功能。

Skype是全球免费的语音交流软件,拥有超过6.63亿名的注册用户,同时在线超过3 000万人。

Skype的优势在于它的品牌知名度。虽然其他IP-PBX系统也有类似于Skype接口那样的单击通话系统(click-to-talk),让用户可以通过一个按钮发起通话,但Skype应用更广泛。

(三) 微信

微信是腾讯公司推出的一个为智能手机提供即时通信服务的免费应用程序。微信支持跨通信运营商、跨操作系统平台操作,通过网络快速发送免费(需消耗少量网络流量)的语音短信、视频、图片和文字。它是支持多人群聊的手机聊天软件,如图2.8所示。微信月活跃用户数11亿,是目前中国用户量最大的App。智研咨询发布的报告显示,97.5%的受访网民表示拥有微信号,其中拥有单个微信号的受访网民占48.6%,拥有两个及两个以上微信号的受访网民约占48.9%;使用便利、功能全面、已养成习惯是受访网民使用微信最主要的三个原因。这表明使用微信作为宣传手段,潜在的受众人群数量十分可观。

1. 微信账号设置

微信账号主要有微信昵称、微信号。

微信号是你在微信中的唯一标识号,如图2.9所示,它可以用于独立登录,也可以让你的朋友通过微信号找到你。微信号只支持设置一次,因此应设置便于别人记忆的账号名称。

微信昵称可以多次设置,可由中文、英文、数字等构成,可以设置16个汉字。昵称显示在聊天窗口中,因此出于营销的目的,微信昵称的设置应与所要营销的信息有关联性,同时不要出现特殊字符。

2. 微信朋友圈发文

微信作为社交软件,可以通过朋友圈进行营销推广,撰写好的朋友圈推文能最有效地进行营销。

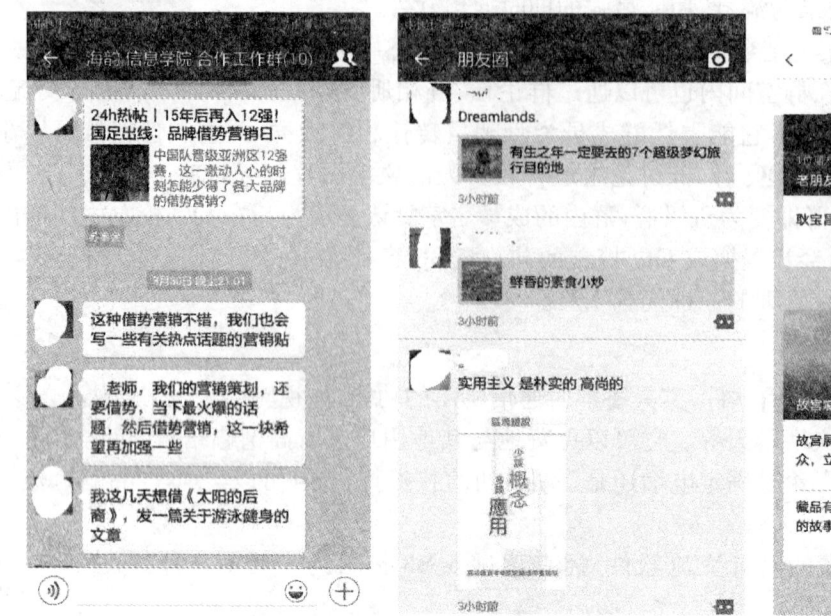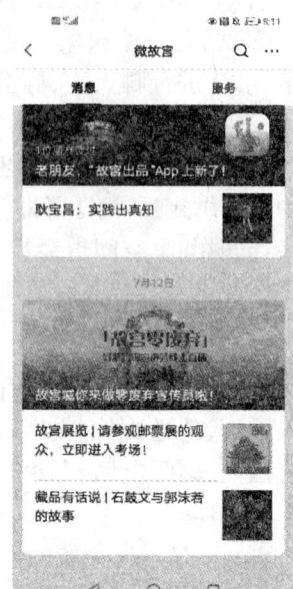

图 2.8 微信功能

知识拓展

如何开通微信订阅号
并进行营销活动

图 2.9 微信账号

首先,发文的内容可以是软文也可以是硬广,但是要注意发文的软度。比如说在朋友圈讲一个故事,然后在故事里面带出产品销售的链接,这是没问题的;但如果发文内容全部都是纯广告的话,就很容易引起取关了。同时要注意发文内容的角度,如发文是介绍产品的,需要从不同角度全面进行宣传展示。所发的内容对朋友是有价值的,也是有热度、有时效性的,所发内容要是正向的,体现一个阳光朝气蓬勃的朋友圈,同时不传谣,不信谣。

其次,注意发文的频度。人们一般都不喜欢朋友频繁刷屏,因此在发文的时候注意带有营销的文字和生活日常区分,交叉发文,同时注意一天发文不要超过 3 条,还要注意发文的时间,选择不打扰朋友,又是朋友不会漏掉的时间段进行发文,比如早上五点多、中午 12 点多、晚上 8 点多等时间段发文,符合朋友刷看的时间段,这样保证内容能被看到。

第三,注意发文的准度。可以按照分组发布,这样具有精准营销的效率,同时使用@提醒功能。

第四,注意朋友圈的黏度。有黏度才有关注,可以通过发话题的方式形成互动。

3. 借助微信的多种功能

微信具有多种可操作功能，在营销的时候可以借助扫一扫、摇一摇、直播和附近、附近的人等方式进行粉丝扩展，同时可以通过视频号等功能进行有价值的内容传播，通过群发助手、微信运动等与粉丝互动以增加黏性。如图 2.10 所示。

图 2.10 微信应用

三、B2B 平台服务商的即时通信工具

（一）阿里旺旺

阿里旺旺是将原先的淘宝旺旺与阿里巴巴贸易通整合在一起产生的新品牌，用户年龄段在 20~40 岁，主要为商务办公人士和白领，它主要围绕商务沟通进行交流。依托强大的购物平台，阿里旺旺发展势头强劲。最重要的是，阿里旺旺有着强烈的培养新老用户的意识，为了维护用户，它经常推出一些回馈用户的活动来增加人气，且力度很大，如国内外的旅游、奖品等。

（二）慧聪发发

慧聪网以前的即时通信工具是买卖通 IM，现在则升级为慧聪发发，对阿里巴巴发起正面挑战。在阿里巴巴还对电子商务抱着"技术可以遮天"这种梦想的时候，慧聪网已经把提升客户服务放到了第一位。在网络营销的世界里，"客户的需求总是最重要的"。慧聪网的发展，从商情资讯起步，到网络营销的成功转型，现在发展到全方位贸易平台，完成了传统营销模式与电子商务的对接，买卖通服务的升级、企业关怀体系的提出、线上线下营销构架的锻造……一直到全新通信工具的推出，慧聪网的每一步都给 B2B 市场带来了不小的震撼，相信这对一直坚持粗犷型发展道路的阿里巴巴来说，也将是一个不小的冲击。慧聪发发在此充当了急先锋的角色。

四、利用即时通信工具进行网络营销

即时通信工具最初虽为聊天而诞生,但其作用早已超出了聊天的范畴,随着企业即时通信工具的出现,即时信息在网络营销中将发挥更大的作用。

(一)即时通信已经成为企业网络推广的有效工具

随着网络信息化的高速发展,越来越多的企业选择进行网络推广,目的是把潜在客户吸引到自己的网站中来,在宣传企业的同时,扩大自己产品的销量。但一些企业做了大量网络推广之后,为什么效果不明显呢?网民浏览的新网站,90%以上是通过搜索引擎发现的,于是企业就做了大量的关键词推广,结果是网站的流量迅速增加了,但访客在看到自己感兴趣的产品时,却无法和企业联系上,这是为什么呢?究其原因是缺乏有效的接洽方式。因为有些企业的网站上只有E-mail和电话,有的居然连电话也没有。访客通常怀疑邮件发出去后能不能引起对方的重视,即使被相关人员看到,自己什么时间能够获得回复呢!这些不确定因素阻碍了把访客变为客户。这种局面无论是对企业,还是对网络服务提供商来讲都是一种尴尬的境地。企业迫切需要与来访顾客进行沟通,大多数顾客希望在访问网站时能即时获得自己所需要的产品或服务信息。让企业的网站与访客之间即时交流互动起来,在自己的网站上装载即时通信工具已经刻不容缓。可以说,实施网络营销推广的企业要想发掘潜在客户、提高销量、领先竞争对手,各种即时通信软件是理想的在线服务工具,它们可以满足这种需求。这种即时服务已经成为一种不可忽视而且非常受欢迎的在线服务手段之一。

(二)即时通信有助于提高网络交易的成功率

实施即时通信服务对于提升网上销售订单的成功率有很大帮助,如果使用即时信息合理地开展顾客服务,顾客放弃购物的比例可以降低20%。与顾客在超市购买物品不同,在网上购物时放弃购物的比例很高,原因在于顾客需要询问时销售商无法给出解答。通过分析网上消费者的购物行为发现,用户在购买前已经有一定的购买计划,可能希望只购买自己期望的商品,对于无法确定是否适合自己的商品可能会先放入购物车,而最终在付款之前放弃这次购物;或者,当他看到一件新产品或计划之外的产品时,由于没有朋友或导购员可以商量和咨询,犹豫不决之下放弃购买。其实,这些现象背后都包含着同样的问题:网站缺乏实时交互性,包括消费者与网站之间及购买同类商品的顾客之间的交互。即时通信服务正好可以在这方面发挥其作用。客户通等专业即时通信工具的出现,很好地解决了以上问题。即时通信工具的优势体现在实时性强和效率高等方面。它们可以保证企业给客户提供最及时的高质量服务,可以帮助企业提高客户满意度,把握商机。随着网络营销的进一步发展,即时通信将发挥更大的作用。

阅读思考 2-2

如何利用 QQ 开展营销活动

1. 完善 QQ 资料

把 QQ 里面的资料全部更新为真实有效的资料,这样会给人一种信任感和真实感,同时

可以让客户随时能够联系上你。QQ签名栏上可以写上产品承诺和服务理念,公司有最新的动态和活动时可以为最新动态和活动内容,这样就可以让客户随时知道相关信息。

2. 添加好友

通过把现有客户的QQ加为好友,在QQ上面随时维护现有客户关系,就可使其得到最为贴心的服务。维护好了客户关系,他们给我们带来的利益是不可估量的,记得有句话是这样说的"当你失去1个客户的时候其实等于是失去了100个客户",这句话说明了客户关系服务的重要性,反之,"当你维护好1个客户的时候其实等于是得到了100个客户"。

3. 建立QQ群

建立QQ群,把一些忠实的客户加入群中让他们进行讨论,这样可以使单独的交谈变为群体性交流,使产品知名度上升。

4. 维护好QQ空间

这样做有点像博客营销,写些产品介绍软文、网络买卖经验、产品选购指南、买家如何防骗等文章,同时附上你的网店地址,在给QQ好友提供实用信息的同时做广告,通过摆事实讲道理的方式让QQ好友慢慢进入你的"思维圈"。

5. 制作QQ表情

制作搞笑、有意思、值得收藏和传播的QQ表情,在这些表情中适量添加些宣传语或是公司网址,这样就可以在边聊天、边娱乐的放松状态下做了广告。

下面几个方法可以用来开拓新客户。

1. 主动搜索添加用户

根据年龄、性别、区域等资料尽量找到你的目标QQ,然后添加。一个QQ可添加500个好友。添加用户后不要马上主动地进行销售,可以进入好友空间去留言,然后设置好友空间关注,好友在自己的空间更新就会有显示,我们可以立即去留言。如果好友在我们的QQ空间上面留言了,我们也可以及时地看见。

2. 搜索QQ群添加

根据区域、群性质来搜索目标群。同样,也不要急于进行销售,在群里面要先观察这个群主要在讨论什么话题,自己了解不了解,如果不了解,在网络上"临时抱佛脚"了解一下,然后加入他们的讨论,通过观察和了解该群里哪些是活跃人群,我们可以进入这些重点人群的空间进行留言。

3. 添加企业QQ用户

在企业QQ用户里根据区域、公司产品服务对象去搜索企业QQ,然后添加为好友。企业QQ一般是不会删除好友的,但不是一定不删,同样看你怎么去做QQ营销了。因为企业QQ本身就是QQ营销的一种模式,它会给企业一个专属QQ号和企业空间,可以进入企业空间查看这些公司有什么需求和客户群体是什么样的,然后在里面留言,同时企业QQ里面的联系方式也是真实的,这样我们可以拿到企业电话进行电话销售。

4. 进入好友的好友的空间

通过好友的空间进入其好友的空间去查看空间内容然后留言,这样,在某种意义上来说是可以无穷尽地得到目标群体的QQ。

5. 通过SOSO搜索空间

根据产品特点、区域、产品关键词、用户搜索关键词等去搜索用户的空间,然后根据时间排序进入空间,在空间里面留言,吸引别人进入我们的空间进行浏览。

6. 通过 SOSO 问问进行提问

在 SOSO 问问里面去寻找客户,在上面发帖提问,然后自己用另外的号码回答,并且用提问的号把最佳答案给回答的"马甲"。或者自己根据关键词在 SOSO 问问里面回答问题,尽量第一个回答或在回答问题的翻页处回答,这样可以引起更多的人关注,同时第一个回答可以给提问者先入为主的印象。

7. 通过 QQ 群空间发表帖子

QQ 群空间里面发帖可以让一个群里面的用户讨论和关注。

8. 利用 QQ 邮箱

把 QQ 好友的邮箱和群里面用户的 QQ 邮箱全部搜集起来,进行邮件列表营销。

此外,最好是开通 QQ 会员,这样当你 QQ 上线后会在 QQ 好友客户端优先显示,也就是说,会显示在非会员的前面,并且是以红色字体显示的。这样会更加容易让目标客户群体注意到你。

讨论与思考

在实际应用中如何利用 QQ 群进行营销?

能力训练

1. 商务网站即时通信工具营销训练。

训练任务	即时通信
训练目标	利用即时通信工具(阿里巴巴或慧聪发发)进行网络营销
训练内容	注册、登录阿里巴巴或慧聪网网站,下载阿里旺旺或慧聪发发,发布供求信息,并尝试进行即时沟通
训练成果	写出操作流程,将操作过程截图保存

2. 创建微信个人订阅号,并撰写微信文章,统计文章阅读信息。

任务四 视频营销

案例导读

到底"啥是佩奇"

一支 5 分多钟的短视频《啥是佩奇》引发了全网刷屏,朋友圈一早被传遍。视频中,长期生活在农村里的爷爷给城里的儿子打电话,问小孙子要什么东西,一句"想要佩奇"让爷爷问遍全村人,跑遍所有路,只为给孙子想要的"佩奇",尽管爷爷不知道"佩奇"是个什么东西。

以这种打问号的手法让观看视频的人印象深刻,很多人会说,这种方式也很简单呀,但它好就好在一开始便抓住人们视野中心,围绕人物"啥是佩奇"的疑问展开叙述,情节安排得当,又恰好在年关,视频在这个时间放出,放大了人们期盼回家过年见父母家人的迫切心理;其次,在空间的维度上,也拿捏得很好,利用人文关怀这一亘古不变的情理给即将上映的电影深深埋下伏笔。

说是短视频,不如说是电影宣传篇,这原来是为了电影《小猪佩奇过大年》大年初一上映做的一番宣传,视频先入为主,以"巨走心"的方式感染所有观众,主题不用说,抓住人们内心的纠结点及一直以来社会关心的热点——城里的子女+农村里的父母,画风朴实,场面真实,打动所有屏幕前的人,让人惊叹一声:这广告打得真好!

案例思考 从网络营销的角度,分析《啥是佩奇》为什么能在短时间内就如此火爆。

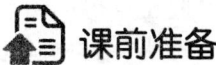

了解抖音、快手、哔哩哔哩等视频平台,观看相关视频。

视频营销在网络营销中的应用。

近几年,抖音、快手、火山小视频等短视频风头正劲,在短短的一两年的时间内吸引了大量人群的关注。利用零碎的时间看手机、刷视频正逐步成为人们生活的一种方式,视频渐渐替代了原来的电视、广播、报纸、杂志,成为新兴的信息传播媒介。以此为依托的视频营销也渐渐成为主要的营销途径之一,引起了业界和学界的广泛兴趣。

一、认识网络视频平台

网络视频营销的形式类似于电视短片,只是所投放的平台在互联网上。视频包含电视广告、网络视频、宣传片、微电影、短视频等各种形式。"视频"与"互联网"的结合,让这种创新营销形式兼具了两者的优点。成功的视频营销不仅要有高水准的视频制作而且要善于发掘营销内容的亮点。

我国网络视频行业始于2004年,网络视频平台从出现开始行业竞争就相当激烈。在发展的潮流中,有早期的知名视频网站慢慢被淘汰,也有新兴的视频平台掀起行业新浪潮。经过多年的发展整合,目前中国的视频播放平台主要可分为两类:综合视频平台和短视频播放平台。主要的综合视频平台有优酷土豆、爱奇艺、乐视网、哔哩哔哩、芒果TV、腾讯视频、搜狐视频等,短视频平台有抖音、快手、火山小视频、西瓜视频等。

(一)综合视频平台

目前国内综合视频平台呈现优酷、腾讯、爱奇艺三足鼎立的局面。虽然三者都是综合性视频播放平台,但特色各有不同。优酷视频作为资深视频播放平台成立于2006年,2012年8月20日优酷与另一家知名视频平台土豆网强强联合,组成优酷土豆,现为阿里巴巴文化娱乐集团下的视频平台。优酷、土豆两大视频平台覆盖5.8亿多屏终端,支持PC、电视、移动三大终端,兼具版权、合制、自制、自频道、直播、VR 等多种内容形态。爱奇艺视频播放平台成立于 2010 年,现为百度旗下视频平台,2013 年百度收购 PPS 视频业务,并与爱奇艺合并。爱奇艺已成功构建了包含电商、游戏、电影票等业务在内,连接人与服务的视频商业生态,引领视频网站商业模式向多元化发展。腾讯视频是腾讯科技 2011 年上线的在线视频平台,腾讯视频集合了热播影视、综合娱乐、体育赛事、有限公司等为一体的综合视频内容平台。

(二)短视频平台

随着 4G 网络和智能移动设备的普及,民众随时随地都能上网观看视频节目,而形式多样、内容丰富的短视频受到很多民众的喜爱。截至 2020 年 12 月,我国网络视频(含短视频)用户规模达 9.27 亿,用户使用率为 93.7%。其中短视频用户达 8.73 亿。近几年短视频平台层出不穷,其中抖音和快手平台作为其中的佼佼者被民众熟知,被网友戏称为"南抖音,北快手"。抖音(Tik Tok)于 2016 年上线,是一款音乐创意短视频社交软件,根据抖音发布的《2018 抖音大数据报告》显示,截至 2018 年 12 月,抖音国内日活跃用户数突破 2.5 亿,月活跃用户突破 5 亿。2012 年快手从纯粹的工具应用转型为短视频社区,用于用户记录和分享生活的平台。2018 年,1.9 亿用户在快手发布作品,超过 16 000 万用户在快手平台获得收入,其点赞数逾 1 400 亿,同比翻了一倍。董明珠快手上直播卖电器,如图 2.11 所示。

图 2.11　董明珠快手上直播卖电器

长短视频平台业务相互渗透、融合发展。一是长视频平台大力发展短视频业务,以吸引用户和流量。各大长视频平台通过各种方式鼓励产出优质短视频内容,提升短视频内容占比,增加用户黏性。例如,爱奇艺推出短视频内容社区"随刻",利用其拥有的丰富内容优势,全面赋能创作者;腾讯视频则在微信内加入视频号,依托于微信庞大的用户基础和社交优势,布局短视频业务。二是短视频平台开始涉足综合视频业务,通过推出与自身平台更为匹配的"微剧""微综艺"来试水,再逐渐进入长视频领域。短视频平台通过不断调整用户的视频最大拍摄时长,与专业团队合作推出长视频节目等措施,提高用户留存时间,同时也更利于产出优质内容。例如,抖音在 15 秒、1 分钟、3 分钟视频后,开放了 15 分钟的视频拍摄权限;快手亦于 2020 年上线专业团队制作的长视频节目,重点在社会题材纪录片、网络电影等方面发力。

二、短视频营销

视频营销形式包括三大类:短视频营销、直播营销和长视频营销。

(一)短视频概念

短视频是指在各种新媒体平台上播放的、适合在移动状态和短时休闲状态下观看的、高频推送的视频内容,几秒到几分钟不等。内容融合了技能分享、幽默搞怪、时尚潮流、社会热点、街头采访、公益教育、广告创意、商业定制等主题。由于内容较短,可以单独成片,也可以成为系列栏目。不同于微电影和直播,短视频制作并没有像微电影一样具有特定的表达形式和团队配置要求,具有生产流程简单、制作门槛低、参与性强等特点,又比直播更具有传播价值,超短的制作周期和趣味化的内容对短视频制作团队的文案以及策划功底有着一定的挑战,优秀的短视频制作团队通常依托于成熟运营的自媒体或IP,除了高频稳定的内容输出外,也有强大的粉丝渠道;短视频的出现丰富了新媒体原生广告的形式。短视频用户及使用率如图2.12所示。

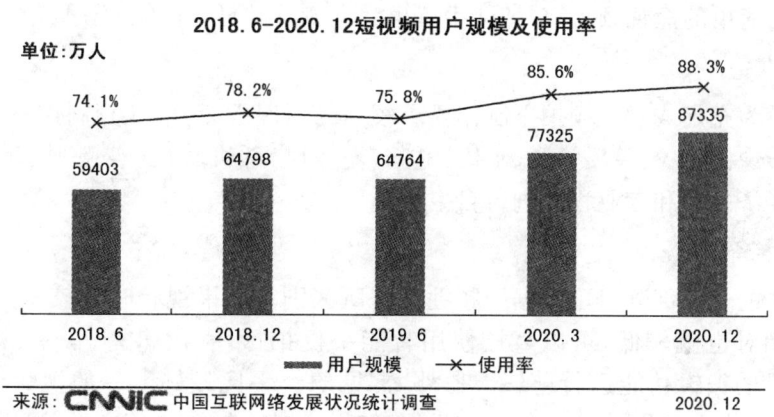

图 2.12　短视频用户及使用率

(二)短视频的类型

1. 短纪录片

一条、二更是国内较早出现的短视频制作团队,其内容形式多数以纪录片的形式呈现,内容制作精良,其成功的渠道运营优先开启了短视频变现的商业模式,被各大资本争相追逐。

2. 网红 IP 型

papi酱、回忆专用小马甲等网红形象在互联网上具有较高的认知度,其内容制作贴近生活。庞大的粉丝基数和用户黏性背后潜藏着巨大的商业价值。

3. 草根恶搞型

以快手为代表,大量草根借助短视频风口在新媒体上输出搞笑内容,这类短视频虽然存在一定争议性,但是在碎片化传播的今天也为网民提供了不少娱乐谈资。

4. 情景短剧

套路砖家、陈翔六点半、万万没想到等团队制作内容大多偏向此类表现形式,该类视频短剧多以搞笑创意为主,在互联网上有着非常广泛的传播。

5. 技能分享

随着短视频热度不断提高,技能分享类短视频也在网络上有着非常广泛的传播。

6. 街头采访型

街头采访也是目前短视频的热门表现形式之一,其制作流程简单,话题性强,深受都市年轻群体的喜爱。

7. 创意剪辑

利用剪辑技巧和创意,或制作精美震撼,或搞笑诡异,有的加入解说、评论等元素。创意剪辑也是不少广告主利用新媒体短视频热潮植入新媒体原生广告的一种方式选择。

三、短视频制作

(一)短视频制作设备

拍摄较为简单的短视频,一台智能手机也完全能够满足短视频制作要求。

1. 硬件准备

在资金较为充足或对视频拍摄制作要求较高的情况下,一般视频制作整个过程在硬件方面可以用摄像机、DV、单反、智能手机、电脑、麦克风、耳机、防震架、三脚架、声卡等,创作者可以根据经济条件和专业程度进行自主选择。

2. 软件准备

视频需要的软件部分可以根据视频性质有所区别。如果视频时长较短,专业性要求不高剪辑难度相对也就较低,可以直接使用智能手机拍摄,利用抖音、快手、火山等短视频App本身自带的编辑功能进行剪辑。另外,常见的新手比较好上手的视频编辑工具有剪映、爱剪辑、快剪辑、巧影、Inshot 等。如果视频时长较长,制作难度较大,可以使用专业性更强的视频剪辑软件。

(1)爱剪辑是国内首款全能的免费视频剪辑软件,完全根据国人的使用习惯、功能需求与审美特点进行全新设计。爱剪辑功能全面且易上手,特效、字幕、素材、转场、动画应有尽有。爱剪辑对电脑性能要求低,入门门槛低,即使是非专业视频制作者,也能很容易地做出一个简单的视频剪辑(见图 2.13)。

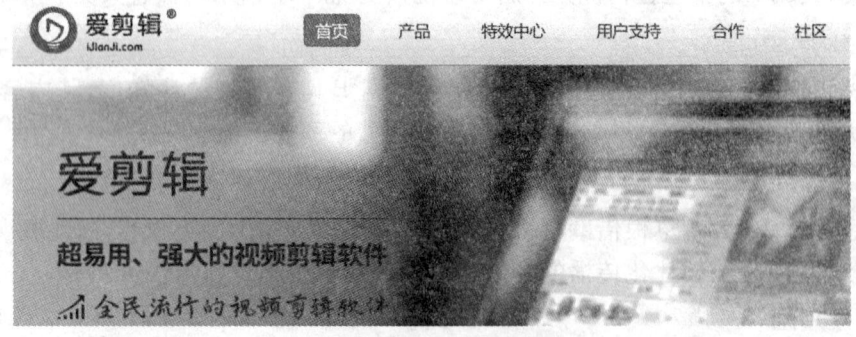

图 2.13 爱剪辑首页

爱剪辑作为适合大众使用的视频编辑软件,其功能无法与专业级视频软件相比,仅适合简单的视频剪辑。

(2)剪映是由抖音官方推出的一款手机视频编辑工具,带有全面的剪辑功能,支持变速,有多样滤镜和美颜的效果,有丰富的曲库资源。自2021年2月起,剪映支持在手机移动端、Pad端、Mac电脑、Windows电脑全终端使用(见图2.14)。

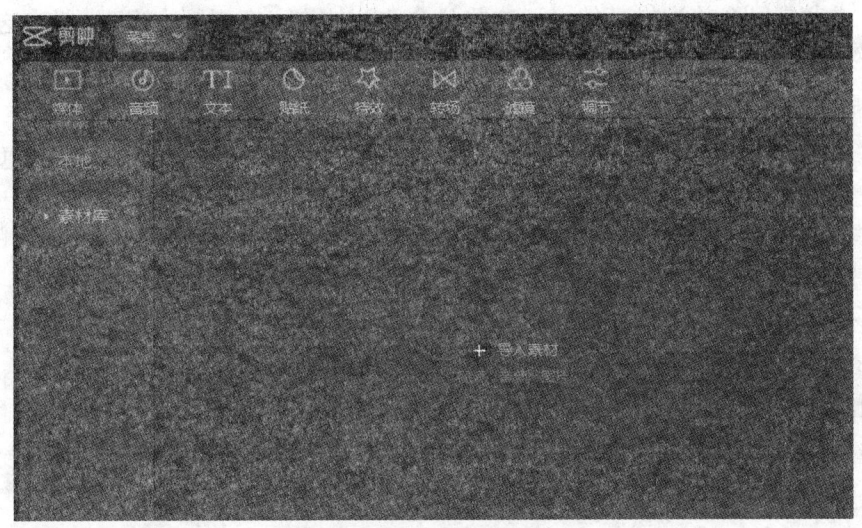

图 2.14　剪映开始创作页面

(3)Adobe Premiere Pro,简称Pr,是由Adobe公司开发的一款视频编辑软件。Adobe Premiere有较好的兼容性,且可以与Adobe公司推出的其他软件相互协作。Pr是视频爱好者和专业人士必不可少的视频编辑工具。目前这款软件广泛应用于广告制作和电视节目制作中。

(二)视频拍摄

高质量的网络视频应该具有一定的审美价值。即使是营销视频也应该在传达商品相关内容的同时兼具美感,可以借助布景、光影、拍摄方式和角度等技术手段,营造视听之美。

(1)视频制作过程如果周期较短,或技术方面不够熟练,可以考虑在拍摄时,图像和声音同时进行,一边拍摄一边解说,这样可以省去后期音频合成的工作。

(2)拍摄时除非拍摄内容需要,尽量不用逆光拍摄,顺光能使拍摄主体更清晰。逆光拍摄很容易使高光部分过分曝光,阴影部分又看不清楚,细节全部丢失,缺乏美感。

(3)拍摄过程中要保持画面稳定,保证拍的主体清晰,拍摄者可以倚靠固定物来保持平衡或者使用三脚架。

(4)取景过程要保持画面的均衡感,以符合视觉习惯、以看起来舒服为准。

四、视频营销策略

视频营销是指宣传主体基于视频网站为核心的网络平台,以内容为核心、以创意为导向,利用精细策划的视频内容,实现产品营销与品牌传播的营销手段,结合了"视频"和"互联网"的优势,既有电视短片感染力强、创意多样的特点,又有互联网传播速度快、互动性强、成本低廉的特点。

什么样的视频内容能吸引用户看完,并且发挥更好的营销效果?可以考虑以下这些内容策略。

(一)热点策略

视频内容可以围绕目前社会的热点做文章,这个热点可以是当前的焦点人物,也可以是知名公司,或者是民众关注的事件。让这些公众关注的焦点在视频中出现,那么这个视频肯定会吸引网友的关注,引发公众的注意。

(二)幽默策略

追求轻松愉悦是很多现代人观看网络视频的重要目的,幽默的视频内容能更好地吸引用户的注意力,它能使观看者在笑声中获取产品或品牌信息,降低用户对广告的逆反心理,更好地发挥营销效力。通过幽默元素软化营销内容的硬度,隐藏营销的功利性目的,委婉地达到营销效果。

(三)情感策略

在大多数情况下,情感决定了消费者的购买行为。以情动人、以情感人,将情感融入视频中,增加品牌温度。营销本质上需要通过情感来连接消费者,尤其在营销越来越碎片化、社会化的趋势下,情感的粘贴作用也越来越明显,消费者会追求与自身情感相一致的"感性消费"。引发受众的购买欲望才是营销视频的目的。

(四)励志策略

励志类网络营销视频往往以奋斗励志为主题,该系列的营销视频都会偏向奋发向上的年轻人,关注目标受众的感想诉求,抓住奋斗的特点来设计情节,传递励志精神。该类视频以真实、感人的故事引起观众的共鸣。励志类网络营销视频通过励志语言阐述品牌核心价值,对品牌形象的塑造大有益处,也必定会对产品营销产生较强效应。

(五)另类策略

1. 悬疑策略

好奇心往往是刺激用户点开网络视频的原因之一,如果网络视频能带上悬疑或新奇的元素,往往能够激发用户的好奇心,吸引用户观看。

2. 怀旧策略

人们常常不自觉地沉醉于对往昔的追忆和回想中。如果能够运用好人们心中的怀旧情感,引发人们对于视频内容的共鸣,可以产生良好的营销效果。

3. 爱国情感策略

爱国主义情感是融入国民血脉中的情愫,视频内容中若能恰当地结合爱国主义情感,则能激发用户的认同感,促进用户的购买欲望。

阅读思考 2-3

鸡蛋灌面筋——抖音成就海底捞最红吃法

在#海底捞#话题中,有近1.5万人参与挑战海底捞创意吃法。一种"鸡蛋灌面筋"的吃法得到了很多人的响应。"鸡蛋灌面筋"听起来奇葩,其实就是将打匀的蛋液混合虾滑搅拌,在油面筋上戳一小洞,倒入蛋液并封口,再放进锅内煮熟。可以说是开发了火锅的新吃法。新的吃法不仅有趣,而且还能发朋友圈,搭配抖音特有的15秒电音律动,确实有让人上瘾的魔力。这个视频获得了近150万的点赞量,与之配套的自制蘸料视频拥有近200万的点赞量。留言突破了1万条。

很多人说海底捞不就是火锅吗,再玩能玩出什么花样?真的有那么多人为了抖音去吃海底捞吗?海底捞服务员的话告诉我们,可以——"最近一个月,五桌有三桌都是点抖音套餐,番茄锅底、鸡蛋灌面筋桌桌必点,连小料台上牛肉粒和芹菜粒的消耗都是之前的两三倍。"除此之外,还有很多年轻人都冲着"抖音专用调味碟"和"抖音海鲜粥"去的。

"鸡蛋灌面筋"以及"网红蘸料"的走红,引发海底捞门店新一轮的排队狂潮。线上创新视频的大量传播辐射到线下实体店。海底捞成功借力抖音实现流量变现。

海底捞之前在微博上做的服务式软文营销也是非常成功的,不过这次的精准营销传播力度更大,传播面积更广,获得的企业品牌宣传效果空前好。对于普通的企业来说,这样的营销模式借鉴意义非常大。

讨论与思考

谈谈你所知道的海底捞及其线上线下营销。

 **能力训练**

1. 视频营销策划、制作与分析。

训练任务	按小组初步选定的项目制作视频营销
训练目标	学会视频营销策划与制作
训练内容	1. 小组讨论对选定的商品制订视频营销策划方案; 2. 运用爱剪辑、巧影、剪映、Vlog等软件制作短视频
训练成果	分享策划案,展示小组视频

思政元素

如何树立良好的职业道德观、法治观,合理应用网络营销工具?

项目总结

网络营销工具中搜索引擎营销在创建和维护网站,提高网站点击率,将点击率转化为经济效益等方面起着至关重要的作用。微博是网络营销的新方法,其发展速度迅猛,如何利用微博,设法增加微博的点击率,使微博成为与客户沟通的桥梁,激发用户的购买欲望是值得大家探索和实践的。即时通信工具表现出一种新机会,因为它提供了由消费者控制、互动、最小连接的多媒体营销形式。这种营销形式由消费者主动和控制,因而不会被认为是侵入式的营销行为。看手机、刷视频正逐步成为人们生活的一种方式,视频营销也渐渐成为主要的营销途径之一。

资源链接

1. 艾瑞网:https://www.iresearch.cn/
2. 新浪微博:http://weibo.com
3. 微信公众平台:https://mp.weixin.qq.com
4. 腾讯网:http://www.qq.com
5. 百度:http://www.baidu.com
6. 爱剪辑:www.ijianji.com

同步练习

一、判断题
1. 搜索引擎营销就是搜索引擎优化,主要目的就是让客户能够搜索到发布的企业内容。 （ ）
2. 微信、QQ、慧聪发发等都属于即时通信工具。 （ ）

二、名词解释
搜索引擎营销　搜索引擎优化　微博营销　即时通信　微信营销

三、简答题
1. 简述搜索引擎竞价排名的模式。
2. 简述微博营销的原则。
3. 简述利用即时通信工具进行网络营销的方法。
4. 视频(内容)营销的策略有哪些?

四、论述题
1. 如何利用QQ开展营销活动?
2. 论述微博营销的技巧。
3. 怎样进行微信营销?

实训项目

实训项目一　搜索引擎应用与分析

实训目的:掌握搜索引擎的使用方法,分析对比各主要搜索引擎的检索结果。
实训器材:计算机网络机房。
实训指导:

1. 从备选商品/服务名称中选择一种作为关键词,假设你希望购买这种产品/服务,或者希望了解更多相关信息。

2. 利用该关键词分别在3~5个常用搜索引擎中进行检索,观察检索结果第一页的信息差异情况。

3. 从检索结果中选择一个你感兴趣的网页,单击进入该网页。

4. 对比该网页在搜索引擎检索结果中的信息。

5. 思考在这个实验过程中的一些相关问题。

(1) 如果同一关键词在不同搜索引擎中检索的结果有较大差异,分析是什么原因造成了这种差异?这种状况对网络营销信息的传递产生了哪些影响?

(2) 搜索引擎检索结果中的信息为什么吸引你的注意并使你单击进入网页?对此有什么启发?

(3) 在你选择进入的网站中,你是否能获得你期望的信息和服务?

备选商品/服务名称有500万像素数码相机、网络营销师认证考试、英国留学咨询、网上订购、生日、鲜花。

常用搜索引擎有:www.baidu.com、www.google.cn、www.sogou.com、www.yisou.com。

请写一篇实训报告。

实训项目二 以小组为单位模拟一家公司,分角色训练

实训目的:

1. 训练各模拟公司如何在网上开展营销活动。
2. 通过角色扮演锻炼学生的语言表达能力、应变能力及思维能力。

实训器材:可随堂进行或利用专门的拓展训练实训室。

实训指导:

1. 分组成立模拟公司,推选总经理(CEO),分配角色。各小组讨论本模拟公司如何在网上开展营销活动。

2. 教师确定演练顺序:总经理(CEO)发言→财务主管(CFO)→采购主管→营销主管→生产主管→其他成员。

3. 注意演讲的神态、举止、时间控制等。

请写一篇实训报告。

项目三

网络营销策略

项目情境创设

2019年天猫"双11"以总成交额2 684亿元落下帷幕,这一数字同比2018年的2 135亿增长25.71%。天猫"双11"再次成为阿里巴巴创造纪录并突破纪录的商业奇迹。数据显示,截至11月11日24时,共有苹果、美的、海尔、华为、荣耀、耐克、小米、阿迪达斯、格力、欧莱雅、雅诗兰黛、兰蔻、优衣库、南极人、玉兰油等15个品牌成交额破10亿元,进入天猫双11"10亿元俱乐部";戴森、飞利浦、西门子、李宁、三只松鼠、GXG、森马、Zara、百丽、茅台、百草味、良品铺子、H&M、江南布衣、雅戈尔等299个品牌成交额破1亿元,进入天猫双11"1亿元俱乐部"。从各省购买金额来看,广东、江苏、浙江居前三位,河北、山东、江苏购买金额增速位居全国前三。双11全民狂购的热情让全世界都感到震惊。销售前5名的各类商品如下:

生鲜品牌销售额排行前5名:久年、大希地、甘福园、恒都、王小二。
美妆品牌销售额排行前5名:欧莱雅、兰蔻、雅诗兰黛、OLAY、SK-Ⅱ。
家纺家居品牌销售额排行前5名:水星、苏泊尔、富安娜、罗莱、好太太。
食品品牌销售额排行前5名:三只松鼠、茅台、五粮液、百草味、良品铺子。
家电品牌销售额排行前5名:美的、海尔、格力、小米、西门子。

项目任务书

任务编号	分项任务	职业能力目标	知识要求	课时
任务一	网络营销产品策略	列举网络营销产品整体概念的5个层次;区分适合网上销售的产品类型并举例说明;理解网络营销产品3种策略的含义	1. 网络营销产品概述; 2. 网络营销产品的3种策略	2
任务二	网络营销定价策略	列举网络营销产品价格的5个特点;区分网络营销产品4种定价方法的依据;理解网络营销定价5种策略的含义	1. 网络营销产品价格概述; 2. 网络营销定价的方法; 3. 网络营销产品价格策略	2

续　表

任务编号	分项任务	职业能力目标	知识要求	课　时
任务三	网络营销渠道策略	概括网络营销渠道的定义与功能；列举网络营销渠道策略的类型并举例说明；区分网络营销渠道与传统营销渠道的区别	1. 网络营销渠道概述； 2. 网络营销渠道的类型； 3. 网络营销渠道与传统营销渠道的关系（优势）	2
任务四	网络营销促销策略	列举网络营销促销的3种形式；区分网络营销促销8种策略的主要做法	1. 网络营销产品促销概述； 2. 网络营销产品的促销形式； 3. 网络营销产品的促销策略； 4. 网络营销促销实施程序	2
职业素质目标		1. 沟通协作的团队意识； 2. 知识获取的自主学习能力； 3. 探索实践的创新能力		

项目学习引导

互联网的迅速发展给企业带来了机会和挑战。企业根据自身所处的市场地位综合运用网络营销产品策略、价格策略、渠道策略、促销策略，即网络营销组合策略，具有十分重要的意义。

任务一　网络营销产品策略

案例导读

真维斯案例

在网络新媒体的浪潮中，真维斯是国内最早应用网络营销的一个服装品牌。现在，更是通过与网易独家合作建立了网上"休闲王国"，把休闲服装的领导品牌形象成功地推向了互联网。

真维斯（JEANSWEST）原本是澳洲的一个服装品牌，1990年被中国香港旭日集团与当地进口商合作收购，经过不断的努力，成功地把产品分销网络伸展到了新西兰等其他地区。1993年，真维斯进军中国内地市场，第一间真维斯专卖店在上海开业。此时，市场上还没有休闲服饰的概念，真维斯以其大气又不乏时尚的休闲服装设计风格，一下子博得了年轻人的喜爱。

经过十多年的发展，目前真维斯已在国内20多个省市开设了近1 000间专卖店，拥有现时中国最大的休闲服饰销售网络，当年的播种已开始进入市场的收获期。

真维斯在与客户的沟通交流方面，也走了一条与众不同的道路。真维斯没有找明星代言品牌，也鲜有电视广告的投放，却通过组织一系列倡导自由、休闲的活动来影响更多年轻、时尚的消费者。

早在2002年，网易就已经成为真维斯系列营销活动的独家网络合作媒体。作为国内最活跃的门户网站之一，网易连续多年帮助真维斯成功地进行了营销传播。真维斯连续举办了多届"真维斯杯校园服装设计大赛"，挖掘极具潜力的学生市场；举办了"真维斯休闲服装设计大赛""真维斯全国极限运动大师赛""真维斯中国模特大赛"以及"真维斯超级新秀评选"等一系列大型营销活动,来影响年轻消费人群。

另外,真维斯也非常注重利用网络这一以年轻人为主力受众的媒体来开展广告营销活动。时下,以网络媒体为平台的真维斯"休闲王国"活动正开展得如火如荼。

真维斯的"休闲王国"是一个大型消费者互动的网络社区。在这个社区中,喜爱真维斯的消费者可以了解品牌的市场动态,参与一些有兴趣的互动活动和回馈客户的抽奖活动。

真维斯的"休闲王国"为品牌与其消费者之间建立了活跃的沟通渠道。消费者只要注册并登录真维斯"休闲王国",就可以发现当今流行的休闲时尚是什么,真维斯最近又有哪些新品促销推广活动等。

对于那些持有VIP卡的忠实消费者,真维斯也为其提供了更多获取回报的机会。例如,真维斯每年都会举办"激赏之旅"会员活动,组成声势浩大的北京免费观光团,饱览北京名胜,观看一年一度的中国真维斯杯休闲服装设计大赛总决赛等。这些活动的告知、参与都在社区中进行。

真维斯目前拥有数十万的VIP会员,其中18~25岁的消费者占了大多数,这些年轻的消费者喜爱时尚且已经习惯了与网络为伴的生活,他们通过网络形成共同的"兴趣团体",每天都在进行与真维斯品牌形象、应季新品有关的信息传播和互动交流。

真维斯的"休闲王国"创造了一个完全属于"休闲"的话语环境,成为喜爱休闲服装、休闲生活的消费者聚会的天堂。"休闲王国"的网络合作伙伴——真维斯选择了最受年轻人喜爱的门户网站网易,分别在网易体育频道、论坛首页、娱乐频道这些年轻用户集中、用户活跃度高的频道设置了"休闲王国"的入口。

对于双方的合作,网易结合真维斯的消费者状况,提出了"真我阵营"的大论坛营销概念。真维斯认为借助论坛的形式与消费者沟通能够有效地达成营销目标,于是在此基础上,最终推出了"休闲王国"这样一个更具广度的消费者互动社区。

案例思考　　1. 网络营销产品的概念是什么?
　　　　　　　　2. 真维斯的网络营销整合运作有什么可圈可点之处?

课前准备

网络营销基本方法知识回顾及各小组网络营销产品项目的思考。

课中思考

适合网上销售(创业初期)的产品具有哪些特征?

学习引导

一、网络营销产品概述

网络营销中的产品是指能提供给市场以引起人们注意、获取、使用或消费,从而满足某种欲望或需要的东西。

（一）营销产品的概念

营销过程不仅是推销产品的过程,还是一个满足顾客需要的过程,而顾客的需要是多方面的,不但有生理和物质方面的需要,而且还有心理和精神方面的需要,所以,营销产品应是一个产品整体,包括核心产品层次、有形产品层次、期望产品层次、延伸产品层次、潜在产品层次。

（1）核心产品层次。企业在设计和开发产品核心利益时要从顾客的角度出发,根据上次营销效果来制订本次产品设计开发的计划。要注意的是网络营销的全球性,企业在提供核心利益和服务时要针对全球性市场提供,如医疗服务可以借助网络实现远程医疗。

（2）有形产品层次。这是产品在市场上出现时的具体物质形态。对于物质产品来说,首先,必须保障产品的品质;其次,必须注重产品的品牌;第三,注意产品的包装;第四,在式样和特征方面要根据不同地区的文化来进行针对性的加工。

（3）期望产品层次。在网络营销中,顾客处于主导地位,消费呈现出个性化的特征,不同的消费者可能对产品的需求不一样,因此产品的设计和开发必须满足顾客个性化的消费需求。这种顾客在购买产品前对所购产品的质量、使用方便程度、特点等方面的期望值,就是期望产品。为满足这种需求,对于物质类产品,要求企业的设计、生产和供应等环节必须实行柔性化的生产和管理;对于无形产品,如服务、软件等,要求企业能根据顾客的需要来提供服务。

（4）延伸产品层次。这是指由产品的生产者或经营者提供的购买者有需求的产品层次,主要是帮助用户更好地使用核心利益的服务。在网络营销中,对于物质产品来说,延伸产品层次要注意提供满意的售后服务、送货和质量保证等。

（5）潜在产品层次。这是在延伸产品层次之外的,由企业提供能满足顾客潜在需求的产品层次,它主要是产品的一种增值服务。它与延伸产品的主要区别是顾客没有潜在产品层次仍然可以很好地使用顾客需要的产品的核心利益和服务。在高新技术发展日益迅猛的时代,有许多潜在需求和利益都还没有被顾客认识到,这需要企业通过引导和支持更好地满足顾客的潜在需求。

在传统营销中,产品分成 3 个层次:核心产品、有形产品和延伸产品(见图 3.1)。

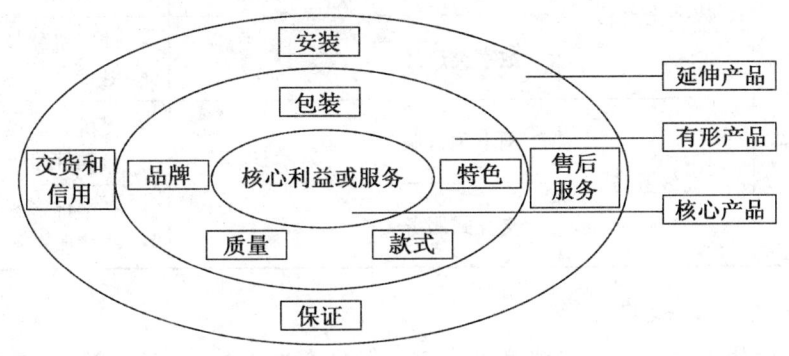

图 3.1　传统营销中产品的层次

在网络营销中,产品分成5个层次:核心产品、有形产品、期望产品、延伸产品和潜在产品(见图3.2)。

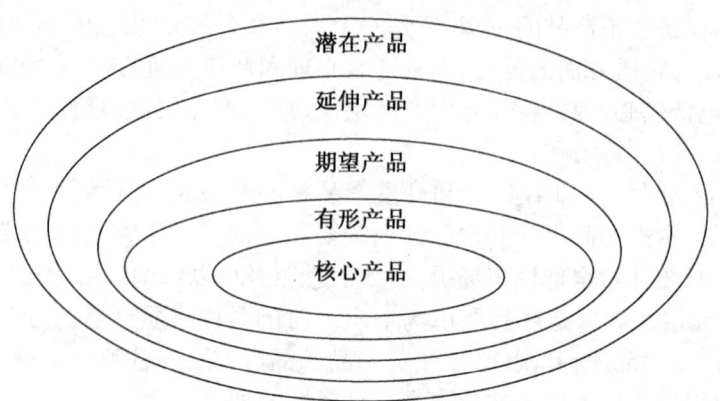

图 3.2 网络营销中产品的层次

(二)网络营销产品的分类

在网络上销售的产品,按照产品性质的不同,可以分为两大类:实体产品和虚拟产品。实体产品即有形产品。实体产品的要素包括产品特色、设计和包装。在实体产品的市场交易中,买主能够占有该产品并且能在自己方便的时候消费或使用它。虚拟产品没有具体的产品形态,或通过某些介质间接反映出某种形态,包括数字化产品和在线服务。

网络营销的特点决定了其营销策略与传统市场营销策略有着明显的差异。选择适合网络营销的产品,是企业制定其销售策略的最基本的要素,如表3.1所示。

表 3.1 网络营销产品的分类及实例

产品形态	产品品种	营销方式	产品实例
实体产品	普通产品	网上产品目录,用户浏览预定,厂家送货上门	• 服装、食品 • 工业化实体产品 • 计算机硬件
虚拟产品	数字化产品	信息服务	• 金融信息查询 • 网上新闻
		数字类产品	• 计算机软件 • 电子书
	在线服务	网上预订服务	• 飞机火车票预定 • 医院挂号
		交互式服务	• 金融证券交易 • 法律服务咨询

(三)网络营销产品的特征

在网络上销售的产品都是网络产品。它一般具有如下特点:具有数字化特征,如图书、音乐等;具有标准化特征,这是因为网购不能像现实生活那样到现场去亲身体验,所以消费者对产品质量的要求尤为严格,这就需要标准化;具有隐私化特征,这是因为顾客不用和销售者直接接触，也就避免了某些尴尬。

二、网络营销产品的3种策略

网络营销产品策略是网络营销组合策略的重要组成部分。网络营销产品策略是指企业为如何满足网络消费者的需求而做出与产品有关的计划与决策。网络营销产品策略包括产品定位策略、新产品开发策略和产品组合策略。

（一）产品定位策略

定位是指如何让产品在预期客户的心中实现区隔。网络营销产品定位策略有很多种，企业可以根据自身产品的特点灵活运用。

1. 产品特性策略

研究发现每个产品都是各种特征的混合体。但无论有多少特征，人们只会认定最显著的特性。如果提供的产品能在消费者心中形成自己的特性，人们会给它附加上很多其他好处。例如，维珍航空，它是世界上唯一可以在飞行中使用手机的航空公司，能够在飞行中使用手机就是其与众不同的地方。

2. 制作方法策略

大多数消费者愿意相信，好的产品具有某种神奇的因素使之表现优越。了解该因素如何生效不是关键，对于企业来说掌握其中的制作方法才是最重要的。

3. 成为"第一"策略

第一胜过更好。在行业当中的销量、声望比较高，甚至成为第一的产品，被消费者选择的机会就会大很多，这就是珠穆朗玛峰效应。

4. 做到最新策略

对于产品，人们更愿意寻找最新一代的产品。消费者在购买被认为是过时的产品时，心里会不太舒服。所以百事可乐的产品定位就是新一代的选择。

5. 市场领导策略

现实生活中，"领先"心理学使得人们倾向于把"大"等同于成功和社会地位。"领导者"是建立品牌信任的最直接方法。信赖就是销售力，雪花啤酒就是靠着这一点，成了全球销售量第一的啤酒。

6. 市场传统策略

过去的线索能够指导将来的决策。当合并的公司吞没了自己的传统，他们的客户会感觉被抛弃了。为了保持传统，可口可乐公司一百多年来可乐的配方都没有改变过，从而创造出了正宗的可乐。

7. 市场专长策略

人们对专注于特定业务和产品的公司印象会比较深刻，他们将这些公司理解成"专家"，认为这些公司有超出一般公司的知识和专业技术。反过来，常识也告诉人们，一个人或一个公司不可能成为各方面的专家，所以企业往往需要专注于生产某种产品。

8. 情感定位策略

事实上，有时消费者购买某个品牌的产品时，不仅要获得产品的某些功能，更重要的是想通过品牌表达自己的价值主张,展示自己的生活方式。如果企业在品牌定位时忽略了这一点,一味地强调产品的属性和功能,不能满足消费者心理上的更多需求,就会渐渐被市场所淘汰。

9. 低价定位策略

消费者选择网上购物,一方面是因为网上购物的便利性,另一方面是因为网上购物的成本更低,即以最优惠的价格买到最合适的产品。这种低价定位策略是除了免费定价策略之外最吸引网民的一种定价方式。

(二) 新产品开发策略

产品的生命周期如图 3.3 所示。

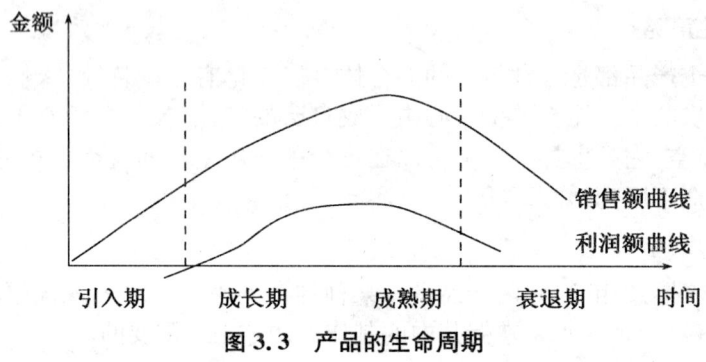

图 3.3 产品的生命周期

1. 网络时代新产品开发面临挑战

在网络时代,由于信息和知识的共享,科学技术扩散速度加快,企业的竞争从原来简单依靠产品的竞争转为拥有不断开发新产品能力的竞争。而且随着互联网的发展,今后获得新产品开发成功的难度更大,其原因有如下几个方面:

(1) 在某些领域内缺乏重要的新产品构思。随着时间的推移,在汽车、电视机、计算机、静电印刷和特效药等领域内值得投资的切实可行的新技术微乎其微。未来的产品开发必须适应网络时代的需要。

(2) 不断分裂的市场。市场正从企业主导转为消费者主导,个性化消费成为主流,未来的细分市场必将是以个体为基础的。

(3) 社会和政府的限制。网络时代强调的是绿色发展,新产品必须以满足公众利益为准则,如消费者安全和生态平衡。政府的一些要求已使得医药行业的创新速度减慢,并使工业设备、化工产品、汽车和玩具等行业的产品设计和广告决策工作开展速度变慢。

(4) 新产品开发过程中的昂贵代价。网络时代竞争加剧,公司为了找出少数几个良好的构思,通常需要先形成许多新产品构思。因此,公司就得支付日益上升的研究开发、生产和市场营销费用。例如,微软公司就曾动用 3 000 名软件开发人员、耗时 3 年开发了 Windows XP 操作系统,仅研发费用就投入了 50 亿美元。

(5) 新产品开发完成的时限缩短。许多公司很可能同时得到了同样的新产品构思,而最终的胜利往往属于行动迅速的人。反应灵敏的公司必须压缩产品的开发时间。

(6) 成功产品的生命周期缩短。当一种新产品开发成功后,竞争对手就会立即对之进行模仿,从而使新产品的生命周期大大缩短。网络时代,特别是互联网的发展带来的新产品开发的困难,对企业来说既是机遇也是挑战。企业开发的新产品如果能适应市场需要,就可以在很短时间内占领市场,打败其他竞争对手。如果企业的新产品开发跟不上,企业很可能马上陷入困境。

生命周期最短的产品是计算机行业产品,根据摩尔定律,计算机芯片的处理速度为每18个月就要提高一倍,而芯片的价格却以每年25%的速度下降。

2. 网络时代新产品开发策略

与传统新产品开发一样,网络时代新产品开发策略也有多种类型,但策略制定的环境和操作方法它们之间是不一样的。

(1) 新问世的产品,即开创了一个全新市场的产品。一般这种策略主要是创新公司所采用的策略。网络时代使得市场需求发生根本性的变化,消费者的需求和消费心理也发生重大变化。因此,如果有很好的产品构思和服务理念,即使没有资本也可以凭借这些产品构思和服务理念获得成功,因为许多风险投资愿意投入到互联网市场。例如,专门为商人服务的阿里巴巴网站(http://www.Alibaba.com),凭借其独到的为商人提供网上免费中介服务的理念,使公司迅速成长起来。

(2) 新产品线,即首次进入现有市场的新产品。互联网技术扩散速度非常快,利用互联网模仿和研制开发出已有产品是一条捷径,但在互联网竞争中一招领先未必招招领先,因为新产品开发速度非常快。这种策略只能是作为一种对抗的防御性策略。

(3) 现有产品线外新增加的产品,即补充公司现有产品线的新产品。由于市场不断细分,市场需求差异性增大,这种新产品策略是一种比较有效的策略。首先,它能满足不同层次的差异性需求;其次,它能以较低风险进行新产品开发,因为它是在已经成功的产品的基础上进行的开发。

(4) 现有产品的改良或更新,即提供改善功能或有较大感知价值并且能替换现有产品的新产品。在网络营销市场中,由于消费者可以在很大范围内挑选商品,所以他们具有很大的选择权利。企业在面对消费者需求品质日益提高的前提下,必须不断改进产品和进行升级换代,否则很容易被市场抛弃。目前,产品的信息化、智能化和网络化是必须考虑的。

(5) 降低成本的产品,即提供同样功能但成本较低的新产品。网络时代的消费者虽然注重个性化消费,但个性化消费不等于是高档次消费。个性化消费意味着消费者根据自己的个人情况包括收入、地位、家庭及爱好等来确定自己的需要,因此消费者的消费意识更趋于理性化,消费者更强调产品给其带来的价值,同时包括所花费的代价。在网络营销中,产品的价格总是呈下降趋势,因此提供相同功能但成本更低的产品更能满足日益成熟的市场需求。

(6) 重新定位产品,即以新的市场或细分市场为目标市场的现有产品。这种策略是初期网络营销可以考虑的,因为网络营销面对的是更加宽广的市场空间,企业可以突破时空限制以有限的营销费用去占领更多的市场。在全球的大市场中,企业重新定位产品,可以取得更多的市场机会。例如,在国内属于中档的家电产品通过互联网进入国际其他发展地区市场,可以将产品重新定位为高档产品。

(三) 产品组合策略

产品组合策略可简称为产品策略,它是根据市场情况和经营实力对产品组合的广度、深度和密度实行有机结合的策略。由于国际市场需求的多变性和消费者需求的差异性及其他市场环境因素的复杂性,因此现代企业进入国际市场的产品策略必须灵活多变,在不同的市场环境中,采用不同的产品策略。常见的产品策略有以下几种。

1. 产品修改策略

产品修改策略是指企业根据国际市场的需求和环境因素的特点,将原有产品予以适当的修改,以适应国际市场的需要。产品修改的范围包括产品实体、包装和服务等几个方面。产品修改策略要求不要把自己的产品概念强加于人。如果是出口型企业,必须了解他国的产品概念和消费特点,特别是要清楚该国的政治法律、经济技术、社会文化等环境因素,并以此作为修改产品的重要依据。例如,销售到热带沙漠地区的汽车,不仅需要轮胎坚固,而且要有特殊的散热装置,其发动机往往应置于车身后部。英国人开车时靠左行驶,汽车的方向盘安置在车子的右边。我国汽车要出口英国也需要按英国人的驾驶习惯,把方向盘安置在车子的右边,才能在英国找到销路。当然,产品修改策略不一定是对产品的各个方面均进行修改,而是企业针对某个国家的市场或一国之内的局部市场的需求和偏好,对产品的某一层次进行修改。采用这一策略,能使产品较容易打进国际市场,而且促销费用低。

2. 产品延伸策略

产品延伸策略是指企业把现有产品直接销往国际市场。如果现有产品的国际市场需求与国内市场需求相同或类似,或现有产品早已被外国消费者所仰慕,或现有产品很容易被他国市场所接受,可采用该产品策略。产品延伸策略把世界视为一个市场,各国市场的差异可以通过促销努力得以克服,使各国消费者适应企业的产品。这一策略降低了产品的修改费用,但是为了使各国消费者不同的需求与企业的产品相适应,企业要承担较高的促销费用。

3. 产品差异化策略

产品差异化策略是指企业在同质市场上,为使自己的产品有别于竞争者的产品,而突出产品的一种或几种特征,使其与竞争者的产品有明显差异。采用这一策略可以增强产品对消费者的吸引力,争取较大的市场占有率。实行产品差异化策略的企业可以针对产品整体概念的任何一个层次,制造出有别于其他竞争对手的产品;也可以专注于市场营销组合因素的不同,从而使产品外在因素体现出差异。一般来说,现代企业应尽量在产品形式层和延伸层上实行差异化,同时要推广影响较大的因素实施差异化,这样往往能取得出奇制胜的效果。

4. 新产品定位策略

新产品定位策略是指企业根据消费者对某种产品属性的重视程度,根据市场同行业竞争对手的产品状况,为产品规定出一定的市场地位,为产品创造一定的特色,树立一定的市场形象,以满足顾客某种需要和偏好。产品定位有两种策略:一是针锋相对重复定位,即企业的产品与部分对手的产品处在相同的市场位置上,两者或多者互相竞争。这种策略是把产品定位在与竞争对手同样的位置上,生产与竞争对手一模一样的产品,在产品类型大体相同的情况下,可以在质量、价格等方面另辟蹊径。二是寻找空隙,就空定位。即企业的产品定位着眼于产品空间图的空白处,研制生产一些在目前市场上尚未出现的新款式、新规格、新功能的产品。此产品定位策略,可以使企业在投放新产品到市场上时避免面对面的竞争,抓住市场机会,迅速推广,占领相应的细分市场。这两种定位策略,可以相互配合,不断调整,以突出产品特色,树立产品的市场形象。一个企业对产品进行正确的定位,可以发现国际市场的空隙,使自己的产品组合更加丰富。这是经营成功的重要条件。

5. 扩大产品组合策略

扩大产品组合策略是指企业可以增加产品组合的广度或深度,扩展经营范围,生产出更多的产品以满足市场的多种需求。一般来说,扩大产品组合的广度有利于发挥企业的潜力,开拓新的市场;加深产品组合的深度,增加产品线的产品项目,或增加原产品项目的品种规格,可以占领比同类企业更多的细分市场,满足更多消费者的不同需求和偏好;而加强产品组合的关联性,则可稳固企业的市场地位,发挥和提高企业在有些专业方面的优势。扩大产品组合策略,可以充分发挥企业拥有的资金和技术力量,增加经济效益,增强企业的市场竞争能力,俗语说"东方不亮西方亮",分散风险,经营起来才比较安全。近年来,我国的许多产品正逐步打入国际市场,出口产品的结构正以初级产品、初级加工产品为主向多品种、深加工发展。但令人遗憾的是,对外贸易迟迟不能进一步开拓占领更多的国际市场,其原因之一是缺少实力雄厚的多元经营的国际性主导企业。因此,中国企业要想立足于国际市场,必须建立国际水平的企业集团。

6. 缩减产品组合策略

缩减产品组合策略是指企业缩小产品组合的广度和深度,淘汰某些产品线,减少产品品种。采用这一策略,便于企业加强专业化协作,进行大批量生产,从而提高产品的质量,降低成本。这种策略通常是在企业经营状况不景气,或是市场环境不佳时使用的。

以上6种产品策略,企业应根据自身状况、目标市场的需求和环境等因素加以综合考虑,进行选择使用。

阅读思考 3-1

出租车,也能用网络营销吗?

借助微信,杭州微车队自我组织、协调、分工。这个自发的民间组织不属于任何一个商业机构,但是他们有序的自我管理能力令团队中的每个成员月收入至少都提升了20%。

周一下午4点多,邵展成在杭州机场出租车入口处静静地等待。几分钟前,他要接的客人的飞机已经降落。正值杭州出租车交接班的高峰,熟悉杭州的人都知道,这个时间点能打上车比中彩票还难。

这位客人是当天上午加了邵展成的微信订车的,他只需要走到机场出租车排队处,对管理员报上邵展成的出租车号,机场人员就会将邵展成的车优先放进来,所以邵展成不需要像其他出租司机一样排队进场拉活儿。

当客人坐上邵展成这辆橙黄色的出租车时,机场出租车等候处仍然排着长队,他很是庆幸。邵展成车上的装备也令客人感到新奇——挂在前挡风玻璃左侧的智能手机、红色线控的微信耳机、车内WiFi和充电器一应俱全。等红灯的时候,邵展成会用微信在司机群里交流路况和大家拉活儿的情况。

这是个一百多人的微信群,成员全是杭州的出租车司机,隶属于不同的出租车公司。他们的车上都很"极客"(极客是美国俚语 geek 的音译。随着互联网文化的兴起,这个词含有智力超群和努力的语意,又被用于形容对计算机和网络技术有狂热兴趣并投入大量时间钻研的人):可随时随地上网的 WiFi、智能手机、耳机、充电器,这些是每辆车的标配。没错,他们就是传说中的杭州微信车队——通过微信接受客人的预约订单，并且用微信调配车辆，不仅工作效率高，最重要的是，司机们的整体月收入都提高了，有的司机月收入甚至提升了50%。

"以前很多司机交完份子钱后的月收入大约是4 000元吧，加入微信车队后，大家每个月收入至少是6 000元。30%左右的司机月收入能上万。"微信车队的发起人蒋烨说，他是大众出租车公司的司机，在微信车队里的编号是1号。蒋烨的好友——另一位微信车队发起人邵展成是3号，承包了春光出租车公司的车。他俩组织微信车队的动机很简单，就是提高群里每个司机的收入。这是一个自发形成的民间群体，没有任何的商业组织或机构管理他们，所有的行为都依靠组织自身的协作、分工、调配。借助微信，这个群体实现了高效的社会化协作。他们的故事，或许可以成为移动互联网上去中心化的小而美群体高效协作的经典案例。

（资料来源：新浪博客，http://blog.sina.com.cn.）

讨论与思考
1. 出租车这种产品符合网络营销产品的哪些特征？
2. 调查滴滴打车等出租车类型的App在生活中的应用。

 能力训练

产品定位策略实践。

训练任务	网络营销产品定位
训练目标	1. 学习网络营销产品定位策略； 2. 掌握网络营销产品定位策略的方法； 3. 会撰写网络调研报告
训练内容	1. 成立市场调查小组，明确调查任务，各组确定一位队长； 2. 各队根据网络营销产品定位策略，上网研究案例，举出运用该定位策略的产品案例； 3. 撰写调研报告
训练成果	1. 各队提交调研报告及汇报PPT； 2. 各队选派代表介绍此次调查结果

任务二 网络营销定价策略

案例导读

拼多多低价的商业逻辑

拼多多是隶属于上海寻梦信息技术有限公司的一家商家入驻模式的第三方移动电商平台，也是以人为先的新电商开创者。在以人为先的理念下，拼多多将娱乐与分享的理念融入

电商运营中:用户发起邀请,在与朋友、家人、邻居等拼单成功后,能以更低的价格买到优质商品;同时拼多多也通过拼单了解消费者,通过机器算法进行精准推荐和匹配。

拼拼多的核心竞争力在于创新的模式和优质低价的商品;拼单意味着用户和订单大量且迅速地涌入,而丰厚的订单使拼多多可以直接与供货厂商合作对话,省掉诸多中间环节,实现C2B模式,价格优势由此体现。

截至2018年6月30日,连续12个月成交总额达到2621亿,年度活跃买家3.44亿人,平均每个人在拼多多一年花762元。2018年7月26日,拼多多在上海和纽约两地同时敲钟,以股票代码"PDD"在纳斯达克上市。

成立三年,拼多多凭借新颖实惠的电商玩法获得3亿用户的青睐。享受拼单超值优惠的同时,想必很多用户都想过,这些商品从哪里来?为什么拼单价可以这么优惠?

2018年3月30日,拼多多在江西省瑞昌市举办了首个工厂开放日,走进平台两大热销生活用纸品牌可心柔和植护的加工厂,揭秘百万销量纸品源头,探索拼多多模式的省钱升级之道。

案例思考　1. 读案例、查资料,解密拼多多低价的商业逻辑。
　　　　　　2. 分析网上商店如何体现低价优势。

课前准备

网络营销产品策略知识回顾与网络营销定价策略的项目准备。

课中思考

企业实行差别定价需要具备哪些条件?谈谈自己对心理定价策略的体验。

学习引导

一、网络营销产品定价概述

(一)影响企业定价的主要因素

影响企业定价的主要因素有生产成本、商品特点、顾客需求、竞争者的产品价格及国家物价政策法规等。其中企业的生产成本是企业产品定价的最低限度,产品的价格要高于它的生产成本;顾客的需求是企业产品定价的最高限度。

(二)网络营销产品定价的特点

1. 全球性

在全球化市场环境中,需求者可以通过网络获得某企业的产品价格信息,最终结果会使某种产品价格水平趋于全球一致。

2. 低价性

由于网络扩展了用户的选择空间,企业就需要以尽可能低的价格为用户提供产品和服务,才能留住客户。同时,随着企业对于产品的开发成本的降低,产品价格也趋于低化。

3. 顾客主导性

所谓顾客主导定价,是指为满足顾客的需求,其可通过充分的市场信息来选择购买或定制自己满意的产品或服务,同时以最小代价(产品价格、购买费用等)获得这些产品或服务。简单地说,就是顾客的价值最大化,顾客以最小成本获得最大收益。

4. 价格透明化

互联网使企业面临的是一个竞争更激烈的网上市场,这使产品价格几乎完全透明。

5. 价格动态化

网络营销的互动性使顾客与企业可以就产品的价格进行协商,实现灵活、动态的产品价格。

二、网络营销产品定价方法

(一)传统的营销定价方法

一个企业,只要有产品和服务,都要依据市场规律对产品和服务进行定价,且制定的价格必须与市场价格相符合,这样才能让消费者接受,也便于打开市场销路。

企业的产品定价方法有如下 3 类。

1. 成本定价

以产品或服务的总成本或某一成本形式为基本依据,在成本的基础上考虑一定的利润,这种方法形成的价格即为成本定价。

2. 需求定价

以目标市场中消费者愿意接受的价格为基本的定价依据,根据进货方可能的售价和必要的进销毛利水平决定供应价格称为需求定价。

3. 竞争定价

以参与或避免竞争为目的,以某一竞争者的价格为参照依据确定本企业产品售价的做法称为竞争定价。

(二)新的网络营销定价方法

1. 网络动态定价

在未来,对产品进行动态定价是不可扭转的趋势。网络动态定价是指在网络营销过程中,企业利用网络技术,根据单个交易水平的供给状况即时确定所售产品的价格。这种定价方法有如下优势:

(1) 价格测试功能。企业通过网络动态定价,能直接迅速地得到消费者的需求信息,避免因错误预测需求而制定不合理的价格。

(2) 减少过多存货风险。该方法加快了需求信息、竞争者信息和产品信息的流动,在很大程度上减少了信息的不完整,有助于降低存货。

(3) 提高竞争能力。该方法增加了竞争对手监测企业产品价格变化的难度,使紧随价格的策略也很难实施。

但在定价过程中企业应让消费者了解网络动态定价,把定价过程建立在相互信任的基础上,给他们选择的机会。避免同时以不同的价格向消费者提供核心价值相同的产品,因为这样可能会引起消费者的不满,如亚马逊在销售 DVD 时就碰到过这种情况。

2. 逆向思维定价

逆向思维定价经常会在一些数学产品领域中应用到,指根据市场变化来灵活定价。例如,当市场都在降价时,企业采取逆向思维——不降价;当市场都在涨价时,企业也采用逆向思维——不提价。这样给人以货真价实的感觉,从而吸引更多的消费者。

3. 与品牌产品捆绑定价

很多消费者一般都倾向于选择品牌产品,因此企业要努力打造属于自己的品牌,如果暂时还没有,可以借力。例如,一家在网上专卖洗涤用品的公司可以引进某品牌(如宝洁)的产品,将自己的产品和品牌产品捆绑销售,这样消费者在购买品牌产品时,可以更多地了解自己的新产品。这对于企业来讲不但可以很好地宣传自己的产品,还可以打开市场,给消费者传递一个产品质量高的信息,吸引消费者产生购买行为。

4. 增加 1% 的定价

在网络交易中,一些个体经营者或小企业采用隐蔽性较好的小幅涨价。在传统市场价格的基础上增加 1%,在产品质量不变的前提下许多消费者并不会在意价格的小幅增加,这种策略适用于一些低价位的产品,如现在市场中随处可见的两元店,若比邻同等低价位的连锁小店,网络中的定价完全可以采用这种策略。这种小幅度的涨价并不影响企业拥有忠诚客户的数量和产品的销售量,但却使企业的总利润大大增加,因此许多小企业可以采用这种定价方法。

三、网络营销产品定价策略

(一)低价定价策略

借助互联网进行销售,比传统销售渠道的费用低廉,因此网上销售价格一般来说比传统的市场价格要低。由于网上的信息是公开和易于搜索比较的,因此网上的价格信息对消费者的购买起着重要作用。根据研究,消费者选择网上购物,一方面是因为网上购物比较方便,另一方面是因为从网上可以获取更多的产品信息,从而以最优惠的价格购买产品。

直接低价定价策略就是定价时采用成本加少量利润,有的甚至是零利润,因此这种定价在公开价格时就会比同类产品要低。它一般是制造业企业在网上进行直销时采用的定价方式,如戴尔公司的计算机定价比同等性能的其他公司产品低 $10\% \sim 15\%$。采用低价定价策略的基础是在前面分析中指出的,通过互联网企业可以节省大量成本。

另外一种低价定价策略是折扣策略,它是在原价基础上进行打折来定价的。这种定价策略可以让消费者直接了解产品的降价幅度以促进消费者的购买。它主要用在一些网上商店,一般按照市面上的流行价格进行折扣定价,如亚马逊网站上的图书价格一般都要打折,而且折扣甚至达到 3~5 折。

(二)定制生产定价策略

1. 定制生产的含义

在网络营销服务策略中分析了个性化服务的特点。作为个性化服务的重要组成部分,按照顾客需求进行定制生产是网络时代满足顾客个性化需求的基本形式。定制化生产根据顾客对象可以分为两类：一类是面对工业组织市场的定制生产，这部分市场属于供应商与订货商的协作问题，如波音公司在设计和生产新型飞机时，要求其供应商按照其飞机总体设计标准和成本要求来组织生产。这类属于工业组织市场的定制生产主要通过产业价值链，从下游企业向上游企业提出需求和成本控制要求，上游企业通过与下游企业进行协作设计、开发并生产满足下游企业需要的零配件产品。另一类是面对大众消费者市场。

由于消费者的个性化需求差异性大，加上消费者的需求量又少，因此企业实行定制生产必须在管理、供应、生产和配送各个环节上都必须适应这种小批量、多式样、多规格和多品种的生产和销售变化。

2. 定制定价策略

定制定价策略是在企业能实行定制生产的基础上，利用网络技术和辅助设计软件，帮助消费者选择配置或自行设计能满足自己需求的个性化产品，同时承担自己愿意付出的价格成本。例如，戴尔公司的用户可以通过其网页了解各型号计算机的基本配置和功能，根据实际需要和在能承担的价格内，一次性配置并买到自己最满意的计算机。在配置计算机的同时，消费者也相应地选择了自己认为价格合适的产品，因此对产品价格有比较透明的认识，增加了企业在消费者心目中的信誉。目前这种允许消费者定制定价订货的尝试还只是初步阶段，消费者只能在有限的范围内进行挑选，还不能要求企业完全满足自己所有的个性化需求。

（三）使用定价策略

所谓使用定价策略，就是消费者通过互联网注册后可以直接使用某公司的产品，消费者只需要根据使用次数进行付费，而不需要完全购买产品。这一方面减少了企业为完全出售产品而进行不必要的大量的生产和包装的浪费，同时还可以吸引过去有顾虑的消费者使用产品，扩大市场份额。消费者只是根据使用次数付款，省去了购买产品、安装产品、处置产品的麻烦，还可以节省不必要的开销。

采用按使用次数定价，一般要考虑产品是否适合通过互联网传输，是否可以实现远程调用。目前，比较适合的产品有软件、音乐、电影等。对于软件产品，如用友公司推出的网络财务软件，用户在网上注册后在网上直接处理账务，而无须购买软件和担心软件的升级、维护等非常麻烦的事情；对于音乐产品，也可以通过网上下载或使用专用软件来点播；对于电影产品，则可以通过视频点播系统（VOD）来实现远程点播，无须购买影碟。另外，采用按次数定价对互联网的带宽提出了很高的要求，因为许多信息都要通过互联网进行传输，如果互联网带宽不够将影响数据传输，势必会影响用户的使用和观看。

（四）拍卖竞价策略

网上拍卖是目前发展比较快的领域，经济学认为市场要想形成最合理的价格，拍卖竞价是最合理的方式。网上拍卖由消费者通过互联网轮流公开竞价，在规定时间内价高者获得该拍品。目前国外比较有名的拍卖网站是 eBay，它允许商品公开在网上拍卖，竞价者只需在网上进行登记即可，拍卖方只需将拍卖品的相关信息提交给 eBay 公司，经公司审查合格后即可上网拍卖。

根据供需关系，网上拍卖竞价策略有以下几种：

(1) 竞价拍卖。竞价拍卖中数量最大的是 C2C 的交易,包括二手货、收藏品,也可以是普通商品以拍卖方式进行出售。例如,HP 公司会将公司的一些库存积压产品放到网上拍卖。

(2) 竞价拍买。这是竞价拍卖的反向过程,消费者提出一个价格范围,求购某一商品,由商家出价,出价可以是公开的或隐蔽的,消费者将与出价最低或最接近的商家成交。

(3) 集体议价。在互联网出现以前,这种方式在国外主要是多个零售商结合起来,向批发商(或生产商)以数量换价格。互联网出现后,使得普通的消费者也能使用这种方式购买商品。集合竞价模式,是一种由消费者集体议价的交易方式。提出这一模式的是美国著名的 Priceline 公司(http://www.priceline.com)。在国内,雅宝网已经率先引入了这一全新的模式。

(五) 免费价格策略

免费价格策略是市场营销中常用的营销策略,它主要用于促销和推广产品。这种策略一般是短期和临时性的。但在网络营销中,免费价格策略不仅是一种促销策略,它还是一种非常有效的产品和服务定价策略。

1. 实施免费价格策略的适用条件

免费价格策略之所以在互联网上流行,是有其深远背景的。一方面,互联网的发展有利于免费价格策略的实施;另一方面,互联网的发展速度和增长潜力是惊人的,有远见的商家自然不会放弃发展机会,而免费价格策略是最有效的市场占领手段。

当然,实施免费价格策略也有一定的适用条件。

(1) 要和企业的运作模式相吻合,且要选择合适的推出时机。如果市场已经被占领或已经比较成熟,难度就会变大,此时要看推出的产品或服务的竞争能力。例如,曾经的 3721 网站通过新闻形式介绍中文域名概念,宣传中文域名的作用和便捷性,然后与一些著名的 ISP 和 ICP 合作,建立免费软件下载链接,同时还与个人计算机制造商合作,提供捆绑预装中文域名软件服务。

(2) 要考虑产品或服务是否适合。互联网是信息的海洋,对于免费的产品和服务,网络用户已经习以为常。因此,要想吸引用户关注免费产品或服务,应当与推广其他产品一样有严密的营销策划。一般情况下,产品应具有以下特点:

① 产品应具有易于数字化、无形化且零制造成本的特点。这些产品在开发成功后通过简单复制就可以实现无限制生产,因为产品的无形性,可以实现零成本的网络传输,降低研发与配送等成本,使免费成为可能。

② 产品应具有成长性的特点。采用免费价格策略的产品一般都是从战略发展角度出发,利用产品成长占领市场,然后着眼于发掘产品的后续商业价值,为未来市场发展打下坚实基础。

③ 产品应具有间接收益的特点。采用免费价格策略的产品或服务,可以帮助企业通过其他渠道获取收益。这种收益方式也是目前大多数 ICP 的主要商业运作模式,也就是免费价格策略实施的目的之一,即让用户免费使用习惯后,再开始收费。比较常见的就是允许用户在网上下载试用版的杀毒软件、画图软件等,在试用期内免费使用,等用户使用习惯后,版本到期,用户只有掏钱购买正式版本,否则不能正常使用。

2. 免费价格策略的种类

企业作为市场主体，获得利润是企业生存和发展的根本。免费价格策略有以下几种，从中可以看出免费是表面现象，免费的背后是有企业的商业目的的。

（1）产品和服务完全免费。产品和服务完全免费即产品（服务）从购买、使用到售后服务的所有环节都是免费的。最典型的服务就是免费电子邮箱。E-mail 的使用已经迅速代替了信件、电报等传统信息交流手段，而且也是办公人员传送文件的重要手段。网络用户几乎每天都要查看邮箱，收发邮件，这样就免不了要登录邮箱供应商的网站，也就自然会顺便浏览网站的相关内容，直接提高了网站的浏览率和点击率，如网易 163 邮箱、新浪邮箱等。

（2）对产品和服务实行限制性免费。限制性免费策略，即消费者必须达到供应商规定的某种条件才能获得所谓的免费产品或服务，供应商和消费者互惠互利。例如，一些网站要求必须注册为该网站的会员才可以浏览、使用其信息。现在许多网络游戏都在提供试玩，服务器免费开放一定天数或限制开放一些功能，当玩家超过免费试玩期想要继续玩游戏或想得到更多的功能时就要交费。

（3）对产品和服务实行部分免费。对产品和服务实行部分免费是指将产品整体进行划分或将服务全过程分成若干个环节，只对其中某些部分或某些环节提供免费。例如，一些著名研究公司的网站公布部分研究成果，如果要获取全部成果必须付费成为公司客户；又如，新浪读书网的大多数电子书只给读者提供部分章节的免费阅读，往往到了关键章节就戛然而止，告知读者"欲看下一章，请注册为 VIP 付费阅读"。

（4）对产品和服务实行捆绑式免费。对产品和服务实行捆绑式免费，即购买某产品或服务时赠送其他产品或服务。例如，比较常用的 PDF 文件，Adobe 公司会免费赠送能阅读的专用阅读器，但是要制作 PDF 文档所需的 Adobe 软件包就必须向 Adobe 公司购买。

3. 免费价格策略的风险性

"天下没有免费的午餐"，对以营利为目的的企业来说，实施免费价格策略都有其后续目的。但这需要时间与资本的前期投资，在企业等待有利时机开展下一步计划时，存在着计划被打断的风险。一个典型的案例就是 Netscape 的"免费浏览器计划"，因为微软 IE 浏览器的介入而没能如愿。对于这些公司来说，为用户提供免费服务只是其商业计划的开始，商业利润还在后面，但并不是每个公司都能获得成功。所以，这些实行免费策略的企业就必须承担很大的风险。

为了有效避免这种风险，在企业做出实施免费价格策略的决定时，首先要确保已有一个成功的商业运作模式，且获得了市场的认可；其次要尽量通过充分的市场调研，选择合适的推出时机；最后还要做到及时关注市场变化，避免风险的出现或在风险来临时做出有利的应对之策。

阅读思考 3-2

广州美即化妆品有限公司网络定价的成功

广州美即化妆品有限公司（以下简称美即公司）的网络营销在 2009 年 12 月开始启动，经过一年的洗礼，美即网络营销已经在业内占据了一席之地，主要是在淘宝网、拍拍网、美即

B2C 商城等平台进行营销。公司到目前已经发展到了 3 个仓库(广州仓、上海仓、北京仓),虽然距离国内电子商务的高水平还有一定距离,不过已经踏出了走向高水平的第一步。

　　进入 21 世纪以来,网络竞争处于白热化的程度。如何在诸侯纷争中立于不败之地,营销有着不可替代的作用。价格是市场的杠杆,是古典经济学中"看不见的手",是营销策略中最活跃的因素。无论是传统营销还是网络营销,价格策略都是最富有灵活性、艺术性、竞争性的策略,是企业营销组合策略中的重要组成部分。

　　美即公司所生产的面膜仅在屈臣氏专柜销售,大多数人认为价格低才是王道,其实不然,合理定价才能长期占领市场。美即之所以能够在短短一年内占据如此大的市场,离不开公司对网络营销的支持,网上给出的价格比较实惠,相对于线下优惠也很多。

　　2010 年 11 月 11 日,淘宝网"双 11"活动在全国展开,在活动开始前一个礼拜在湖南卫视、地铁站等做了广告,活动当天是空前的火爆,每个卖家的旺旺都爆掉好多次,每个子旺旺同时在线人数甚至达 1 000 人,淘宝服务器都差点无法承受。当天美即公司的已付款金额为 120 万元,超过了上个月的总销售额,创了一年的新高。其实在当天美即面膜并没有因为淘宝的宣传而降价,针对淘宝的全场 5 折,并不是所有卖家都可以实现的,但是可以以另一种形式来实施,美即做的是买 1 送 7 的活动,活动的力度相当于 5 折,只是形式不一样,但是创造出的销售额却要比 5 折活动高出几倍,甚至几十倍。

　　同时参与活动的同行卖家中,如曼秀雷敦、相宜本草等业绩也同样创了新高。所以说同行并不一定要打价格战,应该是合理定价,大家共赢才是真理。

(资料来源:百度文库,2011 - 06 - 12.)

讨论与思考

1. 在淘宝"双 11"活动中,美即面膜采用了哪种定价策略?
2. 如果你是一个美即面膜产品销售商,你觉得还可以采用哪种定价策略来提高销售额?

能力训练

淘宝"双 11"产品定价策略研究。

训练任务	网络营销产品定价
训练目标	1. 学习网络营销产品定价策略; 2. 掌握网络营销产品定价的方法; 3. 会撰写网络调研报告
训练内容	1. 成立市场调查小组,明确调查任务,各组确定一位队长; 2. 各队根据淘宝"双 11"网络促销活动的情况,上网研究案例,举出该活动中运用了哪些网络产品定价策略; 3. 撰写调研报告
训练成果	1. 各队提交调研报告及汇报 PPT; 2. 各队选派代表介绍此次调查结果

任务三　网络营销渠道策略

案例导读

特斯拉"线下体验+线上购车"模式

特斯拉"线下体验+线上购车"模式,效率高、可控性强,不仅能降低消费者购车成本,而且能很好维护母品牌的形象。特斯拉作为极具创新性的品牌,颠覆了人们对电动汽车的认知,尤其是自 Model S 推出以来,以科技、电动与性能对传统汽车产生了巨大影响与冲击。当然,特斯拉在全球范围内取得成功的原因,不仅仅局限在产品层面,而且还包括商业模式的创新——"实体体验店+网络直销"模式就是对汽车传统销售渠道的颠覆。

那么,特斯拉式销售模式特别之处在哪里呢?

品牌文化得以传播与强化:特斯拉线下体验店在选址、装修、体验流程等方面均由特斯拉统一管理,如此一来,能给消费者带来非常统一而标准化的体验,潜移默化中在消费者心中传递特斯拉的品牌文化以及树立特斯拉品牌的独特性。

用户完美体验感的提升:线下体验店的核心是为消费者提供完美的体验,消费者可以在体验店尽情体验特斯拉产品,而且还有专业的讲解员为消费者讲解车辆信息、技术参数、产品亮点等。此外,如果用户想深切体验特斯拉,还可以在网上进行预约试驾,预约完毕成功后可以到体验店享受到一对一的专业试驾服务。这种线上预约的方式不仅能提升客户的试驾感受,而且能提高试驾效率。

因此,特斯拉线下体验店不带任何销售功利心的体验,能博得用户更大的好感。换言之,特斯拉线下体验店有别于传统"重销售轻服务"的 4S 店的属性,而这恰恰给予了消费者更好的体验欲望与体验感受。

简化购买流程与购买成本:与传统 4S 店繁杂的购买程序与庞大的运营成本相比,特斯拉独特的线上购车模式,不但简化了购买流程,而且降低了用户购买成本。

(资料来源:http://finance.china.com.cn/roll/20160623/3780564.shtml)

案例思考　特斯拉网络营销模式给我们带来了什么启示?

课前准备

网络营销渠道的类型和功能。

课中思考

网络直销与传统的产品销售有哪些根本性的差异与特点?

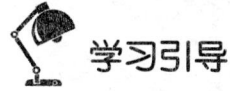

一、网络营销渠道概述

网络营销渠道是指企业借助互联网将商品和服务从生产者向消费者转移的具体通道或路径。完善的网上销售渠道不仅包括信息传播和信息沟通系统,还具备利用网络进行订货、结算和配送的功能。一方面为消费者提供了网上购物的便利,另一方面实现了信息沟通、资金转移和事物转移。

二、网络营销渠道的功能

与传统营销渠道一样,以互联网作为支撑的网络营销渠道也应具备传统营销渠道的功能,即将商品和服务从厂家或者第三方卖家运送到顾客的一个过程。除此以外,一个完善的网上销售渠道为实现顾客可以在任何时间、任何地点购买到想要的物品还应具备三大功能:订货功能、结算功能和配送功能。

(一)订货功能

网络订货功能为顾客提供产品信息,同时方便厂家获取顾客的需求信息,以求达到供求平衡,突破了时间、空间的限制。一个完善的订货系统,可以最大限度降低库存,同时减少销售费用。

(二)结算功能

顾客在网络平台上购买商品和服务后,可以通过结算功能实现便捷的付款方式。常见的付款方式为网上支付,它是电子支付的一种形式,通过第三方提供的与银行之间的支付接口进行的即时支付方式。这种方式的好处在于可以直接把资金从用户的银行卡中转账到网站账户中,汇款马上到账,操作更为便捷、高效。

(三)配送功能

我们常见的产品一般分为虚拟产品,如服务、软件、音频等,这部分产品可以直接通过网络进行购买及传递,实现商品从卖家到顾客的配送。另一部分产品即实体产品配送,要涉及运输和仓储问题。目前,国内的物流配送随着电子商务的崛起,也出现了诸多第三方物流公司,如顺丰速运、天天快递、EMS、申通快递等,为卖家提供了专业的物流配送服务。也有一些规模较大的企业为实现物流配送自由而选择自己组建物流配送队伍,从而提高竞争力。

三、网络营销渠道的类型

利用互联网的信息交互特点,网络营销市场得到了快速发展。与传统营销一样网络营销渠道可以分为直接营销渠道和间接营销渠道两大类。

(一)网络直销

网络直销是指生产企业与顾客之间直接通过网络营销站点进行订货购物,没有营销中间商的一种行为方式,如图3.4所示。它同时也具备网络营销渠道的基本功能。通过与一些电子商务服务机构(如网上银行)合作,可以通过网站直接提供支付结算功能,简化了过去资金流转的问题。关于配送方面,网络直销渠道可以利用互联网技术来构造有效的物流系统,并通过与一些专业物流公司进行合作,建立有效的物流体系。

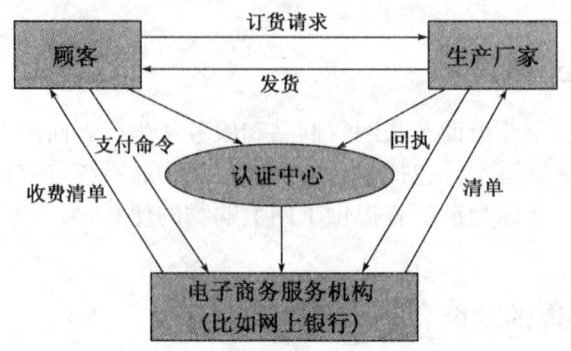

图 3.4　网络直销流程

（二）网络间接分销渠道

由于网络的信息资源丰富、信息处理速度快,基于网络的服务可以便于搜索产品,但在产品(信息、软件产品除外)实体分销方面却难以胜任。为了克服网络直销存在的缺点,基于网络提供信息服务中介功能的新型中间商即网络交易中介机构应运而生,从而进一步衍生出了多种网络间接分销渠道。目前,网络间接分销中间商主要提供信息服务和虚拟社区中介功能,其类型主要有以下几种。

1. 目录服务商

目录服务是指利用互联网上的目录化 Web 站点提供菜单驱动进行搜索。比如,综合性目录服务、商业性目录服务以及专业性目录服务等。

2. 搜索服务商

搜索站点为用户提供基于关键词的检索服务,如 AltaVista、WebCrawler 等站点,用户通过这类站点提供的搜索引擎实现对互联网实时搜索,获取大量数据信息。

3. 虚拟商场

虚拟商场是指一个站点链接两个及两个以上的商业性站点链接的网站。生产商和零售商可以在虚拟商场销售商品和服务,站点的主要收入来源有租用服务器的租金、销售收入的提成等。对于顾客而言,虚拟商场的优势有很多,如价格比传统商业模式要低,选择更为便捷、高效。

4. 网络零售商

与虚拟商场不同,网络零售商拥有自己的货物清单,直接面向顾客群体销售产品及服务,从中赚取差价。这类网上商店通常具有专业性,类似于专营店。目前,主要有电子零售型、电子拍卖型和电子直销型 3 种。

5. 虚拟评估机构

互联网是一个开放性的网络,网络购物带来便捷的同时由于其市场进入门槛低以至于存在一定风险,缺乏完善的法律规章制度的约束,使得具有不良企图的经营者存在网络交易市场。为降低购物风险,保障顾客合法权益,一些网络虚拟评价机构根据各网站的经营情况和顾客对于网站的评价,按照一定的标准或者指标,进行等级评定,改善消费者购物环境。

6. 网络金融机构

网络金融机构是实现网上交易的重要组成部分,是为网络交易提供专业性金融服务的金融机构。它以金融电子化网络为基础,通过计算机网络系统以传输电子信息的方式实现支付、结算、转账等功能,网络金融机构通过服务收取佣金。

7. 虚拟市场

虚拟市场是一些网站为符合条件的产品和服务提供网上交易的场所,卖家可以将想出售的产品信息上传到虚拟市场上,同时买家也可以根据产品信息进行选购。虚拟市场的提供者一般不销售商品,只提供空间租赁和网站管理,每一笔交易收取一定的管理费用。

8. 智能代理

智能代理是指利用专门设计的软件程序,根据顾客偏好和要求预先为用户自动进行所需信息的搜索和过滤服务。并依据用户自己的喜好和他人的搜索经验自动学习优化搜索标准。用户可以根据自己的需要选择合适的智能代理站点为自己提供服务,同时支付一定的费用。

四、网络营销渠道的优势

(一)减少中间环节,有效节约成本

相对于传统营销渠道,现如今网络开放时代,网络营销渠道的多样化在结构上大大减少了中间的流通环节,从而有效地降低了交易费用,缩短了销售周期,提高了营销活动的效率,具有很强的成本优势。一方面,网络直销模式使得生产企业直接连接消费者,大大省去了租用场地、雇用销售人员、代理商等烦琐的经营环节,更高效、便捷。另一方面,网络间接分销模式促使了企业挣脱时间、空间的限制,互联网的双向信息传播功能可以使企业通过信息化网络营销中间商,快速扩大规模,实现更大的规模经济,降低宣传费用和运转成本。

(二)提供更便捷服务,提升客户体验

网络营销渠道根据其自身功能特性,方便商家、顾客之间双向获得信息,使沟通更为方便畅通。商家通过平台向广大客户宣传、展示、销售产品和服务,顾客可以随时随地的根据喜好选择产品并直接在网上完成订单生成和付款,提高了购物便捷性。商家通过顾客评价,能够更了解产品和服务在市场竞争下存在的优势及不足,更关注顾客购物体验,起到良性循环,对树立企业的网络形象起到很大的作用。

(三)实现信息的快速流转和资源共享

网络营销渠道分为网络营销直销和网络营销间接分销渠道,直接分销渠道是零级分销渠道,通过互联网为顾客提供更多的增值信息和服务,加速信息流通。网络营销的间接分销渠道只有一级分销渠道,不存在多个中间商的情况,这种模式减少了各环节之间的烦琐流程,更有利于高效管理,降低内耗。网络营销渠道充分利用了互联网信息传播的双向性特性,实现资源共享,使企业更好地适应外部环境变化,进而提高企业的竞争力。

阅读思考 3-3

小米网络营销销售渠道案例

小米科技（全称北京小米科技有限责任公司）由前 Google、微软、金山等公司的顶尖高手组建，是一家专注于 iPhone、Android 等新一代智能手机软件开发与热点移动互联网业务运营的公司。2010 年年底推出手机实名社区米聊，在推出半年内注册用户突破 300 万。此外，小米公司还推出基于 CM 定制的手机操作系统 MIUI，Android 双核手机小米手机等。米聊、MIUI、小米手机是小米科技的三大核心产品。

在整个产品促销策略中，小米手机前期预热足够长，这也是基于苹果的习惯套路，也是基于在业内的光环效应。至于传播手段，小米手机可谓是在互联网中"如雷贯耳"！关于小米手机的新闻、评测、拆机等报道一篇接一篇。除电视、报纸、杂志、广播这些传统的传播媒介之外，微博营销被美誉为第五大传播媒介。小米团队发挥了微博营销的优势，小米手机发布之前，策划人员通过与微博用户的互动，就使很多人对小米手机表示很感兴趣。产品发布后，又策划了发微博送手机的活动，以及分享图文并茂的小米手机评测等。在小米手机发布之前，总裁雷军每天发微博的数量控制在两三条，但在小米手机发布前后，他不仅利用自己微博高密度宣传小米手机，还频繁参与新浪微访谈，出席腾讯微论坛、极客公园等活动。而雷军的朋友也纷纷出面在微博里为小米手机造势。那些作为 IT 界的名人朋友的名人，他们中的每一个人都拥有着众多的粉丝，微博的营销被小米团队充分运用。

小米手机的知名度在年轻人中已经非常的有名，不管对 IT 产品关注与否，或多或少会了解一些关于小米手机的信息，因为那部分被"病毒"感染的人不断地在为小米手机做宣传，经过介绍，也会了解到小米手机的种种优越性。通过人们之间各种途径的交流，小米科技实现了品牌的输入与推广。小米手机在分销渠道上同样也是模仿了苹果在美国的渠道政策，主要采取了电子渠道加物流公司合作的分销模式。首先，小米手机目前的销售，全部是依靠小米科技旗下 B2C 网站小米网的网络直销的，规避了与实体店和分销商的利润分割，避免了网络诈骗和多余的成本，杜绝假冒商品，又很有时尚感，很能吸引年轻顾客的兴趣，同时更强化了自身的品牌影响力。

（资料来源：https://www.sohu.com/a/230553586_287164）

讨论与思考

1. 网络营销渠道有哪些类型？
2. 如何进行企业网络营销渠道建设？

项目三 网络营销策略

 能力训练

网络营销渠道策略实践。

训练任务	网络营销渠道策略
训练目标	1. 掌握网络营销渠道的功能和类型； 2. 能够进行网络渠道的设计； 3. 会撰写网络调研报告
训练内容	1. 成立市场调查小组，明确调查任务，各组确定一位队长； 2. 各队根据网络营销渠道策略，上网研究各品牌网络渠道策略案例，归纳总结网络营销渠道的类型及优缺点； 3. 撰写调研报告
训练成果	1. 各队提交调研报告及汇报 PPT； 2. 各队选派代表介绍此次的调查结果

任务四　网络营销促销策略

案例导读

美国波音公司的促销策略

美国波音公司可谓是当今世界最有财力的大企业之一，它不仅以制造品质精良的飞机赢得了世界各国用户的欢迎，而且它对顾客竭诚周到的服务也博得了人们的交口称赞。有一次，阿拉斯加航空公司急需特殊降落装置，以使飞机因故能降落在泥泞的临时跑道上。波音公司知道后，毫不迟疑地把这种装置送到阿拉斯加航空公司，为该公司解了燃眉之急，这不但感动了这家航空公司，还感动了众多的乘客。还有一次，加拿大航空公司的飞机因排气管结冰阻塞，发生故障。波音公司立即派工程师乘机飞到温哥华，不分昼夜地进行维修工作，最后把故障排除了，减少了航班的误点时间，这也成了众人传颂的事例。

1978 年 12 月，意大利航空公司 DCX 型客机在地中海坠毁，航空公司急需一架替代客机。意航总裁诺狄奥向波音公司董事长威尔逊提出一项特殊要求："波音公司能不能迅速送来一架波音 727 客机？"当时订购这种型号飞机的单子较多，至少要等两年，但波音公司考虑到意航的特殊情况，在发货表上做了一下调整，并要求公司把生产排紧一点。这样，意大利航空公司在一个月内就得到了这个型号的飞机，解了燃眉之急。为了感谢波音公司的优良服务，意航决定取消购买道格拉斯公司的 DC-O 飞机的计划，转向波音公司，一下子订购了 9 架波音 747 超大型客机。由此可见，周到的服务是扩大销售和赢得客户的极佳通道。

案例思考　1. 网络产品的促销和传统产品的促销有何异同？
　　　　　2. 波音公司采用了什么方式让业务量得到了增加？

课前准备

网络营销产品定位策略和产品定价策略知识回顾与网络营销促销策略的项目准备。

课中思考

网络营销产品促销有哪些形式?

学习引导

一、网络营销产品促销概述

网络促销顾名思义是利用互联网来进行的促销活动,也就是利用现代化的网络技术向虚拟市场传递有关产品和服务的信息,以引发需求,引起消费者购买欲望和购买行为的各种活动。与传统的促销方式相比,网络促销在时间和空间上、在信息传播模式上及在顾客参与程度上都发生了较大的变化。网络使时空得到了拓展,订货和购买可以在任何时间、任何地点进行。独有的、双向的、快捷的、互不见面的信息传播模式,为网络促销提供了更加丰富多彩的表现形式。网络中消费者的概念和客户的消费行为都发生了很大的变化,在网上他们可以在很大范围内进行选择和理性的购买。因此,营销者应深刻理解网络促销的特性,制定行之有效的网络促销策略。

(一)网络促销的五大基本特点

(1)电子技术性与虚拟性。

(2)网络文化性。

(3)目标性与互动性。

(4)针对性。

(5)空间与时间无限性。

(二)网络促销与传统促销的区别

(1)时间和空间发生了巨大的变化。

(2)信息沟通方式发生了巨大的变化。

(3)消费群体和消费行为发生了巨大的变化。

(4)企业进行市场调研及信息获取的方式发生了巨大变化。

二、网络营销产品的促销形式

促销是企业竞争的主要手段之一,网络营销的促销形式主要有网络广告促销、网络营销站点推广、网上公共关系促销等形式。其中网络营销站点推广促销和网络广告促销是网络促销的主要形式。

(一)网络广告促销

网上促销在目前使用较为广泛,尤其是网络广告比较普遍。网络促销的出发点是利用网络特征实现与消费者沟通。这种沟通方式不是传统营销中"推"的方式,而是"拉"的方式,即"软"营销。这一特色是发掘潜在消费者的最佳途径。

网络广告不像其他传统广告那样大面积地播送——"推",而是由消费者自己本身去选择——"拉"。网络的强大功能几乎囊括了所有媒体广告的优势。企业在做广告策划时,应充分发挥网络的多媒体功能、三维动画等特性,引导消费者做出购买决策,并达到尽可能开发潜在市场的目标。

(二)网络营销站点推广

网络营销站点作为企业在网上市场进行营销活动的阵地,它能否吸引大量流量是企业开展网络营销成败的关键,也是网络营销的基础。站点推广就是通过对企业网络营销站点的宣传吸引用户访问,同时树立企业网上品牌形象,为企业的营销目标实现打下坚实的基础。站点推广是一个系统性的工作,它与企业营销目标是一致的。

站点推广的方法很多,主要有以下几种。

1. 搜索引擎注册

调查显示网民寻找新网站的途径主要是通过搜索引擎来实现的,因此在著名的搜索引擎上进行注册是非常必要的,而且在搜索引擎上注册一般都是免费的。

2. 建立链接

与不同站点建立链接,可以缩短网页间距离,提高站点的被访问概率。一般建立链接有以下几种方式:① 在行业站点上申请链接。如果站点属于某些不同的商务组织,而这些组织建有会员站点,应及时向这些会员站点申请链接。② 申请交互链接。寻找具有互补性的站点,并向它们提出进行交互链接的要求(尤其是要链接上到站点的免费服务,如果提供这样的服务)。为通向其他站点的链接设立一个单独的页面,这样就不会使刚刚从前门请进来的顾客,转眼间就从后门溜到别人的站点上去了。③ 在商务链接站点上申请链接。特别是当站点提供免费服务的时候,可以向网络上的许多小型商务链接站点申请链接。只要站点能提供免费的东西,就可以吸引许多站点为你建立链接。寻找链接伙伴时,通过搜索寻找可能为站点提供链接的地方,然后向该站点的所有者或主管发送 E-mail,告诉他们可以链接的站点名称、网络地址及 200 字以内的简短描述。

3. 发送 E-mail

E-mail 的发送费用非常低,许多网站都利用 E-mail 来宣传站点。利用 E-mail 来宣传站点时,首要任务是搜集 E-mail 地址。为防止发送一些令人反感的 E-mail,搜集 E-mail 地址时要非常注意。一般可以利用站点的反馈功能记录愿意接收 E-mail 的用户的 E-mail 地址。另外一种方式是租用一些愿意接受 E-mail 信息的通信列表,这些通信列表一般是由一些提供免费服务的公司搜集的。

4. 发布新闻

及时掌握有新闻性的事件(如新业务的开通),并定期把这样的新闻发送到行业站点和印刷品媒介上。在公告栏和新闻组上加以推广。互联网使得具有相同专业兴趣的人组成成千上万的具备很强针对性的公告栏和新闻组。比较好的做法是加入这些讨论中,让邮件末尾的"签名档"发挥推广的作用。

5. 提供免费服务

提供免费资源,在时间和精力上的代价都是昂贵的,但可以从增加站点流量的功效上得到回报。应当注意,所提供的免费服务应与所销售的产品是密切相关的,这样,所吸引来的访问者同时也就可以成为良好的业务对象。也可以在网上开展有奖竞赛,因为人们总是喜欢免费的东西。如果在站点上开展有奖竞赛或是抽奖活动,可以产生很大的访问量。

6. 使用传统的促销媒介

使用传统的促销媒介来吸引访问站点也是一种常用方法,如一些著名的网络公司纷纷在传统媒介发布广告。这些媒介包括直接信函、分类展示广告等。对小型工业企业来说,这种方法更为有效。应当确保各种宣传卡片、文化用品、小册子上都包含有公司的网络地址。

(三)网上公共关系促销

公共关系是一种重要的促销工具,它通过与企业利益相关者(包括供应商、客户、雇员、股东、社会团体等)建立良好的合作关系,为企业的经营管理营造良好的环境。网络公共关系与传统公共关系功能类似,只不过是借助互联网作为媒体和沟通渠道。网络公共关系较传统公共关系更具有优势,所以网络公共关系越来越被一些企业的决策层所重视和利用。一般说来,网络公共关系有以下目标:① 与网上新闻媒体建立良好合作关系;② 通过互联网宣传和推广产品;③ 通过互联网建立良好的沟通渠道,包括对内沟通和对外沟通。

为了实现上述目标,企业应该利用互联网开展以下公关活动。

1. 与网络新闻媒体合作

网络新闻媒体一般有两大类:一类是传统媒体上网,通过互联网发布媒体信息。其主要模式是将在传统媒体中播放的节目数字化,转换成能在网上下载和浏览的格式,用户不用依靠传统渠道就可以直接通过互联网了解媒体报道的信息。另一类是新兴的、真正的网上媒体,它们没有传统媒体的依托。

不管是哪一类媒体,互联网出现后,企业与新闻媒体的合作都更加密切了,可以充分利用互联网的信息交互特点,进行更好的沟通。为加强与媒体合作,企业可以通过互联网定期或不定期将企业的信息和有新闻价值的资料通过互联网直接发给媒体,以便与媒体保持紧密合作关系。企业也可以通过媒体的网站直接了解媒体关注的热点和重点报道,及时提供信息以便与媒体合作。

2. 宣传和推广产品

宣传和推广产品是网络公共关系的重要职能之一。互联网最初是作为信息交流和沟通的渠道的,因此互联网上有许多类似社区性质的新闻组和公告栏。企业在利用一些直接促销工具的同时,采用一些软性的工具(如讨论、介绍、展示等)来宣传推广产品效果可能会更好。在利用新闻组和公告栏宣传和推广产品时,要注意"有礼有节"。

3. 建立沟通渠道

企业的网络营销站点的一个重要功能就是为企业与企业相关者建立沟通渠道。网站建设的主要功能和设计架构中的一个重要因素是网站是否具有交互功能。通过网站的交互功能,企业可以与目标客户直接进行沟通,了解客户对产品的评价和客户提出的还没有满足的需求,保持与客户的紧密关系来维系客户的忠诚度。同时,企业通过网站对自身以及产品、服务的介绍,让对企业感兴趣的群体可以充分认识和了解企业,提高其在公众中的知名度。

三、网络营销产品的促销策略

网络促销就是在网上市场利用销售促销工具刺激客户购买和消费产品。网上促销主要有下面几种形式。

(一)网上折扣

在传统的促销活动中,折扣是历史最为悠久的且如今仍颇为风行的一种极为重要的促销手段。在网络促销中,折扣手段得到广泛的应用,是网上最常用的一种促销方式。目前大部分在网上销售的商品都有不同程度的价格折扣。

(二)增加商品的附加值

它是在不提高商品价格的情况下,设法提高产品或服务的附加值,让消费者感到物有所值或物超所值的方式进行的促销。利用这种促销方法更容易获得消费者的信任。

(三)抽奖促销

抽奖促销是网上使用较广泛的促销形式之一,是大部分网站乐意采用的促销方式。抽奖促销是以一个人或数人获得超出参加活动成本的奖品为手段进行商品或服务的促销。网上抽奖活动主要附加于调查、产品销售、扩大用户群、庆典、推广某项活动等。消费者或访问者通过填写问卷、注册、购买产品或参加网上活动等方式获得抽奖机会。

网上抽奖促销活动应注意以下几点:① 奖品要有诱惑力。可考虑以大额超值的产品吸引人们参加活动。② 活动参与方式要简单化。由于有些地方上网费偏高,网络速度不够快,以及浏览者爱好不同等原因,网上抽奖活动要策划得有趣味性和容易参加,太过复杂和难度太大的活动较难吸引匆匆的访客。③ 抽奖结果的公正和公平性。由于网络的虚拟性和参加者的地域性,对抽奖结果的真实性要有一定的保证,应该及时请公证人员进行全程公证,并能及时通过 E-mail、公告等形式向参与者通告活动进度和结果。

(四)积分促销

积分促销是凭借消费者累计的积分来赢得积分奖品,从而吸引消费者参加购买以促进销售的策略。积分促销的好处有两个:一是通过这种简单有效的促销,能够和顾客建立良好的关系;二是能够刺激顾客购买。网上积分很容易通过编程和数据库来实现,因此积分促销操作实施起来会更容易。例如,淘宝等网上商城都会用积分的形式进行促销,100 积分相当于 1 元钱,麦包包还曾经推出 1 积分相当于 1 元钱的活动。

积分促销可以增加顾客访问网站和参加某项活动的次数;可以增加其对网站的忠诚度;可以提高活动的知名度等。

(五)联合促销

如果你的网站或网店与别家的产品有些互补性,可以联合起来一起做促销,对扩大双方的网络销售都有好处。例如,苏宁易购在"双 12"推出清扬、海飞丝、沙宣等品牌的联合促销。

(六)节日促销

节日促销是指利用元旦、春节、元宵、三八、五一、六一、端午、八一、十一、中秋等传统及现代节日搞促销活动,以吸引大量顾客前来购物。许多供应商也能提供人力、物力及财力的支持,让门店的节日促销活动办得有声有色。在节日期间网络促销也是常用的方法。节日促销时应注意促销商品应与促销的节日相关联,这样才可以更好地吸引客户的关注,提高转化。此外,还有纪念日促销,如果遇到了建站周年、访问量突破多少大关、成为第多少个用户、成交额突破多少金额大关,也可以利用这些纪念日开展网络促销。

（七）优惠券促销

在网上,客户购买商品时,每消费一定数额或次数,返给客户一定优惠券,这会促使客户下一次还来你的网站消费,从而达到了网络促销的目的。例如,天猫派送100亿元优惠券供用户收藏,以在"双11"当天使用,派送优惠券的商家包括骆驼、ONLY、七格格、NIKE等,既有国际大牌又有淘宝品牌。这一举动是天猫"双11"购物节前打响的第一炮,提前一个月便开始在用户群体中预热、传播,起到了很好的宣传效果。

（八）反促销促销

反促销是声明自己的网站或网店质量是有保证的,从不打折促销,这样做要有一定的实力,以不促销作为促销的卖点。例如,很多店铺都说自己的商品价格一直都是最低价的,这就给消费者一种这个店很有实力,产品一定很好的感觉,这也达到了很好的促销效果。

此外还有有奖促销、拍卖促销、限时限量促销等多种手段。

四、网络营销促销的实施

对于任何一个企业来说,如何实施网络促销都是一个问题,每一位营销人员都必须摆正自己的位置,深入了解产品信息在网络传播中的特点,分析网络信息的接收对象,设定合理的网络促销目标,通过科学的实施程序,打开网络促销的新局面。

根据国内外网络促销的大量实践,网络促销的实施程序由6个方面组成：

(1) 确定网络促销对象。网络促销对象是针对可能在网络市场中产生购买行为的消费者群体提出来的。随着网络的迅速普及,这一群体也在不断扩大。这一群体主要包括三部分人员：产品的使用者、产品购买的决策者、产品购买的影响者。

(2) 设计网络促销内容。网络促销的最终目标是引起购买。这个最终目标要通过设计具体的信息内容来实现。消费者的购买过程是一个复杂的、多阶段的过程,促销内容应当根据消费者目前所处的购买决策过程的不同阶段和产品所处的寿命周期的不同阶段来决定。

(3) 决定网络促销组合方式。网络促销活动主要通过网络广告和网络站点推广两种促销方法开展。但由于企业的产品种类不同、销售对象不同,促销方法与产品种类和销售对象之间将会产生多种网络促销的组合方式。企业应当根据网络广告促销和网络站点推广促销两种方法各自的特点和优势,根据自己产品的市场和消费者情况,扬长避短,合理组合,以达到最佳的促销效果。

(4) 制定网络促销预算方案。在网络促销的实施过程中,使企业感到最困难的是预算方案的制定。在互联网上促销,对于任何人来说都是一个新问题。所有的价格、条件都需要在实践中不断学习、比较和体会,不断地总结经验。只有这样才可能用有限的精力和有限的资金得到尽可能好的效果,做到事半功倍。

首先,必须明确网上促销的策略及组合的办法；其次,需要确定网络促销的目标；最后,需要明确希望影响的是哪个群体、哪个阶层,是国外的还是国内的。

(5) 衡量网络促销效果。网络促销的实施过程到了这一阶段,必须对已经执行的促销内容进行评价,衡量一下促销的实际效果是否达到了预期的目标。

(6) 加强网络促销过程的综合管理。网络促销是一项全新的事业。要在这个领域中取得成功,科学的管理起着极为重要的作用。在对网络促销效果正确评价的基础上,对偏离预期促销目标的活动进行调整是保证促销取得最佳效果必不可少的一环。同时,在促销实施过程中,加强各方面的信息沟通、协调与综合管理,也是提高企业促销效果所必需的。

阅读思考 3-4

王老吉品牌的网络推广

据说,现有的网络营销方法有近百种。这么多的网络营销方法,并不一定都适合于任何一家企业。这就需要企业在多样化的营销方法中挖掘出最优的组合来综合运用。例如,在搜索引擎添加几个关键词;加入几个贸易平台发布信息;购买邮箱地址群发邮件。这是纯粹的营销手段的组合,而不是真正的整合营销。

下面以王老吉的一次成功营销来初步看一下,王老吉是如何利用多种网络推广的具体途径进行整合营销的。

1. 策划创意战

创意是网络推广的第一生命。网络推广要想成功,必须要有一个好创意。在开展营销推广行动之前,要知道应该怎么做,如何做到最好。王老吉的案例颇为经典,它在行动之初就提出了"封杀王老吉"的创意,就是要吸引眼球,让人们知道王老吉为灾民捐献了 1 亿元,这是国内捐款较高的企业之一。然后这个创意被付诸行动,通过最初的论坛启幕,在论坛中发帖,引发网民热议,再通过 QQ 群进行疯狂的病毒式传播,通过"以后喝王老吉(捐款 1 亿元),存钱到工商(8 726 万元)"等易于传播的文字,让王老吉品牌在多个 QQ 群之间疯狂传播,再以博客所谓的"意见领袖"进行肯定,让王老吉的形象高大,同时让所有的网络舆论特别是网络媒体在"意见领袖"的引导下,走进王老吉"挖下的坑"。

结果王老吉真的被"封杀"了,所有柜台上的王老吉都被消费者买得精光,彻底封杀掉王老吉在实体店中的销售,"它生产多少,我们就喝掉多少"这种在王老吉主导下的观点很容易被接受,王老吉付出了 1 亿元,但收获了更多。

2. 网络新闻战

新闻营销指借助新闻的报道,创造出最佳的传播效果。网络媒体的性价比相对传统媒体来说,在效果上更显著。通过"润物细无声"的宣传,能在较短的时间内提升产品的知名度,塑造品牌的美誉度和公信力。几乎每一次成功的网络推广都离不开网络新闻的力量,因为网络新闻真正具有一种让信息"广而告之"的效果。而且最重要的是,网络新闻可以让网民觉得是值得信赖的,他们相信新闻上说的,而不一定相信广告上说的。

王老吉捐出 1 亿元后,也成为众多网络媒体关注的焦点,网络上的推广活动也不断地促进网络媒体的报道。这也为后续的部分做好了铺垫,当王老吉授意点爆"封杀王老吉"这个策划,人们在看到帖子里关于王老吉捐款的内容时,不免会有所怀疑,不要紧,去搜索一下就会在新闻中发现王老吉真的很不错。

3. 论坛口碑战

论坛作为草根网民最集中的地方,往往是网络推广最初的策源地。论坛社区具有超高的人气,是品牌营销的重要平台,论坛中话题的开放性,可以让企业的品牌在论坛中迅速传播。在论坛传播中话题是特别重要的,王老吉在网络推广中,利用最热门的事件进行宣传和推广,不断制造引人注意的话题(如"彻底封杀王老吉"等),吸引更多的人关注与讨论。利用奇虎论坛搜索王老吉,你会发现在当月就可以搜到27万个相关的帖子,大家对话题的讨论,使影响不断放大。

恰恰是这种传播力,让论坛中所引爆的各类新闻占到了网络热点的一半以上。因为很多企业和个人都认识到,自己不可能控制新闻,但我们可以通过控制论坛来引导舆论。在论坛里伪装成一个草根,发布一些有煽动性的内容,小到之前的茶叶店创业历程,大到王老吉这样的噱头,都可以或快或慢地赢得网民的心,直接刺激他们去关注、去购买、去消费。

4. 博客观点战

博客可以说是网络媒体和论坛之间的一个存在,它既不属于论坛,也不像网络媒体那么正规,博客的最大影响力在于它们对于热点事件的意见,可以说博客是网络世界里真正的"意见领袖"。尽管博客的数量数以千万计,但真正掌握话语权的博主,不过千余人,而且各大门户博主站点上的知名博主几乎都是一致的。

如果巧妙地掌控了博主的声音,将会获得网络舆论的最大支持,因为对于普通网民来说,博客是他们的精神领袖,是他们声音的代表,而媒体也愿意从博客那里听到来自民间的声音。封杀王老吉自然而然地吸引了博主的注意,当然不会缺少他们的声音,王老吉所要做的,就是"买通"几个博主,来引导其他博主尽可能发出同样的声音,再"买通"网站,将对自己有利的声音放大即可。如果是中小企业或个人,如何借助博客呢?最好的办法是自己也建设一个知名博客,其实这并不困难。

5. 搜索排名战

搜索排名主要分成两种:一种是搜索引擎竞价推广,如百度、谷歌、雅虎竞价推广。这种推广方式按点击量付费,见效快但成本高,容易遭同行有意点击。另一种则是搜索引擎优化推广,即 SEO(Search Engine Optimization),通过对网站的优化从而使网站搜索引擎的排名上升。SEO优化往往需要较长的时间,短则3个月,长则一年半载,这取决于你在搜索引擎上的优化能力和网站关键词的竞争能力。SEO跟搜索引擎竞价相比要花费更多的精力,但排名的效果更持久一些。而王老吉这一策划几乎不用费神,因为无数网站、论坛、博客都在为它做宣传,"封杀王老吉"这几个字,其热点关注度在搜索引擎上将无可替代。

6. 广告阵地战

王老吉的此次推广,似乎没有进行任何广告宣传,因为这个策划几乎不需要有任何官方背景的动作。如果在官方网站上打出"封杀王老吉"这样一个广告,效果会如何?确实很有噱头,很刺激眼球,但也会让网民觉得这样做太过招摇。

王老吉之前早已在各个网站上打过不少广告,可以说是不少门户网站忠诚的广告大客户,这一铺垫不仅早已让网民熟悉王老吉,其实就算不在网上打广告,"怕上火就喝王老吉"这句经典广告语也早已为所有的消费者所熟知。更重要的是由于是大客户,各个网站对于有关王老吉的正面新闻或言论都会予以重视,不仅会很"客气"地给予更好的位置进行推荐,还会尽可能避免一些负面的内容。

7. 绝地反击战

当然在"封杀王老吉"这一战中，有一个被树立起来的负面标靶，那就是王石和他的万科，但房地产一直就不是网络广告的大客户，毕竟它们只是局限于一个地区或一个城市。它们更倾向于在当地媒体和网站上做广告，毕竟那样受众群体会更加集中。

因此大门户站点并不会有意去禁止王老吉这个略微带有不正当竞争的策划，更何况这个策划的立足点本身在于草根，是以草根的言论开始的第一步，这本身就给了王老吉一个掩护，也让王老吉的策划起步就拥有了强大的网络媒体背景和支持。而且就算没有王老吉的这次营销，其实王石和万科也一直因为捐款问题被网民攻击。然而问题是，王石和万科一直也没有拿出一个有效的网络危机公关方案来。口笨词拙的辩解，不擅长运用网络进行危机公关，不了解网民心理，甚至在某种程度上还不断激化矛盾，把自己越来越明显地放在了网民的对立面。这给其他企业上了一堂生动的网络危机公关课，就算你不打算通过网络进行推广，也别忽视网络，网络危机一旦爆发，怎么去应对将是至关重要的。

8. 邮件挺击战

至于王老吉在此次事件中是否运用过 E-mail 进行营销，大家并不清楚，但是在那一段时间，我订阅的一些新闻类 E-mail 杂志都无可回避地在对王老吉的这一事件进行报道，这就够了。王老吉并没有付钱给许可式 E-mail 进行推广，但这些邮件免费为王老吉进行宣传，宣传给了自己的用户。

当然，这种邮件接收者是不会反感的，因为所有的用户都通过了许可，允许这样的邮件进入自己的邮箱。而那些垃圾邮件推广就没有这种待遇了。王老吉也一直致力于许可式 E-mail 杂志的推广。例如，在网易和王老吉举办的一次名为"冬季干燥怕上火喝王老吉"的活动中，要求网友创造出独具匠心的"我家不上火"的创意作品，作品要求必须含有红罐王老吉元素的家庭照片、精彩视频或超酷漫画。上传创意作品，就有可能成为《王老吉防上火金牌家庭》电子杂志的封面人物。这依旧是一场互动式的 E-mail 营销。

9. 视觉冲击战

王老吉其实是一家非常善于利用网络视频进行营销的企业，在上面那个例子中不难看到王老吉希望网友共同创作含有王老吉内容的精彩视频，至于早前曾经比较红火的反恐精英 COS 王老吉网络视频，其实幕后也有一定的公关成分在其中。王老吉知道，网民恰好是他们最好的顾客群体，既然文字、广告等都用上了，为什么要忽略网络视频这样一个具有冲击力的好东西呢？

（资料来源：世界经理人，http://www.ceconline.com.）

讨论与思考

1. 王老吉为了推广品牌运用了哪些促销手段？
2. 总结王老吉品牌网络推广成功的原因。

 能力训练

网络营销产品促销策略实践。

训练任务	网络营销产品促销
训练目标	1. 学习网络营销产品促销策略； 2. 掌握网络营销产品促销的方法； 3. 会撰写网络调研报告
训练内容	1. 成立市场调查小组，明确调查任务，各组确定一位队长； 2. 各队根据网络营销产品促销策略，上网研究淘宝"双11"促销案例，举出运用该定位策略的产品案例； 3. 撰写调研报告
训练成果	1. 各队提交调研报告及汇报PPT； 2. 各队选派代表介绍此次的调查结果

阅读思考 3-5

戴尔公司案例

戴尔(Dell)是一家总部位于美国得克萨斯州朗德罗克的世界五百强企业，由迈克尔·戴尔于1984年创立。戴尔以生产、设计、销售家用及办公计算机而闻名，不过它同时也涉足高端计算机市场，生产与销售服务器、数据存储设备、网络设备等。

戴尔公司于1992年进入《财富》杂志500强之列，戴尔因此成为其中最年轻的首席执行官。戴尔公司名列《财富》杂志500强的第48位。自1995年起，戴尔公司一直在《财富》杂志评选的"最受仰慕的公司"中排名靠前，2001年排名第10位，2011年上升至第6位。

对于电子商务来说，实现价值链中的经营销售活动是一个必不可少的部分，戴尔公司在这方面做得如何呢？

1. 产品策略

戴尔公司将其产品分别按照种类或应用领域进行分类。例如，按种类可以分为台式机、便携机、服务器和工作站等；按应用领域可以分为家庭用、小型商业用、大型商业用、教育用和政府用。不同的产品面向不同的市场，因而实行不同的策略，这实际上也是一种市场细分策略。

2. 定价策略

计算机市场的价格变化无常。总体来说，对于某一种机型，计算机的价格在不断地降低。戴尔公司采用的是网络直销模式，所以在成本上比其他主要厂家低100~200美元，售价也比别家低。也就是说，戴尔公司采用的是一种低价策略。但是，由于计算机价格迅速降低，这种价格优势并不明显。

3. 渠道策略

在戴尔公司的网页中，虽然没有明确提出其销售渠道的策略，但是可以看出，其采用的

销售渠道策略是一种直接销售形式,即没有中间商(早期的戴尔直销模式)。这是因为戴尔在提供用户自定义设计时曾经提出了这种服务的一个优势,正是由于采用了这种服务,才减少了二次安装和搬运,减少了中间商的介入,这不但大大降低了成本,使计算机价格更低,同时,也使计算机发生故障的可能性减到最小。

4. 促销策略

(1) 广告。广告在戴尔公司的网页中无处不在。戴尔公司的网页中有各种各样的多媒体图片和许多性能比较图表,有些广告甚至制成了幻灯片形式。这些都能充分地激发顾客的购买欲望。

(2) 公共关系。在戴尔公司的主页中,也有不少地方体现了公司的公共关系策略。例如,在其页面中有公司宗旨等信息的介绍,还有对最新计算机世界的新闻信息发布等。

讨论与思考

1. 登录 http://www.dell.com,浏览戴尔公司的网页。看看它的营销策略是否有新的变化,有哪些变化?
2. 你认为戴尔公司的网络营销策略有哪些成功经验,还有哪些可以改进?

思政元素

在营销组合策略实施中学会尊重、友善——己所不欲,勿施于人。

项目总结

影响企业营销有两类因素:一类是外部环境给企业带来的机会和挑战,这些是企业很难改变的;另一类则是企业本身可以通过决策加以控制的。本项目主要介绍了企业网络营销组合策略。

(1) 产品策略。产品策略包括产品发展、产品计划、产品设计、交货期等决策的内容。其影响因素包括产品的特性、质量、外观、附件、品牌、商标、包装、担保、服务等。

(2) 价格策略。价格策略包括确定定价目标、制定产品价格原则与技巧等内容。其影响因素包括付款方式、信用条件、基本价格、折扣、批发价、零售价等。

(3) 渠道策略。完善的网络销售渠道不仅包括信息传播和沟通系统,还具备网络订货、结算和配送功能。

(4) 促销策略。网络营销促销形式有很多种,主要包括广告、人员推销、站点推广、公共关系等。

资源链接

1. 个性化定制类网站:卡当网(http://www.kadang.com)
2. 虚拟体验类网站:试衣网(http://www.41go.cn)
3. 发泄类网站:出气筒(http://www.cqTong.cn)
4. 易物类网站:易物趣(http://www.ewuqu.com)

5. 收藏类网站:百度搜藏(http://cang.baidu.com)
6. 分享类网站:糗事百科(http://www.qiushibaike.com)

同步练习

一、单项选择题

1. 用户在购买产品时,最关心的是企业研发的( )。
   A. 核心产品　　B. 期望产品　　C. 延伸产品　　D. 潜在产品
2. 某公司产品比同性能其他公司的产品价格要低10%,这属于( )。
   A. 免费价格定价　　　　　　B. 直接低价定价
   C. 间接低价定价　　　　　　D. 差别定价
3. ( )是企业产品定价的最低限度。
   A. 企业的生产成本　　　　　B. 顾客需求
   C. 竞争者价格　　　　　　　D. 企业的预算
4. 在网络促销中,( )得到广泛的应用,是目前网上最常用的一种促销方式。
   A. 折扣促销　　B. 积分促销　　C. 返利促销　　D. 赠品促销

二、多项选择题

1. 营销产品应是一个产品整体,包括( )和潜在产品层次。
   A. 核心产品层次　　　　　　B. 有形产品层次
   C. 期望产品层次　　　　　　D. 延伸产品层次
2. 网上拍卖的竞价方式有( )。
   A. 竞价拍卖　　B. 竞价拍买　　C. 集体议价　　D. 反向竞价
3. 网络营销的促销主要有( )等形式。
   A. 网络广告促销　　　　　　B. 网络站点推广促销
   C. 网上公共关系促销　　　　D. 价格促销
4. 一个完善的网上销售渠道,为实现顾客可以在任何时间、任何地点购买到想要的物品还应具备( )三大功能。
   A. 订货功能　　B. 结算功能　　C. 促销功能　　D. 配送功能

三、名词解释

公共关系　核心产品　顾客主导定价

四、简答题

1. 影响企业定价的主要因素有哪些?
2. 简述网络营销促销与传统促销的区别。

五、论述题

论述产品生命周期理论。

六、案例分析

某网站主要经营韩国流行的首饰产品,下面是其网络推广的方法。
(1) 流量型宣传方式。
① 使用超级女声在线视频,去超级女声相关的社区论坛做宣传,如百度超级女声吧、新

浪超级女声版块。

针对人群：喜欢超级女声的年轻女孩。

实行难度：比较容易。但是毕竟没以前那么火了，同类的广告帖比较多、竞争大。

效果：能给网站带来一部分流量，因为来的主要是女孩，喜欢首饰的人可能针对性不强。

② 使用韩剧、韩星精彩视频，去韩剧、韩星粉丝聚集的相关社区论坛做宣传，如百度贴吧、韩剧社区等。

针对人群：喜欢韩剧、韩星的哈韩一族。

实行难度：普通难度。关键是素材要找好，要去很多相关的论坛才能产生效果，工作量比较大。

效果：因为针对的是"哈韩"一族，在这些人当中，部分人对韩国的饰品都感兴趣。针对性强。

流量型宣传方式的实际操作过程：想要得到好的效果，要先下载好的素材，然后剪辑素材、上传素材，发在论坛上，再去相关论坛发帖宣传，最后还要经常去顶帖。工作量比较大。

（2）针对性宣传方式。

① 用首饰图片，去淘宝、阿里巴巴等大型的网购社区论坛做宣传。

针对人群：喜欢网上购物的年轻人和一些网上商店站长。

实行难度：普通难度。但这些论坛人气不旺。

效果：因为针对的是网购一族，这些人都有在网上购物的经历，容易接受网上购物的方式。上这些论坛的有一些是网店站长，在这里宣传就同时起到了 B2A、B2B 的宣传。针对性强。

② 用首饰图片，去专业和大型门户论坛的首饰、女性、生活、时尚等相关版块进行宣传。

针对人群：喜欢首饰、时尚的年轻女性。

实行难度：难度高。发帖的过程中有很多技巧，要去很多相关论坛才能产生效果，工作量大。

效果：因为针对的是喜欢首饰、时尚的年轻女性，这部分人对漂亮、美好的东西都会感兴趣。针对性强。

③ 用加盟广告，去淘宝、阿里巴巴等网上商店进行留言宣传。

针对人群：网上商店的站长。

实行难度：普通难度。要去很多网上商店进行留言宣传，工作量比较大。

效果：因为直接针对的是网上商店的站长，这些人都有网上销售的经验，容易接受加盟的方式。针对性强。

针对性宣传方式的实际操作过程：先找到大量相关的论坛，发大量的宣传帖子，然后找一些比较热门的宣传位置，要经常技巧性地顶帖，制造气氛。工作量很大。

（3）人海宣传方式。

① 网上朋友：利用自己的网络资源，让网上的朋友去他们常去的论坛，顺便发布首饰图片、网络连续剧、加盟广告等帖子。

针对人群：各种人群。

实行难度：难度非常高。现在上网的人都比较忙，想让别人免费帮你发布广告很难。除非有特殊的方法，或者是跟你关系特好的朋友，可能会帮你发几个。能够坚持长期发的人很难找。

效果：因为涉及各种论坛，普及面很广，比较实用。

②公司同事：网站推广人员发了帖子后，在其他同事不太忙的时候，请他们帮忙去顶下发布的广告帖，制造气氛。

实行难度：难。想要找网上的人帮你顶帖基本上不可能，就算让网上的朋友去看了你发布的帖子，别人一般也不会愿意帮忙顶帖。因为很多时候，顶帖都需要注册账号。在一些大论坛注册账号是非常麻烦的。所以只有靠公司同事的配合来完成这件事。

效果：给很多网友制造一种这个产品很好的气氛，能促使这些网友产生购买的冲动。效果很好。

（4）其他宣传方式。

① 邮件群发：普及面广，但是针对性不强。

② 首饰网购相关 QQ 群：实行困难，针对性比较强。

③ 相关网站友情链接：网站才开始做，没人气没排名，需要一段时间才可与别的网站做链接。

④ QQ 好友：QQ 好友口头宣传，起到一传十、十传百的作用，但实行难度高，很难坚持，针对性不强。

思考：

1. 上述方案中采用了哪些网络推广方法？效果如何？
2. 上述方案中的推广方法中用到了哪些网络推广技巧？
3. 除了以上推广方法之外，你还可以设计出哪些网络推广方案？

实训目的：

1. 了解网络营销产品的层次、特点及分类。
2. 掌握网络营销中所采用的不同的产品策略。

实训器材：计算机网络机房。

实训指导：

1. 适合于网络营销的产品有何特点？列举出你认为最适合通过网络销售的产品并说明原因。
2. 如何对网络营销产品进行分类？应该对不同的网络营销产品采用什么样的营销策略？
3. 网络营销产品的生命周期相对于传统产品有何特点？每个生命周期阶段应该采取什么样的营销策略？
4. 网络营销中的产品组合策略对网络营销整体有何效果？
5. 列出 6 种新产品战略，并且给出网络营销中的 6 个相应例子加以说明（可使用网站截图）。

请写一篇实训报告。

项目四

B2B 网络营销业务

项目情境创设

随着电子商务应用的普及,越来越多的企业开始从事网上销售业务,那么在企业和企业之间进行网上销售业务时,应当如何开展有针对性的营销活动,把握发展机遇,提升企业业绩呢?

项目任务书

任务编号	分项任务	职业能力目标	知识要求	课时
任务一	网上商务信息搜集与发布	掌握在 B2B 平台上搜集和发布信息的方法	1. B2B平台信息搜集的方法; 2. B2B平台信息发布的方法	2
任务二	B2B平台竞价与广告投放	学会平台竞价及广告投放	1. B2B电子商务平台竞价的方法; 2. B2B电子商务平台广告投放的方法	2
任务三	网上洽谈与合同拟订	能使用 QQ、阿里旺旺等即时通信软件进行网上洽谈并完成订单	1. B2B平台网上洽谈工具的使用; 2. 网上洽谈的方法和技巧; 3. 生成订单、签订合同	2
任务四	网络客户关系管理	学会管理网络客户关系	1. 网络客户管理的概念、内涵和管理内容; 2. 网络客户管理的方法	2
职业素质目标	1. 沟通协作的团队意识; 2. 知识获取的自主学习能力; 3. 探索实践的创新能力			

项目学习引导

近年来,电子商务企业营业收入呈快速增长态势,主要原因是随着中小企业逐渐认识到电子商务的好处,越来越多的中小企业开始使用第三方电子商务平台,加之网购理念的普及、网购用户的增长,电子商务渗透率也随之持续高速增长。

中国互联网络信息中心的相关调查数据显示，截至2020年6月，我国网民规模达到9.40亿，网络购物用户规模达到7.49亿，全国网上零售额达51 501亿元，其中实物商品网上零售额占社会消费品零售总额的比重已达25.2%。从我国电子商务行业主要细分市场结构来看，B2B行业的交易规模依然占据着巨大部分的份额，占比接近7成。

当前中国B2B行业的市场格局变化不大，调查显示，截至2018年，中国B2B电商平台市场份额中，前三名分别为：阿里巴巴28.4%、慧聪集团17.6%、科通芯城9.2%，相对于B2C等电商模式，我国的B2B行业正开始面临转型和升级，无论是从行业领域的扩展，还是跨境电商的快速发展上看，B2B行业都已经开始迎来一个新的发展时期和转折点。随着电子商务行业规模的不断扩大、用户数量的不断增加、网络交易规模的突破式增长，B2B等商务平台必将成为中小企业参与电子商务的重要途径。掌握并使用B2B电子商务平台的营销方法，会为企业的发展创造良好的环境。

任务一　网上商务信息搜集与发布

案例导读

一家汽车生产厂家不明白为什么日本对手在美国可以不给消费者折扣而销售与自己公司同样价格的车，自己公司生产的汽车却在失去市场份额。于是请拜恩管理顾问机构的专家高特佛里德森帮助做市场分析。

第一个月：了解自己

高特佛里德森和他的团队开始着手历时3个月的调查，在对竞争对手进行调查前，该生产厂家需要回答3个关于自己公司的关键问题：

（1）自己公司的成本位置？（自己公司生产一辆汽车需要的成本，与行业平均成本相比较如何？）

（2）自己公司生产的汽车有多好？（组装生产线上的质量如何，经过一段时间以后质量是否一致？）

（3）自己公司在消费者心中的形象地位如何？（消费者如何看待自己公司的品牌？）

第1步：搜集自己公司的数据。

拜恩团队搜集到了12种不同的对该生产厂家的汽车生产和销售过程至关重要的数据，包括工厂人数、工资额、工厂面积、每个工厂的设备资本投入、每天汽车的生产量，以及哪个工厂负责生产中的哪个步骤。清楚地掌握了这些数据，为自己公司与竞争对手进行比较建立了一个客观基础。

第2步：搜集市场数据。

高特佛里德森和他的团队到汽车零售商那里搜集了该生产厂家及竞争对手的宣传册和市场营销材料。

经过一个月的研究努力，拜恩团队认识到，该生产厂家的汽车和同一价位下的日本人的产品在质量上有着显著的差别，日本汽车厂生产的汽车质量非常好。而且，过去的5年，美国车增加了2 200美元成本。

汽车购买者似乎都认为：卖二手日本车相对比较保值，同时日本生产一辆车的成本更低，赚到的利润更多。高特佛里德森总结："消费者选择购买日本车是极端理智的行为。"

第二个月：去日本

对该生产厂家的弱点有了一个广泛的认识之后，拜恩顾问机构前往日本以了解更多的技术。需要得到两个关键问题的答案：为什么竞争对手的汽车质量出色？为什么竞争对手汽车的生产成本更低？

第1步：到竞争对手的工厂参观。

日本汽车厂提供公众参观服务。分发给来访者的手册里提供了有价值的信息，包括工厂的比例尺地图、雇员人数，以及在工厂里使用的设备的一般数据。"手册回答了我们几个非常关键的问题，"高特佛里德森说，"我们到了那里并参观了工厂的工作以后，得到了非常多的信息。"

高特佛里德森参加了几次这样的参观团，在接下来的参观中，他开始直接用日语问导游问题。这个办法得到了更好的结果，搜集到了包括汽车被从生产线上撤下来以解决质量问题的频率等基本信息。

第2步：研究相关论文和给招聘人员打电话。

在去日本前，高特佛里德森要求拜恩东京办公室帮助查找在日本汽车工程杂志上发表的相关文章。发现了几十篇过去5年发表的关于这家日本企业生产方面的文章。文章中经常包括很详细的研究材料，诸如精细的工厂地图或用于理顺生产和最大限度地提高生产率的调度算法。

到工厂参观和梳理文章以后，高特佛里德森和他的团队分头去与那些写文章的学者会晤。与教授们交谈帮助拜恩的顾问们回答了很多衍生问题：日本企业是否运用了六西格玛供应链和工厂管理技术？工厂如何进行人员配置？在生产过程中工厂如何处理质量问题？汽车被从生产线上撤下用以改进生产的频率？日本公司如何保持生产成本低于拜恩的美国客户20个百分点？

拜恩通过向招聘人员打电话了解日本工人的工资。招聘人员非常高兴地提供了不同职位的工资细节。

第三个月：分析结果

通过对该汽车生产厂家生产过程的了解和把他们与日本对手进行比较，高特佛里德森的团队能够证明，该汽车生产厂家一直持有的那种低劳动报酬是日本企业具有低生产成本的优势的关键因素的假设是不正确的。

真正的解释更加微妙：日本竞争对手提供比较少的顾客自定选项，因此在生产线上更加高效。相反，该汽车生产厂家提供太多的顾客自定选项以使这些复杂的工序占用了一些工人过多的时间，延误了生产线下游其他工人的工作。

"的确存在成本问题，但是这个问题的根源在于汽车过于复杂了，"高特佛里德森说，"我们的客户实际上根本不能预知每天要安装多少台空调。"

结论与建议

拜恩顾问团队给该汽车生产厂家的建议：简化汽车配置以减少生产成本，提高质量，提高利润和市场份额。随后的3个月，拜恩与该汽车生产厂家一起修改了汽车制造的产品阵容并实施了新的生产方法，最后结案。

案例思考
1. 信息搜集在商务活动中的作用是什么？
2. 在商务活动中应当搜集哪些信息？
3. 如何在B2B电商平台开展信息搜集活动？

课前准备

申请阿里巴巴B2B平台的账号，并通过资格审核。

课中思考

1. 如何准确定位搜索结果？
2. 如何发布高质量的产品信息？

学习引导

一、网络商务信息概述

（一）网络商务信息的含义

广义上讲，信息是物质和能量在时间、空间上，定性或定量的模型或其符号的集合。信息的概念非常广泛，从不同的角度对信息可有不同的定义。在商务活动中，信息通常指的是商业消息、情报、数据、密码、知识等。网络商务信息限定了商务信息传递的媒体和途径。只有通过计算机网络传递的商务信息，包括文字、数据、表格、图形、影像、声音及内容能够被人或计算机察知的符号系统，才属于网络商务信息的范畴。信息在网络空间中的传递称为网络通信，在网络上停留时称为存储。

（二）网络商务信息的特点

相对于传统商务信息，网络商务信息具有以下显著的特点：

（1）时效性。传统的商务信息，由于传递速度慢、传递渠道不畅，因而经常导致"信息获得了但也失效了"的局面。网络商务信息则可有效地避免这种情况。由于网络信息更新及时，传递速度快，只要信息搜集者及时发现信息，就可以保证信息的时效性。

（2）相对性。绝大部分网络信息的搜集，是通过搜索引擎找到信息发布源而获得的。在这个过程中，减少了信息传递的中间环节，从而减少了信息的误传和更改，有效地保证了信息的准确性。但由于网络商务信息的内容时时在更新，因而网络商务信息的价值具有相对性。网络商务信息的搜集和加工工作只有与网络信息的变化保持同步，网络商务信息的价值才能不断地体现出来。

（3）便于存储。现代经济生活中信息量非常大，如果仍然使用传统的信息载体，存储起来难度相当大，而且不易查找。网络商务信息可以方便地从Internet下载到自己的计算机上，通过计算机进行信息的管理。而且，在原有的各个网站上，也有相应的信息存储系统。自己的信息资料遗失后，还可以到原有的信息源中再次查找。

(4)检索难度大。虽然网络系统提供了许多检索方法,但全球范围内的各行各业的海量信息,常常把企业营销人员淹没在信息海洋或信息垃圾之中。在浩瀚的网络信息资源中,迅速地找到自己所需要的信息,经过加工、筛选和整理,把反映商务活动本质的、有用的、适合本企业情况的信息提炼出来,需要经过相当长一段时间的培训和实践。对于现代企业来说,如果把人才比作企业的支柱,信息则可看作是企业的生命,是企业不可缺少的法宝。网络商务信息不仅是企业进行网络营销决策和计划的基础,还对企业的战略管理、市场研究以及新产品开发都有着极为重要的作用。

(三)网络商务信息的种类

不同的网络商务信息对不同用户的使用价值(效用)不同,根据网络商务信息本身所具有的总体价格水平,可以将其粗略地分为4个等级。

第一级是免费商务信息。这些信息主要是社会公益性的信息,是对社会和人们具有普遍服务意义的信息,大约只占信息库数据量的5%。这类信息主要是一些信息服务商为了扩大本身的影响,从产生的社会效益中得到回报,从而推出的一些方便用户的信息,如在线免费软件、实时股市信息等。

第二级是收取较低费用的信息。这些信息是一般的普通类信息,其采集、加工、整理、更新比较容易,花费也较少,是较为大众化的信息。这类信息约占信息库数据量的10%～20%,只收取基本的服务费用,不追求利润,如一般性文章的全文检索信息。信息服务商推出这类信息一方面是为了体现为社会服务的意义,另一方面是为了提高市场的竞争力和占有率。

第三级是收取标准信息费的信息。这些信息属于知识、经济类信息,采用成本加利润的资费标准。这类信息的采集、加工、整理、更新等比较复杂,要花费一定的费用。同时信息的使用价值较高,提供的服务层次较深。这类信息约占信息库数据量的60%,是信息服务商的主要服务范围。网络商务信息大部分属于这一范畴。

第四级是优质优价的信息。这类信息是有极高使用价值的专用信息,如重要的市场走向分析、网络畅销商品的情况调查、新产品新技术信息、专利技术及其他独特的专门性的信息等,是信息库中成本费用最高的一类信息,可为用户提供更深层次的服务。一条高价值的信息一旦被企业采纳,将会给企业带来较高的利润,给用户带来较大的收益。

二、网络商务信息搜集

(一)网络商务信息搜集的含义

网络商务信息的搜集指的是依据一定的目的,通过有关的信息媒介和信息渠道,采用相适宜的方法,有计划地获取信息的工作过程。

(二)网络商务信息搜集的一般程序

(1)确定信息搜集的目的,明确需解决的问题。

(2)制订信息搜集计划,明确搜集的内容、选择的信息媒介、通过的渠道、运用的方法。

(3)设计必要的表格和提纲。

(4)组织实施,安排具体的时间、地点,加强搜集过程的信息沟通,保证信息搜集的质量。

(三) 网络商务信息搜集的要求

（1）及时。所谓及时，就是迅速、灵敏地反映销售市场各方面发展的最新动态。信息都是有时效性的，其价值与时间成反比。及时性要求信息流与物流尽可能同步。由于信息的识别、记录、传递、反馈都要花费一定的时间，因此，信息流与物流之间一般会存在一个时滞。尽可能地减少信息流滞后于物流的时间，提高时效性，是网络商务信息搜集的主要目标之一。

（2）准确。所谓准确，是指信息应真实地反映客观现实，失真度小。在网络营销中，由于买卖双方不直接见面，准确的信息就显得尤为重要。准确的信息才可能产生正确的市场决策。信息失真，轻则会贻误商机，重则会造成重大的损失。信息的失真通常有三个方面的原因：一是信源提供的信息不完整、不准确；二是信息在编码、译码和传递过程中受到干扰；三是信宿（信箱）接收信息时出现偏差。为减少网络商务信息的失真，必须在上述三个环节上提高管理水平。

（3）适度。适度是指提供信息要有针对性和目的性，不要无的放矢。没有信息，企业的营销活动就会处于一种盲目的状态。信息过多、过滥也会使得营销人员无所适从。在当今的信息时代，信息量越来越大，范围越来越广，不同的管理层次又对信息提出的要求不同。在这种情况下，网络商务信息的搜集必须目标明确，方法恰当，信息搜集的范围和数量要适度。

（4）经济。这里的经济是指如何以最低的费用获得必要的信息。追求经济效益是一切经济活动的中心，也是网络商务信息搜集的原则。许多人上网后，看到网上大量的可用信息，往往想把它们全部复制下来，但到月底才发现上网费用十分高昂。应当明确，我们没有力量也不可能把网上所有的信息全部都搜集起来，信息的及时性、准确性和适度性都要求建立在经济性基础之上。此外，提高经济性，还要注意应使所获得的信息发挥最大的效用。

(四) B2B 电子商务平台上商务信息搜集的方法

信息搜集的方法和步骤如图 4.1 所示。

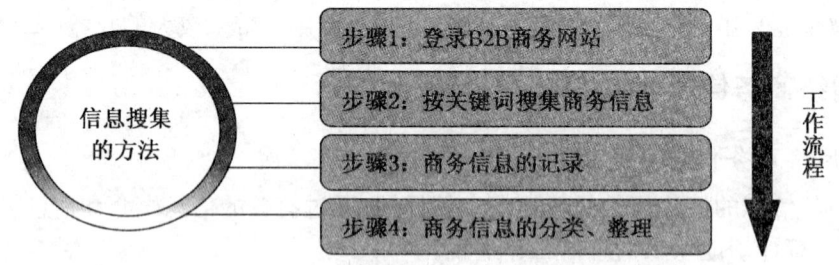

图 4.1 信息搜集的方法和步骤

下面以阿里巴巴 B2B 商务平台(https://www.1688.com/)为例来说明信息搜集方法。

（1）选择需要找的信息类型，可以在"找货源""找工厂""找工业品"等信息类型中选择，比如选择"找货源"，然后输入想搜索的产品名称，如"工艺品"，如图 4.2 所示。

图 4.2 选择信息类型

(2) 在搜索结果页面中,可以按照"主要下游平台""类别""主要销售地区""分类"等进行分类搜索,更准确地定位搜索结果,如图 4.3 所示。

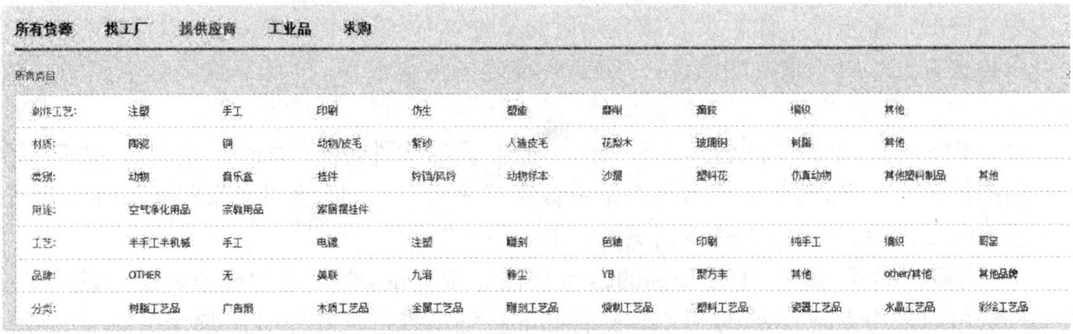

图 4.3 分类搜索结果页面

通过省份、城市、信息时间范围和会员类型筛选信息。

选择仅查看在线会员信息的筛选条件。

选择感兴趣的产品参数进行过滤。

(3) 找信息的时候,如果觉得搜索结果内容太过杂乱,可以通过"按类目选择"来查看相应信息。

(4) 当输入一个产品词的时候,可以根据平台提供的词库准确定位到所要找的产品词,也可以选择"热门关键词"进行搜索。在查找供应信息的时候,如果觉得搜索结果内容太复杂,可以根据产品的分类来查看想要的信息,从而精确锁定目标。

例如,搜索"电池"供应信息,在搜索结果的基础上,进一步通过筛选搜索结果类目中的"充电电池"分类,更快速、准确地找到需要的内容,如图 4.4 所示。

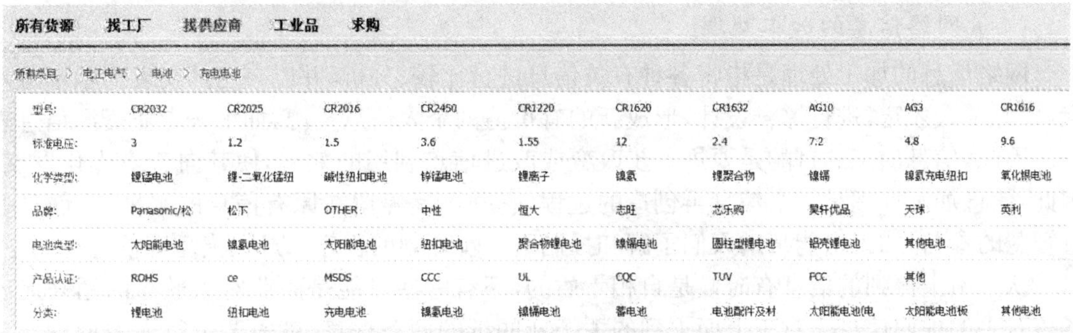

图 4.4 "充电电池"搜索结果页面

三、网络商务信息的整理与加工处理

（一）网络商务信息的整理

通常我们搜集到的和存储的信息是零零散散的，不能反映系统的全貌，甚至其中还有一些可能是过时的或无用的信息。通过对信息的合理分类、组合与整理，可以使片面的信息转变为较为系统的信息。这项工作一般分为以下几个步骤：

(1) 明确信息来源。下载信息时，由于各种原因而没有将网址准确记录下来，这时首先应查看前后下载的文件中是否有同时下载或域名接近的文件，然后用这些接近的文件域名作为原文件的信息来源。如果没有域名接近的文件，应尽量回忆下载站点，以便以后有机会还可以再次查询。对于重要的信息，一定要有准确的信息来源，没有下载信息来源的，一定要重新检索。

(2) 浏览信息，添加文件名。从 Internet 上下载的文件，由于时间的限制，一般都沿用原网站提供的文件名，这些文件名很多是由数字或字母构成的，使用起来很不方便。因此，从网上下载文件后，需要将文件重新浏览一遍，添加文件名。

(3) 分类。从 Internet 上搜集到的信息往往非常凌乱，必须通过整理才能够使用。分类的办法可以采用专题分类，也可以建立自己的查询系统。将各种信息进行分类，必须明确所定义的类特征。有了清晰的类特征定义，信息分类的问题就变成类特征的识别与比较的问题：把具有相同类特征的信息分为一类，而把具有不同类特征的信息分为不同的类。除了分类处理之外，往往还需要进一步进行信息排序处理：各类之间要有类的排序，每个类的内部要有类内事项的排序。在分类和排序的基础上，还应当编制信息的存储索引。这样，用户就可以按照索引的引导快速查询出所需要的信息。

(4) 初步筛选。在浏览和分类过程中，对大量的信息应进行初步筛选，确定完全没有用的信息应当及时删去。不过应当注意，有时有些信息单独看起来是没有用的，但是综合许多单独信息，可能会发现其价值。例如，市场销售趋势必定在数据的长期积累和一定程度的整理后才能表现出来。还有一些信息表面上是相互矛盾的，如一家纸业公司的经理想了解一下新闻纸的市场行情，检索到的结果可能会出现两种情况：一类信息告诉他，新闻纸供大于求，而另一类信息则说新闻纸供不应求，这时就要把这些信息进行科学的分类整理，然后进入加工处理环节。

（二）网络信息的加工处理

网络信息的加工处理是指将各种有关信息进行比较、分析，并以自己的初衷为基本出发点，发挥个人才智，进行综合设计，形成新的有价值的个人信息资源，如个人专业资源信息表等。因此，信息加工的目的是要进一步改变或改进信息利用的效率，使其向着最优化发展。因此，信息加工处理是一个信息再创造的过程，它并不是停留在原有信息的水平上，而是通过智慧的参与，加工出能帮助人们了解和控制下一步计划的程序、方法、模型等信息。

从网络上得到的信息有时候是自相矛盾的，还有一些可能是商业对手散布的用来迷惑竞争对手的虚假信息。对于上面提到的关于新闻纸的两条信息，就需要进行人工处理。首先要对这两条信息的发源地、发布时间等进行比较，如果发源地和时间都基本相同，那么就要参考其他信息来进行比较，最终获得真正有价值的信息。

四、网络商务信息的发布

(一)网络商务信息发布的方法

实现信息分类网站的有效信息发布,具体可以分为以下 5 步:

(1)确定信息发布的类目。信息类目归属要正确,以便让有需要的网友可以方便、准确地查找到该信息。

(2)信息内容真实、详细。发布信息的内容是否真实可靠,直接影响信息发布的质量,因此在信息分类网站发布信息时,一定要确保信息内容的真实、详细。

(3)在标题中使用易被理解,并能基本表述信息内容的关键词,文字要简洁,要能准确地描述该信息。

(4)上传真实清晰的图片辅助说明,以吸引更多关注。

(5)填写多个正确的联系方式,方便他人及时地联系到你,如固定电话、手机、详细通信地址、E-mail 地址等。

(二)B2B 平台商务信息发布的流程

以阿里巴巴商务平台为例,登录卖家工作台,单击左侧菜单"商品",在"通用产品管理"中选择"发布供应产品",选择信息类型,填写产品名称、商机主题,选择商机所属分类,填写产品参数(打 * 号为必填项,其他参数选择性填写即可)和详细说明并上传产品图片,单击"发布"按钮,信息发布成功。发布其他类型商机也按同样方法操作。具体操作如下:

(1)用账号和密码登录阿里助手,切换到"销售"页面,选择"通用产品管理"下的"发布供应产品",如图 4.5 所示。

图 4.5 发布供应产品

(2)单击"我要发布"按钮,并选择合适的信息发布入口发布信息。

(3)在打开的"发布产品信息"页面,按照提示选择产品的类目或快速搜索类目,单击"下一步,填写信息详情"按钮,如图 4.6 所示。

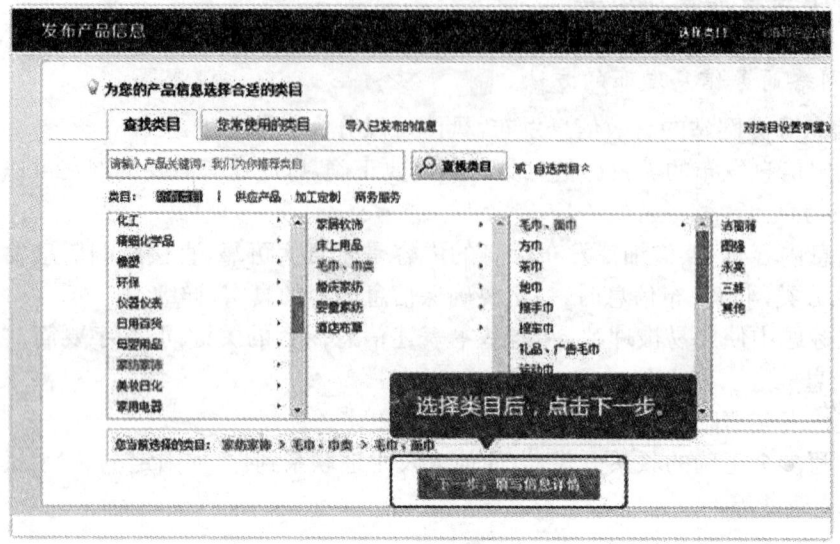

图 4.6 选择类目

(4) 填写信息详情,如图 4.7 所示。
① 填写相应的产品属性,便于供应商通过参数筛选看到你的采购需求。
② 填写合适的信息标题,一个信息标题只能含有一个产品名称。
③ 上传产品图片,以增强效果,展示想要的产品的样式。
④ 详细说明要尽量翔实,以帮助供应商了解你的采购需求。
⑤ 选择联系方式和信息有效期。

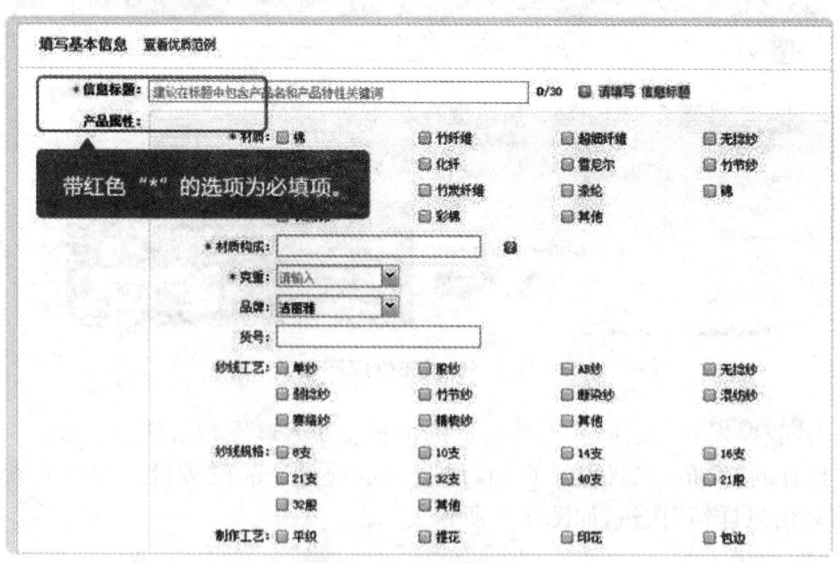

图 4.7 填写商品详情

(5) 单击"同意协议条款,我要发布"按钮,发布信息,如图 4.8 所示。

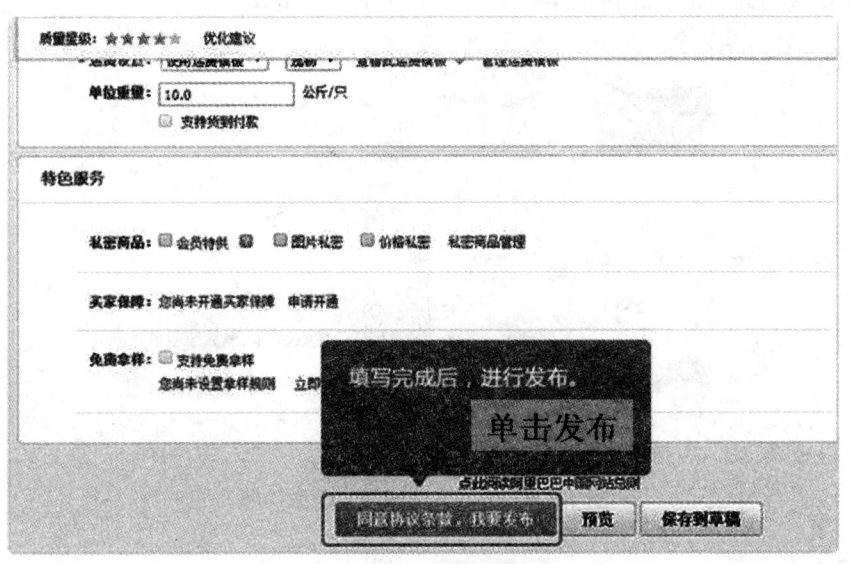

图 4.8　同意信息发布

（6）信息发布后需要进行审核，审核通过后信息就会上线。

阅读思考 4－1

工业品信息标题的撰写

信息标题对买家来说很重要。

标题是信息内容的核心浓缩，表述清晰并且包含关键信息的标题，能让用户更容易掌握产品的具体情况，从而引起买家更多的兴趣。

如图 4.9 所示，信息标题具体包含以下 3 个方面：

（1）信息标题要包含一个具体的产品词，一个标题只能发布一个产品。

（2）信息标题尽可能多地传达产品信息，比如品牌、型号、规格、材质等。

（3）信息标题不要太长，否则会导致可读性不佳。

知识拓展

商业信息的特点

图 4.9　信息标题

优质案例分析如下：

（1）图 4.9 所示的标题包含"数控车床"产品词，能让买家知道这是什么产品。

（2）写明是"CKS6125 经济型"，更准确地传达了产品的型号。

（3）整个信息标题简洁、易懂。

反面案例分析如下：

(1) 标题太笼统,看不出具体是什么种类的车床(见图 4.10)。

图 4.10　太笼统的信息标题

(2) 标题里有多个产品词(见图 4.11)。

图 4.11　有多个产品词的信息标题

讨论与思考

1. 分析优秀案例成功的原因。
2. 思考服装类、原材料类、小商品类和加工类等商品类别信息标题应该如何撰写。

能力训练

1. 按下列要求完成商务信息的搜集与整理,并填入表格中。

(1) 小王是某公司的采购员,昨天他接到了公司的采购任务,购买一批霓虹灯管。他想到网上搜集一些霓虹灯管的供应信息,可是他对如何在网上搜集商务信息不是很熟悉,于是小王决定请你帮忙,希望你能帮助他。

	价　格	发货期限	所在地	有效期	供货量
1					
2					
3					
4					
5					

(2) 某科技公司需要采购一批计算机来进行日常的科研工作,经研究决定自己购买配件组装。假设你是该公司的采购员,现在请你到慧聪网上搜集商品的信息,并算出总价。

	价　格	发货期限	所在地	有效期	供货量
主板					
CPU					
硬盘					
内存					
14 寸液晶显示器					

(3) 在 http://www.amazon.com 网站上搜集关于 Car Audio & Video 的供应信息。

	Name	List Price	Price	In Stock	Date
1					
2					
3					
4					
5					

训练任务	信息搜集
训练目标	1. 了解和掌握 B2B 平台信息搜集、整理的方法； 2. 学会信息搜集、整理的方法
训练内容	1. 选择适当的 B2B 平台网站，注册为会员； 2. 完善个人资料，并通过审核； 3. 尝试搜集商品供应信息； 4. 根据搜集到的信息进行筛选、记录并整理
训练成果	1. 在 B2B 平台注册成为会员，完善个人资料并通过审核； 2. 体验在 B2B 平台搜索商业供应信息的方法，并记录流程

2. 按下列要求完成供应信息的发布。

（1）无锡市大通公司有一批不锈钢钢管共 300 根需要出售，预定价格为 100 元/根，销售时间从 4 月 21 日开始，有效期为 1 个月。请你为该公司在阿里里巴网站上发布产品供给信息（写出操作流程）。

（2）公司有一批产品要出口到国外，希望通过 B2B 商务平台能找到一个买家，请你登录到亚马逊网站发布一则供给信息（写出操作流程）。

（3）科健科技公司是专业从事网站建设的公司，为拓展业务现需要在网站上发布一则提供网站维护的服务信息，请你代为在阿里巴巴网站上发布此信息（写出操作流程）。

训练任务	信息发布
训练目标	1. 了解和掌握 B2B 平台信息发布的方法； 2. 学会信息发布的方法
训练内容	1. 选择适当的 B2B 平台网站，注册为会员； 2. 完善注册公司资料，并通过审核； 3. 尝试发布商品供应信息； 4. 根据审核结果对发布的信息进行修改
训练成果	1. 在 B2B 平台注册成为会员，完善公司信息并通过审核； 2. 体验在 B2B 平台发布商业供应信息的方法，并记录流程

任务二 B2B平台竞价与广告投放

案例导读

PDA 网络广告投放方案

一、方案概述

(1) 产品分析

投放广告的产品,是基于 Windows CE. NET 的掌上电脑,属于计算机产品类别,产品定位为中高档,主要面对中高收入的商务人士及掌上电脑爱好者。主要竞争对手有 PLAM、SONY、联想天玑、惠普 iPAQ、IBM。

(2) 产品优势

功能强悍、硬件配置高、最先进的操作系统、外观领先潮流,在性能比同档次产品高的基础上,价格相对有优势,性价比极高。

(3) 产品劣势

相对其他品牌,知名度低,国内用户少,销售网络还在建设中,渠道不够完善。

(4) 宣传目标

白领、商务人士和 PDA 的爱好者等。

(5) 品牌效应

提高品牌知名度,主要在渠道商形成品牌概念,已经在最终消费者中形成品牌形象。

(6) 销售促进

销售促进直接影响最终在消费者心目中的地位,充分宣传产品优势,刺激购买欲望,直接促进产品销量。

(7) 广告投放方向

广告投放方向包括网络搜索引擎、大型门户网站、专业行业网站、即时通信、中文实名和邮件广告。在选择广告投放商的时候,充分考虑到产品的特性,包括产品类别、档次、优劣势及受众等多方面元素,以及在有限的广告投放预算的情况下,本着性高价廉的原则。在投放选择上,只选择"网络搜索引擎、专业行业网站、中文实名、邮件广告"这几类,具体选择的投放服务商如下:

① 百度中文搜索引擎,http://www. baidu. com(网络搜索引擎类)。
② 太平洋电脑网,http://www. pconline. com. cn(专业行业网站类)。
③ 网络实名,http://www. 3721. com(中文实名类)。
④ 软件群发商业邮件(邮件广告)。

(8) 投放总预算

投放总预算为 50 000 元。

(9) 规划投放总时间

规划投放总时间为 6 个月。

二、投放方案

（1）百度中文搜索引擎

选择原因：百度公司是专业提供搜索引擎技术的服务商，在中文检索技术上处于领先地位，占有国内80%以上的中文检索市场。新浪、搜狐、网易、21CN、上海热线、163电子邮局、广州视窗等多家国内著名网站都使用百度的检索技术。只要登录百度，使用百度提供的竞价排名服务，就会在全国浏览量最大的前38位网站的搜索引擎上出现，在保证了被检索的同时，还节省很多费用。

投放方案：关键词为PDA、掌上电脑。

第1个月投放4 000元竞价排名，第2个月投放5 000元竞价排名，第3个月投放6 000元竞价排名，第4、第5、第6个月，每月均投放1 500元竞价排名。

历时半年，总费用为19 500元，预计带来35万的中低质量的直接点击（计算方法按CNCIN的统计规律，结合百度公司的部分数据计算得到）。

（2）太平洋电脑网

选择原因：太平洋电脑网是国内首家以专业计算机市场为基础的大型IT资讯网站，在国内同类型网站中，它的信息量最全面、最权威、最专业，浏览量最大。太平洋电脑网背后有穗、京、沪等地太平洋专业计算机广场的强力支持，同时，该专业计算机广场也是国内最出名、销售量最大的专业计算机相关产品销售专业市场，特别在广州、上海两地，更是超过30%的市场占有率。在这样强有力的条件支持下，太平洋电脑网发展成了全国最大的计算机资讯网站，其中"今日报价"栏目里面的硬件报价、"硬件资讯"栏目里面的硬件测评既是行业内的权威，也是该网站浏览量最大的两个栏目。

投放方案：① 网站首页"今日精选"位置，同时链接到今日报价栏目首页图片广告，图片链接5天，文字链接5天；② 网站首页"好戏连场"位置，链接到e-Pocket.com.cn网站，图片链接10天，文字链接15天；③ "数码世界"栏目首页的"数码焦点"位置，表现形式将是产品测评形式的软广告，图片链接15天，文字链接15天。

历时2个月零5天，由于方案出来的时候价格还在商谈中，预算总费用25 000元，预计带来40万左右的高质量直接点击。

（3）网络实名网站

选择原因：① 国内最大的中文实名服务商，经过多年的运作，已经占领了中文实名绝大部分市场；② 与微软合作，可以直接在浏览器中输入中文进行搜索，成为名副其实的"中文实名"；③ 最终用户众多，使用方便，效果得到了保证；④ 价格低廉，性价比极高。

投放方案：注册"e-pocket掌上电脑"，一个500元，总费用500元，有效期1年。

（4）商业邮件广告

目标用户群：21cn.com、21cn.net、163.net、163.com、263.net、sina.com、sohu.com等国内使用率超过90%的邮件服务商。

邮件数为100万封。

发送时间为1个月。

费用为3 500元。

三、总费用

合计总费用为48 500元。

案例思考 1. PDA 选择做网络广告的原因是什么？
2. 除了案例中采用的方式外，请思考还可以采用哪些网络广告形式。

课前准备

注册 B2B 平台账号，完成公司注册，开通"诚信通"服务。

课中思考

B2B 电子商务平台竞价和普通的平台竞价有什么异同？

学习引导

一、竞价排名的好处

竞价排名的基本特点是按单击付费，推广信息出现在搜索结果中（一般是靠前的位置），如果没有被用户单击，则不收取推广费。

二、竞价排名的方法

竞价排名的方法其实很简单，基本步骤如下：

（1）选择关键词。关键词通常是企业的主营产品名称，也是买家搜索产品时最常用的名称，如"服装展示架""货架"。竞价竞的是跟关键词相关的推广位，而不是实物拍卖。假如你想进行品牌推广，可以选择搜索次数高，具有行业覆盖面的词。假如你想让买家更精确地找到你，可以直接竞价主营产品词。

（2）出价。出价前先要查看一下所要竞价的关键词最近几个月的竞价情况和本次竞价的出价情况，初步确定第一次出价的数额，如果关键词竞争不是很激烈，可选择最低出价，然后在竞价期间关注竞价形势，适当加价，用最少的价钱得到你想要的排名位置。如果竞价激烈，适当提高初次出价的数额和加价幅度，必要时再度出价，确保竞价成功。也可以在竞价的最后时刻以超过当前竞价头名的价格来竞得标王，或者你想要的排名位置。

（3）竞价成功。出价成功不等于竞价成功。只有竞价结束后出价排在前 5 位的商家，才被视为竞价成功。

（4）付款。竞价是收费服务，如果竞价成功，则最终出价金额就是你的竞价应付款。

（5）选择投放信息获得推荐。竞价成功后，需及时选择一条供应信息，投放到你的推广位上（如从未发布过商业信息，首先需要尽快发布供应信息）。如在投放之日还未选择投放信息，系统会从已发布过的供应信息中随机选择一条进行投放，这样竞价效果将大打折扣。

三、B2B 电子商务平台竞价方法

（一）登录后台操作

（1）打开阿里巴巴首页，登陆"数字营销"超链接进入数字营销后台进行操作（见图 4.12）。

项目四 B2B网络营销业务

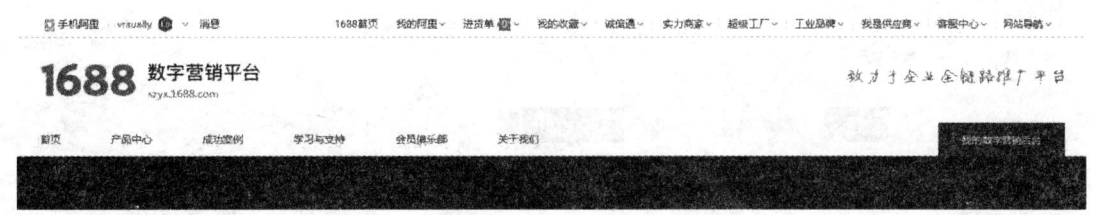

图4.12 进入数字营销平台

（2）单击"产品中心"，可以查看"数字营销"的产品功能（见图4.13），包括"效果营销""品牌营销""数据中心"和"增效工具"等功能。

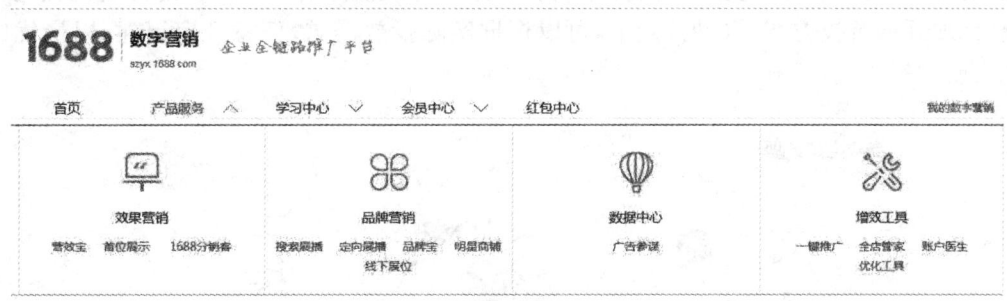

图4.13 数字营销产品功能

（3）在图4.12中，在右上方点击"我的数字营销"进入后台（见图4.14）。

图4.14 数字营销后台

（4）选择"营效宝"，单击"自主推广计划"按钮，可以添加推广计划、推广单元和设置关键词（见图4.15）。通过对关键词进行实时竞价（或关键词包月购买形式之定位推广），提升产品信息排名，获得更多展现机会和精准流量。除了在1688平台展现，你的产品还有机会获得其他网站的展现机会。

113

图 4.15 自主推广计划界面

(5)点击"新建推广计划"跳出如图所示界面(见图 4.16),包括一键推广、智能计划和自助推广。一键推广是搜索推广的超便捷工具,可以让客户只需一步即可完成推广计划。一键推广可以自动提取店铺 4、5 星的 offer,同时为 offer 自动匹配优选关键词,并会定时更新店铺最新最好的 offer 进行推广优化,帮助客户进行有效便捷的推广。智能计划是应用智能组建,无须开通智投方案,自助计划下,可以根据实际投放需求,任意开启组建,以最优成本实现投放效果。

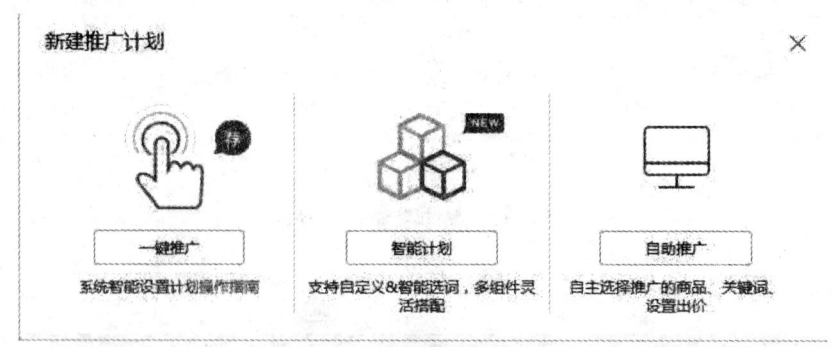

图 4.16 新建计划功能

(6)点击"自助推广",自助推广包括四个步骤(见图 4.17)。按照步骤完成推广计划设置。

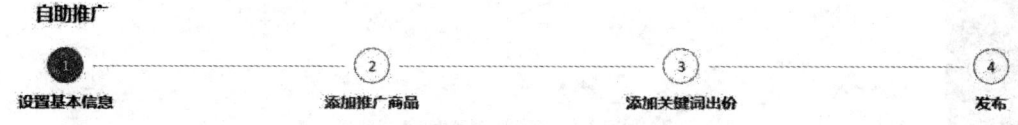

图 4.17 自助推广计划步骤

(二)关键词排名及竞价

(1)登录网销宝后台。

(2)选择"管理"→"关键词"选项,查看关键词排名(见图 4.18)。

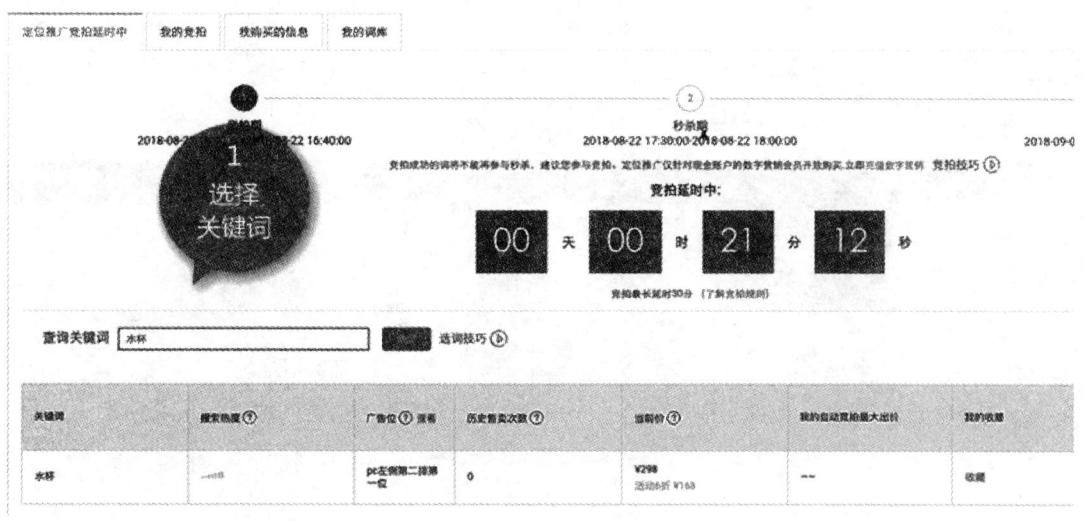

图 4.18　选择关键词

(3) 对关键词进行检测,如图 4.19 所示。

图 4.19　关键词检测

(4) 单击右侧"展现"按钮,可查看该关键词匹配信息的排名状态。当出价过低时,系统会给出提示价。单击"出价"后的笔形按钮,即可修改出价(见图 4.20)。

图 4.20　关键词竞价

(5) 为关键词绑定信息，如图 4.21 所示。

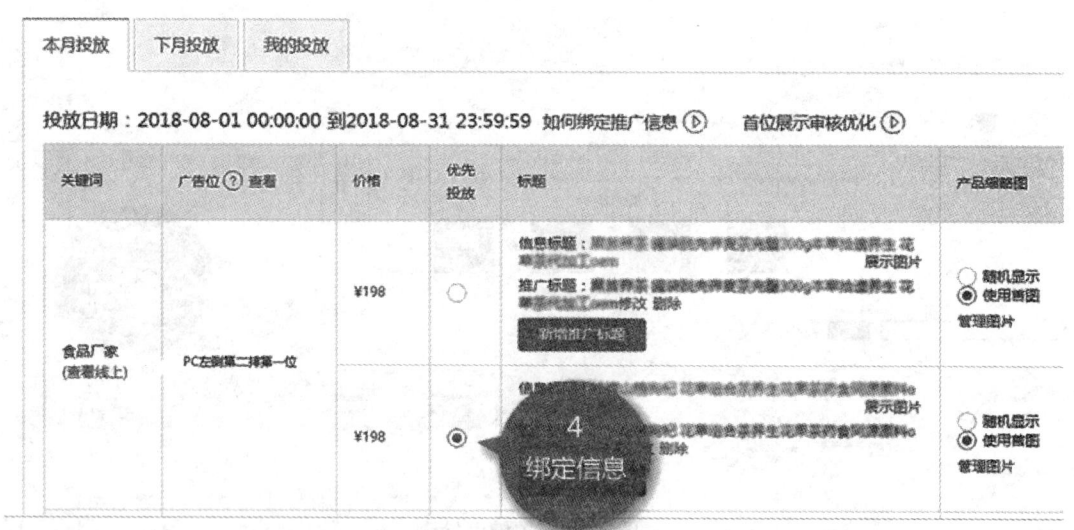

图 4.21　绑定信息

四、平台竞价注意事项

竞价成功后，还有很多事情要做，以确保真正让你获得的推广位产生效果：

(1) 投放产品信息。竞价成功取得的只是推广位，你还需要在推广位上放上广告内容。这个广告内容就是自己的产品信息。

(2) 让你的产品信息更吸引买家眼球。有了好的推广位，还要有好的广告内容，所以产品信息要做到标题新颖、图片生动、内容清楚。

（3）保证信息在投放期内不过期。在发布信息时应选择有效期为"1个月"或"3个月"。发布商业信息是有时效性的，在阿里助手里可以查到，如果信息即将过期应重新发布。

（4）及时更新产品信息，给买家新鲜感。排名前5固然好，但是如果你放在前5名位置上的是过期的商业信息，那么收到的效果肯定是不尽如人意。

（5）保持贸易通在线，及时并专业地回答询价。

（6）根据市场变化选择不同的推广力度，市场时时在变，竞价策略也要随着变化。旺季时效果很好的关键词，到淡季可能就不一样了。

（7）保持连续竞价，买家眼里总有你。竞价不是灵丹妙药，不是一竞价生意马上就来了，所以竞价最好要有一个连续性。也许买家某天看到你的产品排名前5，并且也觉得产品不错，但等他真正要采购时，你的信息却不在前面，甚至排到哪里都不知道，他自然也不会费劲来找你了。

（8）做好客户管理，客户是生意的根本。客户找来了，还需要及时跟进，管理和维护客户。需要有专人建立系统的客户档案、维护跟踪。对客户分级，如初级客户、中级客户、成熟客户。只有根据客户不同的特点，给予不同的跟进方法，这样才能抓住每一个有价值的客户，抓住每一个机会。

（9）摆正心态，内功最重要。竞价人要有一个良好的心态，竞价带来的是知名度和潜在客户，是成交的机会，但不是直接的成交。竞价是把"生意领进门"，但个人修行也很重要，自身的产品和服务要不断完善，这样才能抓住上门的生意。

阅读思考 4-2

马可波罗 B2B 网站广告投放

马可波罗（http://www.makepolo.com）是中国最大的采购搜索引擎，拥有1 000 000家采购企业合作会员，每天超过10 000家采购用户通过马可波罗进行采购搜索，每天发送采购询盘超过5 000条。

马可波罗的B2B精确广告将供应商信息定向投放给需要此信息的采购商，没有效果不需要支付广告费，据调查显示，精确广告加效果付费模式使获得订单的效率提高5～10倍。马可波罗的B2B精确广告投放介绍如下。

马可波罗独创的B2B效果付费模式，仅需预存2 000元，有点击才付费。因此进入门槛低、投入风险小、效果可见，并且预算控制灵活。

1. 只花1元钱，直接找到采购商把信息精确地告诉想买产品的采购商

例如，2008年4月，有558家采购企业委托马可波罗寻找"泵阀"类产品的供应商，马可波罗把供应信息推荐给正需要此产品的采购商，在为采购商提供信息服务的同时，为供应商实现精确广告投放，提高了成交机会。

2. 专业采购搜索引擎，100%受众精准，低成本，高回报

例如，其他搜索引擎推广的点击价格分别是：离心泵10.38元、隔膜泵14.12元、管道泵11.11元、耐腐蚀泵13.98元、计量泵24.34元（排名第一）。而在马可波罗，专门针对专业的采购人员，以竞价推广方式按有效推广次数计费。马可波罗精确的采购搜索通过参数设置、对比及排序让采购商快速找到所需产品和企业，成倍提高采购效率，现已成为采购商较

受欢迎的搜索引擎之一,每天发送采购询盘超过5 000条。

3. 覆盖面最广的B2B精确广告投放,一网打尽3 000多家行业网站的采购商

据互联网调查报告显示,在采购信息获取中,33%的采购商通过大型贸易平台及搜索引擎获得采购信息,67%的采购商通过3 000多家B2B行业网站获得采购信息。马可波罗一网打尽供应商,让另外67%的采购商看到供应商的广告,使供应商获得订单的机会提高2倍。马可波罗精选出3000余家采购商常用的行业网站及论坛,为特定的采购商智能匹配相关的广告,使广告与网页融为一体,将广告展现在采购人群面前。

讨论与思考

1. 分析马可波罗网站广告投放取得成功的原因。
2. 讨论在B2B网站投放广告应该注意哪些事项。

能力训练

1. 在阿里巴巴B2B电子商务平台申请成为"人脉通"用户,完成关键词设置,进行平台竞价。

训练任务	平台竞价
训练目标	1. 了解和掌握B2B电子商务平台对发布的信息进行关键词设置的方法; 2. 学会在B2B电子商务平台进行平台竞价的方法
训练内容	1. 选择适当的B2B平台网站,注册为会员; 2. 发布商品供应信息,并通过审核; 3. 尝试选择需要推广的信息,设置关键词; 4. 根据设置的关键词,进行平台竞价
训练成果	1. 为发布的供应信息、求购信息等成果设置关键词,并记录流程; 2. 根据设置的关键词,为注册账号进行充值,为关键词出价,记录流程

2. 在阿里巴巴B2B电子商务平台中,使用"黄金展位"服务,投放广告。

训练任务	广告投放
训练目标	1. 了解和掌握B2B电子商务平台广告投放的方法; 2. 学会使用"黄金展位"服务的方法
训练内容	1. 选择适当的B2B平台网站,注册为会员; 2. 发布供应信息、求购信息等商务信息; 3. 和电子商务平台取得联系,获取"黄金展位"服务; 4. 对关键词进行竞价,获取高排名,投放广告
训练成果	1. 在B2B电子商务平台获取"黄金展位"服务; 2. 体验在B2B电子商务平台投放广告的方法,并记录流程

任务三　网上洽谈与合同拟订

欧洲 A 公司代理 B 工程公司到中国与中国 C 公司谈判出口工程设备的公司。中方根据其报价给出了意见，建议对方考虑中国市场的竞争性和该公司第一次进入市场，认真考虑改变价格。该代理商进行了一番解释后仍不降价并说其委托人的价格是如何合理的。中方对其条件又进行了分析，代理人又做解释，一上午，毫无结果。中方认为其过于傲慢固执，代理人认为中方毫无购买诚意且没有理解力，双方相互埋怨之后，谈判不欢而散。

案例思考　1. 欧洲代理人进行的是哪类谈判？
2. 构成其谈判的因素有哪些？
3. 谈判是否有可能成功？若可能成功，欧洲代理人应如何谈判？

支付宝交易规则

课前准备

申请 B2B 平台账号，完成公司注册。

如何在网络洽谈中保护自己的利益？

学习引导

一、网上洽谈的含义

网上洽谈是指人们在利用网络作为交易工具时，为了协调彼此之间的商务关系，满足各自的商务需求，通过协商对话以争取达成某项商务交易的行为和过程，是企业在电子商务时代实现经济目标的手段，是获取市场信息的重要途径，是开拓市场的重要力量。

二、网上洽谈的特征

（一）网上洽谈是以获得经济利益为目的的

不同的谈判者参加谈判的目的是不同的，外交谈判涉及的是国家利益；政治谈判关心的是政党、团体的根本利益；军事谈判主要是关心敌对双方的安全利益。虽然这些谈判都不可避免地涉及经济利益，但是常常是围绕着某一种基本利益进行的，其重点不一定是经济利益。而网上洽谈属于商务谈判，目标则十分明确，谈判者以获取经济利益为基本目的，在满足经济利益的前提下才涉及其他非经济利益。虽然在洽谈过程中，谈判者可以调动和运用各种因素，而各种非经济利益的因素也会影响谈判的结果，但其最终目标仍是经济利益。与其他谈判相比,网上洽谈更加重视谈判的经济效益。在洽谈中,谈判者都比较注意谈判所涉及的重点或技术的成本、效率和效益。所以,人们通常以获取经济效益的好坏来评价一项洽谈的成功与否。不讲求经济效益的洽谈就失去了价值和意义。

（二）网上洽谈是以价值谈判为核心的

网上洽谈涉及的因素很多,谈判者的需求和利益表现在众多方面,但价值几乎是所有洽谈的核心内容。这是因为在洽谈中,价值的表现形式——价格最直接地反映了谈判双方的利益。谈判双方在其他利益上的得与失,在很多情况下或多或少都可以折算为一定的价格,并通过价格升降而得到体现。需要指出的是,在洽谈中,我们一方面要以价格为中心,坚持自己的利益,另一方面又不能仅局限于价格,应该拓宽思路,设法从其他利益因素上争取应得的利益。因为,与其在价格上与对手争执不休,还不如在其他利益因素上使对方在不知不觉中让步。这是从事网上洽谈的人需要注意的。

（三）网上洽谈应注重合同条款的严密性与准确性

网上洽谈的结果是由双方协商一致的协议或合同来体现的。合同条款实质上反映了各方的权利和义务,合同条款的严密性与准确性是保障获得各种利益的重要前提。有些谈判者在商务谈判中花了很大气力,好不容易为自己获得了较有利的结果,对方为了得到合同,也迫不得已做了许多让步,这时谈判者似乎已经获得了这场谈判的胜利;但如果在拟订合同条款时,掉以轻心,不注意合同条款的完整、严密、准确、合理、合法,其结果可能会被谈判对手在条款措辞或表述技巧上引入陷阱中,不仅会把到手的利益丧失殆尽,而且还要为此付出惨重的代价。这种例子在商务谈判中屡见不鲜。因此,在商务谈判中,谈判者不仅要重视口头上的承诺,更要重视合同条款的准确和严密。

三、网上洽谈的程序

网上洽谈的程序为申明价值(Laiming Value)、创造价值(Creating Value)和克服障碍(Overcoming Barriers to Agreement)3个进程。

（一）申明价值

此阶段为洽谈的初级阶段,谈判双方应充分说明各自的利益需要,申明能够满足对方需要的方法与优势所在。此阶段的关键步骤是弄清对方的真正需求,因此其主要的技巧就是多向对方提出问题,探询对方的实际需要;与此同时要根据情况申明我方的利益所在。因为你越了解对方的真正需求,越能够知道如何才能满足对方的需求;同时对方知道了你的利益所在,才能满足你的需求。

（二）创造价值

此阶段为洽谈的中间阶段,双方经过沟通,往往申明了各自的利益所在,了解了对方的实际需要。但是,以此达成的协议对双方并不一定都是利益最大化的。也就是说,利益在此往往不能有效地达到平衡。即使达到了平衡,此协议也可能并不是最佳方案。因此,谈判中双方需要想方设法去寻求更佳的方案,为谈判双方找到最大的利益,这一步骤就是创造价值。创造价值的阶段,往往是商务谈判最容易忽略的阶段。

（三）克服障碍

此阶段往往是洽谈的攻坚阶段。谈判的障碍一般来自两个方面:一个是谈判双方利益存在冲突;另一个是谈判者自身在决策程序上存在障碍。前一种障碍是需要双方按照公平合理的客观原则来协调利益的,后者就需要谈判无障碍的一方主动去帮助另一方顺利决策。

四、网上洽谈的方法

（一）使用"阿里旺旺"进行网上洽谈

阿里旺旺是淘宝网和阿里巴巴为商人量身定做的免费网上商务沟通软件。它能帮你轻松找到客户,发布、管理商业信息,及时把握商机。

（二）使用"阿里旺旺"进行网上洽谈流程

（1）浏览阿里旺旺的各项功能,下载阿里旺旺网络洽谈软件。
（2）安装阿里旺旺,并申请账号。
（3）用申请的账号登录阿里旺旺。
（4）寻找并添加客户,进行网上洽谈。

（三）以需求者为主导开展网络洽谈的方法

（1）搜索商品信息并单击进入。
① 输入关键词"毛衣",对产品进行搜索(见图4.22)。

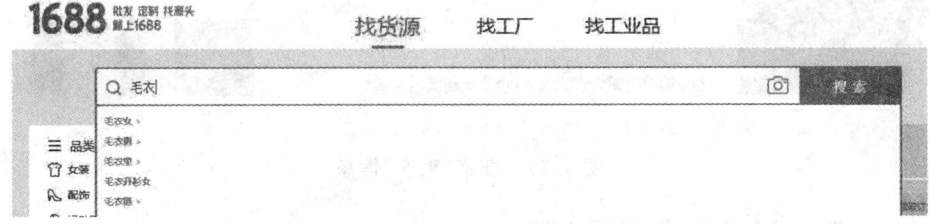

图 4.22 搜索"毛衣"商品信息

② 找到感兴趣的商品信息。
③ 点击进入,查看商品详细信息(见图4.23)。

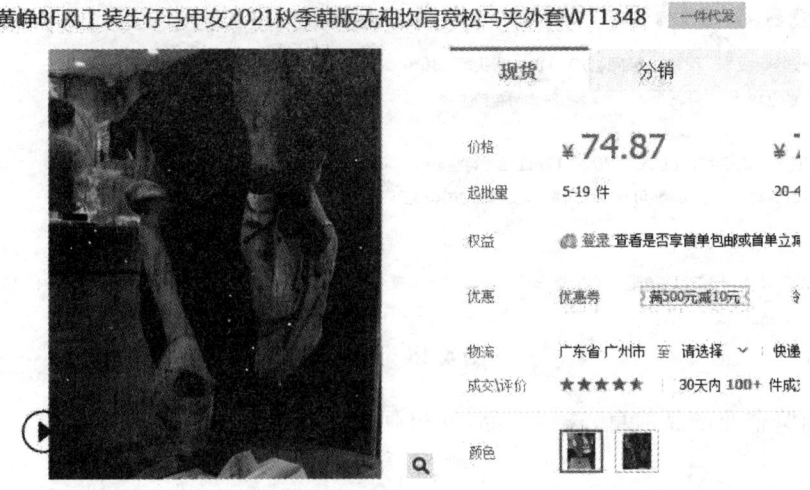

图 4.23 详细商品信息

(2) 通过阿里旺旺进行洽谈。
① 单击阿里旺旺头像。
② 进入阿里旺旺,和供应商展开网上洽谈。

(四) 以供应商为主导开展网络洽谈的方法

(1) 在搜索栏单击"找工厂"按钮,进入求购商品页面。
(2) 搜索商品信息,以搜索"毛衣"为例(见图4.24)。

图4.24 搜索"毛衣"商品信息

(3) 选择感兴趣的供应商(见图4.25)。

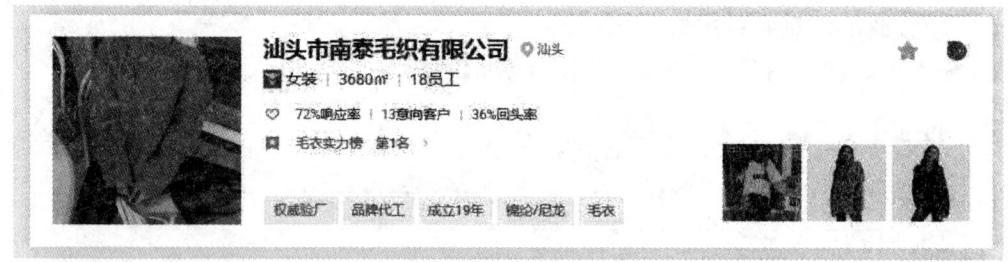

图4.25 搜集"毛衣"信息

(4) 点击进入该企业商铺(见图4.26)。

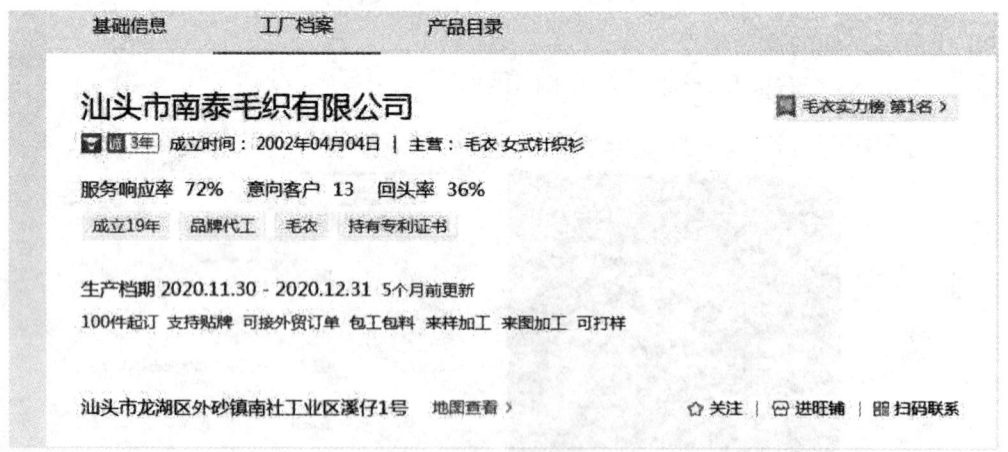

图4.26 企业商铺

(5) 浏览企业产品信息,选择产品,通过阿里旺旺进行洽谈。

阅读思考 4-3

数字电文的法律有效性

前几天,在一家企业工作的李志通过购物网站,与一家售货商签订了一份购买 MP4 的合同。可等了两天后,这家售货商却不承认签订的合同,还说网上签订的合同没有法律效力。一气之下,李志到法院起诉该售货商,要求对方履行合同义务。

知识拓展

网络签订合同注意事项

法官解释说,根据《合同法》的规定,当事人订立合同可以采取书面形式、口头形式以及其他形式。书面形式包括电报、电传、传真、电子数据交换和 E-mail 等,可以有形地表现所载内容的形式。这也是国家首次以法律的形式明确地规定了数据电文是有效的书面形式之一。

合同订立须经过要约与承诺的过程,《合同法》对于要约及承诺的生效采取到达生效的原则。采取数据电文形式订立的合同,其要约生效时间分为两种情况:一是收件人指定特定系统接收数据电文的,该数据电文进入该特定系统的时间则视为到达时间,即要约生效的时间;二是收件人未指定特定系统的,则该数据电文进入收件人的任何系统的首次时间视为到达时间,即要约生效时间。承诺生效时间的确定与上述要约生效时间的确定相同。

因此,通过互联网签订的合同,只要依法成立,同时不违反相关法律法规的规定,该合同即具有法律效力。在本案中,李志与网上售货商签订的购买 MP4 的合同属于有效合同,李志有权要求该售货商履行义务。

讨论与思考

1. 分析李志与网上售货商签订的购买 MP4 的合同属于有效合同的原因。
2. 讨论开展网上洽谈和签订合同应该注意哪些事项。

 能力训练

1. 下载并安装"慧聪发发",根据公司业务添加业务伙伴,开展网上洽谈。

训练任务	网上洽谈
训练目标	1. 了解和掌握 B2B 平台网上洽谈工具的使用; 2. 学会添加自己的业务伙伴; 3. 了解进行网上洽谈的方法和技巧
训练内容	1. 选择 B2B 平台网站"慧聪网",注册为会员; 2. 浏览"慧聪发发"的功能; 3. 利用"慧聪发发"添加业务伙伴、创建自己的群; 4. 尝试利用"慧聪发发"开展网上洽谈
训练成果	1. 成功下载安装网上洽谈工具,记录流程; 2. 体验利用"慧聪发发"添加业务伙伴、创建群,开展网上洽谈

2. 分别以供应商和买家的身份完成网上交易。

训练任务	网上交易
训练目标	1. 了解和掌握 B2B 平台网上交易的流程； 2. 学会生成、修改、确认采购单的方法； 3. 学会添加订单、修改订单、删除订单的方法
训练内容	1. 以供应商身份采购商品，生成采购单并确认完成网上交易； 2. 以买家身份发起订单、购买商品，完成网上交易
训练成果	1. 成功完成网上交易，记录交易流程； 2. 体验以供应商和买家身份分别完成网上交易的异同

任务四　网络客户关系管理

案例导读

电信 CRM 系统

作为一种经营思想，CRM 既可以帮助电信运营商准确发现客户的需求，及时推出有针对性的业务，通过高满意度的服务来维持住客户，尤其是一些可以带来高回报的大客户；又可以帮助企业树立起"用户至上，用心服务"的经营理念，使全体员工的服务意识得到质的飞跃；还可以帮助企业通过制度变革和流程再造，使各部门之间协同工作，简化流程，提高效率，最大限度地为客户提供优质服务。

中国电信多年来的信息系统建设已经初具雏形，包括电信业务综合管理系统、网管计费系统、客户服务系统、办公自动化系统等，这些系统的创建为 CRM 的引入打下了良好的基础。

一、以客户为中心 CRM 建设目标

中国电信集团根据自身发展的需要，拟定了"以客户为中心，以市场为导向"的发展思路。电信 CRM 的建设目标重点关注两个方面：提高客户满意度和提升市场营销水平。为此，必须着重抓好以下两个方面的工作：资源整合与客户分析。

首先，建设 CRM 系统应该整合电信行业现有的各个业务环节和资源体系，协调不同部门的客户服务资源，如 10000 号系统、计费系统、网管系统、财务系统等，实现公司范围内的信息共享和应用整合。资源整合，一方面可以充分利用现有的资源，使资源的配置更为有效，从而带来公司运营效率的全面提高，降低运营成本，提升经济效益；另一方面，有利于公司对客户的需求及时做出正确的反应，为客户提供更快速、更全面、更周到的优质服务。

其次，建设 CRM 系统应该通过对客户资料和客户行为信息的搜集、整理、挖掘和分析，形成公司进行决策和经营活动的科学依据。客户分析一方面可以帮助公司及时把握市场和客户的需求倾向，不断改善产品结构，扩展销售和服务体系，使公司能在适当的时间，针对适当的客户，推出适当的产品；另一方面利用分析结果可以为特定用户量身定做特定的产品和服务,真正做到"以客户为中心",从而赢得客户的信赖,达到保留现有客户、发掘潜在客户和提高公司盈利的目的。

二、构建电信 CRM 系统

根据客户对公司的贡献和战略作用,一般将电信客户划分为公众客户和大客户,两者的消费特征不完全相同,他们对公司的价值也有所区别。

公众客户:业务型 CRM——提高客户满意度。

大客户:分析型 CRM——提高市场营销水平。

二者互相渗透,密切关联,共同组成了统一的电信 CRM 平台。

1. 业务型 CRM 系统

业务型 CRM 是电信公司日常经营的主导部分,它遵循着 3 个基本的处理流程,包括接受客户需求、系统后台处理、决策反馈用户。与此相对应,CRM 系统也由前台子系统、后台子系统和反馈子系统构成。

2. 分析型 CRM 系统

分析型 CRM 的核心作用在于通过对客户信息和消费数据的关联、挖掘、分析,得出对业务营销、市场细分、服务水平等有重要意义的关键信息,从而增强公司对市场的反应能力,提高用户服务水平,达到提高客户满意度、增加公司盈利能力、提高市场占有率的目的。分析型 CRM 是客户关系管理中较高层次的应用,它能够为企业营销和服务带来增值效益。以下是分析型 CRM 的一些典型应用实例:

(1) 消费行为分析。可以根据电信业务的价格、特点、物理便利性和使用习惯分析购买对象,按照人口统计特征、社会经济特征、品牌忠诚度、消费个性、生活形态等分析目标购买者,从利益、态度、感觉、偏好等方面分析用户选择电信服务的原因。CRM 系统通过大量的客户分析,从中了解到客户群体的构成、客户的消费层次、客户的消费习惯、贡献较大的客户、忠诚度高的客户、信誉较好(差)的客户、潜在的消费客户等信息,从而可以根据不同的客户消费行为细分不同的目标市场,以便确定相应的市场营销策略和服务水平。

(2) 营销行为分析。分析电信业务营销的历史数据、目前现状、发展趋势,对营销策略进行调查研究、细分市场、选择定位市场,在营销战术的产品规划、价格制定、分销渠道、促销政策等方面发掘潜在的市场规律,给市场部门提供营销决策的参考信息。

(3) 竞争对手分析。跟踪分析竞争对手的客户数、竞争对手的客户的消费习惯、与本系统客户的联系行为、竞争对手的大客户跟踪、竞争对手的决策变动等信息,对获取的竞争对手数据及时进行统计分析,掌握对手的经营现状和发展趋势,以利于本公司的决策者及时调整经营战略,保证在市场竞争中的优势地位。

(4) 反欺诈分析决策。在数据仓库的基础上建立客户信用度管理,完善电信消费欺骗行为和欠费行为的规则库,通过主动汇总统计和预防分析,一旦发现用户的话费行为与该库中规则吻合或相似就发出警告,同时利用自学习功能,分析和推断出可能的欺骗和欠费行为,并且自动加入规则库中。

(5) 网络运营分析。CRM 的网络分析是有针对性地从服务使用者角度感知网络质量:挖掘出贡献最大的小区、话务最忙的小区、投诉较多的小区、覆盖较差的小区、盗打最频繁的小区等。其具体可分为业务量走势分析、业务量地区分布、业务量时段变化分布、不同范围的业务量分布、优惠对业务量的影响等。

(6)财务状况分析。财务分析包括两个部分,一是公司的营收分析。从计费数据库和用户信息库中提取数据,对用户的电信消费费用、公司的营业收入进行分析。二是公司的投资、决策、成本分析。其具体包括产品效益分析、营销活动效益分析、账单管理、欠费管理等。

经典的营销理论认为,赢得一个新客户的成本是保留一个老客户成本的6~10倍,这个规则在当今社会里依然发挥着作用。在经济全球化的时代里,在风云变幻的竞争环境中,构建电信 CRM 系统,提供优质服务,提高服务质量,赢得客户忠诚——这对电信公司长远的生存发展意义重大。

案例思考　1. 中国电信业为什么要开展客户关系管理?
　　　　　　2. 中国电信业开展客户关系管理的措施有哪些?

课前准备

1. 申请阿里巴巴平台账号,完善公司资料。
2. 下载阿里旺旺软件、申请账号并登录。

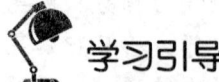

课中思考

B2B 电子商务开展网络客户关系管理的重要性。

学习引导

一、网络客户关系管理的功用

(一)客户管理统一化

网络客户关系管理的首要功能是打破部门间信息封锁的壁垒,整合原本属于各部门分散管理的顾客信息。

(二)提高客户管理能力

客户关系管理的对象是客户,主体是企业与客户,稳定的客户关系是客户关系管理的出发点,这是客户关系管理的第一目标。与客户建立稳定关系的前提是确认谁是企业合适的客户,谁是关键客户,谁是一般客户和谁是应淘汰的客户。通过客户关系管理系统,企业能够根据客户的行为变化等信息在第一时间把握环境状况和客户变化情况,应时而变,使企业处于客户关系管理的主动地位,以稳定客户关系。

(三)实现企业目标

通过实施客户关系管理和了解客户的需求并对其进行系统化的分析和追踪研究,提供个性服务,提高客户满意度,为企业带来价值,提高企业的竞争力。从直接层面看,能使企业获得利润最大化;从深层的原动力看,能提升企业的核心竞争力。

(四)提高企业竞争力

实施客户关系管理能提高企业收益性竞争力,提高企业抗风险能力,实现企业竞争力。

二、网络客户关系管理的内容

(一) 客户识别与管理

1. 客户的层级结构

根据企业的网络营销结构,可以将其客户分为不同的层次。一般来说,企业的客户包括最终客户和众多的中间商,因此,其到达最终客户的路径呈现出一定的层级结构。企业到达客户可以有两种途径:一种是基于直接交易的途径,企业和最终客户之间没有中间商;另一种是基于间接交易的途径,企业与最终客户之间存在着大量的中间商和零售商(见图4.27)。

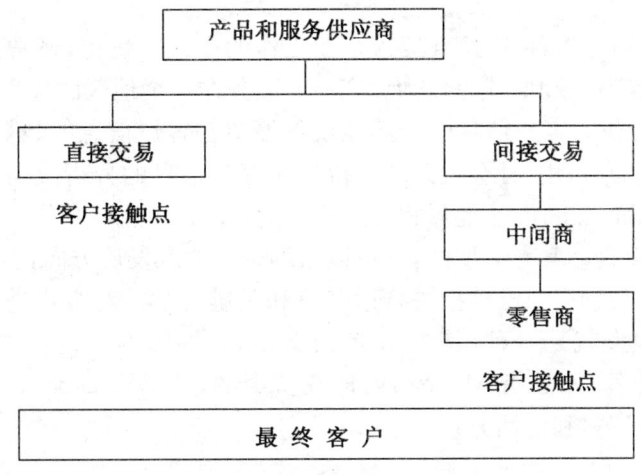

图 4.27 客户的层级结构

2. 客户分类的要求

经过对现有客户数据的整理分析,基本上可以做到识别每一个具体的客户,可以从客户信息中找到有多个方面相同或相似的客户群,而且这些不同的客户群对企业的重要程度和价值是不同的。事实上,许多公司已经开始利用价值区别来对客户进行分类管理,以获得更多的利润。这在快速交易的业务中,如金融服务、旅游、电信和零售等行业尤为明显。这些行业中已有许多公司在运用复杂的数据模型技术了解如何更有效地分配销售、市场和服务资源,以巩固公司同重要客户的关系。客户关系管理的对象是客户,从不同角度出发,客户群有许多种分类。例如,客户群的分类可按客户的地理位置、企业类型、企业规模、收入水平、年龄、所购买的产品类型、特定性来分。例如,从管理的角度,客户可分成四种类型,即常规客户、潜力客户、关键客户、临时客户。对客户的分类不是用一个简单的模式就能解决的,企业要从战略意义上考虑客户分类,而对客户分类理解的差异和政策的不同,就将导致企业的经营策略有所不同。这样,企业追求的个性服务才可能实现。

(1) 客户信息资料的搜集。该项任务主要搜集、整理和分析谁是企业的客户、客户的基本类型及需求特征和购买行为,并在此基础上分析客户差异对企业利润的影响等问题。

首先,对于不同的客户及客户群,客户价值驱动因素之间存在着差异,企业必须有针对性地实施和改进客户关系管理;其次,客户经验对客户需求与行为倾向也存在着重要的影响,这使得客户价值的关键驱动因素存在着动态的变化。

对于企业产品或服务的众多购买者,其购买目的并不相同,因此与企业的关系也不相同。可以根据客户与企业之间的关系将客户分为以下几种:

① 一般客户,即一般零售消费者,通常是个人或家庭,主要购买企业最终产品或服务,数量众多,但消费额一般不高,往往是企业最为关注,花费精力最多,却吃力不讨好的客户群。

② 企业客户,这类客户购买企业的产品或服务的目的并非用于自身消费,而是在其企业内部将购得的产品附加到自己的产品上,再销售给其他客户或企业。

③ 内部客户,是指企业内部的个人或业务部门,他们需要企业的产品或服务来达到其商业目的。

④ 渠道分销商和代销商,这是直接为企业工作的个人或机构,通常无须企业为他们支付工资,目的是进行销售获利,或是作为该产品或服务在一个地区的代表或代理。

(2) 客户信息分析。客户信息分析不能仅仅停留在客户信息的数据分析上,更重要的是对客户的态度、能力、信用、社会关系的评价。对客户信息的分析应是客户信息管理的核心部分,但对于这方面的工作,企业做得远远不够,大量信息没有充分利用。对客户信息进行分析时寻找共同点是非常有必要的,它可以帮助企业找准发展方向,但进行差异化分析却是关键,因为它能够帮助企业准确把握合适客户和关键客户。对客户进行差异化分析的方法有很多,RFMD模型就是一种,其中 R 是指 Recent,即顾客最近一次购买情况;F 是指 Frequent,即购买频率;M 是指 Monetary,即花费金额;D 是指 Demographic and Lifestyle append,即人口统计资料和生活方式。

(二) 客户价值分析

在网络营销活动中,客户关系管理(Customer Relationship Management,CRM)是一种非常重要的战略,它采用先进的数据库和其他信息技术来获取客户数据,分析客户行为和偏好特性,积累和共享客户资料,从而可以有针对性地为客户提供产品或服务,发展和管理客户关系,培养客户长期的忠诚度,以实现客户价值最大化和企业收益最大化之间的平衡。下面重点围绕客户的价值来分析客户的类型,并针对不同类型的客户实施定制化服务策略。

客户价值是从客户角度出发的价值(Customer Delivered Value)和从企业角度出发的价值(Customer Relationship Value)的综合体。从客户角度出发的价值是指客户在购买和消费产品过程中所得到的全部利益。客户在购买产品或服务时,总希望把货币、时间、精力和体力等有关成本降到最低,而同时又希望从中获得更多的实际利益,以使自己的需要得到最大限度的满足。因此,客户在选购产品或服务时,往往选出价值最高、成本最低的产品或服务。从企业角度出发的价值是指客户为企业所带来的总价值,它强调的不是客户单次交易给企业带来的收入,而是强调通过维持与客户的长期关系来获得最大的客户生命周期价值。以客户为中心的网络营销经营模式的出现带来了由传统的 4P 到 4C 的转变。这种营销模式的转变包含了两层含义:一是企业关注的重点从内部业务转向了客户,二是企业关注客户是基于客户价值的。

1. 客户的终生价值

客户终生价值(Customer Lifetime Value)是指对于一个新客户在未来所能给企业带来

的直接成本和利润的期望净现值。简而言之,就是考虑未来客户能产生的利润和客户现在对企业的价值。一个客户的价值由三部分构成:

(1) 历史价值,即到目前为止已经实现的客户价值。

(2) 当前价值,是指如果客户当前行为模式不发生改变的话,在将来会给公司带来的客户价值。

(3) 潜在价值,是指如果公司通过有效的交叉销售、调动客户购买的积极性或客户向别人推荐产品和服务等,从而可能增加的客户价值。

2. 客户价值的动态变化

随着客户从第一次购买到短期客户再到长期客户的转变,他们对产品和服务的评价标准可能会变得越来越全面、抽象。第一次购买的客户可能主要关注属性层次的标准,但是短期和长期客户关注的可能是结果层次和全局层次的标准。因此,根据客户价值的变化特性,可以把客户分为初次客户、短期客户、长期客户和离弃客户四种基本层次。每一层次的客户给企业带来的价值存在很大的差异。

图 4.28 描述了客户价值的动态层次模型。随着时间的推移和与供应商关系的深化,构成了金字塔形的、具有不同特征的不同客户,对价值感知所表现出的动态层次性是非常明显的。客户以途径—结果(Means-end)模式形成期望价值,从最底层开始,客户首先会考虑产品的特定属性和效能;在购买和使用产品时,客户根据特定产品属性和对实现期望结果的贡献,而形成一种期望和偏好,反映在客户价值上就是使用和拥有价值(第二层);同时,客户也会根据产品属性和对实现自身目标及目的的贡献,形成特定使用结果的期望(最高层)。从分级图的顶部向下看,客户会根据自己的目标来确定特定使用情境下各类结果的重要性。相应地,重要结果又进一步引导客户认定属性和属性绩效的重要性。客户使用同样的期望属性、结果和目标来评价产品,形成实受价值(Received Value)。

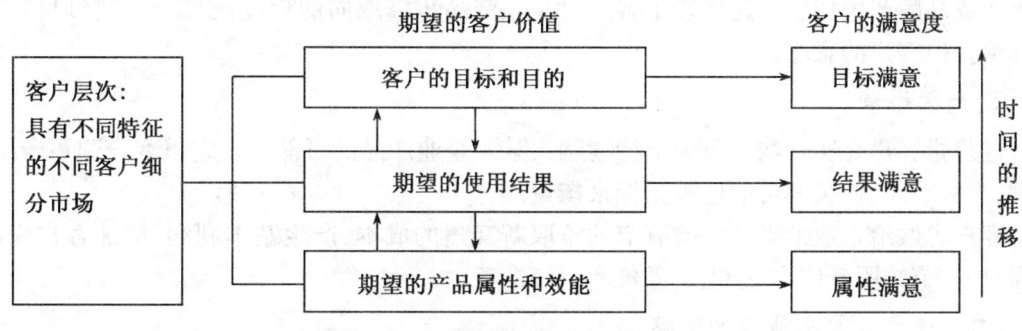

图 4.28 客户价值的动态层次模型

需要强调的是,使用情境在客户的评价和期望中起着重要作用,如果使用情境发生变化,产品属性、结果和目标都会发生相应的变化。例如,客户对互联网服务的使用在工作和在家中进行娱乐这两种情景下的价值等级是有很大区别的。

3. 客户利润与投资分析

不同的客户可以为企业带来不同的利润和价值,在实际中一般直接根据过去类似客户的行为模式,利用成熟的统计技术预测客户将来的利润。同时对于不同的客户类别,企业需要投入不同的成本来维持客户关系的稳定性,以及加强客户关系。图 4.29 中显示了客户利润和市场投资之间的反向关系。例如,忠诚的客户可以为企业带来巨大的利润和价值,而企业为维持客户关系所需要的投资则较少;但是对于潜在的客户,企业所得到的利润相对较少,而为了维护客户关系所需的投资则比忠诚的客户大得多。

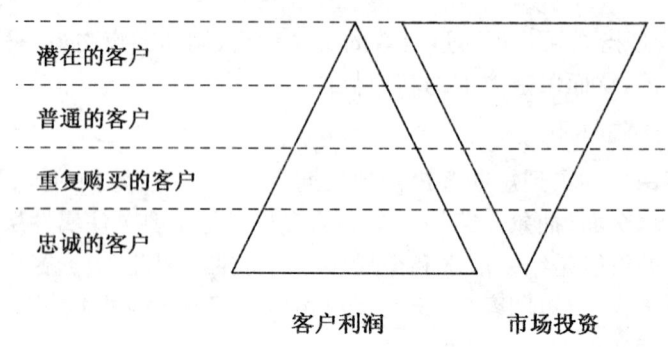

图 4.29　客户利润与投资分析

三、建立客户忠诚度的策略

(一) 客户忠诚度

客户的忠诚是指客户长期锁定你的企业,使用你的产品,并且在下一次购买类似产品时还会选择你的企业。客户忠诚度的内涵有以下两点。

1. 态度取向

态度取向是指企业的营销行为或品牌个性与客户的生活方式或价值观念相吻合,客户对企业或品牌产生情感。这代表了客户对企业产品积极取向的程度,也反映了客户将产品推荐给其他客户的意愿。

2. 行为重复

这是指客户在实际购买行为上持续购买某一企业产品的可能性。它以客户购买产品的比例、购买顺序、购买的可能性等指标来衡量。

客户忠诚给企业带来的效益有节约争取新客户的成本、产生基本利润、增加客户份额、提高收入、节约服务成本、产生了溢价和口碑推荐。

(二) 建立客户忠诚度的策略

1. 实施全面质量管理

客户关系营销的中心内容是最大限度地使客户满意,为客户创造最大价值并且提供高质量的产品和服务,是创造价值和达成客户满意的前提。而实施全面的质量管理,有效控制影响质量的各个环节、各个因素,是创造优质产品和服务的关键。

2. 重视客户抱怨管理

客户抱怨是客户对企业产品和服务不满意的反应,它表明企业经营管理中存在缺陷。很多企业对客户抱怨持敌对态度,对这部分客户的抱怨行为感到厌恶和不满,认为他们会有损企业的声誉,其实这种看法是不对的。尽管客户抱怨确实会对企业产生一定的负面影响,但另一方面,也是最重要的一方面,客户抱怨是推动企业发展的动力,也是企业创新的信息源泉。

3. 建立内部客户体制,提升员工满意度

詹姆斯·赫斯特在他关于服务利润链的模型中,认识到企业提供给客户的服务质量是负责提供服务的员工的满意度的函数。也就是说,员工满意度的增加会使员工提供给客户的服务质量增加,进而使客户满意度增加。

4. 建立以客户为中心的组织机构

许多企业深刻地认识到拥有忠诚客户所带来的巨大经济效益,与客户互动的最终目标并不是交易,建立持久忠诚的客户关系才是最终的目的。在这种观念下,不能仅仅把营销部门看成是唯一对客户负责的部门,而企业的其他部门则各行其是。客户关系营销要求每一个部门,每一名员工都应以客户为中心,所有的工作都应建立在让客户满意的基础上,为客户增加价值,以客户满意为中心,加强客户体验,创造完美无缺的客户体验,以让客户达到长期满意。

5. 分析客户转换成本

转换成本分析的是如果客户转到竞争对手那里购买,必须放弃什么,然后评估忠诚回报活动是否对企业的优秀客户十分重要。如果重要,那么企业就需要开发这种活动,从而降低优秀客户受到竞争对手诱惑的可能性。因此,如果客户认为转换成本高,那么忠诚回报活动就能提高留住客户的可能性和提高企业的盈利能力。但是,如果客户认为转换成本不高,那么高费用的忠诚活动只能成为企业换取提升短期市场份额的应急之举,常常会使企业陷入困境。

6. 建立客户关系的评价体系

客户关系的正确评价对于提高客户忠诚度有着很重要的作用,只有及时地对客户关系的牢固程度做出衡量,才有可能在制定防范措施时有的放矢。尽管对客户关系评价的做法各有特点,但在方法上仍然具有相似性,它们都是采用一系列的可能影响客户满意度的指标来进行衡量,然后对每一项指标进行评分加总,最后得出结论,看看客户在多大程度上信任企业,企业在多大程度上对他们的需要做出了适当的反应,客户和企业间又有着多少共同利益。通过评价,可以分辨客户关系中最牢固的部分和最薄弱的部分,还可以分辨出最容易接纳的客户关系和有待加强的客户关系。

7. 客户关系管理如何进行

客户关系管理的实现,可从两个层面进行考虑:其一是解决管理理念问题,其二是向这种新的管理模式提供信息技术的支持。其中,管理理念的问题是客户关系管理成功的必要条件。这个问题解决不好,客户关系管理就失去了基础。而没有信息技术的支持,客户关系管理工作的效率将难以保证,管理理念的贯彻也失去了落脚点。

四、B2B 电子商务平台客户关系管理方法

(一)客户关系管理系统的含义和作用

客户关系管理系统是阿里巴巴为老买家提供关系供应商聚集的页面,方便老买家及时

获取关系供应商的最新动态和对已购商品进行快速补货,提高老买家的复购率,也为每个中小企业建立了属于自己的商业关系图谱,方便商家及时管理和维护买卖关系,加强彼此之间的互动和黏性。首次使用客户关系管理平台可以进入"我的阿里"后台,点击"客户"按钮打开客户服务管理界面,如图 4.30 所示。

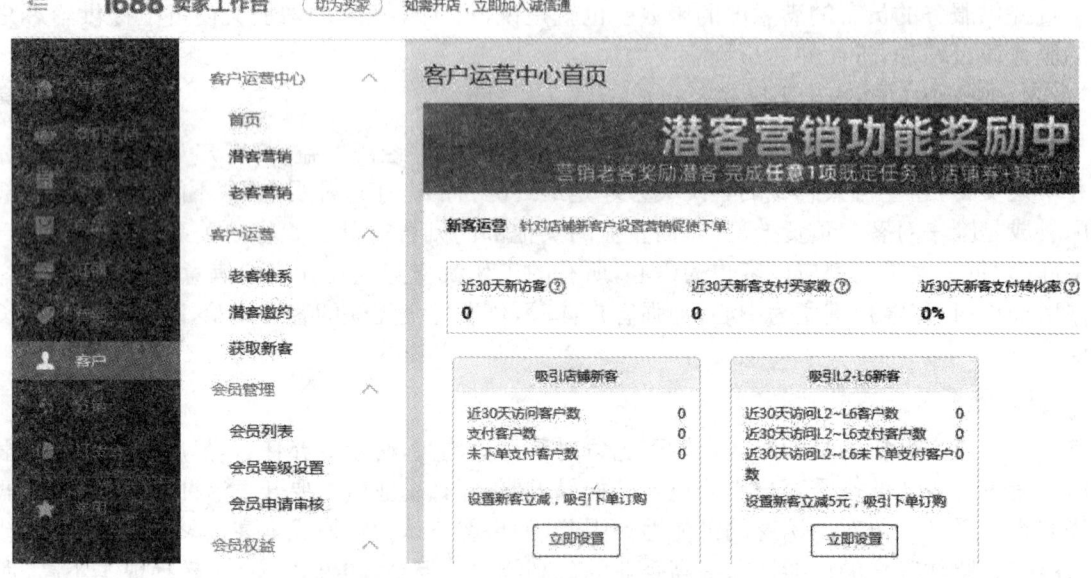

图 4.30 客户关系管理平台的进入方式

(二)客户关系管理系统平台的使用方式

在"客户"选项卡中,会在界面的左侧依次看到客户运营中心、会员运营中心、会员管理 3 项。

1. 客户运营中心

商家可以在此页面中直观地看到数据显示情况。例如,店铺客户数(总数及各分布状况)、近 30 天交易金额(总体及分布状况)、近 30 天交易笔数。在页面下方显示客户分层情况,每个企业都可以设置 5 层会员等级,分别为店铺客户、普通会员、高级会员、VIP 会员、至尊 VIP,如图 4.31 所示。

2. 会员运营中心

会员运营中心有维护老客、邀约潜在客户、获取新客户等功能。在创建的会员体系中设置各个会员的等级,可以按照累计、月度或季度等不同的统计方式输入交易金额或交易笔数从而划分会员等级,给不同等级的会员以相应的折扣,最后保存修改。

3. 会员管理

客户是每个企业的宝贵财富,管理好客户表单非常重要。在此页面中包含了会员体系中的所有客户资料,可以通过设置筛选条件筛选出想查询的客户,也可以手动新增会员,还可以根据客户特点设置客户标签,生动地描绘出每个会员的特性,如图 4.32 所示。

图 4.31 客户运营中心

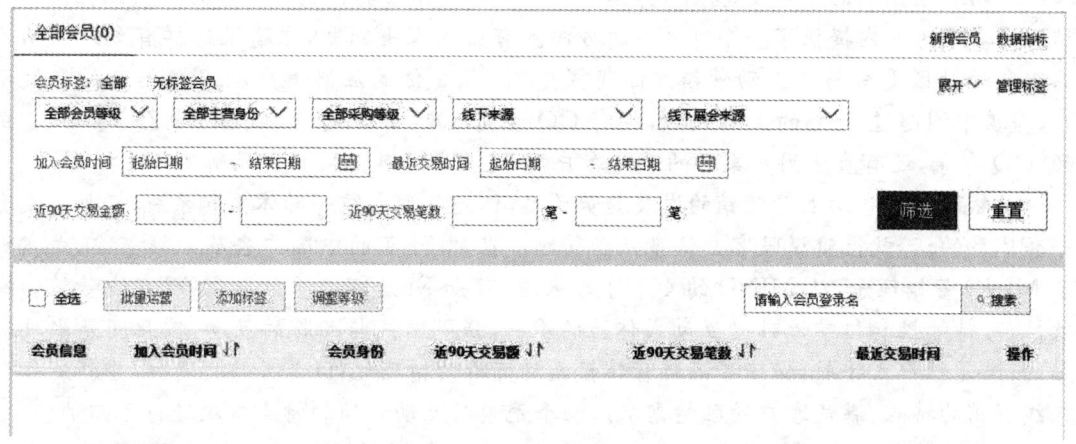

图 4.32 "会员管理"页面

阅读思考 4-4

网络互动：营销市场新宠？

Web 2.0 概念在互联网中的兴起为品牌营销提供了一个很好的视角，随着社区、空间、社群、视频等产品的出现，网民不再是过去那种单一的浏览者和创造者。过去有人认为 Web 2.0 的精髓是 UGC(User Generated Content,用户原创内容)的特点，现在发现，创造内容、上传视频仅仅是表面，互动和分享才是 Web 2.0 的核心，只有在互动、分享中，网民的价值需求才能得到释放，同样，互动、分享就是一个产生商业价值的过程。

品牌营销的目的是什么？如果仅仅是谋求曝光率和点击率的话，那么传统的报纸和电视已经使用了很多年，现在转移到互联网上，只是因为网民数量在增多吗？显然不是，互联网的最大特点就是互动和分享，如果网络营销不能体现出互动、分享的特点，就将互联网的优势给抹杀掉了，只是在这场博用户眼球的大迁移过程中占到了有利的位置而已。过去一个品牌与消费者的互动环节集中在购买、售后和体验上，但互动营销却是围绕品牌内涵、品牌文化而进行全方位渗透的。

正如一些专家所言，互动营销才是企业投身互联网广告的终极目标，深度挖掘互联网的特点，让品牌与网民达到顺畅的沟通，互联网承担的角色是创建产品组合，针对不同品牌的特点和目标群进行个性化、分众式的传播。互动营销中，广告与内容的临界点是模糊的，与传统的网络营销模式中用户是旁观者相比，互动营销中用户是参与者、分享者，他们不会像传统广告那样令人生厌，相反，是一种主动式的体验和分享，是消费者与品牌间的互动。

可以说，网络互动营销真正体现了互联网的特点，而不是像传统广告模式那样"看起来熟"，仅停留在表面印象，就不能在用户心中生根发芽。因此，互动营销的效果带来的是忠诚度更高、品牌黏性更强的用户，这不是用传统的网络营销模式中的流量、点击等指标所能衡量的。不过虽然互动营销的趋势已定，但由于是新兴品牌的营销模式，既没有统一的格式，也没有可复制的样本。在这方面尝试的多数企业也是边摸索边总结。

互动营销强调的是互动、分享，并不是任何一个网站都具备这样的能力。腾讯在互动营销上的尝试为业内提供了一个可借鉴的方向。有业内人士判断，像腾讯这样有多款互动产品组合的社区更容易在互动营销方面获得突破。5.9亿的注册用户，2.7亿活跃的在线用户，覆盖中国超过95%的上网人群，拥有QQ空间、QQ群、QQ直播、QQ电台、Q吧、Q视频、QQ秀等，还有直达用户桌面的QQ客户端，这些都是其他门户网站所不可比拟的。

虽然网络广告向互动营销的发展趋势已定，但尚未形成统一的体系和系统，而如果没有一套体系的话，就很难说服客户认可互动营销。在2016年的中国广告节上，腾讯正式宣布了MIND营销理念，从MIND的4个字母来看，可知M是可衡量效果，体现在线营销的有效性、可持续性和科学性；I是互动式体验的承诺，强调网民与品牌的互动，彼此间是水乳交融的；N是精准式导航，保证了品牌营销覆盖目标群的精确化；D是差异化定位，重新定位了在线营销的特点，满足客户的独特需求。四个元素对互动营销的特点首次进行了归纳。

在传统网络营销模式面临瓶颈，互动营销刚刚兴起的关键点上，腾讯MIND的发布令人眼前一亮。可口可乐3G秀炫酷特区，使得超过1000万的网民在可口可乐的在线品牌俱乐部中交流和分享，最大限度地延伸了品牌的影响力；为农夫山泉搭建的Qzone"梦幻爱情世界"，以积分兑奖、上传照片、博客秀等形式，顺利地将品牌内涵过渡到茶饮料，后期统计数字表明至少有400万人购买了农夫茶饮料；以"都市生活劲情爆"为主题，让网民展示了从吃到乐的乐趣POLO，也获得了500万流量的关注，有效传达了POLO的品牌内涵……这样的例子还有很多。

有人说，互动营销是漂移的，很难找到有形的法则，不同的品牌、不同的平台，可能就是不同的营销效果。腾讯MIND为互动营销提供了四个元素的总结，让许多尝试互联网互动营销的品牌客户解除了疑惑。腾讯网络营销服务与企业品牌执行副总裁刘胜义表示，MIND不仅仅适合于腾讯，只要是强调互动、分享、体验的网络社区都可以遵从这四个元素。

（资料来源：中国营销传播网，http://www.emkt.com.cn.）

讨论与思考
1. 讨论互动营销形成的原因是什么。
2. 思考要想做好互动营销需要具备什么条件。

 能力训练

使用客户关系管理平台添加商友，进行客户分组、修改和调整。

训练任务	网络客户关系管理
训练目标	1. 了解和掌握 B2B 平台网络客户管理的概念、内涵和管理内容； 2. 学会 B2B 平台网络客户管理的方法
训练内容	1. 选择适当的 B2B 平台网站，注册为会员； 2. 完善个人资料，并通过审核； 3. 尝试搜索商户，并根据搜集到的商务信息进行客户关系管理
训练成果	在 B2B 平台完成客户分组、客户分组的调整、客户分组的修改，并记录流程

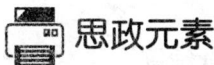 思政元素

B2B 网络营销实践中如何做到诚实、守信，合作共赢、互惠互利？

项目总结

随着 B2B 电子商务行业规模的不断扩大，B2B 电子商务平台用户规模的不断增加，B2B 网络交易规模的突破式增长，需要有一批熟悉 B2B 电子商务平台网络营销的专业人才，要求电子商务专业的学生具备在 B2B 电子商务平台开展网络营销的能力。通过本项目的学习，学生能够具备 B2B 电子商务平台商务信息的搜集、记录、整理、总结的能力，善于发现商业机会，熟悉使用 B2B 电子商务平台发布供求信息的流程，能够通过平台竞价、广告投放等方式在 B2B 电子商务平台上开展网络营销、网上洽谈，并签订合同，熟悉 B2B 电子商务平台电子支付的方式，能够开展有针对性的网络客户管理。同时，培养了学生的职业素养，提高了学生的职业能力，为广大中小企业使用 B2B 电子商务平台培养专门人才，实现学校和社会的无缝连接。

资源链接

1. 阿里巴巴：http://www.alibaba.com
2. 中国制造网：http://cn.made-in-china.com
3. 慧聪网：http://www.hc360.com
4. 马可波罗：http://www.chinamakepolo.com

同步练习

一、单项选择题

1. B2B 电子商务指的是( )之间的电子商务。
   A. 政府与政府　　B. 个人与个人　　C. 企业与企业　　D. 网站与网站
2. ( )被认为是最适合网上销售的商品。
   A. 服装　　　　　　　　　　　　　B. 图书和音像制品
   C. 家电　　　　　　　　　　　　　D. 玩具
3. 网络商务信息搜集的要求不包括( )。
   A. 及时　　　　B. 准确　　　　C. 经济　　　　D. 充分
4. 下列不属于网络商务种类的是( )。
   A. 免费的商务信息　　　　　　　　B. 收取较低费用的信息
   C. 优质优价的信息　　　　　　　　D. 收取高额费用的信息

二、多项选择题

1. 在网络商品中介交易过程中,网络商品交易中心为客户提供( )等全方位的服务。
   A. 市场信息　　B. 商品交易　　C. 仓储配送　　D. 货款结算
2. 下列属于 B2B 电子商务平台竞价排名优点的有( )。
   A. 提高成交机会　　　　　　　　　B. 提升企业知名度
   C. 推广省心　　　　　　　　　　　D. 定位专业买家
3. 网络客户关系管理中,可以根据客户与企业之间的关系将客户分为( )。
   A. 一般客户　　　　　　　　　　　B. 企业客户
   C. 内部客户　　　　　　　　　　　D. 渠道分销商和代销商
4. 网上洽谈的步骤包括( )。
   A. 寻找合作伙伴　B. 克服障碍　　C. 申明价值　　D. 创造价值

三、名词解释

信息搜集　　网上洽谈　　第三方支付　　客户关系管理

四、简答题

1. 简述网络商务信息的特点。
2. 简述 B2B 电子商务平台竞价排名的方法。
3. 简述网络客户关系管理的主要内容。

五、论述题

1. 结合本项目内容,论述如何发布高质量的商务信息。
2. 结合本项目的内容,论述如何建立网络客户的忠诚度。

实训项目

实训项目一 使用数字营销进行关键词竞价

实训目的:注册 B2B 电子商务平台,注册数字营销,利用数字营销进行关键词竞价。
实训器材:计算机网络机房。
实训指导:
1. 登录阿里巴巴网站,进入"阿里助手"。
2. 单击"收费服务",进入"数字营销"页面。
3. 单击"加入数字营销"。
4. 选择充值金额、充值方式和填写联系方式。
5. 登录"数字营销",单击"我要推广",进入数字营销服务操作后台。
6. 选择推广产品信息,并设置关键词。
7. 为关键词出价,并完成账户充值。
请写一篇实训报告。

实训项目二 网上洽谈

实训目的:注册 B2B 电子商务平台,利用阿里旺旺开展网上洽谈。
实训器材:计算机网络机房。
实训指导:
1. 在阿里巴巴主页右侧单击"阿里旺旺",进入下载页面。
2. 浏览阿里旺旺的各项功能,并下载阿里旺旺网络洽谈软件。
3. 安装阿里旺旺,并申请账号。
4. 用申请的账号登录阿里旺旺。
5. 寻找并添加客户,进行网上洽谈。

添加阿里旺旺联系人有 3 种基本方法:方法一,旺旺帮你找。旺旺会根据你所关注的信息和地域寻找联系人。方法二,精确查找。输入对方会员名查找。方法三,模糊查找。根据输入的姓名和关注信息进行模糊查找。

请写一篇实训报告。

实训项目三 使用阿里旺旺进行网络客户分组管理

实训目的:掌握利用阿里旺旺进行客户分组管理的方法。
实训器材:计算机网络机房。
实训指导:
1. 使用阿里旺旺添加分组
(1) 右击已有组名,选择"添加组"命令,如图 4.33 所示。

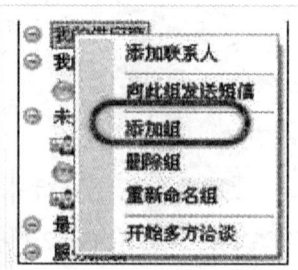

图 4.33　添加组

（2）在"添加组"对话框中输入想要建立的组名,可以在下方的列表框中看到未分组联系人名单,可以选中其中一些联系人添加到将要新建的组中,添加完后单击"确定"按钮,如图 4.34 所示。

（3）这时就可以在阿里旺旺好友列表中看到新建的组和添加到该组中的联系人,如图 4.35 所示。

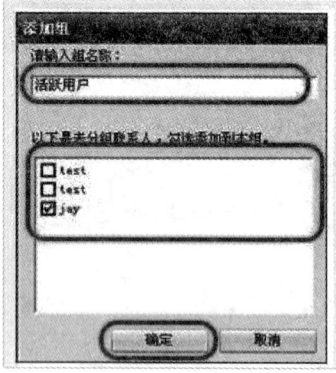

图 4.34　添加联系人

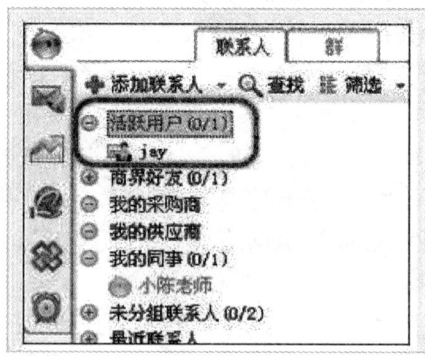

图 4.35　组列表

2. 重新分组、删除分组

（1）联系人组设置好后,选中要归类到该组的商友,右击,选择"移动联系人"命令,选择"本月询盘商友"选项,单击"确定"按钮即可,如图 4.36 所示。

图 4.36　移动联系人

（2）选择需要删除的组，右击要删除的组，选择"删除组"命令，在弹出的"确定要删除组"提示对话框中单击"确定"按钮。

请写一篇实训报告。

项目五

B2C 网络营销业务

项目情境创设

自 2013 年起,我国已连续八年成为全球最大的网络零售市场。2020 年,我国网上零售额达 11.76 万亿元,较 2019 年增长 10%。其中,实物商品网上零售额 9.76 万亿元,占社会消费品零售总额的 24.9%8。截至 2020 年 12 月,我国网络购物用户规模达 7.82 亿,较 2020 年 3 月增长 7215 万,占网民整体的 79.1%。

项目任务书

任务编号	分项任务	职业能力目标	知识要求	课时
任务一	B2C 网络营销调研	具备网络营销市场调研设计、组织、实施与报告撰写能力	1. 网络市场调研与问卷; 2. 网络营销市场调研程序与方法; 3. 网络市场调研的策略	3
任务二	网络消费者分析	会进行网络消费者行为分析	1. 网络消费者特征及行为; 2. 网络消费者购买决策过程	1
任务三	B2C 网上支付与交易	1. 掌握支付宝等网上支付方式; 2. 具备支付安全意识与能力	1. B2C 第三方支付及方式; 2. 网络支付系统与安全; 3. 数字证书下载与安装	2
任务四	B2C 电商物流	1. 具备物流模式方案选择初步能力; 2. 掌握配送操作过程比较好的经验	1. B2C 电商物流的概念; 2. B2C 电商物流的模式	2
职业素质目标		1. 沟通协作的团队意识; 2. 知识获取的自主学习能力; 3. 探索实践的创新能力		

项目学习引导

在中国互联网络信息中心(CNNIC)发布的《第 47 次中国互联网络发展状态统计报告》中显示了我国商务交易网络的应用状况。

2020年我国个人互联网应用增长较为平稳。其中,短视频、网络支付和网络购物的用户规模增长最为显著,增长率分别为12.9%、11.2%和10.2%。网络娱乐类应用中,网络直播保持快速增长,增长率为10.2%;网络视频、网络音乐的用户规模较2020年3月分别增长9.0%、3.6%。

报告显示,B2C网络应用进入了高速发展阶段,B2C网络市场调研及营销活动也日趋重要。

任务一 B2C网络营销调研

案例导读

日本卡西欧公司的市场调查

日本卡西欧公司的市场调查主要是销售调查卡,虽然它只有明信片大小,但考虑周密、设计细致。调查栏目内容如下:

第一栏,调查购买者,包括其性别、年龄、职业等内容。

第二栏,调查使用者,如使用者是购买者本人、家庭成员,还是其他人,每一类人员中又分年龄、性别。

第三栏,调查购买相关情况,如是个人购买、团体购买,还是赠送。

第四栏,调查消费者信息来源,如商店橱窗布置、杂志广告、电视台广告,或者朋友告知、看见他人使用等。

第五栏,调查选择该产品的原因,如操作方便、音色优美、功能齐会、价格便宜、商店介绍、用友推荐、孩子要求等。

第六栏,调查使用后的感受,如非常满意、一般满意、普通、不满意等。

另外几栏还分别对产品的性能、购买者所拥有的乐器、学习乐器的方法和时间、所喜爱的音乐、希望有哪些功能等方面做了详尽的调研。

(资料来源:https://wenku.baidu.com/view/)

案例思考　1. 为什么说互联网对任何一家企业挑战与机遇共存?
　　　　　　2. 企业应如何迎接挑战,变被动为主动?

课前准备

网络营销工具知识回顾与市场调查的项目准备。

课中思考

什么是网络调研的程序?如何撰写调研报告?

学习引导

网络市场调研是企业开展网络营销活动的前提和基础。一个策划完美的营销方案必须建立在对市场细致周密的调研的基础上。市场调研能促使企业生产出满足市场需求的产品,并及时调整营销策略。互联网为市场调研提供了强有力的工具,在国际上许多公司都利用互联网和其他一些在线服务进行市场调研,并且取得了满意的效果。

一、网络市场调研与问卷

(一) 网络市场调研及其特征

网络市场调研就是利用互联网了解和发掘顾客需求、市场机会、竞争态势、消费倾向、营销环境及合作伙伴等方面的情况,科学、系统地对营销信息进行搜集、整理、分析和研究的过程。市场调研是企业营销的出发点。

网络市场调研可以充分利用互联网的开放性、自由性、平等性、广泛性和直接性等特点,开展调查工作。

网络市场调研具有如下特点。

1. 网络信息的及时性和共享性

网络的传输速度非常快,网络信息能迅速传递给连接上网的任何用户。网络调研是开放的,任何网民都可以参加投票和查看结果,这保证了网络信息的及时性和共享性。

2. 网络调研的便捷性与低费用

网络调研可节省传统调研中所耗费的大量人力和物力。在网络上进行调研,只需要一台能上网的计算机即可。调研者发出电子调查问卷,网民自愿填写,然后通过统计分析软件对信息进行整理和分析。

3. 网络调研的交互性和充分性

网络的最大好处是交互性。在网上调研时,被调研对象可以及时就问卷相关的问题提出自己更多的看法和建议,可减少因问卷设计的不合理而导致调研结论偏差等问题。同时,被调研者还可以自由地在网上发表自己的看法,也没有时间限制等问题。

4. 调研结果的可靠性和客观性

网络用户是在完全自愿的情况下参与调研,对调查的内容往往有一定的兴趣,在很大程度上反映了消费者的消费心态和市场发展的趋向。网络调研可以使被调查者在填写答卷时的防御心理降低到最低,从而保证真实性。

5. 网络调研无时空限制

网络市场调研可以 24 小时全天候进行,这与受区域制约和时间制约的传统调研方式有很大的不同。

6. 网络调研具有可检验性和可控制性

利用互联网进行网络调研,可以有效地对采集信息的质量实施系统的检验和控制。因为,第一,网络调查问卷可以附加全面规范的指标解释,有利于消除因对指标理解不清或调研员解释口吻不一而造成的调查偏差;第二,问卷的复核检验由计算机依据设置的检验条件和控制措施自动实施,可以有效地保证对调查问卷100%的复核检验,保证检验与控制的客观公正性;第三,通过对被调研者的身份验证技术可以有效地防止信息采集过程中的舞弊行为。

(二) 网络调研问卷

1. 问卷的类型

网络调查问卷依其问题提出的方式分为有结构问卷和无结构问卷。无论是何种问卷,一般都可采用5种项目方式,分别为是否式、选择式、排列式、填空式、量表式。

在网络调查问卷中,是否式、选择式最为常用,填空式次之,排列式和量表式较少使用。因为在网页设计和后台程序的设计中较难实现这两种形式。一般情况下,可将其转化为选择式量表表达。

2. 问卷的构成

一份完整的问卷包括以下几个部分:

(1) 前文。在问卷的开头应附加一段说明,介绍调查研究的目的和性质,保证保护被调研对象的隐私,保证不公开调研对象的资料,不将所得资料用于研究以外的目的,以获得对方配合。如果是有奖调查,应将奖项设置情况在此说明,以激励调研对象参与的积极性。

(2) 说明范例部分。此部分说明答卷要求及举例说明如何回答。

(3) 问卷内容。此部分一般包括三部分:与调查主题相关的事实或行动项目;关于态度或意识的项目;基本项目——关于被调研者特征的项目,用于掌握调研对象的背景,以便在数据分析时作为参照来使用。

(4) 结束语。此部分主要表达对配合调研人员的感谢之意。

3. 问卷设计的一般原则

要想设计出理想的问卷,总体原则是立足于调研目的,使问卷易于回答。问卷的作用在于帮助调研者搜集有研究价值的资料,因此,问卷设计必须围绕这一目标进行。

成功的调研取决于好的问卷设计,原则如下:一是问卷介绍开始的部分应重申调研的重要性及自愿参与的原则;二是填写问卷的说明(或对特定题目的跳答),应该浅显易懂;三是应保证问题清楚、准确,所有被调研者都容易理解;四是被调研者必须对研究主题有基本的认识;五是要求被调研者的回答一定要清晰;六是问题和答案的选项易懂且编排具有逻辑性;七是问卷中的各部分之间需要有效的连接转换;八是如果给被调研者提供答案选择,那么就要保证答案是无遗漏的,且具有互相独立性。

二、网络市场调研的程序和方法

(一) 网络市场调研的程序

(1) 网络市场调研的方式一:面对面。

网络调研、网络调查最重要的在于调查对象如实完成所有问卷。因此,面对面调研是一个高效的方式,如图5.1所示。

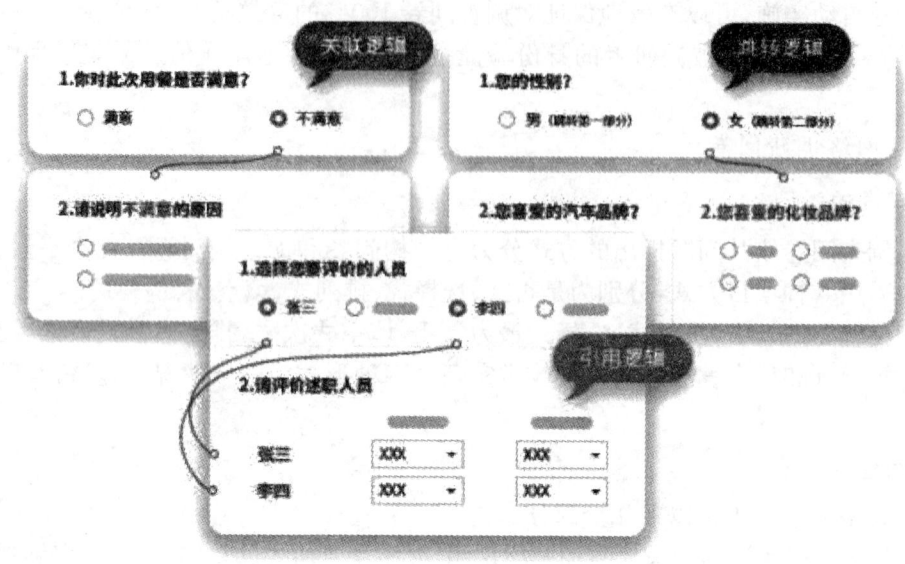

图 5.1 面对面调研

一般面对面,可以通过私聊小窗口完成,如果样本数在 30 人左右,为了减少不必要的问卷解释,可以通过建群、群发的形式完成,如微信群、QQ 群等,如图 5.2 所示。

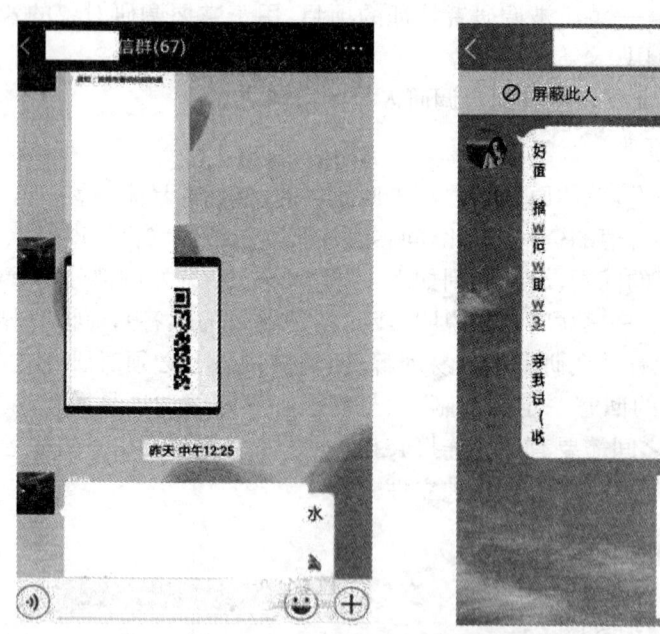

图 5.2 微信、QQ 调研

(2) 网络市场调研的方式二:广而告之。

面对面的方式更适用于小范围、针对性的调研。如果是非指定性的、对调研数量要求较多的情况,则需要在各个窗口、各个渠道进行推广问卷,从而完成调研。

推广的渠道,可以包括微博、微信朋友圈、线下纸质分发等。

(3) 网络市场调研的方式三:有偿调研。

前两种方式一般是在朋友间,或是朋友的朋友间流转的无偿帮忙。如果调研对人群有极高的精准定位,这时候就需要通过有偿的方式完成。

同样,这种方式也可以包括朋友转手介绍的有偿对象和平台推荐的有偿调研用户。一般而言,朋友转手可信度、质量更高,而平台推荐则在数量和完成度方面较好。

具体步骤如下:

(1) 确定调研目标。

明确问题和确定调研目标对使用网络搜索的手段来说尤为重要。互联网是一个永无休止的信息流。当开始搜索时,你可能无法精确地找到所需要的重要数据,不过你肯定会在这个过程中发现一些其他有价值抑或价值不大但很有趣的信息。因此,在开始网络搜索时,头脑里要有一个清晰的目标并留心去寻找。

(2) 制订调查计划。

网络市场调研的第二个步骤是制订出最为有效的信息搜索计划。具体来说,要确定资料来源、调查方法、调查手段、抽样方案和联系方法。

(3) 搜集信息。

网络通信技术的迅猛发展使得资料搜集方法迅速发展。互联网没有时空和地域的限制,因此网络市场调研可以在全国甚至全球范围内进行。同时,搜集信息的方法也很简单,直接在网上递交或下载即可。这与传统市场调研的搜集资料方法有很大的区别。

(4) 分析信息。

搜集信息后要做的是分析信息,调研人员如何从数据中提炼出与调研目标相关的信息,直接影响到最终的调研结果。分析信息要使用一些数据分析技术,如交叉列表分析技术、概括技术、综合指标分析和动态分析等。网上信息的一大特征是即时呈现,而且很多竞争者还可能从一些知名的商业网站上看到同样的信息,因此分析信息的能力相当重要,它能使你在动态的变化中及时捕捉到商机。

(5) 提交报告。

调研报告的撰写是整个调研活动的最后一个阶段。报告不是数据和资料的简单堆砌,调研人员不能把大量的数字和复杂的统计技术扔到管理人员面前,否则就失去了调研的价值。正确的做法是把与市场营销关键决策有关的主要调研结果寻找出来,并以调研报告的正规格式书写。

(二) 网络市场调研的方法

网络市场调研是指在互联网上针对特定营销环境进行调查设计、搜集资料和分析研究的活动,为企业的网上营销决策提供数据支持和分析依据。

1. 网上直接调研方法

网络市场的直接调研方法主要有网络注册、发布调查问卷等方法。

(1) 注册。企业可以通过注册的方式来获取访问者的信息,在注册中一般要求访者提供姓名、性别、年龄、联系电话、工作单位、所在行业等有关信息,从中可以统计分析出来访者的年龄组成、地区分布特点、职业等。许多网站以提供大量有价值的信息和免费使用软件、成为会员、有奖竞赛等方式来吸引访问者,让他们提供有关个人的详细信息。

(2)发布调查问卷。这种方法是将调查问卷发布在网上,被调研对象通过网络完成问卷(见图5.3、图5.4)。

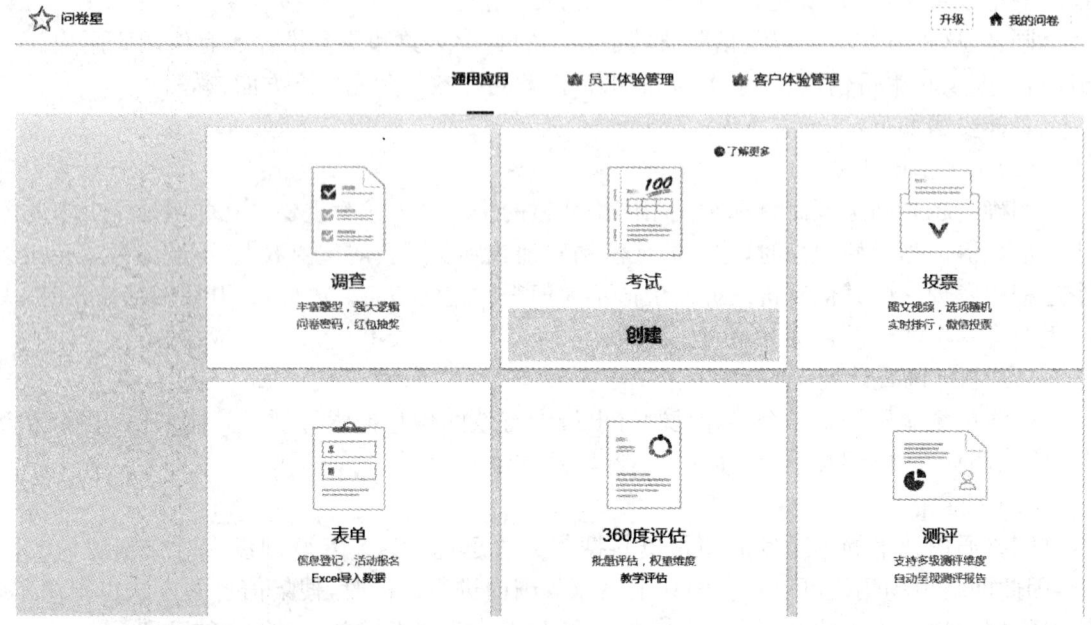

图 5.3　问卷星网上调研

图 5.4　创建调查问卷

2. 间接调研方法

间接调研也就是对二手资料的搜集,通常可采用以下方法:

(1) 利用搜索引擎。搜索引擎能阅读、分析并且存储从该搜索网站数据库中和网页上获得的信息。这些信息可通过输入关键字或组合关键字直接查找到。不同的搜索引擎有不同的特点,选择哪一个搜索引擎,应根据市场调研对象和内容的不同而确定。

(2) 访问相关网站。企业可根据行业的特点,直接访问互联网上的相关专业性网站,以获得有用的信息。通过分析信息,可以准确地把握本企业的优势和劣势,并及时调整营销策略。

(3) 利用网上数据库。在互联网上有许多网上数据库,这些数据库有收费的也有免费的,一般市场调研的商情数据库是收费的。我国的网络数据库大多是文献信息型数据库,如中国专利信息网、国家科技图书文献中心等。

(4) 利用网上论坛、新闻组。网上论坛、新闻组也是调查者应当关注的。在论坛和新闻组中,人们会对企业、产品、服务等各方面发表评论,表达自己的观点,企业通过认真的分析,可以从中了解网民的想法、需求,从中获取相应的信息,以改善自己的产品、服务和形象。不少企业在自己的网站上开设网上论坛,给网民一个表达自己意愿的空间。

(三) 撰写网络调研报告

1. 网络调研报告的格式

网络调研报告首先是以市场调研的主题及其分解的题目为中心进行草拟的;然后扩展成以分项题目为主体的分列报告,再对这些分列报告进行组合、扩充,加上必要的内容后成为调研分析报告的主体;再根据主体内容的需要编写附录;最后根据主体内容写出调研分析报告的摘要及目录。网络调研报告的基本格式如下:

题目版面
内容提要版面
绪言
主要的结论
分析及结果(正文、表格、图表结合说明)
结论和建议
参考资料
附录

2. 网络调研报告的撰写程序

(1) 准备工作。准备工作主要是通过直接调研和间接调研对搜集到的资料进行整理和统计分析,包括过去已有的调研资料、相关部门的调研结果、统计部门的有关资料(包括统计年鉴)、本次调研的辅助性材料和背景材料等。

(2) 报告的构思。通过资料的整理和分析,确立基本观点,列出主要论点、论据。确定主题后,对搜集到的大量资料经过分析研究,逐渐消化、吸收,形成概念,再通过判断、推理,把感性认识提高到理性认识。然后列出论点、论据,得出结论。

在此基础上,考虑报告正文的大致结构与内容,安排报告的层次段落。报告一般分为三个层次,即基本情况介绍、综合分析、结论与建议。

（3）选取数据资料。报告的撰写必须对调研所得的数据资料进行分析，即介绍情况要有数据作为依据，反映问题要用数据做定量分析，提建议、措施同样要用数据来论证其可行性与效益。恰当选材可以使分析报告主题突出、观点明确、论据有力。因此，有无丰富、准确的数据资料作为基础是撰写调研报告成败的关键。在构思确立主题、论点、论据后，就要围绕主题，研究和选取数据资料。在撰写时，要努力做到用资料说明观点，用观点论证主题，详略得当，主次分明，使观点与数据资料协调统一，以便更好地突出主题。

（4）撰写初稿。根据撰写提纲的要求，由单独一人或数人分工负责撰写，各部分的写作格式、文字数量、图表和数据要协调，统一控制。初稿完成后，就要对其进行修改，先看各部分内容和主题的连贯性，有无修改和增减，顺序安排是否得当；然后整理成完整的报告，提交审阅。

（5）定稿。写出初稿，征得各方意见并进行修改后，就可以定稿。在定稿阶段，一定要坚持客观事实，服从真理，不屈服于各方压力，使最终的调研报告较完善、准确地反映市场活动的客观规律。

阅读思考 5-1

2019年"双11"洞察数据分析报告

据网经社电子商务研究中心不完全统计，今年"双11"除了天猫、京东、拼多多、苏宁易购等"头部平台"外，还吸引了100多家各类电商平台参与，主要包括社交电商平台云集、微店、小红书、蘑菇街、有赞，跨境电商平台速卖通、考拉海购、洋码头、寺库，社交电商贝店、宝宝树、蜜芽，精品电商平台网易严选、小米有品，生鲜新零售盒马鲜生、每日优鲜，生活服务平台飞猪、美团点评、携程、饿了么等。

2019年"双11"呈现五大特征：

特征一："游戏＋社交＋电商"方式激活用户

"游戏＋社交＋电商"方式是今年"双11"的最大"亮点"。近年来，随着拼多多的崛起，社交电商走入公众视野。电商平台们通过"游戏＋社交＋电商"方式把购物、娱乐、生活场景全面打通，提高月活用户，在用户下单后对GMV的转化起到一定促进作用。对于老客户来说，能够提高留存及激活消费，并且持续提高拉新能力。

特征二：抢占"下沉市场"和"全民拼购"

"双11"不再只是一、二线城市的节日，电商平台更多地下沉到低线城市，而"全民拼购"则是快速下沉撬动地线市场的最佳"翘板"，拼多多、阿里（聚划算）、京东（京喜）、苏宁拼购等纷纷入局。低线城市的消费场景和下沉人群已经成为部分电商甚至电商巨头的重要消费增长点。

特征三：百亿补贴新品首发"集中营"

今年的"双11"，从线上各大电商平台来看，会更多地倚重品牌方的参与。从商品的组织情况来讲，它们会更多地和品牌厂家做一些紧密的配合，对阿里也好，京东也好，包括其他的这些头部平台也好，它们会更注重和一些较好的或大品牌合作，来推动"双11"更好地发展。

特征四：拓展新领域形成立体化的活动

从各大电商平台来看，今年"双11"会不断地拓展新的领域，比如，从近期的京东来看，它会围绕着"双11"期间,从原来的2C向2B方向发展,包括阿里。同时,京东也在向社区团购领域拓展。总体来讲,围绕"双11"时间节点,会形成2C、2B,包括社区团购等,形成一个系统化、立体化的"双11"电商活动。

特征五:格局从"一支独秀"到"百花齐放"

从京东提前启动"双11",到苏宁、拼多多、唯品会等发力,从中可见,"双11"已经从天猫"一支独秀"的主场转向各大电商平台参与,"双11"进入第十一年呈现更具多元化态势。

(资料来源:http://www.100ec.cn/detail—6535469.html)

讨论与思考

1. 中国"双11"用户购物行为正发生哪些变化?
2. 用户行为变化对企业网络营销有什么影响及启示?

能力训练

网上市场调研实践。

训练任务	网上市场调研
训练目标	1. 学习设计市场调研表; 2. 掌握网上搜集资料的方法; 3. 会撰写网络调研报告
训练内容	1. 成立市场调查小组,明确调查任务,各组确定一位队长; 2. 各队设计一份网上市场调研问卷,问题10个左右,提问类型不少于3种; 3. 利用问卷星(http://www.sojump.com)等免费调查平台进行网上问卷发布; 4. 搜集、分析数据资料并撰写调研报告
训练成果	1. 各队提交调研报告及汇报PPT; 2. 各队选派代表介绍此次调研情况并阐述调研结果

任务二 网络消费者分析

案例导读

喜茶——饥饿营销案例与分析

2017年"喜茶"风靡了大江南北。喜茶创立于2012年,原名"皇茶",2016年更名为"喜茶",同年8月获得超1亿元融资,开启了扩张之路。

通过控制消费者入场数量或者产品的供给,塑造出一种"十分抢手"的形象,再利用人们的好奇心和从众心理,便能产生非常卓越的营销效果。

排队就是喜茶的一大特色。在上海,喜茶热闹的排队场面得动用商场保安来维持秩序;在北京,火爆时进店排队需要约2个小时;在杭州甚至有黄牛专门帮人排队买喜茶。同时,

刷爆朋友圈的各种段子,如"人生好幸福,一觉醒来就有喜茶喝""男朋友好爱我,排了一下午队给我买了一杯喜茶"等,超强黏性转发和分享,为喜茶火爆起到了推波助澜的作用。

喜茶这种饥饿营销方式激发了人们的好奇心和攀比心,提升了消费欲望。

消费者获得了满足感,品牌树立起高价值的形象,打造了品牌忠诚度。

饥饿营销的目的不是饥饿,是先让你感受饥饿的状态,就好比饿了一个礼拜,给个馒头都会觉得那是人间美味,事实上本身这个馒头并不算美味。这个涉及消费者行为心理,广义的定义是:当消费者用身体力行切切实实参与到这场饥饿的活动中之后,参与的这个过程会影响他的视觉、味觉、听觉等,因为他付出了劳动,这个排队参与的过程就是他劳动的过程。

(资料来源:https://www.zhihu.com/question/448553509)

案例思考　1. "喜茶"成功的主要原因是什么?
　　　　　　2. 结合本案例谈谈企业应如何根据消费者需求及行为来赢得消费者。

课前准备

阅读第 48 次 CNNIC 中国网络消费者情况调查统计分析报告。

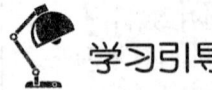

课中思考

网络消费者购物的特点是什么?

学习引导

一、网络消费者分析

网络营销的成败是由消费者来决定的。人们在生存过程中必然会产生各种各样的需求。需求是人类从事一切活动的基本动力,是客户产生购买行为的直接原因。由需求产生购买动机,再由购买动机引发购买行为。因此,研究人们的网络购买行为,首先要研究网络消费者及其网络购买需求。

(一)网络消费者的特点

网络消费者主要有以下几个特点:注重自我,头脑冷静,擅长理性分析;喜好新鲜事物,有强烈的求知欲;好胜但缺乏耐心。网络用户的这些特点,对于企业的网络营销决策和实施过程都是十分重要的。营销商要想吸引顾客,保持持续的竞争力,就必须对本地区、本国甚至全世界的网络用户情况进行分析,了解他们的特点,制定相应的对策。

(二)网络消费需求的特点

网络消费需求主要有以下 6 个特点。

1. 消费者消费个性回归

现今世界变成了一个由计算机网络交织的世界,消费品市场变得越来越丰富,消费者对产品选择的范围全球化、产品的设计多样化,消费者开始制定自己的消费准则,整个市场营销又回到了个性化的基础之上。不同的消费者消费心理是不一样的,每一个消费者都是一个细小的消费市场,个性化消费成为消费的主流。

2. 消费者需求的差异性

不仅是消费者的个性消费使网络消费需求呈现出差异性,对于不同的网络消费者而言,因所处的时代、环境不同,也会产生不同的需求。不同的网络消费者,即便在同一需求层次上,他们的需求也会有所不同。因为网络消费者来自世界各地,他们有不同的民族、信仰和生活习惯,因而会产生明显的需求差异性。所以,从事网络营销的商家,要想取得成功,就必须在整个生产过程中,从产品的构思、设计、制造,到产品的包装、运输、销售,认真考虑这些差异性,并针对不同消费者的不同特点,采取相应的措施和方法。

3. 消费的主动性增强

在社会分工日益细化和专业化的趋势下,消费者对消费的风险感随着选择的增多而上升。在许多大额或高档的消费中,消费者往往会主动通过各种可能的渠道获取与商品有关的信息并进行分析和比较。或许这种分析、比较不是很充分和合理,但消费者能从中得到心理平衡以减轻购买前的风险感或恐惧感,避免购买后后悔,增加对产品的信任程度和心理上预期的满足感。消费主动性的增强来源于现代社会不确定性的增加和人们对心理稳定和平衡的需求。

4. 追求消费过程的方便和享受

网上购物,除了能够满足实际的购物需求以外,消费者在购买商品的同时,还能得到许多信息,并得到在各种传统商店中没有的乐趣。今天,人们对现实的消费过程出现了两种追求的趋势:一部分因工作压力较大、紧张程度高的消费者以方便性购买为目标,他们追求的是时间和劳动成本的尽量节省;而另一部分消费者由于劳动生产率的提高,自由支配时间的增多,他们希望通过消费来寻找生活的乐趣。今后,这两种相反的消费心理将会在较长的时间内并存。

5. 消费者选择商品的理性化

网络营销系统巨大的信息处理能力,为消费者挑选商品提供了前所未有的选择空间,消费者会利用在网上得到的信息对商品进行反复比较,以决定是否购买。对企事业单位的采购人员来说,可利用预先设计好的计算程序,迅速比较进货价格、运输费用、优惠、折扣、时间效率等综合指标,最终选择有利的进货渠道和途径。

6. 价格仍是影响消费心理的重要因素

从消费者的角度来说,价格不是决定消费者购买的唯一因素,但却是消费者购买商品时肯定要考虑的因素。网上购物之所以具有生命力,重要的原因之一是网上销售的商品价格普遍低廉。尽管商家都倾向于以各种差别化来减弱消费者对价格的敏感度,避免恶性竞争,但价格始终会对消费者的心理产生重要的影响。因为消费者可以通过网络联合起来和商家讨价还价,产品的定价逐步由企业定价转变为消费者引导定价。

二、网络消费者行为分析

（一）影响网络消费者购买行为的内在因素

1. 心理因素

影响消费者网上购物的心理因素有多种，如离开网络的个人购买无法满足个人的欲望；有些人购物经验少或者不习惯、不情愿上街购物；对商店人员的服务态度心存芥蒂；所购买的商品涉及个人隐私或不想让别人知道等。网络营销的隐秘性和便利性恰好满足了消费者的这些心理需求，足不出户，就可以到世界各地去购物。

2. 环境因素

诸如店铺离家太远或工作太忙没有时间购物，商品体积太大不好搬运，季节性商品销售时间太短等不利的环境因素，都使得网络用户选择网上购物。同时，电子商店的页面色彩亮丽、新颖，良好的视觉效果和娱乐的刺激，尤其是网上漫游的随意性都给网络用户带来了新的体验和兴趣。

3. 经济因素

网上购物往往可以通过厂家直接购物，这样减少了流通环节，降低了产品的成本。同时网上购物节省了交通费，节约了购买成本。

4. 行为因素

减少购物的时间和体力消耗是网上购物吸引用户的主要原因。除此之外，网上购物减少了在实际购物环境中不可缺少的人际交往，尽可能地由着自己的性情浏览和选购商品，随时可以变换、更改自己的决定，而不必考虑其他人的感觉。网上购物给消费者以充分的自由和放松，真正体现了随心所欲。

（二）影响网络消费者购买行为的外在因素

网络消费者的心理因素是影响其购物行为的内在因素。除此而外，网络消费者的购物行为还受到许多外在因素的影响。

1. 商品价格因素

对一般商品来讲，价格与需求量之间经常表现为反比关系，同样的商品，价格越低，销售量越大。网上购物之所以具有生命力，重要的原因之一就是网上销售的商品价格普遍低廉。亚马逊书店一般以七到八折的价格出售图书，甚至更低；利用携程、途牛等旅游网站预订酒店房间，其价格比店堂登记房间的价格低20%～40%。CNNIC的最新统计数据显示，在有过网上购物经历的消费者中间，43.67%的原因是由于网上购物的价格便宜。

2. 产品因素

产品是影响消费者购买的重要因素之一。由于网上市场不同于传统市场，网络消费者也有别于传统市场的消费需求特征，因此网上销售的产品一般要考虑产品的新颖性及产品的购买参与程度等。

3. 商品购物时间

这里所说的购物时间是指购物时间的限制和购物时间的节约。网络虚拟商店一天24

小时开业,随时准备接待客人,没有任何时间的限制。顾客早上5点或晚上12点购物都没有问题。网络购物为人们上班前和下班后购物提供了极大的方便。

4. 商品挑选的便捷性

"货比三家"是人们在购物时常常使用的操作方法。在网络购物中,"货比三家"已不足为奇。人们可以"货比百家""货比千家",甚至"货比万家",商品挑选的余地大大扩大了。而且,消费者可以从两个方面进行商品的挑选,这是在传统的购物方式下难以做到的。一方面,网络为消费者提供了众多的检索途径,消费者可以通过网络方便快速地搜寻全国乃至全世界相关的商品信息,挑选满意的商家和满意的产品。另一方面,消费者可以通过公告板告诉众多商家自己所需要的产品,吸引商家与自己联系,从中筛选出符合自己要求的商品或服务。在这样大的选择余地下,精明的消费者自然倾向于在网上选购价廉物美的商品了。

5. 购物的安全性与可靠性

影响消费者网上购物的另一个重要因素,就是安全性与可靠性。对于现阶段的网络营销来说,最重要的问题还是安全问题。网上消费者一般需要先付款后收货,与过去一手交钱、一手交货的传统购物方式不一样,有一种失去控制的感觉。网络漏洞也层出不穷。例如,1999年1月,曾有人利用新闻组中查到的普通技术手段轻而易举地从多个商业站点窃取了数万个信用卡账号和密码,并标价26万美元出售;一群黑客曾成功地闯入美国军方控制卫星的一个计算机系统。应保护消费者购物过程中的信息传输安全和个人隐私,树立消费者对网络购物的信心。在消费者购物过程中及时提醒和告知消费者购物的进展情况,使消费者始终处于一种主动和可控状态,以增强购物的欲望。

三、网络消费者购买决策过程

网络消费者的购买过程,也就是网络消费者购买行为形成和实现的过程。研究购买过程的目的是鼓励营销人员将注意力集中于购买过程,而不是购买决策。一个网络消费者完整的购买过程如图5.5所示。

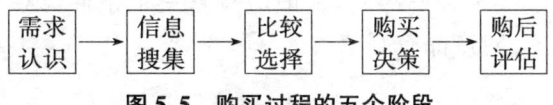

图 5.5 购买过程的五个阶段

图5.5表示的只是消费者购买过程中所经历的一般步骤,但消费者可能会越过或颠倒其中某些阶段,尤其在低度介入产品的购买中更是这样。一位购买固定品牌牙膏的妇女会越过信息搜集和比较选择阶段,直接进入对牙膏的购买决策。

(一) 需求认识

网络购买过程的起点是诱发需求。消费者的需求是在内外因素的刺激下产生的。当消费者对市场中出现的某种商品或某种服务发生兴趣后,才可能产生购买欲望。这是消费者做出消费决定过程中不可缺少的基本前提。如果不具备这一基本前提,消费者也就无从做出购买决定。

对于网络营销来说,诱发需求的动因只能局限于视觉和听觉。文字的表述、图片的设计、声音的配置是网络营销诱发消费者购买的直接动因。从这方面讲,网络营销对消费者的吸引具有相当大的难度。这要求从事网络营销的企业或中间商注意了解与自己产品有关的实际需求和潜在需求,了解这些需求在不同时间的不同程度,了解这些需求是由哪些刺激因素诱发的,进而巧妙地设计促销手段吸引更多的消费者浏览网页,诱导他们的需求欲望。

(二)信息搜集

在购买过程,搜集信息的渠道主要有内部渠道和外部渠道。内部渠道是指消费者个人所存储、保留的市场信息,包括购买商品的实际经验、对市场的观察及个人购买活动的记忆等;外部渠道则是指消费者可以从外界搜集信息的通道,包括个人渠道、商业渠道和公共渠道等。

一般来说,在传统的购买过程中,消费者对于信息的搜集大都处于被动进行的情况。与传统购买时信息的搜集不同,网络购买的信息搜集带有较大主动性。在网络购买过程中,商品信息的搜集主要是通过互联网进行的。一方面,网上消费者可以根据已经了解的信息,通过互联网跟踪查询;另一方面,网上消费者不断地在网上浏览,寻找新的购买机会。网上消费者大都具有敏锐的购买意识,始终领导着消费潮流。

(三)比较选择

消费者需求的满足是有条件的,这个条件就是实际支付能力。为了使消费需求与自己的购买能力相匹配,比较选择是购买过程中必不可少的环节。消费者对各种渠道汇集而来的资料进行比较、分析、研究,了解各种产品的特点和性能,从中选择最为满意的一种。一般来说,消费者的综合评价主要考虑产品的功能、性能、样式、价格、支付方式和售后服务等。通常,一般消费品和低值易耗品消费者较易选择,而对于耐用消费品的选择则比较慎重。

(四)购买决策

网络消费者在完成了对商品的比较选择之后,便进入购买决策阶段。与传统的购买方式相比,网络消费者的购买决策有许多特点。首先,网络消费者理智动机所占比重较大,而感情动机的比重较小;其次,网络购买受外界影响较小;第三,网上购物的决策行为较之传统的购买决策要快很多。

网络消费者在决定购买某种商品时,一般应具备三个条件:第一,对商家有信任感;第二,对支付有安全感;第三,对产品有好感。

(五)购后评价

消费者购买商品后,往往通过使用,对自己的购买选择进行检验和反省,重新考虑这种购买是否正确,效用是否理想,以及服务是否周到等问题。这种购后评价往往决定了消费者今后的购买动向。

商界中流传着一句话:"一个满意的客户就是我们最好的广告。"在这里,"满意"的标准是产品的价格、质量和服务等与消费者预期的符合程度。匹配程度越高消费者心理满足感就会越大。购后评价也是厂商搜集第一手资料的重要渠道。

为了提高企业的竞争力,最大限度地占领市场,企业必须虚心倾听消费者反馈的意见和建议。互联网为网络营销者搜集消费者购后评价提供了得天独厚的优势。方便、快捷、便宜的 E-mail 紧紧连接着商家和消费者。商家可以在订单的后边附上一张意见表。消费者购买商品的同时,就可以填写自己对商家、产品及整个销售过程的评价。商家从网络上搜集到这些评价之后,通过计算机的分析、归纳,可以迅速找出工作中的缺陷和不足,及时了解到消费者的意见和建议，随时改进自己的产品性能和售后服务。

阅读思考 5-2

2020 年"双 11"洞察数据分析报告

11 月 12 日零点，2020 年"双 11"落幕。天猫"双 11"成交额突破 4 982 亿元，京东累计下单金额突破 2 715 亿元，总和达到了 7 697 亿元（见图 5.6～图 5.8）。

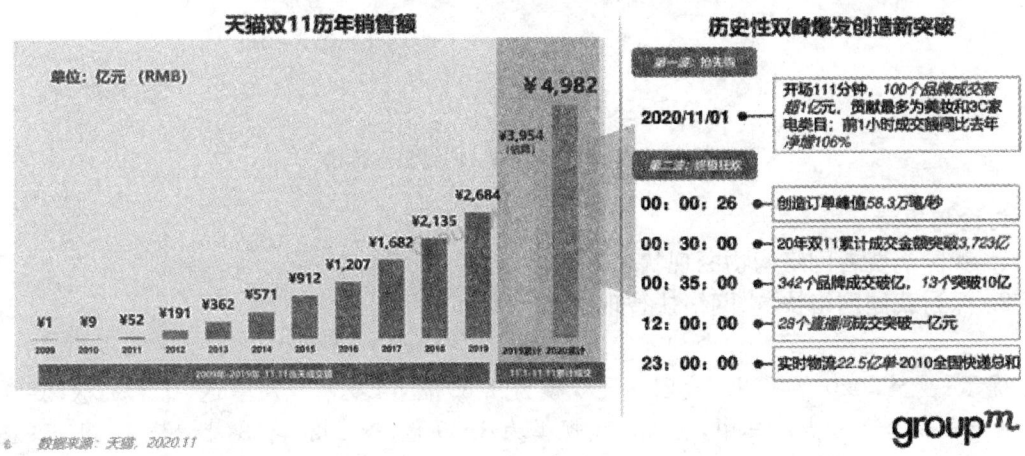

图 5.6　天猫"双 11"历年销售额

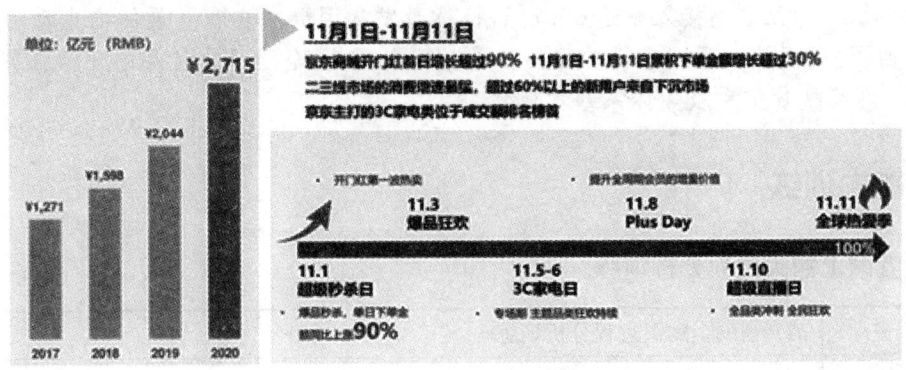

图 5.7　京东"双 11"历年销售额

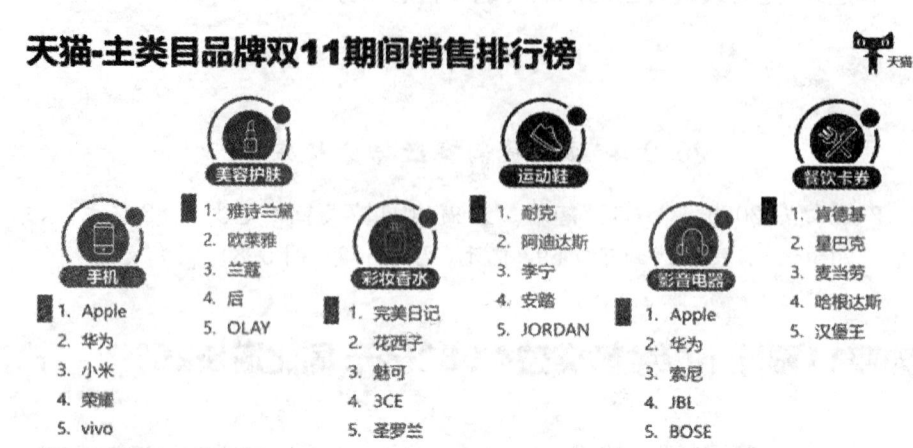

图 5.8　2020 天猫"双 11"销售排行榜

讨论与思考

1. 我国消费者网络购物的现状是什么？
2. 探讨我国网络扶贫、网络扶智现状。

提示：截至 2020 年 12 月，我国网民规模为 9.89 亿，互联网普及率达 70.4%，较 2020 年 3 月提升 5.9 个百分点。其中，农村网民规模为 3.09 亿，较 2020 年 3 月增长 5 471 万；农村地区互联网普及率为 55.9%，较 2020 年 3 月提升 9.7 个百分点。近年来，网络扶贫行动向纵深发展取得实质性进展，并带动边远贫困地区非网民加速转化。在网络覆盖方面，贫困地区通信"最后一公里"被打通，截至 2020 年 11 月，贫困村通光纤比例达 98%。在农村电商方面，电子商务进农村实现对 832 个贫困县全覆盖，支持贫困地区发展"互联网+"新业态新模式，增强贫困地区的造血功能。在网络扶智方面，学校联网加快、在线教育加速推广，全国中小学（含教学点）互联网接入率达 99.7%，持续激发贫困群众自我发展的内生动力。在信息服务方面，远程医疗实现国家级贫困县县级医院全覆盖，全国行政村基础金融服务覆盖率达 99.2%，网络扶贫信息服务体系基本建立。

能力训练

消费者网上购买过程分析训练。

训练任务	消费者网上购买过程分析训练
训练目标	1. 了解网络消费者购物的特点； 2. 进行网络消费者购买过程分析

训练内容	1. 组建团队； 2. 明确所需要的 3 种商品； 3. 选择 B2C 购物网站； 4. 根据购买过程分别进行记录(可先进行正式支付前的购买过程)； 5. 分析购买过程的影响因素及行为
训练成果	完成以下表格，并进行分析

购买过程	商品 A	商品 B	商品 C	说　明
诱发需求				
搜集信息				
比较选择				
购买决策				
购后评价				

任务三　B2C 网上支付与交易

案例导读

B2C 网络营销案例：以顾客为中心的戴尔公司

1. 背景介绍

戴尔公司的崛起，在全球商界掀起了一场真正的革命。这场革命就是要真正按照顾客的要求来设计和制造产品，并在尽可能短的时间内送到顾客手上。戴尔公司的网站(http://www.dell.com)借鉴了戴尔已有的直销模式，将产品直接销售给最终用户；只有在获取订单以后才生产，保持最小库存量。不仅如此，网站还扩展了这种直销业务模式，将自己的市场调研分析、销售、订货系统及服务和支持能力，连接到顾客所处的互联网中。通过这种方式，戴尔公司获得了巨大成功。

2. 市场机会

戴尔公司的管理层很早就认识到，网络营销将给企业提供一个新的市场机会。通过互联网，公司可以更好地扩展自己的直销模式，这可以帮助公司直接接触到更多的消费者，并以低廉的价格提供更多的服务。

3. 营销目标

戴尔在线的营销目标是最大限度地满足顾客的需要，使公司能快捷、高效地运转，产生更大的效益。以下是公司网络营销的主要目标：

(1) 更准确、快捷地了解顾客需求，有计划地组织生产。

(2) 提供直销服务，可以网上查询和预定。

(3) 降低公司库存,根据顾客订货组织生产。
(4) 顾客个性化服务。
(5) 网上故障诊断和技术支持。
(6) 降低公司营销费用。

4. 成功要素

(1) 创新的经营理念。

戴尔公司在创始之初就坚持其"黄金三原则":第一,摒弃库存;第二,坚持直销;第三,让产品与服务贴近顾客。

(2) 完善的自助服务。

戴尔公司让顾客自己在网上获得信息,并进行交易,主要包括以下几点:

① 顾客自助查询产品信息。
② 顾客自助查询订货数据,支付或调整账单,并获取服务。
③ 顾客根据自身情况,自主选择获取信息的通信工具,包括电话、传真、邮寄或 E-mail。
④ 网上故障诊断和技术支持。

(3) 快捷的订货生产。

戴尔公司的目标是实现"零库存",通过精确迅速地获得各方需求信息,并且不断缩短生产线的生产周期,以及缩短与顾客的时空距离的方式,戴尔公司在全球的平均库存不断下降,平均库存可以下降到 8 天之内。

5. 网站功能

(1) 网上订货。

对许多第一次购物的顾客来说,网站的核心就是配置、报价和订货能力。顾客可以方便快捷地浏览产品市场和各种计算机型号的技术信息,进行系统配置或获取系统报价,以电子方式发送订单或者检查订单状况,获得便捷的网上预定。

(2) 网上查询。

戴尔公司建立了产品订购和发送数据库,为顾客提供订货查询服务,为等待商品到来的用户提供订货状态信息,提高了顾客查询的效率,方便了顾客,同时减轻了呼叫中心的压力,降低了公司的运营成本。

(3) 技术支持。

戴尔公司为用户提供了网上故障诊断和技术支持,顾客可以直接通过网络获得戴尔公司的技术支持数据库里的信息。1997年,戴尔公司又推出了一个更加快速和方便的网络自助方式——为生产的每一台计算机都分配了一个服务序列号码,用这个号码顾客可以得到公司维修人员的详尽服务。

案例思考 戴尔公司成功的经验是什么?

课前准备

你常用的网络支付方式是什么?

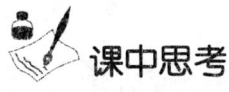

课中思考

网络购物及支付有哪些安全隐患？

学习引导

截至2020年12月，我国网络支付用户规模达8.54亿，较2020年3月增长8636万，占网民整体的86.4%。网络支付通过聚合供应链服务，辅助商户精准推送信息，助力我国中小企业数字化转型，推动数字经济发展；移动支付与普惠金融深度融合，通过普及化应用缩小我国东西部和城乡差距，促使数字红利普惠大众，提升金融服务可得性。2020年，央行数字货币已在深圳、苏州等多个试点城市开展数字人民币红包测试，取得阶段性成果。未来，数字货币将进一步优化功能，覆盖更多消费场景，为网民提供更多数字化生活便利。

一、第三方支付平台

第三方网上支付、电话支付、货到付款等不同的网上购物付款形式满足了不同消费者的需求，其中第三方网上支付平台无疑是网上购物付款的主要途径。

第三方网上支付平台相当于一个中间人的角色，连接着卖家与买家。买家在网上选定要购买的商品后，将货款支付给第三方网上支付平台，平台收到货款后通知卖家发货，等买家收到商品后给出确认信息，第三方网上支付平台就会将货款转入卖家的账户中。由于在整个交易过程中货款是寄存在第三方网上支付平台这个"中间人"处的，因此买家不用担心自己付款以后卖家不发货，卖家也不必担心发货以后买家不付款，如买家在淘宝网、拍拍网等购物网站上购物，收到商品并确认商品没有质量问题，发出付款请求后，卖家才能收到货款一样。随着第三方网上支付平台应用范围的扩大，B2C网上商城购物大都可以通过第三方支付平台付款，订机票、生活缴费、信用卡还款和网上买卖基金等，都可以通过第三方网上支付平台来操作。

在目前主流的第三方网上支付平台中，阿里巴巴旗下的支付宝、腾讯旗下的微信支付与财付通等被越来越多的人所熟悉，买家可以通过它们来完成支付，因此综合性第三方网上支付平台的应用范围更为广泛。

此外，也有独立的第三方网上支付平台，如快钱、易宝支付、环迅支付、汇付天下、首信易支付等，这类支付平台尽管缺少来自网上购物网站的支持，其独立的特点也让不少购物网站青睐。而且与综合性支付平台相比，它们的支付业务也各具特色，如快钱的生活类支付业务丰富、环迅支付的网游支付业务支持种类较多、首信易支付开展了支付返现的优惠活动等。

另一个第三方网上支付平台是ChinaPay（中国银联），这是中国银联旗下的电子支付平台，作为一个"国"字辈的支付平台，ChinaPay拥有的银行资源是最为丰富的，通过中国银联的平台，用户可以选择不同的银行卡进行网上支付。

近几年，第三方移动支付横空出世，给人们带来了很大的便捷。数据显示，2021年第一季度中国第三方移动支付市场规模增长至74万亿元，同比增长39.1%。

二、支付宝及其使用方法

由阿里巴巴集团创办的支付宝（http://www.alipay.com）是国内领先独立的第三方支付平台。

目前除淘宝和阿里巴巴外，支持使用支付宝交易服务的商家已经超过 46 万家；涵盖了虚拟游戏、数码通信、商业服务、机票等行业。这些商家在享受支付宝服务的同时，更是拥有了一个极具潜力的消费市场。

（一）支付宝交易流程

（1）买家选购商品并下单，付货款到支付宝。

（2）支付宝将买家已付款信息通知卖家，卖家发货给买家。

（3）买家验货满意后，在支付宝确认收货。

（4）买家确认收货后，支付宝付款给卖家，交易成功。

（二）支付宝的使用

1. 绑定支付宝账户

（1）绑定已有支付宝账户。其操作流程为：登录阿里助手，选择"支付宝账户"，进入绑定支付宝页面；在"已有支付宝账户"区域中，单击"登录支付宝"按钮，窗口显示支付宝登录页面（见图5.9），输入账户名、登录密码（或支付宝 App 扫码）等，登录完成，绑定成功（见图5.10）。

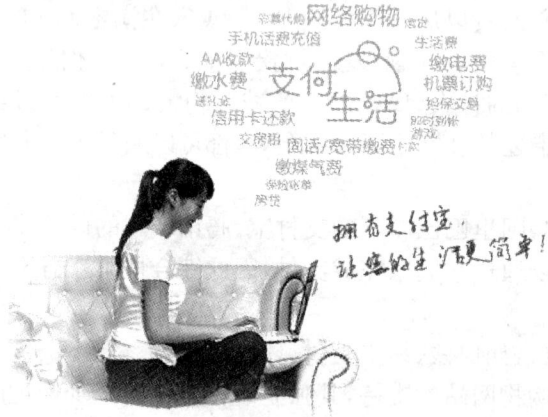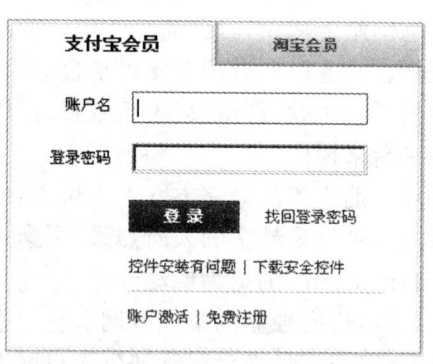

图 5.9　支付宝登录页面

图 5.10　支付宝登录成功

（2）新注册一个支付宝账户进行绑定。其操作流程为：在浏览器地址栏中输入 https://www.alipay.com，单击"免费注册"按钮，进入免费注册页面，如图 5.11 所示；单击"注册"按钮，填写完整信息并确认后进入注册成功页面。

图 5.11　支付宝注册页面

按要求进入邮箱或使用手机进行支付宝账户激活，激活后将提示"您的账户激活成功"，至此，支付宝注册成功。然后可以按前面的方法用阿里巴巴账号绑定支付宝。

注意：设置支付方式，手机号码为此银行卡在银行预留手机号码，如不正确请与银行核对，如手机号已不再使用应及时到银行更新为常用手机号。

另外，可以用手机登录支付宝 App，点击【新用户注册】。也可通过淘宝网注册。

2. 认证支付宝账户

支付宝实名认证服务是由支付宝（中国）网络技术有限公司提供的一项身份识别服务。支付宝实名认证的同时核实会员身份信息和银行账户信息。通过支付宝实名认证后，相当于拥有了一张互联网身份证，可以在淘宝网等众多电子商务网站上开店、出售商品，增加支付宝账户拥有者的信用度。

通过认证后，支付宝用户具有以下优势：

（1）支付宝实名认证为第三方提供，更加可靠和客观。

（2）由众多知名银行共同参与，更具权威性。

（3）同时核实用户身份信息和银行账户信息，极大地提升了其真实性。

（4）认证流程简单易操作，认证信息及时反馈，用户实时掌握认证进程。

实名认证的操作流程为：在实名认证协议页面，认真阅读协议后，单击"我已接受协议"按钮，在打开的页面中选择认证方式，如图5.12所示。

图5.12　支付宝认证

手机实名认证（以未绑定快捷支付为例）：

（1）手机登录支付宝，点击【我的】上方头像栏

（2）点击【实名认证】

（3）身份信息确认页成功后，系统识别是否需继续用快捷"银行卡验证"或"扫脸验证"的方式；如需要，则显示"银行卡"或"扫脸验证"；如果不需要，是提示"身份信息已完善"，具体以前台页面显示为准。

（4）银行卡验证。

（5）系统会向手机发送一条短信，输入手机收到的校验码，再点击【下一步】。

（6）实名认证成功且该卡快捷支付开通成功，后续交易可直接选择该卡进行支付。

（7）人脸验证。

（8）上传身份证（见图5.13）。

图5.13　上传身份证

为了提高账户的安全性,还可以申请支付宝数字证书或手机宝令。

3. 支付宝数字证书

在现实生活中,开启保险箱需要使用密码和钥匙。而在网络世界中,人们所面对和处理的都是数字化的信息或数据,这也需要一种类似钥匙的数字凭证,用以增强账户的使用安全,这就是数字证书。登录支付宝,打开支付宝安全中心安全管家(见图5.14)。支付宝数字证书(见图5.15)是支付宝通过与公安部、信息产业部、国家密码管理局等机构认证的权威机构合作,采用数字签名技术,颁发给支付宝客户用以增强支付宝账户使用安全的一种数字凭证,并根据支付宝客户身份给予相应的网络资源访问权限。

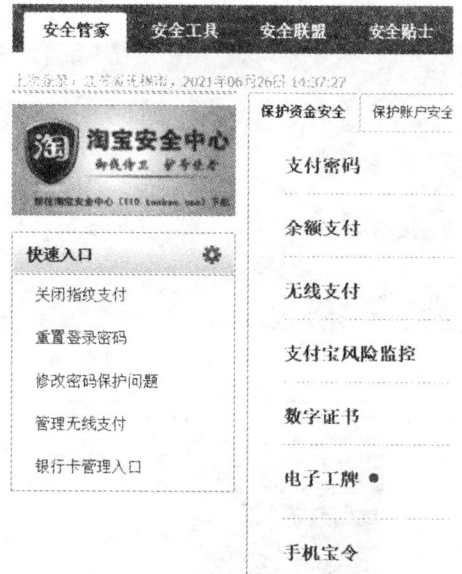

图 5.14　支付宝安全管家

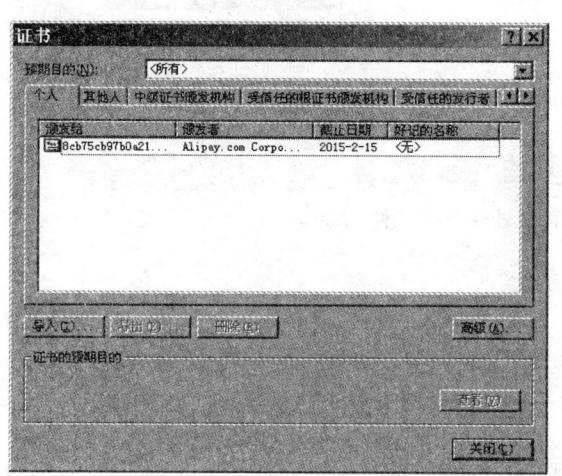

图 5.15　已安装的支付宝数字证书

三、网上银行

我国现阶段大部分银行都规定,如果用户要使用网上支付功能,则需要银行卡持有人到银行柜台开通网上银行转账、支付功能,这样才能正常地进行网上转账与支付。

(一)登录网上银行

以浦发银行网上银行登录为例,进入浦发银行用户登录页面(见图5.16、图5.17),选择个人客户登录及登录方式。以动态密码登录为例,输入客户号(或昵称)、密码和验证码,在打开的页面输入手机动态密码。

图 5.16　浦发银行网上银行登录页面

图 5.17　首次登录安装控件

(二) 网上银行常用业务

1. 账户管理

可查询账户一览、交易明细、资产负债表等业务,如图 5.18 所示。

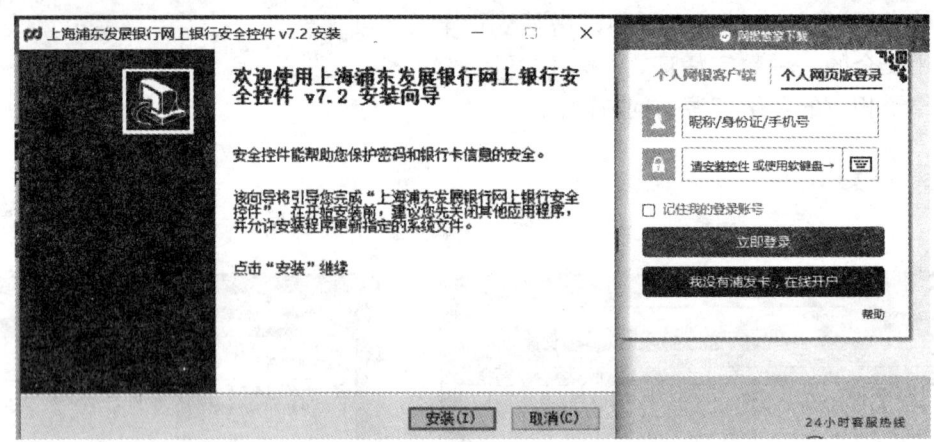

图 5.18　浦发银行网上银行账户管理

2. 通过网上银行汇款

通过网上银行汇款功能,按要求填写汇款人、收款人、收款行、汇款信息等,可方便地实现同行或异行网上汇款,如图 5.19 所示。

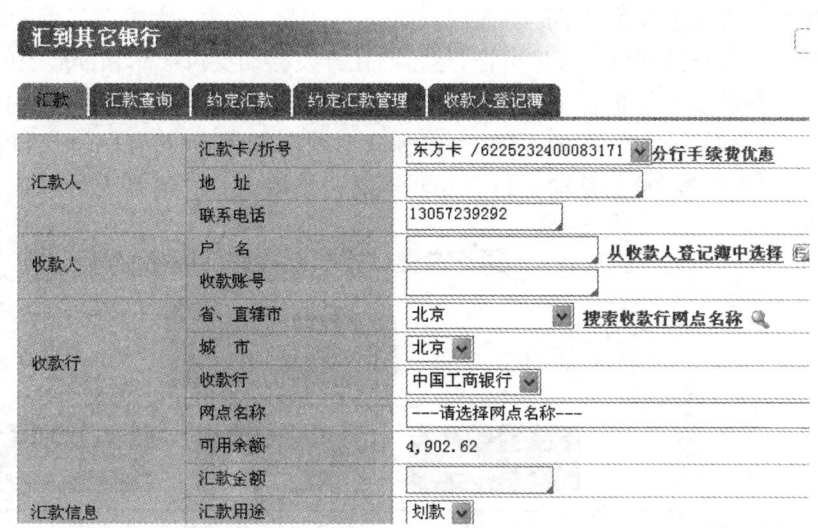

图 5.19　浦发银行网上银行汇款

3. 通过网上银行充值

通过网上银行还可以进行手机、宽带等充值业务,进行网上缴费、理财、购物等。

四、移动支付

移动支付也被称为手机支付,就是允许用户使用移动终端(通常是手机)对所消费的商品或服务进行支付的一种服务方式。单位或个人通过移动设备、互联网或者近距离传感器直接或间接向银行金融机构发送支付指令产生货币支付与资金转移行为,从而实现移动支付功能。移动支付将终端设备、互联网、应用提供商及金融机构相融合,为用户提供货币支付、缴费等金融业务。

移动支付的发展历程如下:

1999 年,中国移动与中国工商银行、招商银行等金融部门合作,在广东等一些省市开始进行移动支付业务试点。

2002 年,中国移动在广州开始小额移动支付的试点。

2004 年,银联与开展以手机和银行卡绑定的移动支付进行合作。

2006 年,中国移动在厦门启动近场支付的商用试验。

2008 年,近场支付试点扩大到长沙、广州、上海、重庆。

2010 年,银联联合工商银行、农业银行、建设银行、交通银行等 18 家银行,中国联通、中国电信 2 家电信运营商,以及部分手机制造商共同成立"移动支付产业联盟"。

2011 年 6 月,央行下发第三方支付牌照,银联、支付宝、银联商务、财付通、快钱等获得许可证。但由于支付标准不统一等原因,国内的移动支付一直没有大规模推广。

2012年6月21日,中国移动与中国银联签署移动支付业务合作协议,标志着中国移动支付标准基本确定为13.56 MHz标准。标准统一,意味着消除了阻碍移动支付发展的技术分歧。

三大电信运营商纷纷成立了移动支付公司:中国移动于2011年7月成立中国移动电子商务有限公司,中国联通于2011年4月组建了联通沃易付网络技术有限公司,中国电信于2012年3月成立了天翼电子商务有限公司。2011年12月三大电信运营商移动支付子公司同时获得央行颁布的支付业务许可证,运营商在开发移动支付产品和推广上的积极性得到了提升。

移动支付根据业务类型可以细分为银行卡收单、网络支付、预付卡发行与受理,其中网络支付根据支付终端的不同,可以细分为固定电话支付、互联网支付、移动支付、数字电视支付、货币兑换,目前移动支付和互联网支付是最主流的网络支付方式(见图5.20)。

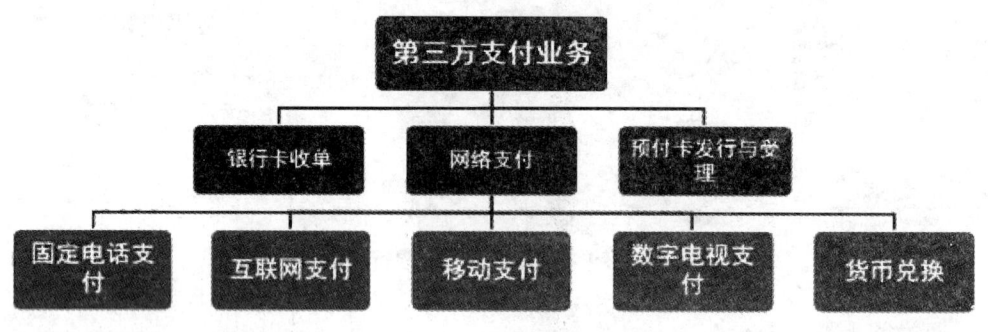

图5.20 移动支付业务类型

根据iResearch数据,2019年中国第三方移动支付的交易规模达到226.2万亿元(见图5.21)。

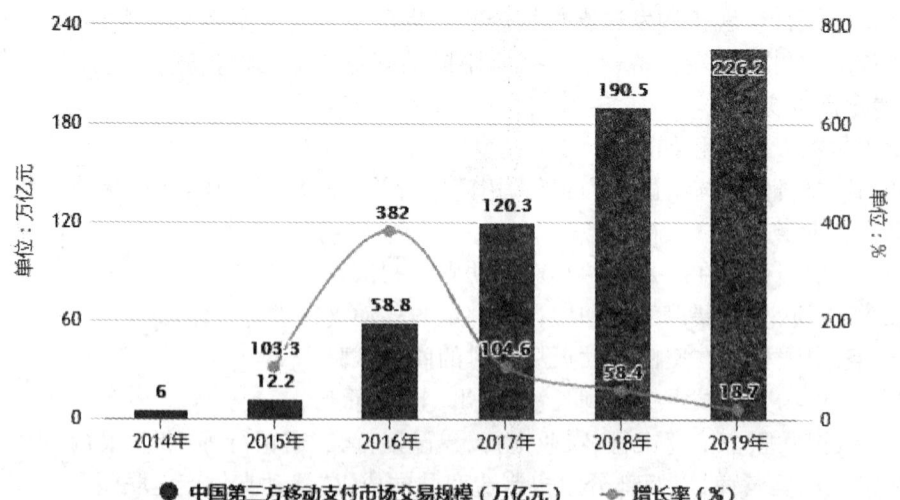

图5.21 中国第三方移动支付的交易规模

从移动支付的应用场景来看,根据 iResearch 数据,2019 年第四季度我国个人应用类依然占据行业的主要交易板块,占比为 55.3%,但较 2018 年第四季度有所下滑;值得注意的是,2019 年第四季度我国移动消费类占比达到 24.5%,出现明显上升,主要是由于我国线上电商的不断发力,尤其是"双 11"、直播电商等消费方式的不断涌现,为第三方移动消费市场提供了有利的发展环境。未来随着线上电商市场的扩容,我国第三方移动消费市场占比将会得到进一步提振。

从行业内的支付企业的市场份额来看,我国第三方移动支付市场集中度较高,且呈现寡头竞争局面,2019 年市场仍然主要被支付宝和财付通两大支付企业所占领,二者份额达到 94%。其中,支付宝的市场份额达到 55.1%,居于首位,其次是财付通的市场份额为 38.9%(见图 5.22)。

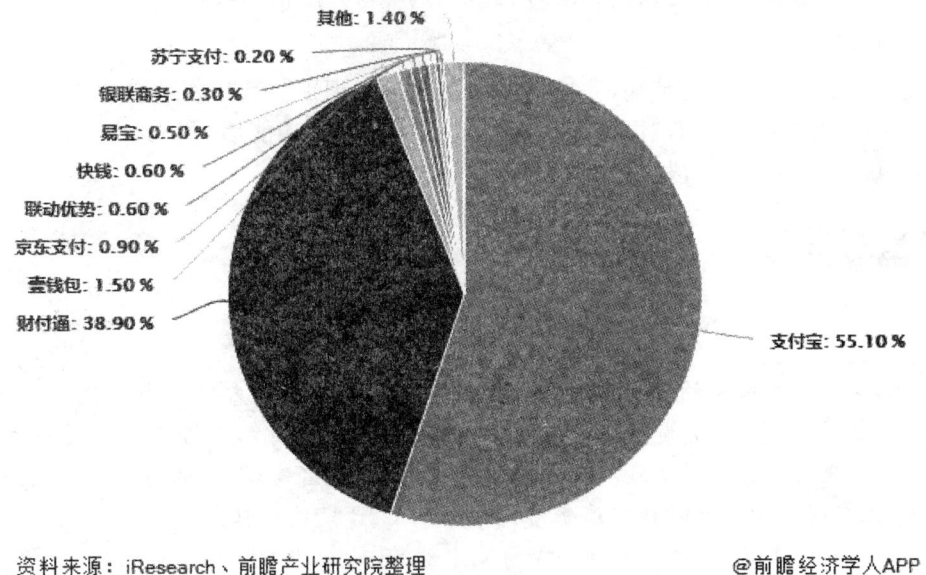

图 5.22 中国第三方移动支付竞争格局

移动互联网技术的发展和智能手机的普及,促使网民的消费行为逐渐向移动端迁移和渗透。由于移动端即时、便捷的特性更好地契合了网民的商务类消费需求,伴随着手机网民的快速增长,移动商务类应用成为拉动网络经济增长的新引擎。

同时微信和 QQ 的手机支付为了抢占市场份额,正在通过各种优惠手段争取线下门店,便利店、水果超市、快餐店等纷纷加入了使用移动支付的行列。

移动支付主要分为近场支付和远程支付 2 种。所谓近场支付就是用手机刷卡的方式坐车、买东西等,很便利。远程支付是指通过发送支付指令(如网银、电话银行、手机支付等)或借助支付工具(如通过邮寄、汇款)进行的支付方式。

移动支付的使用方法主要有短信支付、扫码支付、指纹支付、声波支付等。

(一)短信支付

手机短信支付是手机支付的最早应用,将用户手机的 SIM 卡与用户本人的银行卡账号建立一种一一对应的关系,用户通过发送短信的方式在系统短信指令的引导下完成交易支付请求,这可以随时随地进行交易。手机短信支付服务强调了移动缴费和消费。

(二)扫码支付

扫码支付是一种基于账户体系搭建的新一代无线支付方案。在该支付方案下,商家可把账号、商品价格等交易信息汇编成一个二维码,印刷在报纸、杂志、广告、图书等载体上进行发布。

用户通过手机客户端扫描二维码,便可实现对商家账户的支付结算。最后,商家根据支付交易信息中的用户收货地址、联系资料等进行商品配送,完成交易。

(三)指纹支付

指纹支付即指纹消费,是采用目前已成熟的指纹系统进行消费认证。顾客使用指纹注册成为指纹消费折扣联盟平台会员,通过指纹识别即可完成消费支付。

(四)声波支付

声波支付是利用声波的传输,完成两个设备的近场识别。其具体过程是,在第三方支付产品的手机客户端里,内置有"声波支付"功能,用户打开此功能后,用手机麦克风对准收款方的麦克风,手机会播放一段"咻咻咻"的声音。

阅读思考 5-3

C2B 互联网时代的新商业模式

在影响未来商业格局的各种力量中,互联网无疑是最具活力的决定性因素。长尾、众包、维基、轻公司、湿营销、免费经济,这些缤纷复杂的新理念背后是否有一个贯穿其中的大趋势?基于阿里巴巴集团的实践及5年来的广泛调研,笔者发现,工业时代以厂商为中心的B2C模式,正在逐步被信息时代以消费者为中心的C2B模式所取代。

工业时代的特点是:大生产(如福特的流水线)+大零售(如西尔斯/沃尔玛)+大品牌(基于全国性媒体与现代广告的品牌,如宝洁)+大物流(如邮政网络和UPS)。而随着互联网在商业领域的持续扩散,一幅全新的商业景观日益清晰:在几乎是赢者通吃的搜索和社交网络营销平台上,展开低成本、高效率、精准互动的个性化营销;在eBay、亚马逊、淘宝网等巨型零售平台上,完成覆盖长尾市场的个性化销售;在基于互联网的、可展开大规模实时协作的供应链平台上,完成以消费者为中心的社会化分工与协同。同时,生产体系的柔性化,也得到了进一步的发展。

1. 个性化营销——广告的革命

互联网对商业的巨大影响,最先发生在营销环节。互联网提供了一个信息互动和人际互动的大平台,极大地提高了营销效率。从精准的 P4P(Pay for Performance,为效果付费)广告,走向口碑相传的 SNS(Social Networking Services,社会性网络服务)营销,短短十余年,互联网正在快速演绎出个性化营销的全新平台。网络时代的广告无处不在,但这种广告其实已经越来越不再是"广告"了——个性化营销的时代已经到来。

2. 新渠道——巨型网络零售平台

连锁经营被认为是中国零售业的第一轮革命,但其形貌仍然是有形店铺,无非是把大生产的原理应用于流通业以获得规模效应。以电子商务为代表的第二轮革命已经到来,其形貌是"无店铺"经营,而且它能够更好地支撑"多品种、小批量"的范围经济。当前中国面临的正是这两轮流通革命的叠加。基于云平台的 eBay、亚马逊和淘宝网,在信息时代扮演的角色,相当于工业时代的沃德与西尔斯,它们都是所处时代的零售基础设施。

3. 柔性化生产开始加速

在淘宝网上,"多品种、小批量、快翻新"正在逐步成为主流。但多年以来,工业时代的生产模式,其设备、工艺、流程、制度、理念,都是为"小品种、大批量"的大规模生产而准备的,存在很大的刚性。而今天互联网上大量分散的个性化需求,正在以倒逼之势,推动企业在生产方式上具备更强的柔性化能力,并将进一步推动整条供应链乃至整个产业,使之在响应效率、行动逻辑和思考方式上逐步适应快速多变的需求。

4. 社会化协作的供应链

过去二十多年来,在信息技术的支撑下,伴随现代零售业和物流业的发展,发达国家的企业经历了一场供应链重组的变革。沃尔玛与宝洁,就是零售商与生产商无缝协作的典范。不过,在互联网普及之前出现的这种供应链体系,在很大程度上是一种以降低成本为导向、协作范围相对有限的线性供应链。由于供应链具有天然的社会化协作属性,今天这种供应链形态正面临着如何"互联网化"的巨大挑战——也就是如何让供应链中的各个环节在互联网上"跑起来"。

今天还在犹豫是否要尝试电子商务的传统企业,或仅仅试图把零售这一个环节搬到互联网上的企业,可能将被彻底颠覆。对这轮商业变革的理解深度、反应速度、行动力度,将最终决定所有企业在信息时代的命运。

(资料来源:商业评论网,http://www.ebusinessreview.cn.)

讨论与思考

1. 什么是 C2B 模式?
2. 简述 C2B 互联网时代的特点。

 能力训练

1. 网上支付操作。

训练任务	网上转账及充值
训练目标	会进行支付宝、微信、网上(手机)银行等支付、转账、充值等业务
训练内容	1. 利用支付宝、微信、网上(手机)银行等进行支付; 2. 利用支付宝、微信、网上(手机)银行等进行转账
训练成果	写出操作流程,将操作过程截图保存上传给老师

2. 网络支付安全实践。

训练任务	安装数字证书或设置手机宝令
训练目标	支付宝网络支付安全
训练内容	1. 登录支付宝安全中心申请数字证书或支付宝令； 2. 安装数字证书或打开绿伞身份； 3. 尝试运用数字证书或绿伞身份支付，保证支付安全
训练成果	写出操作流程，将操作过程截图保存上传给老师

任务四　B2C 电商物流

案例导读

网络零售业巨头亚马逊的物流解决方案

1. 在配送模式的选择上采取外包的方式

在电子商务中亚马逊将其美国国内的配送业务委托给美国邮政和 UPS，将国际物流委托给国际海运公司等专业物流公司，自己则集中精力去发展主营和核心业务。这样既可以减少投资，降低经营风险，又能充分利用专业物流公司的优势，节约物流成本。

2. 将库存控制在最低水平，实行"零库存"运转

亚马逊通过与供给商建立良好的合作关系，实现了对库存的有效控制。亚马逊公司的库存图书很少，维持库存的只有 200 种最受欢迎的畅销书。一般情况下，亚马逊是在顾客下了买书订单后，才从出版商那里进货。购书者以信用卡向亚马逊公司支付书款，而亚马逊却在图书售出 46 天后才向出版商付款，这就使得它的资金周转比传统书店要顺畅得多。

3. 降低退货率

虽然亚马逊经营的商品种类很多，但由于对商品品种选择适当，价格合理，商品质量和配送服务等都能满足顾客需要，所以保持了很低的退货率。传统书店的退书率一般为 25%，高的可达 40%，而亚马逊的退书率只有 0.25%，远远低于传统的零售书店。极低的退货率不仅减少了企业的退货成本，也保持了较高的顾客服务水平并取得了良好的商业信誉。

4. 为邮局发送商品提供便利，减少送货成本

在送货中，亚马逊采取一种被称为"邮政注入"的方法减少送货成本。所谓"邮政注入"就是使用自己的货车或由独立的承运人将整卡车的订购商品从亚马逊的仓库送到当地邮局的库房，再由邮局向顾客送货。这样就可以免除邮局对商品的处理程序和步骤，为邮局发送商品提供了便利条件，也为自己节省了资金。据一家与亚马逊合作的送货公司估计，靠此种"邮政注入"方式节省的资金相当于头等邮件普通价格的 5%～17%，效益十分可观。

5. 根据不同商品类别建立不同的配送中心，提高配送中心作业效率

亚马逊的配送中心按商品类别设立，不同的商品由不同的配送中心进行配送。这样做有利于提高配送中心的专业化作业程度，使作业组织简单化、规范化，既能提高配送中心的

作业效率,又可降低配送中心的治理和运转费用。

6. 采取"组合包装"技术,扩大运输批量

顾客在亚马逊的网站上确认订单后,就可以立即看到亚马逊销售系统根据顾客所订商品发出是否有现货,以及选择的发运方式、估计的发货日期和送货日期等信息。如前所述,亚马逊根据商品类别建立不同的配送中心,所以顾客订购的不同商品是从位于美国不同地点的不同配送中心发出的。这样在发运时,承运人就可以将来自不同顾客、相同类别且配送中心也有现货的商品配装在同一货车内发运,从而缩短顾客订货后的等待时间,也扩大了运输批量,提高了运输效率,降低了运输成本。

案例思考 1. 网络零售公司亚马逊成功的原因是什么?
2. 物流配送在我国电子商务发展过程中有哪些重要作用?

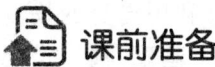

课前准备

B2C 网络营销中的物流特点。

课中思考

现代物流技术有哪些?

学习引导

伴着互联网产业的快速普及,电子商务的发展,扩大了企业的销售范围,改变了企业的传统销售方式,以及消费者的购物方式,使得送货上门等物流服务成为必然,这促进了物流行业的发展,尤其是 B2C 电子商务物流配送的重要性日益凸显。网络的优点之一就是它消除了地域的限制,但是这仅限于信息的传播和某些服务的销售。对有形产品和具有有形介质的无形产品来说,网络销售会受到企业配送能力的限制。

一、B2C 电商物流定义

(一) B2C 电商物流

B2C(Business to Customer,即企业对消费者),企业运用现代信息技术和网络技术,依靠开放式的 Internet 网络进行的商务活动,为消费者提供在线商品购买和支付,并将消费者购买的商品交付到消费者手中。其中 B2C 电商物流就是企业利用自身资源或外部资源为消费者提供货物运输和配送服务,保证将商品交付到消费者的手中。

(二) B2C 电商物流与传统物流

传统物流是指产品完成生产之后的包装、装车、运输、卸货等一系列过程,在这个过程中,缺乏信息的共享,造成各环节之间缺乏配合沟通,因此造成了经济成本和效率的极大浪费。B2C 电商物流基于互联网技术实现四流合一,即商流、物流、信息流、资金流的深度融合,不仅实现了物流过程的透明化,也实现了资源的最大化利用。传统物流主要针对固定的

商户，需求稳定，波动较小，一般采用集中运输的方式，卖方和买方几乎没有交流，容易造成库存的积压。B2C电商物流需要面对商品品项数量大、订单数量多且小、订单波动性大、要求反应速度快、拆零拣选多、退货量大等物流特点。

二、B2C电商物流基本模式

目前，我国B2C电子商务企业的物流体系水平不一，经营模式也各不相同。概括起来，物流配送模式可以分为以下4种类型。

（一）企业自营物流的配送模式

一般采用此模式的是大型生产企业和连锁经营企业，像京东、海尔集团、苏宁易购、沃尔玛连锁超市等。企业通过组建自己的物流中心，来为本企业的生产经营提供配送服务，包括满足企业内部生产的材料供应、产品的销售、对零售商店的供货等，也可以利用自身的物流体系承担其他企业和商家的物流配送业务。选择自营配送模式需要有两个基础：其一是规模基础，即企业自身物流应具有一定的规模，完全可以满足配送中心建设发展的需要；其二是价值基础，即企业自营配送，是将配送所创造的价值提升到了企业的战略高度予以确定和发展的。

（二）外包给第三方的物流配送模式

第三方物流是指由物流劳务的供方、需方之外的第三方去完成物流服务的运作方式。第三方企业一般是具有一定规模的物流设施设备及专业经验、技能的批发、储运或其他物流业务经营企业。采用此模式的企业将非核心优势的物流业务全部交由第三方物流代理公司来承担，而企业则集中优势资源发展核心业务，如凡客诚品、唯品会等。

（三）自营和外包相结合的配送模式

采用此模式的企业自身拥有一定的物流资源，但不能满足商务扩展的需要，由于建立完善的配送体系投资太大，当企业的业务量未形成规模效应时，企业需要承担较大的风险。在这种模式下，企业拥有自己的仓库和区域配送中心，通过信息化平台和网络技术实现与第三方物流代理公司的合作，将其最后环节（"最后一公里"配送）的配送交由专业的物流公司来完成，共同完成对消费者所购商品的物流配送。这要求企业和第三方物流公司能实现双向信息对接，彼此之间能共享数据。通过自营和外包相结合的模式，企业可以使经营更具柔性，能进一步提高对客户的服务水平。

（四）共同配送与物流联盟模式

共同配送是一种企业之间为实现整体配送合理化，降低物流成本，以互惠互利为原则，互相提供便利的物流配送服务的协作型配送模式。它包括配送的共同化、物流资源利用的共同化、物流设施设备利用的共同化及物流管理的共同化。通过信息和资源的相互整合，可以削减企业间的竞争，降低采购成本，提高配送效率。

物流联盟是一种新兴的物流模式。如果说共同配送是物流某一环节的合作，那么物流联盟就是物流企业之间的深度合作，也称战略合作。这种模式采用多家企业共建共享的方式实现资源的最大利用。采用这种模式需要合作的企业形成战略合作关系，通过各种协议、契约结成优势互补、风险共担、利益共享的组织。

三、B2C 电商物流策略方案

（一）选择合适的物流模式

两种典型的物流模式各有优劣，对于不同类型的电商企业来说选择一个合适的物流模式才能有针对性地提高物流服务质量。模式选择不当不仅会使物流服务的质量没有保障，还会让物流成为企业的累赘。

模式的选择主要从两大方面来考虑，一方面就是企业的规模和实力。当 B2C 电商企业达到一定规模，有能力和资金自建物流体系时，自营物流模式就是最佳选择。此时企业没有投资和运营成本方面的担忧，从可持续发展的角度来看，自营物流不仅可以让企业主导物流配送环节，使物流服务质量得到保障，还可以与其他企业实现资源共享，最大限度地为企业带来收益。而对于小规模的 B2C 电商企业，由于资金有限，并且业务量也比较少，为了节约成本，应该把企业的资源和精力集中放在核心竞争力上，因此最好是将物流外包给第三方物流企业，这样既能降低企业的风险又能让企业快速成长。

另一方面就是物流对于企业的重要性。如果物流环节对于企业其他业务的发展比较重要，那么物流服务的质量势必会影响到整个企业的运营，选择自营物流就更能让企业稳定地成长起来。相反，如果物流只是个小环节，那么外包给第三方来减少管理费用是最合适的选择。

综合两方面来看，如果处于企业规模大但是物流对于企业又不太重要或者企业规模小但物流对企业却很重要这两种情况时，不妨选择物流联盟的模式（见图 5.23）。这种模式介于自营物流模式与第三方物流模式之间，它的特点即两种典型物流模式的中庸之处。选择物流联盟模式，前期既不需要巨大的投资，在物流环节的控制上也能取得平衡，优势显而易见，但是企业间需要长时间的磨合。

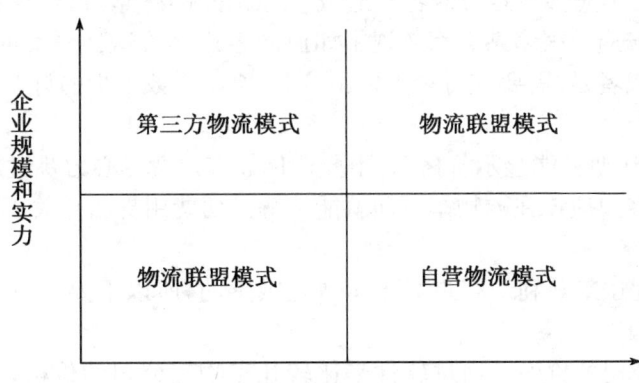

图 5.23 物流模式选择方案

（二）对于自营物流模式的策略

1. 整合物流资源，优化配送体系

为了不断提高物流服务的质量，以自营物流模式为主的 B2C 电商企业对一些小型的、有地域优势的物流资产进行并购和整合，不断优化物流配送网络结构。

2. 成立物流联盟,降低配送成本

适当选择合适的第三方物流企业进行合作,形成稳固的物流战略联盟,从而共享物流信息,以此来降低配送成本。

(三) 对于第三方物流模式的策略

1. 以消费者导向为服务质量标准

第三方物流模式的 B2C 电商必须从消费者的角度出发,了解消费者在物流方面的需要,从而有针对性地定制、完善物流服务质量管理体系。另外需要注意的是,不同的时间和市场环境可能会导致消费者的需要发生变化,因此企业的服务质量标准也要不断更新。

2. 注重服务过程管理

对消费者来说,服务结果固然重要,但是物流服务涉及各个环节,并且每个环节都与消费者联系密切,倘若只看重结果,即货物最终能到达顾客手中,但是在货物到达之前的各个环节却服务不佳,比如货物的配送时间长、货物破损率高、签收前不能验货等都会降低消费者对物流服务的满意度。另外,退换货服务和员工服务态度等也是物流服务链中不可忽视的重要方面,影响着公司整体的物流服务质量水平。因此,对于物流服务来说,服务过程比结果更为重要。

四、B2C 物流配送的注意事项

网上购物中薄弱的配送环节是使消费者摒弃电子商务而选择实体商店购物的主要因素,也是导致电子商务公司失去客户、经营失败的重要原因。调查表明,配送问题是人们在电子商务活动中放弃支付的最主要原因。下面列举了一些在配送操作过程中比较好的经验,这将有助于商家更加合理地处理这一流程,使其更有效地为客户服务。

(1) 配送页面的不完善最容易给客户造成"不友好"的感觉,这种现象在电子商务网站的支付过程中比较普遍。很多站点都忽视了如何向客户解答这样一类问题,诸如:"整个流程需要多长时间?"或者是"需要支付多少费用?"等,所以为数不少的订单都由于此种原因而流失了。

(2) 切勿"需要注册才能显示价格"。不要让你的客户费尽心力跳过层层障碍才能看到运输的费用;相反,客户应该在购物车页面就能了解一切费用支出。关于配送的解释需要在客户购物前就告之。

(3) 不要通过配送来获利。客户对于运费是敏感的,所以不要去过度提高这方面的费用来作为获利的手段。

(4) 比较物流公司的价格。通过软件来比较几家物流公司的价格,针对不同的地区选择最经济的物流方式。

(5) 列举不同地区的运送周期。在配送信息页面中,根据不同的地区,应列举出不同物流公司的运送周期。

(6) 接单后在第 2 天完成配送。客户对于需要多个工作日才能完成订单处理的站点感到难以接受。因此,把工作时间压缩在 1 个工作日内,即在接到订单的第 2 个工作日完成配送。

(7) 当天完成对特快邮包的配送。如果工作时间允许的话,在接到订单的当天完成对

需要 1 天或 2 天内寄达的特快邮包的配送。这是因为许多客户并没有意识到当他们选择"1 天寄达"的配送方式时,网站还需要 1 个工作日来处理他们的订单。这种情况将有可能造成实际投递的延误。

(8) 让客户获得邮包查询号。正确查询页面的链接也应该被附上。

(9) 封装邮包时附上公司标志。在封装的时候加上公司的标志,可以减少邮包无人认领的现象。因为在某些情况下,家庭中的其他成员或室友,会拒绝签收来历不明的邮包,所以加上公司标志将有助于他们辨识收货人。

(10) 承担丢失货物的赔偿责任。虽然这并不是你的责任,但在客户眼中,你是唯一能解决这个问题的人。如果客户来电询问尚未送达的邮包,代之去和物流方沟通。如果邮包无法找到,重新配送相应的商品给客户,然后再同物流方讨论责任和赔偿等问题。

(11) 少承诺,多兑现。这也是整个客服工作中最重要的一点,而不仅是体现在配送环节上。确认配送的周期是否可行,通常的做法是在正常配送周期上增加 1 个工作日的机动时间。

阅读思考 5-4

京东商城的物流战

资料显示,京东商城现已在 228 个城市实现了自建配送队伍,自有物流配送比例达到 7 成。

在上海嘉定占地 200 亩的京东商城"华东物流仓储中心"内,投资上千万的自动传送带已投入使用。工人们手持 PDA,开着小型叉车在数万平方米的仓库内调配商品。这是京东商城迄今最大的物流仓储中心,承担了一半销售额的物流配送,也是公司将 2009 年年底融到的 2 100 万美元的 70% 投放到物流建设的结果。在这里,京东商城每日能正常处理 2.5 万个订单,日订单极限处理能力达到 5 万个。在此基础上,2012 年 4 月 11 日,京东商城"亚洲一号"上海项目举行奠基仪式。此后,京东商城还将在北京、广州和武汉等地陆续启动该项目的建设。项目建成后,京东商城的日订单处理能力将达到目前的数十倍。

京东商城对仓储物流的"热衷"并不是个案。此前,阿里巴巴便参股了星晨快递、百世物流,当当亦宣布,2010 年斥资 10 亿元在华北、华东、华南新增 3 个物流基地。而京东商城的老对手新蛋更是先行一步,在全国 7 个分公司都设有分仓和自主配送队伍。大笔的资金换成了实实在在的土地和库房,B2C 电子商务公司俨然迎来了"仓储热",各地的物流竞赛正在上演。

B2C 公司为何要不惜血本大建物流?这轮竞赛背后的商业本质又是什么?

降低配送成本是电子商务自建仓储中心的原因之一。京东商城有两大重要成本,即仓储成本与配送成本。据测算,从北京发到西安的大家电,平均成本是每件 400 多元。但如果在西安租一个库房,每件的配送成本只有 48 元,能省下 90% 的成本。

由于业务发展得过于迅猛,京东商城仓库每 10 个月就要搬一次家。刘强东坦言,倘若今年完成 100 亿元的销售,明年的增长目标仍是 100%,这对整个公司的系统和流程会带来极大的难题。刘强东称:"无论过去还是现在,物流都是我们最大的挑战。公司能不能继续平稳地发展,就在于物流体系建设的成功与否。"

基于这项考虑,京东商城对物流仓储的投资周期越来越长,投资的金额越来越大,只有前瞻性的规划才能满足未来3年的发展速度。

业内似乎正在慢慢形成共识,一家B2C企业的本质和传统零售业并无二致,物流都是其价值链上最重要的一环。B2C的由轻变重,一方面是由经济效益和用户需求决定的,包括物流、仓储、呼叫中心是否需要自建等;另一方面则是为了管理效率的提升,包括库存精准率、订单与财务管理、供应商管理等。销售额越大,仓储与物流便愈发重要。

在物流后台具有优势的苏宁面前,京东商城的投入可谓倾尽全力。毕竟,眼下国内的物流体系远远跟不上电子商务的发展速度,"配送成了电子商务公司的核心业务"。B2C的物流操作比B2B复杂很多,需要重新构建场地、设备和组织人员,并重新设计拣货、配货、包装等一系列流程。刘强东甚至认为,B2C公司发展下去实际就是个物流公司,正如"当今世界上最大的物流公司是沃尔玛,而非DHL"。

奔跑在通向网络沃尔玛梦想的道路上,刘强东选择了"仓库决胜"的战略方向。可以预见的是,随着其规模的不断扩张,仓储物流就像B2C水桶的底座,决定了整个水桶的体积。

据了解,"亚洲一号"项目采用自动存取系统、自动输送设备、高速自动分拣系统等自动化设备,打造自动化电子商务订单处理中心。该项目建成后华东区的订单处理能力将得到大幅提升。京东商城相关负责人表示,京东商城作为一家网络零售企业,同时也是B2C物流公司,自建物流不仅可以提升服务质量,而且也是和用户交流的一个窗口。未来,京东商城配送物流将向更多的商家开放。

(资料来源:新流科技网,http://tech.sina.com.cn.)

讨论与思考

谈谈京东商城的自建物流在其发展中的作用。

 能力训练

物流企业的认识。

训练任务	了解物流企业的业务及功能
训练目标	认识物流的功能与作用
训练内容	1. 各组选择一个物流企业,先通过网络了解其基本情况; 2. 进行实地参观和调研; 3. 分析物流企业的主要业务及功能
训练成果	各组进行调研结果交流

思政元素

讨论网络营销与满足人们对美好生活的向往的关系。

 项目总结

商务的核心是营销,电子商务的核心是网络营销。B2C网站想降低成本、提高收入,最

重要的就是要在网络营销工作上下功夫。第一,做好网站市场调研及市场定位工作;第二,通过搜索引擎优化、关键词广告、活动推广、导航网站登录、友情链接等方式提高流量;第三,注意提高网页的打开速度,优化购物流程及快速配送等以提高客户的转化率,即从潜在客户变为现实客户的转化率;第四,设法提高网站的黏度和口碑,即让顾客成为回头客并主动帮助网站去进行口碑宣传。这样的企业网站才能越做越好。

资源链接

1. 淘宝天猫:http://www.tmall.com
2. 京东商城:http://www.jd.com
3. 三只松鼠:http://www.3songshu.com
4. 支付宝:http://www.alipay.com
5. 亚马逊:http://www.amazon.cn
6. 免费调查网站问卷星:http://www.wjx.cn

同步练习

一、单项选择题

1. 下列不属于网络市场调查特征的是(　　)。
   A. 便捷性　　　B. 交互性　　　C. 不可控性　　　D. 充分性
2. 网络消费需求的特点不包括(　　)。
   A. 消费个性回归　　　　　　　B. 消费主动性增强
   C. 追求方便和享受　　　　　　D. 选择感性化
3. 自2013年起,我国已连续八年成为全球最大的网络零售市场。2020年,我国网上零售额达(　　)。
   A. 16万亿元　　B. 6万亿元　　C. 11.76万亿元　　D. 11.76亿元
4. (　　)不是支付宝数字证书的特点。
   A. 安全性　　　B. 唯一性　　　C. 公开性　　　D. 方便性

二、多项选择题

1. 网络市场的直接调研方法主要有(　　)。
   A. 在线注册　　　　　　　　　B. 调查问卷表
   C. E-mail　　　　　　　　　　D. 利用搜索引擎
2. 网上间接市场调研的方法主要有(　　)。
   A. 访问相关网站　　　　　　　B. 利用搜索引擎
   C. 新闻组与网上论坛　　　　　D. 网上数据库
3. 网络商务信息搜集的基本要求是(　　)。
   A. 及时　　　B. 准确　　　C. 适用　　　D. 经济
4. 数字证书类型包括(　　)。
   A. 个人证书　　　　　　　　　B. 企业服务器证书

C. E-mail 保护证书　　　　　　　D. 软件开发者证书

三、名词解释

网络调研　第三方支付　移动支付　第三方物流

四、简答题

1. 简述网络市场调研的步骤与方法。
2. 简述网络消费者购买决策的过程。
3. 分析 B2C 电子商务主要物流模式的优缺点。

五、论述题

1. 如何撰写网上市场调研商情分析报告？
2. 谈谈对 C2B 网络营销的认识。

六、案例分析

1. 结合本项目任务二中的案例"喜茶——饥饿营销案例与分析"，谈谈企业应如何根据消费者需求及行为来赢得消费者。
2. 结合本项目任务四中的案例"京东商城的物流战"，分析 B2C 网上商城如何提高企业竞争力。

实训项目

实训项目一　CNNIC 信息搜集与分析

实训目的：搜集、下载最新 CNNIC 信息；填写表格，比较分析趋势，获得启示。

实训器材：计算机网络机房。

实训指导：信息搜集到后，更重要的工作是进行分析与统计，本实训项目就是通过信息的查找和分析最后得出中国互联网发展状况的趋势与启示。在此我们更多要考虑的是如何进行分析较为科学，使得出的结论趋于正确。

训练结果记录：

项　目	2021 年 6 月报告	2020 年 12 月报告	2019 年 12 月报告	比较分析
性别				
平均年龄				
平均收入				
地理位置				
职业				
趋势				
启示				

实训项目二　在线问卷调查

实训目的：选择在线调研网站（平台），设计在线调查问卷，发布在线调查问卷。

实训器材：计算机网络机房，电子商务师实验室（软件）。

实训指导1：(电子商务师考试系统模拟)

进入电子商务师实验室，选择"网络营销"，进入注册页面进行注册；通过后台发布调查问卷，选择网络营销→调查问卷→填写问卷→添加成功；前台被调研对象完成问卷调研。

实训指导2：(网上项目实战)

实训步骤：确定问题→拟定调查问卷→选择在线免费调研平台（问卷星 https://www.wjx.cn）→发布问卷→查看结果→结果分析。

请写一篇实训报告。

项目六

C2C 网络营销业务

项目情境创设

C2C 电子商务是中国网络营销业务中非常重要的模式之一,C2C 业务的市场前景及进入门槛的设置吸引了越来越多的普通消费者加入自主创业的大军。那么,对于普通消费者来说,如何建立一个既吸引顾客又功能完善的网上商店呢?

项目任务书

任务编号	分项任务	职业能力目标	知识要求	课时
任务一	网上商店创建与装饰	掌握网上商店的创建与装饰	1. C2C 网上商店的主要功能; 2. 能利用淘宝网上平台工具创建 C2C 网上商店; 3. 能对网上商店进行常见的装饰	4
任务二	网上商店经营与管理	掌握网上商店商品经营与管理的技巧	1. 能完成网上商店的交易管理; 2. 能完成网上商店的客户管理、进销存和财务管理	2
任务三	网上商店推广与促销	掌握网上商店推广与促销方法	1. 能利用淘宝网上平台工具进行网上商店的推广; 2. 能利用淘宝网上平台工具进行商品促销	2
职业素质目标		1. 沟通协作的团队意识; 2. 知识获取的自主学习能力; 3. 探索实践的创新能力		

项目学习引导

网店平台有很多,根据其经营性质的不同可以划分为不同类型,如按照目标对象来划分,可分为面向国内网店平台和跨境网店平台;按照参与主体可以划分为 B2B(企业对企业)、B2C(企业对个人)、C2C(个人对个人)等;按照使用设备分为 PC 端和移动端;按照专业度分为垂直网店平台和综合性网店平台。企业根据各自的需求进一步细分网店平台,可以有更多的分法。

目前，常见的网店平台有淘宝、天猫、京东、唯品会、微店、速卖通、拼多多等。

京东商城（www.jd.com）成立于2004年，是中国最大的自营式电子商务企业。目前业务包含零售、数字科技、物流、技术服务、健康、保险、产发、智联云和海外等领域，其中核心业务为零售、数字科技、物流、技术服务四大板块。京东商城以"产品、价格、服务"为核心，致力于为消费者提供优质、价廉的商品，同时推出"211限时达""售后100分""全国上门取件""先行赔付"等多项专业服务。京东商城和天猫商城一样，都属于B2C电子商务平台。

入驻京东商城，需为企业用户，且不接受个体工商户性质企业入驻，同时对品牌有一定要求。有些类目必须为邀请入驻，对资金也有一定的要求。

口袋购物微店（www.weidian.com）简称"微店"，由北京口袋时尚科技有限公司开发，于2014年1月1日正式上线，包括口袋购物和微店，是手机端网店平台，2018年3月29日微店更名，原"微店"更名为"微店店长版"，原"微店买家版"更名为"微店"，预示微店3.0雏形。2020年疫情期间微店连锁版商城上线，目前已吸引8 000万家商家入驻，业务遍布全球211个国家，平台商品数高达15亿件，App下载量1.7亿次，平均日活百万量级以上，是全球增长速度最快的电商公司之一。

口袋时尚购物（即微店买家版），主要面向买家，是一款移动平台的推荐购物类应用软件，主打个性化和精准化的商品推荐，根据用户的个人喜好寻找商品，每天精选潮流热卖商品，帮用户一站式购买淘宝、天猫、京东、苏宁等商城的商品，随时随地发现又好又便宜的宝贝。

微店（即微店店长版）面向卖家，是一个基于移动平台的手机开店工具，致力于打造"口碑小店＋回头客"的生意模式，为消费者提供优质服务，帮助有梦想的人更容易创业，是一个基于社交关系的电商购物平台，微店零门槛、不收费，接受个人和商户入驻，可以利用该软件自助添加商品、修改价格、进行促销活动，也可以将原有的淘宝店铺里的商品"一键搬家"至微店，可以将微店于微信等平台绑定，帮助卖家在微信上实现销售管理。

全球速卖通（www.aliexpress.com）成立于2010年，是中国最大的跨境出口B2C平台，是全球第三大英文在线购物网站，也是在俄罗斯、西班牙排名第一的电商网站。全球速卖通是阿里巴巴集团旗下电商业务之一，面向海外买家客户，覆盖全球220个国家和地区，主要交易市场为俄、美、西、巴、法等国，通过支付宝国际账户进行担保交易，并使用国际物流渠道运输发货，入驻速卖通需提供企业支付宝账号、企业营业执照、法人身份证等，从2020年开始，入驻速卖通不再收年费，只需提交保证金即可。

天猫商城（www.tmall.com）创立于2008年，现为阿里巴巴集团的子公司之一。天猫商城是中国最大的B2C购物网站、亚洲超大的综合性购物平台，也是全球大型的面向品牌与零售商的第三方线上及移动商业平台。目前由国内外知名品牌直营旗舰店和授权专卖店组成，向中国及海外消费者供应海内外品牌产品。天猫商城同时支持淘宝网的各项服务，如支付宝、集分宝支付等。

入驻天猫店，必须是合法登记的企业用户，不接受个体工商户、非中国大陆企业，同时要求开店主体，必须是品牌（商标）权利人或持有权利人出具的开设天猫品牌旗舰店排他性授权文件的企业，还需要缴纳一定的费用。

淘宝网（www.taobao.com）创立于2003年，由阿里巴巴集团投资创办，是亚洲第一大网络零售商圈，也是深受人们喜爱的网购零售平台，拥有庞大且不断增长的用户社群。随着其规模的扩大和用户数量的增加，淘宝网业务也从单一的C2C网络集市演变为包括C2C、团购、分销、拍卖等多种商务模式在内的综合性零售商圈,目前已经成为世界范围的电子商务交易平台。

淘宝网店有个人店铺和企业店铺两种形式,入驻淘宝网店,只需要淘宝网账号并申请支付宝账号,进行个人身份认证或企业认证就可以了。

随着互联网用户数量的增加以及C2C模式的门槛低、受用面大等特点,C2C电子商务市场规模进一步扩大。支付、物流和信用环节的逐步完善,也为C2C电子商务的发展提供了越来越好的产业环境。

本项目将以淘宝网网上商店的创建与经营为主线,具体介绍网上商店创建与装饰,商品信息采集与发布处理,经营与管理,推广促销方案设计,物流配送方案和信用评价、投诉与申诉等内容。

任务一　网上商店创建与装饰

案例导读

淘宝网的C2C网上交易平台

淘宝网——亚太地区较大的网络零售、商圈,致力于打造全球首选网络零售商圈,由阿里巴巴集团于2003年5月投资创办。淘宝网目前业务涵盖C2C(个人对个人)、B2C(商家对个人)两大部分。

淘宝网是中国深受欢迎的网购零售平台,拥有近5亿的注册用户数,每天有超过6 000万的固定访客,同时每天的在线商品数已经超过了8亿件,平均每分钟售出4.8万件商品。

随着淘宝网规模的扩大和用户数量的增加,淘宝也从单一的C2C网络集市变成了包括C2C、团购、分销、拍卖等多种电子商务模式在内的综合性零售商圈。目前已经成为世界范围的电子商务交易平台之一。

2005年10月,淘宝网宣布:在未来5年,为社会创造100万个就业机会,使更多的网民能在淘宝上就业、创业。2008年12月30日,淘宝余杭组团创新基地挂牌,阿里巴巴淘宝城正式启动。2009年2月10日,淘宝网"速淘宝"启动,吸纳部分淘宝客站点(如淘宝热卖场)成为淘宝网合作伙伴。

淘宝网提倡诚信、活跃、快速的网络交易文化,坚持"宝可不淘,信不能弃"。在为淘宝会员打造更安全高效的网络交易平台的同时,淘宝网也全力营造和倡导互帮互助、轻松活泼的家庭式氛围。每位在淘宝网进行交易的人,不但交易更迅速高效,而且能结交到更多朋友。

案例思考　淘宝网为什么会成为广大网民网上创业和以商会友的首选?如何在淘宝网上拥有自己的店铺?

课前准备

淘宝网会员的申请和应用。

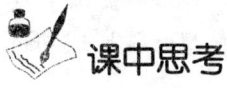 课中思考

如何使网上店铺更加吸引人,成为广大网民眼中的焦点?

 学习引导

一、注册淘宝账户

(1) 打开浏览器,在地址栏中输入 http://www.taobao.com,单击网页左上角的"免费注册"超链接,在打开的页面中填写手机号,并填写手机验证信息,同意注册协议,单击"下一步",如图 6.1 所示。进入设置账号信息页面,如图 6.2 所示(注意:会员名一旦注册,不能修改,所以要谨慎考虑好会员名,可以是中文名也可以是英文名),填写完毕后单击"确定"按钮。

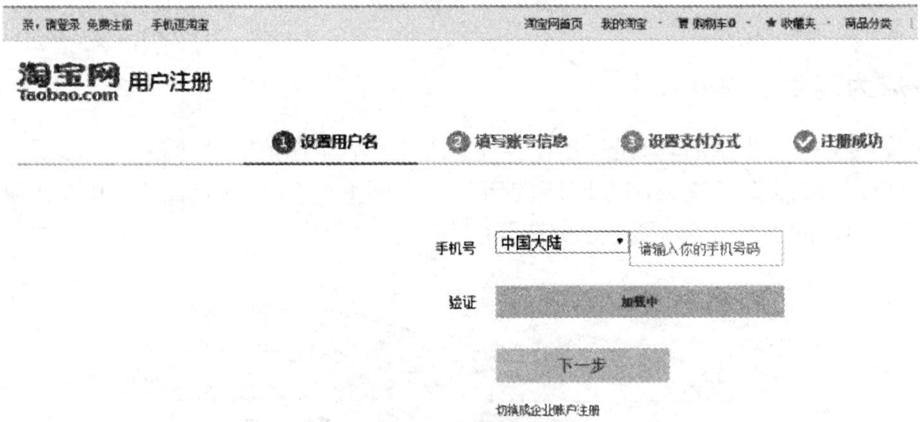

图 6.1 用户注册

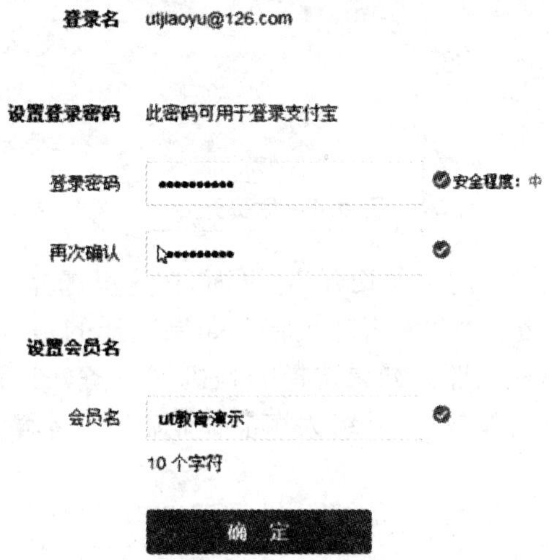

图 6.2 填写账户信息

（2）这时会出现"恭喜注册成功！"页面，但这只是在淘宝网开店的第一步，在此需要注意的是，最好用纸和笔将注册信息记录下来保管好，以后会经常用到这些信息。注册成功页面如图6.3所示。

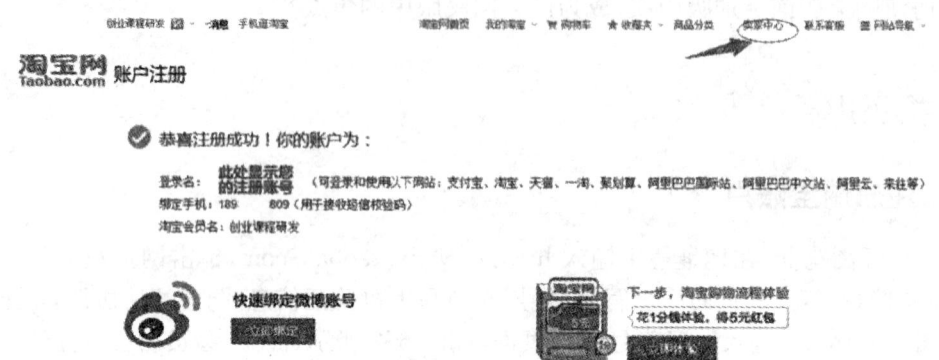

图6.3 注册成功

二、成为淘宝店主

（1）完成上面的步骤后，只是注册了淘宝账号，还不能在上面销售商品。需要成为淘宝网的签约商户，才能真正成为淘宝网店的店长。在图6.4所示的页面中，单击页面上部的"千牛卖家中心"的下拉菜单中选择"免费开店"。

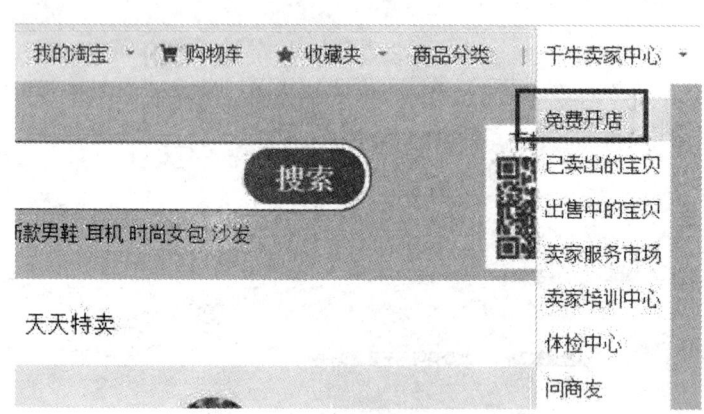

图6.4 免费开店

（2）弹出如图6.5所示的"淘宝免费开店"页面，在这里选择"个人店铺入驻"或者"企业店铺入驻"。一般新手开店选择"个人店铺入驻"，如果选择的是服装或包包等商品，相对比较灵活，暂时不需要上传营业执照。如果选择的是机械设备、图书等类目的商品，对店铺资质要求比较高，则需要上传营业执照，升级为淘宝企业店铺。本章以"个人店铺入驻"为例进一步介绍。

图 6.5　开店选择

(3) 在弹出的界面中,填写好店铺名称,店名是店铺的招牌,要易于识别且与店铺的经营宗旨及经营类目相关联,如图 6.6 所示。

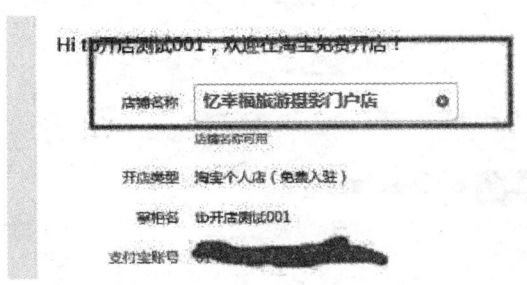

图 6.6　填写店铺名称

(4) 填好店铺名称之后,还需要完成支付宝实名认证,点击按钮,进入"支付宝"进行实名认证,如图 6.7 所示,根据提示,依次完成身份信息填写。

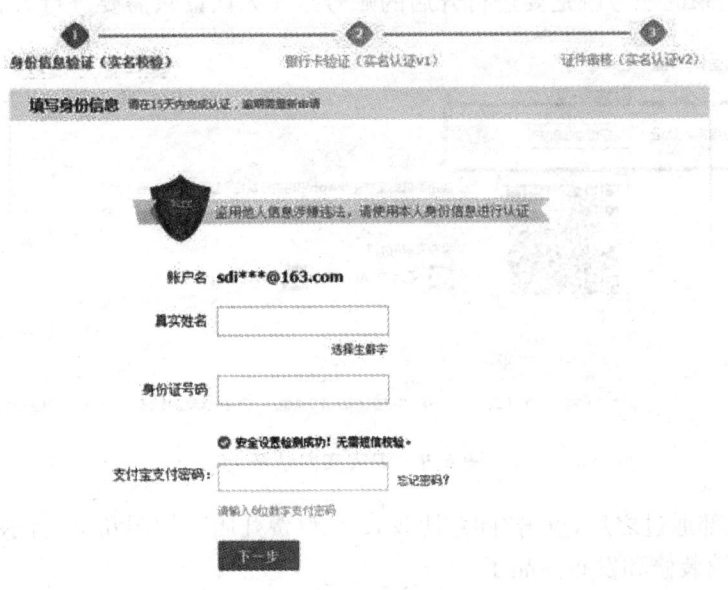

图 6.7　支付宝实名认证

(5) 填写完个人身份信息后,单击"下一步"按钮,填写个人银行卡信息(注意:银行卡必须是使用本人身份证开通的银行卡,手机号码必须是与银行卡绑定的号码,如果不清楚银行卡的预留手机号码可以携带身份证和银行卡到银行营业厅咨询),如图 6.8 所示。填写完银行卡信息后,单击"下一步"按钮,上传身份证证件信息,上传完之后即完成了支付宝实名认证。实名认证之后的账号具有开店、银行卡快捷支付及支付宝余额支付等功能。

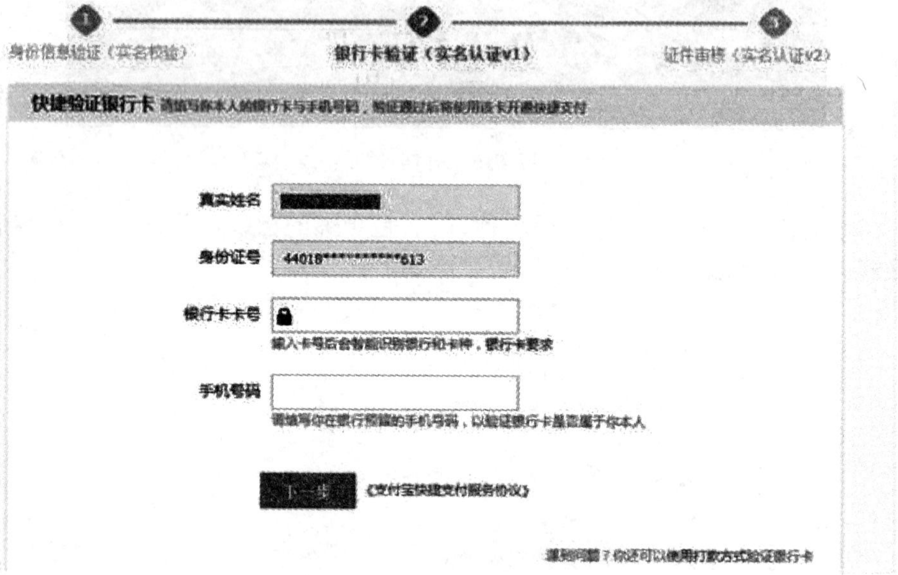

图 6.8 支付宝银行卡验证

(6) 完成支付宝实名认证后,返回到"卖家中心"下的"我要开店",进入后台,如图 6.9 所示,单击"淘宝实人认证",然后使用手淘或者千牛 App 进行淘宝实人认证(注意:手淘认证的时候需要登录的账号就是要进行开店的账号),实人认证只需要进行人脸认证。

图 6.9 淘宝实人认证

(7) 认证全部通过之后,点击"同意协议,0 元免费开店",如图 6.10 所示,店铺就开起来了,可以进行店铺装修和发布商品了。

图 6.10　同意协议，免费开店

三、商品发布

卖家完成了网上开店申请与验证工作之后，通过在线发布或使用淘宝助理两种发布方式上传10件物品就可以拥有属于自己的网络店铺空间和独立网址了。同时，为了能够正常营业，吸引更多的顾客光临，还需要对店铺进行基本的参数设置，包括店铺基本信息设置、商品分类、橱窗推荐、友情链接、店铺介绍、店铺留言等。

（一）发布商品

卖家通过实名认证之后，接下来要做的就是整理好待售商品的资料、图片，以发布商品。发布商品前需要了解淘宝网的商品发布管理规则。

1. 选择商品发布方式

淘宝网上有很多途径都可进入商品发布的窗口，最直接的方法是单击导航条上的"我要卖"超链接，快速进入商品信息发布窗口。如果用户准备将要出售的商品拍卖，让买家竞价购买，则可以用拍卖方式发布商品。不同的商品发布方式，其交易流程是不同的。下面以"一口价"方式发布商品为例进行介绍，如图6.11所示。

图 6.11　一口价方式发布商品

2. 选择商品所属类目

当选择"一口价"发布方式之后，需要选择商品的分类目录。选择商品分类目录的方式有3种：一是根据所卖商品进行类目搜索；二是从下拉列表中选择常用分类；三是直接单击选择，从商品一级类目到二级类目，以此类推。

3. 填写商品基本信息

设置商品的标题、产品主图、数量、价格等基本信息，如图6.12所示。其中，商品的标题是顾客能否搜索到商品的关键，也是淘宝平台进行搜索排名的关键，需要从商品关键词入手进行选择。填好基本信息后，可对要发布的商品进行详细描述，可进行图文混排，从商品特色、细节、品牌等角度向顾客展示，如图6.13所示。

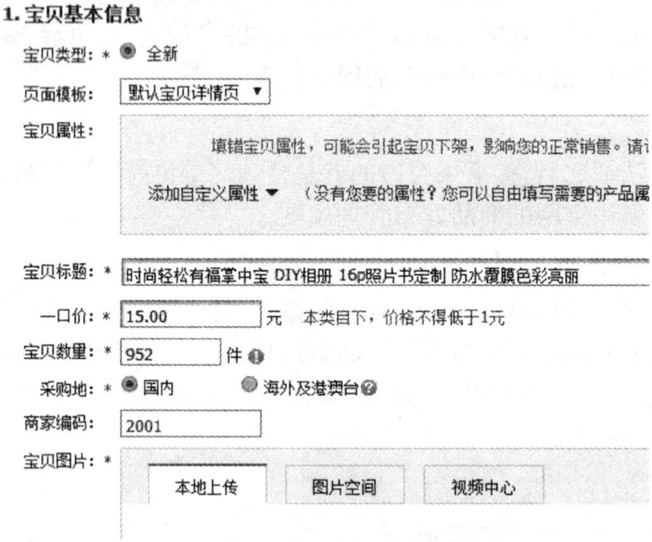

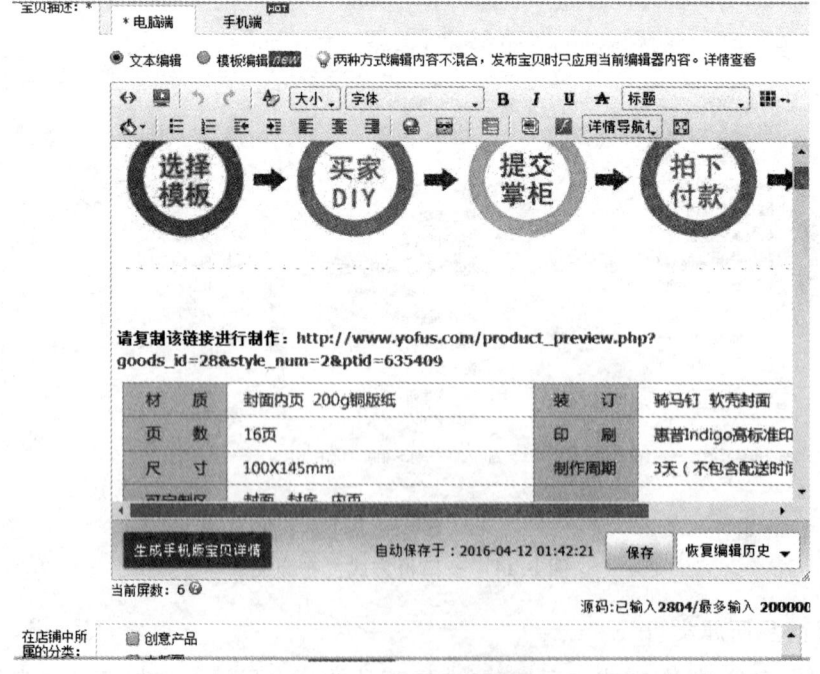

图6.12 商品的基本信息

图6.13 商品详情描述

4. 填写商品物流及售后信息

接下来要填写商品物流信息,目前淘宝网支持运用物流运费模板进行填写。首先设置好自己的发货地址,填好模板名称、发货地址、发货时间、计价方式、运输方式,还可以自己添加地区设置相应的邮费,模板可以设置多个,如有些是特定地区包邮,有些是全国通用的运费模板,如图6.14所示。填写售后信息,主要包括发票、保修、服务保障等信息。在此注意在服务保障中对于有些容易产生售后纠纷的商品需要写清楚。

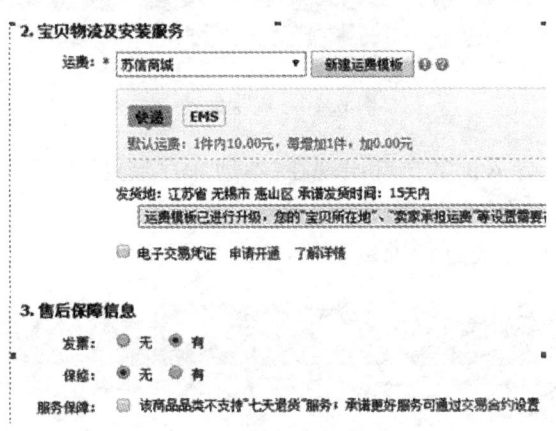

图6.14 商品物流及售后服务

5. 填写其他信息

其他信息主要是指商品有效期、商品出售时间(注意:这里的发布时间及有效期是淘宝网进行搜索的一个关键指标,淘宝网规定具有同样关键词的两个商品在其他条件都相同的情况下,距离下架时间越近的商品排名越靠前。根据这个规定在店铺出售商品的时候应该使商品在合理时间段进行发布,不要将全部商品都集中在一个时间段)。橱窗推荐的设置,如图6.15所示。

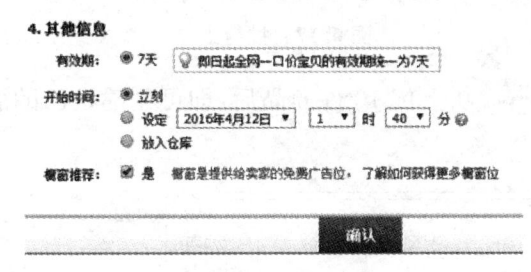

图6.15 其他信息

所有内容都填写完成以后,单击"确认"按钮。当系统出现"上传宝贝成功"提示信息时便完成了一件商品的发布。卖家可以在"宝贝管理"→"出售中的宝贝"中查看刚发布的商品。如果要进行修改,可以单击商品后面的"记事本"图标,进入修改页面进行修改。

(二)淘宝助理

淘宝助理可以帮助卖家提高工作效率,批量修改、发布商品,商品上传后能自动保存并发布商品的详细资料;可以建立商品模板,用于发布类似商品;还可以下载数据库、保存和转

移数据库,通过转移数据库可以实现多个网店共用一个数据库,提高网店管理效率。使用淘宝助理导入数据的方法如下:

(1) 登录淘宝助理,单击"导入 CSV"按钮。淘宝助理的账号、密码和淘宝网的账号、密码一致。注意,在接收到产品数据包并解压缩后就不要再移动解压后的文件了,否则有可能造成产品上传失败的情况,如图 6.16 所示。

图 6.16 淘宝助理

(2) 导入数据库后,导入的数据会出现在"本地库存宝贝"栏中,然后单击"更新类目"按钮,这时候店铺中就会出现之前设置的宝贝分类。

(3) 根据设置的宝贝分类进行批量上传,如图 6.17 所示。

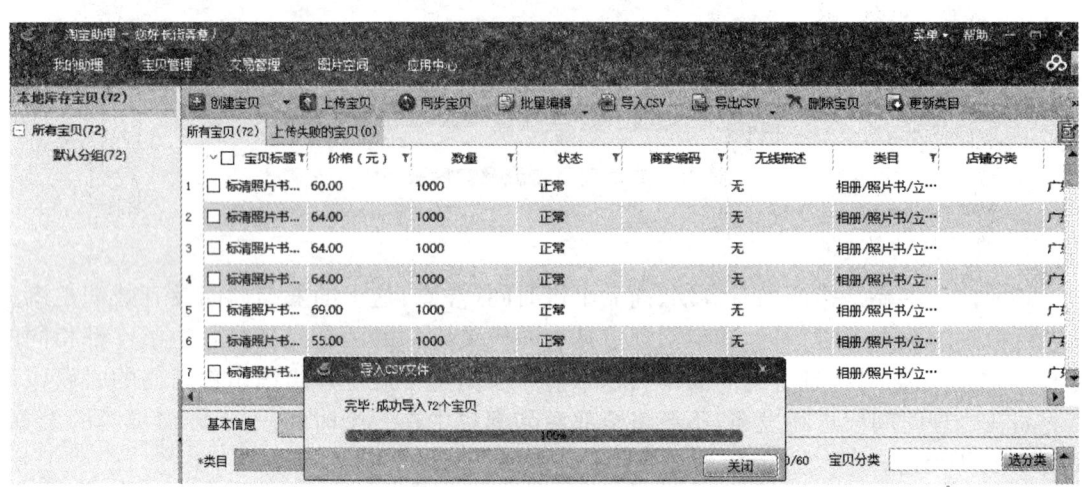

图 6.17 批量上传

(4) 按照上面的方法,成功上传 10 件商品后,即可创建自己的店铺了。具体步骤如图 6.18~图 6.21 所示。

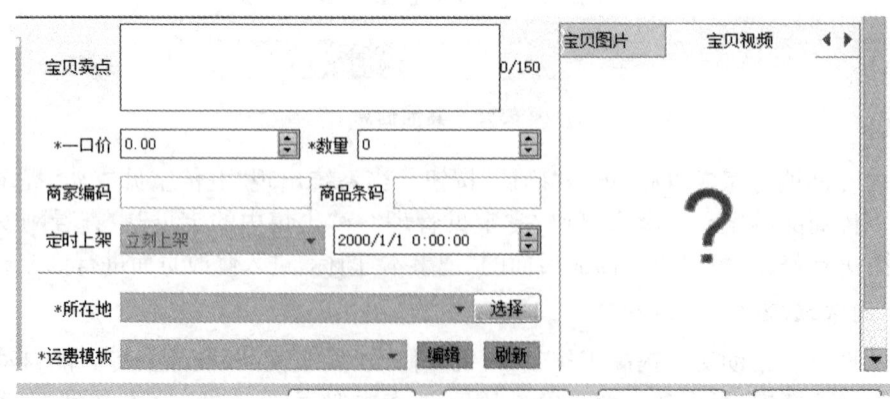

图 6.18 编辑商品

图 6.19　上传商品

图 6.20　强制上传

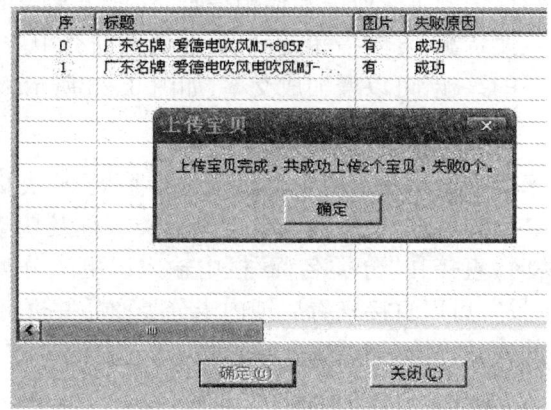

图 6.21　上传成功

四、网店设置

卖家进入"卖家中心"后,可以进行店铺管理、宝贝管理、物流管理、交易管理等项目管理。进入"店铺管理"页面,可以对店铺各项功能进行设置,包括店铺基本设置、商品分类管理、域名设置、媒体中心等项目的设置,如图 6.22 所示。

图 6.22 店铺管理

（一）店铺基本设置

店铺基本设置包括店铺名称、店铺标志、店铺简介等内容。店铺名称应有个性、新奇,起到吸引顾客的目的;店铺标志与店铺名称中的主营类别应一致,可以起到画龙点睛的效果;在店铺简介中应大致介绍店铺的主营业务和促销信息,对淘宝平台的搜索引擎起到带动作用,是引流的关键;对于主要货源,真实描述就可以;在店铺简介中应介绍店铺的宗旨,让买家看到后对店铺产生浓厚的兴趣,可以增加成交率,如图 6.23 所示。

（二）分类管理

分类管理可以将卖家所有的商品按照分类目录进行整理,分类标志的名称可以手动添加,也可以自动分类。在"分类名称"栏中输入自定义分类名称及期望排序可以对商品类别进行排序;修改分类名称时,直接在"分类名称"栏中输入以更改分类名称,并单击"修改完成"按钮;选择"未分类宝贝",可以直接查看店铺内未分类商品并进行分类;选择宝贝的分类名称可以查看本分类中的商品详情,如图 6.24 所示。

（三）域名设置

对于每个店铺,淘宝网都会自动分配一个域名地址,类似于 http://shop67220320.taobao.com。也可以根据店铺的特点设置一个便于记忆的有特色的二级店铺域名,如图 6.25 所示。注意:店铺域名的修改次数一共只有 4 次。

（四）媒体中心

店铺的媒体中心主要是指第三方提供给卖家的一系列订购软件,用于辅助店铺展示商品,提升顾客服务水平,如图 6.26 所示。

项目六　C2C 网络营销业务

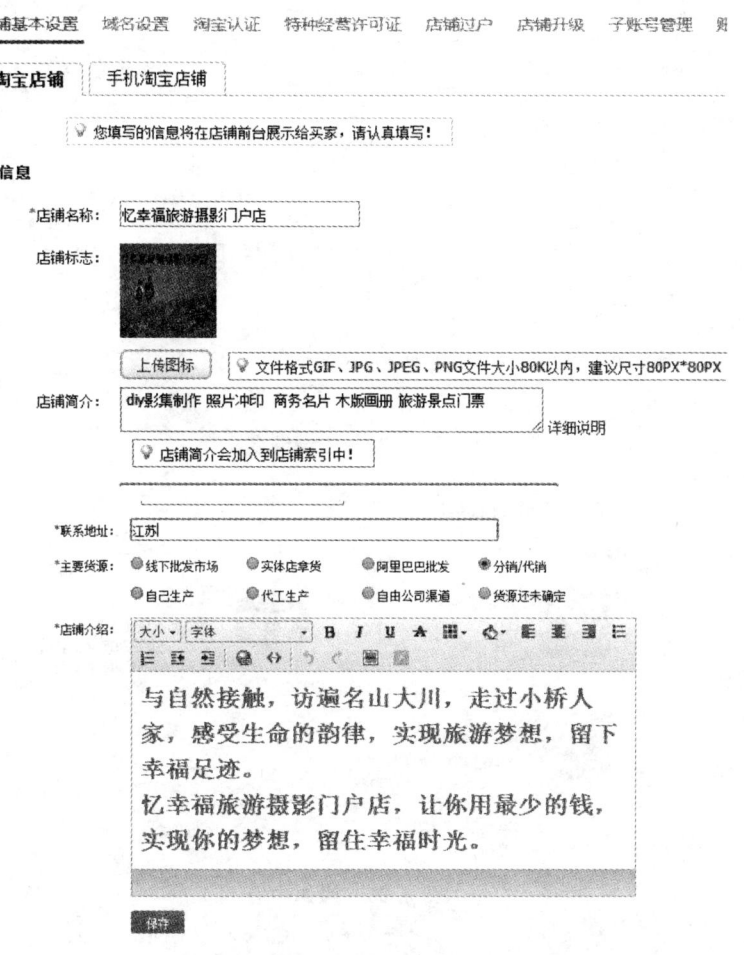

图 6.23　店铺基本设置

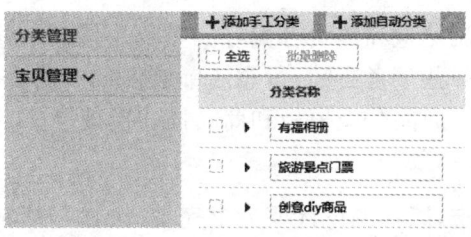

图 6.24　商品分类管理

图 6.25 店铺域名

图 6.26 媒体中心

五、店铺美化

店铺美化是提高店铺浏览量和消费者偏好的重要手段。装修店铺之前,可以先学习淘宝大学给出的相关教程和一些参考店铺,留意店铺装修细节的介绍。常见的美化店铺元素包括店标设计、店铺公告栏、商品分类模板和商品描述模板等。

(一)店标设计

店标是店铺的主要标志,店标的设计要力求完美、个性与店铺形象相结合,在店标的设计上可以结合店铺所用的风格模板进行适当的美化,如立体化、精致化等,如图 6.27 所示。店标除了是店铺的标志以外,在宣传与传播的效果上来说,也是一个符号,一个表达店铺形象、信息的符号。因此,店标的设计应遵守简单但思想表达准确的原则,如果没有好的设计符号,可以用文字的形式来表达。

图 6.27 店铺标记

（二）店铺公告栏

公告栏出现在店铺打开的第一屏的右边位置，为了不扰乱客户对于店标、店铺信息、推荐橱窗等重点区域的浏览，公告栏可以简单展示店铺的主营产品、服务理念、店铺口号、促销产品等信息，可以适当加上简洁、浅颜色的背景。

（三）商品分类模板

商品分类模板通常有两种实现形式：一种是默认的采用文字描述的形式；另一种是使用图片处理工具将商品类目制作成图片。

（四）商品描述模板

商品描述模板是利用空间最大的页面美化区域，可以根据店铺整体的风格来设计一个包含丰富内容的模板。挑选或设计商品描述模板，应该充分结合店铺所使用外观的风格，不要使用与店铺整体风格、商品特点不一致的模板，以免给客户浏览时造成不舒适感。

知识拓展

商品图片处理原则

阅读思考 6-1

淘宝网营销案例

淘宝网（http://www.taobao.com）是国内领先的个人交易网上平台，隶属于阿里巴巴集团旗下，致力于打造成为全球最大的个人交易网站。

1. 商业模式分析

（1）战略目标。

淘宝网的目标是成为中国最大的网上个人物品交易市场。

（2）目标客户群。

淘宝网是一个C2C的个人交易网站，只要会上网，会使用网上支付，都可以在淘宝网上买卖东西。在淘宝网上既可以开店卖东西，也可以买东西。所以淘宝网面向的是广大消费者。

（3）产品和服务。

① 产品。淘宝网产品的提供者有商家和个人。无论是商家还是个人都可以在这里提供想出售的商品。

② 诚信服务。身份认证：为了维护电子商务市场的安全和稳定发展，淘宝网规定淘宝卖家在成为淘宝注册会员后，必须通过淘宝的身份认证才可在淘宝网上交易或出售商品。

支付宝：支付宝是淘宝网安全网络交易的核心保障。交易过程中，支付宝作为诚信中立的第三方机构，充分保障货款安全及买卖双方的利益。

网络警察：为了给安全诚信的网络交易平台提供一个坚实后盾，淘宝网于2005年在原有基础上，专门成立了网络安全部。这个部门特意聘请了原公安系统中具有多年刑事侦查经验的高手，由富有网络技术和反网络诈骗经验的人员组成。

淘宝网设立的网络交易十分安全。一旦发现存在网络交易欺诈等不诚信的行为，立即会与当地公安网监部门一起进行严厉打击，绝不姑息。

（4）收入与价值来源。

① 广告收入。淘宝网在其网站内设有收费广告,在淘宝网上面做生意的人可通过广告让别人知道自己的商品,通过广告进行宣传。

② 中介收入。淘宝网作为一个中介,为买卖双方提供相关信息,可以从成交交易中提取一定的费用。

③ 网站收入。淘宝网为供应商和消费者提供了交易的场所,从中可以获得一定的利润。

④ 淘宝网一大部分收入来自支付宝。

(5) 营销策略。

淘宝网为个人提供了网上买卖东西的场所,给供应商和消费者都提供了方便。供应商可以在网站直接定好商品的价格,让消费者直接购买;也可以采用无底价起拍的方式,让买家竞价购买。消费者同样也可以使用上述的两种方式购买商品,然后使用支付宝来支付所购买的商品。淘宝网作为一个中介,为买卖双方达成交易,提供双方都承认的支付工具。

2. 技术模式分析

淘宝网提供的安全技术,如网络警察、支付宝等都能让买卖双方放心。淘宝网的网站技术模式定位于系统运行的持续稳定性和安全性两方面,作为信息中介服务平台,淘宝网的系统要求是非常严格的。淘宝网的通信系统采用互联网和通信网,在服务器的构建上要保证交易信息的安全传递,保证数据库服务器的绝对安全,防止网络黑客的闯入破坏。淘宝网在身份验证和安全监控上也有很有力的措施,在系统应用软件方面,淘宝网采用了网上信用管理系统、身份认证和安全管理系统、网络监控管理系统和网络安全管理系统等,最大限度地保证了网站安全、数据安全和交易安全。

讨论与思考

1. 淘宝网营销能够成功的原因是什么?
2. 开展 C2C 营销应该注意哪些事项?

能力训练

1. 申请淘宝账户,并申请支付宝账户,完成实名认证。

训练任务	申请淘宝账户
训练目标	1. 申请淘宝账户; 2. 申请支付宝账户; 3. 完成实名认证
训练内容	1. 进入淘宝网(http://www.taobao.com),注册成为会员; 2. 申请支付宝账户; 3. 完成实名认证; 4. 尝试购买一件商品,完成一笔交易
训练成果	1. 成功申请淘宝账户,记录申请流程; 2. 体验淘宝购物的流程与步骤

2. 通过在淘宝网上建立自己的网店,真实体会二手商品交易平台中网络营销策略应用

的重要性。

训练任务	开设网店
训练目标	开设一个个人网店
训练内容	利用已申请的淘宝账户开设一个个人网店
训练成果	成功开设网店,并记录开设流程

任务二 网上商店经营与管理

案例导读

实体店与淘宝网店互动

华南理工大学的小李同学受到哥哥的牛仔服饰实体店的启发,把生意做到了淘宝网上。因为有稳定的货源和低廉的价格,小李几乎没做调查就做起了网店老板。网店是 2008 年 5 月开张的,第 1 个月利润为 200 元;第 2 个月为 400 元;第 3 和第 4 个月大概为 500 元;9 月份情况比较特殊,因为上了淘宝首页活动,利润达到了约 2 500 元;10 月份回落到 800 元;11 月份更少,只有 600 元。

小李为了做好网店,基本上一天有 12 个小时在线,并购买了按点击收费的淘宝直通车广告为自己的网店做宣传。起初效果不错,可是最近两个月销量骤减,小李坦言:"貌似快做不下去了……"当谈到网店和学习是否有冲突时,小李回答:"开店肯定多多少少会影响学习,因为要花许多时间和精力,但既然选择了就做下去。"

案例思考 小李拥有不错的网上开店资源,可以和哥哥的实体店进行很好的互动,但为什么销量不稳定呢?

课前准备

了解淘宝网商店经营和管理的方法。

课中思考

如何利用淘宝网的交易管理、客户管理、进销存和财务管理工具提高网店经济效率?

学习引导

对于网上店铺来说,经营和管理是一项长期而烦琐的工作,需要付出巨大的努力和心血。因为只有精心打理、用心经营,才会有好的经济效益。网店经营管理的主要内容包括宝贝管理、交易管理、物流管理、店铺管理、进销存及财务管理等内容。每一个环节各有不同的经营与管理重点。对于个人网店而言,可以利用淘宝网提供的管理工具和其他管理软件进行网店管理。

一、宝贝管理

宝贝管理的主要内容包括商品信息的编辑和修改,商品上架、下架等。利用"卖家中心"中的"宝贝管理"功能模块中的"发布宝贝""出售中的宝贝""橱窗推荐""体检中心""仓库中的宝贝"等选项进行商品管理,如图 6.28 所示。其中,发布宝贝的方法已经在前面介绍过了,此处不再赘述。

图 6.28 宝贝管理

(一)出售中的宝贝

对于出售中的宝贝可以在线进行编辑和管理,也可以进行下架操作,把出售中的宝贝转入仓库再进行管理。单击每种商品的"编辑宝贝"按钮,可以对该商品的各种属性进行修改,包括标题、价格、数量、宝贝描述、邮寄方式及运费,如图 6.29 所示,编辑和修改的过程和宝贝发布的过程相同。修改完毕后单击"确认无误,提交"按钮即可。同时,如果需要对出售中的宝贝进行下架或删除,只需要选中该商品,单击"下架"或"删除"按钮即可。下架即把该商品重新放回仓库中,留待以后处理。可以对该商品设置橱窗推荐和取消推荐。可以将宝贝设置为 VIP 宝贝,对于店铺的 VIP 会员可以享受一定的优惠。还可以设置评论有礼。

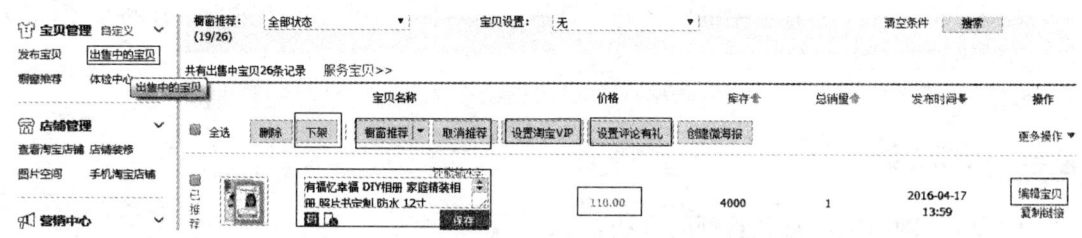

图 6.29 出售中的宝贝

(二)橱窗推荐

橱窗推荐是店铺获得免费流量的一种渠道,橱窗的发放规则如图 6.30 所示。橱窗的使用方法为勾选"出售中的宝贝"前的复选框,然后选择图 6.29 中的"橱窗推荐"按钮,即可将商品进行橱窗推荐;也可以在发布的时候直接选择宝贝橱窗推荐。

(三)体检中心

淘宝网利用后台工具对店铺所发布的商品进行检查,包括"商品体检""建议优化""搜索来源""滞销商品""订单体检""营销体检""商品资质"等选项,如图 6.31 所示。开了店铺之后应经常查看体检中心，对于店铺中可能违规的商品要及时处理。“建议优化”会对有些需要优化的商品包括标题优化、图片优化等提出优化建议，可根据建议进行优化。查看“搜索来源”，可以看到进入店铺的关键词有哪些，便于进行标题优化。查看“滞销商品”可以进一步对滞销商品进行改进。通过体检中心，可以了解店铺出现的问题，及时进行修改。

日常规则发放橱窗位数量		活动奖励橱窗位数量		实际发放橱窗位总数量
26 日常规则应发：35个 发放上限（店铺在线商品数）：26	+	0	=	26

规则纬度	规则内容	你的状态	新橱窗数量
信用等级	星级卖家奖励10个橱窗位 钻级卖家奖励20个橱窗位 冠级卖家奖励30个橱窗位	♥♥♥♥	10
开店时间	开店时间少于90天内，奖励10个橱窗位 开店时间满1年奖励2个橱窗位 开店时间满2年奖励5个橱窗位 开店时间满3年奖励10个橱窗位	2011-06-06	10
消保	缴纳消保保证金的，奖励5个橱窗位	是	5
店铺周成交额	周成交额是指上周的周成交额，计算周期为周四0点至周三23:59:59 根据你的信用等级，店铺上周支付宝周成交额： 达到 45.00 时，奖励 10 个橱窗位 达到 165.00 时，奖励 25 个橱窗位 成交额奖励橱窗的使用有效期为1周，每周五老的奖励失效，新的奖励生效。	59.30	10
金牌卖家	金牌卖家奖励：5个橱窗位	否	0
违规扣分	一般违规扣分（A类扣分）满12分及以上，扣除5个橱窗位 严重违规扣分（B类扣分）满12分及以上，扣除10个橱窗位 出售假冒商品被违规扣分（C类扣分）满24分及以上，扣除20个橱窗位	A类扣分:0;B类扣分:0;C类扣分:0; 去体检中心查看违规扣分详情>	0

图 6.30　橱窗发放规则

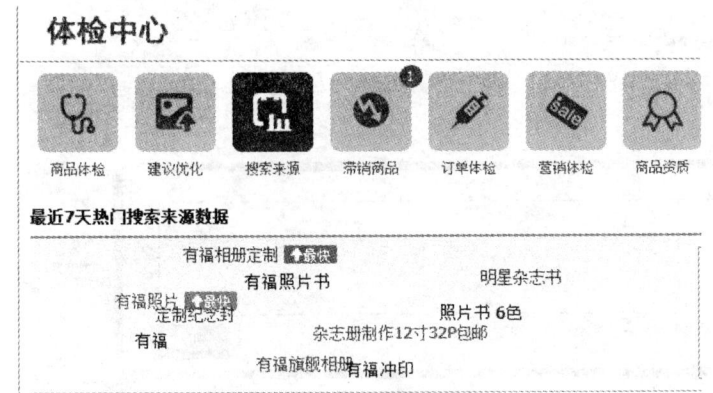

图 6.31　店铺体检中心

（四）仓库中的宝贝

“仓库中的宝贝”功能模块分为“所有等待上架的宝贝”“没卖出的宝贝”“部分卖出的宝贝”“定时上架的宝贝”“从未上架的宝贝”几个选项。单击“所有等待上架的宝贝”，选择其中想要出售的商品，单击“上架”按钮，商品即被发布到淘宝网上。对于“没卖出的宝贝”和“部分卖出的宝贝"也可以在修改数量之后,重新上架销售。其他选项的操作类似,此处不再赘述。

二、交易管理

交易管理主要包括"已卖出的宝贝""评价管理""采购助手""提前收款"等项目。

(一) 已卖出的宝贝

在"已卖出的宝贝"功能模块中,可以看到"最近卖出的宝贝"和"历史卖出的宝贝"及订单的所有状态。在这里,卖家可以查询到近3个月内和过去已售出商品的情况。单击交易状态还可以进一步查看每笔交易的详情,包括订单信息(买家信息、付款金额、交易时间、交易单号和交易状态)、收货和物流信息。

(二) 评价管理

在该模块可以查看店铺半年内的动态评分,卖家的累积信用和作为买家账户的累积信用,以及来自各方交易后的评价。

交易完成后,卖家需要针对此次交易对买家进行评价。凡是交易状态为"交易成功"的订单,即可进行交易评价,卖家可以在"交易管理"功能模块下的"评价管理"中对买家进行评价。淘宝网规定在每个自然月中,相同买家和卖家之间的评价计分不得超过6分。超出计分规则范围的评价将不计分。若14天内相同买卖家之间就同一商品有多笔支付宝交易,则多个好评只计1分,多个差评只计-1分。

卖家要认真地对买家进行评价,让买家感受到卖家的细心和真诚,这样在无形中会提升网店的形象。在"评价管理"中对买家的疑问进行回复是非常有必要的,这是宣传和推广自己店铺及商品的好方法,如图6.32所示。

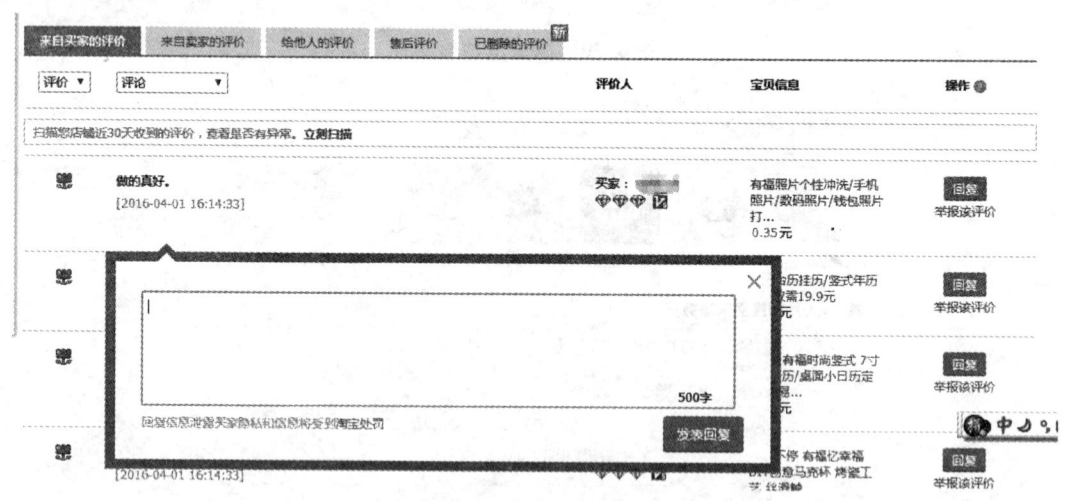

图6.32 评价管理

另外,淘宝网对于评价出现的问题可以投诉和申诉。

对于投诉和申诉事件,淘宝网给出了相应的解决办法。卖家与买家如果出现交易纠纷可以参照相关的处理规定进行解决。

1. 恶意出价

对于恶意出价的情况,卖方可以提供相关凭证来进行投诉,写明投诉理由,提供相应的凭证来证实自己投诉的内容,如旺旺的聊天记录等。

对于此种情况,买方可以以申诉和提供的凭证作为判断事实的依据进行申诉。如果仍然希望和卖家交易,可以马上和卖家联系;如果买方没有购买该卖家的商品,可以说明合理的理由,或者提供相应的截图证明。

2. 网上成交不买

对于这种情况,卖方可以提供有利的凭证来进行投诉,写明投诉理由,提供相应的凭证来证实自己投诉的内容,如旺旺的聊天记录等。

对于这种情况,买方可以以申诉和提供的凭证作为判断事实的依据进行申诉。如果仍然希望和卖家交易,可以马上和卖家联系;如果没有购买该卖家的商品,可以说明合理的理由,或者提供相应的截图证明。

3. 网上成交不卖

对于网上成交不卖,买方可以提供有利的凭证来进行投诉,并且写明投诉理由,提供相应的凭证来证实自己投诉的内容,如旺旺的聊天记录等。

对于这种情况,卖方可以以申诉和提供的凭证作为判断事实的依据进行申诉。如果仍然希望和买家交易,可以马上和买家联系;如果不想出售给买家该商品,可以说明合理的理由,或者提供相应的截图证明。

4. 卖家拒绝履行支付宝交易

对于这种情况,买家可以提供有利的凭证来进行投诉,并且写明投诉理由,提供相应的凭证来证实自己投诉的内容,如旺旺的聊天记录等。

对于这种情况,卖方可以以申诉和提供的凭证作为判断事实的依据进行申诉。如果仍然希望通过支付宝买家交易,可以马上和买家联系;如果不想出售给买家该商品,可以说明合理的理由,或者提供相应的截图证明。

5. 恶意评价

对于这种情况,投诉方可以提供有利的凭证来进行投诉,并且写明投诉理由,提供相应的凭证来证实自己投诉的内容,如旺旺的聊天记录等。

对于这种情况,被投诉方可以以申诉和提供的凭证作为判断事实的依据进行申诉。如果评价中有说明该商品问题的内容,可以提供具体的照片或凭证;如果觉得交易方的服务或行为让自己不满意,可以说明合理的理由,或者提供相应的截图证明。

6. 收款不发货

对于这种情况,买方可以提供有利的凭证来进行投诉,并进行下一步的投诉说明。如果已经汇款了,可以向淘宝网提供自己的汇款单据;如果卖家说已经发货了,而买方没有收到,买方可以在投诉页面注明,淘宝网会联系卖家向承运方调查商品的去向;如果买方已经收到商品,可以撤销投诉。

对于这种情况,卖方可以以申诉和提供的凭证作为判断事实的依据进行申诉。如果卖方发货了,可以向淘宝网提供发货凭证;如果卖方没有收到买家的汇款,可以出示该账户的明细截图;如果卖方发货后买家还没有收到商品,可以在申诉页面注明,并到承运方查询商品的去向。

7. 收货不付款

对于这种情况,卖方可以提供有利的凭证来进行投诉,进行下一步的投诉说明。如果已经发货了,可以向淘宝网提供发货单据;如果买家说已经汇款了,而卖家没有收到,可以向淘宝网提供该账户的银行明细;如果卖方已经收到货款,可以撤销投诉。

对于这种情况,买方可以以申诉和提供的凭证作为判断事实的依据,进行下一步的申诉。如果卖方已经收到商品汇款,可以向淘宝网提供汇款凭证;如果买方已经退货,可以向淘宝网提供退货凭证;如果没有收到商品,可以在申诉页面注明,淘宝网会通知卖家到承运方查询商品的去向。

8. 商品和网上描述不符

对于这种情况,买方可以提供有利的凭证来进行投诉,进行下一步的投诉说明。买方可以提供相关的图片证明;如果商品已经退回,买方可以提供退货凭证。

卖家应给予对方一个合理的解释,并且提供相应的凭证来进行下一步的申诉。针对买家提出的相关不符内容,说明情况;如果有该商品的证明文件,应该上传到投诉页面,让淘宝网进行审核;如果卖方愿意退换货,可以在投诉页面说明,及时联系买家。

(三)采购助手

采购助手是淘宝网在2015年推出的线上采购市场平台——小微快采,它是为了解决淘宝店主和企业的小批量、个性化、快速更迭的采购需求而推出的。

用户可以在小微采购市场中挑选符合采购需求的商品,也可以发布询价单,让有实力的供应商快速提供采购解决方案,一键下单。

(四)提前收款

提前收款功能是将已发货(买家未确认收货)订单款项提前回收,以释放支付宝中的积压款项。一般要收取0.2%的服务费。

三、物流管理

物流管理在店铺管理中主要是指发货、物流运费模板设置等功能。

(一)发货

可以在此模块中查看等待发货的订单、发货中的订单、已发货的订单的状态。其中,对于同城交易的发货处理,需要注意,若卖家与买家是进行同城交易且不通过物流运输,双方自行提货或送货的,卖家在发货时需选择"无须物流",并保管好与买家的旺旺聊天记录及见面交易签收凭证,避免后续因买家不诚信而导致的损失。

(二)物流运费模板

在"卖家中心"的"物流管理"模块中的"物流工具"菜单里有物流运费模板设置功能。物流运费模板就是为一批商品设置同一个运费,当卖家需要修改运费的时候,这些关联商品的运费将被一起修改。前面在介绍发布宝贝的过程中提到过物流运费模板的使用及创建。一般情况下,如果商品种类多,可以在物流运费模板中提前设置多个运费模板,这样在商品发布的时候操作就比较简单了。

四、店铺管理

店铺管理包括店铺装修、图片空间、手机淘宝店铺、宝贝分类管理、店铺基本设置、域名设置、媒体中心、子账号管理等功能。其中,图片空间、宝贝分类管理、店铺基本设置、域名设置、媒体中心等内容已在本项目任务一中介绍过了。本部分主要就店铺管理中的店铺装修、手机淘宝店铺、子账号管理、进销存及财务管理模块进行讲解。

（一）店铺装修

网店的装修与美化,一直是淘宝行业中最热门的话题。对于实体店铺来说,好的形象设计能为店铺塑造更理想的形象,从而加深消费者对店铺的印象。而网店的店铺装修则可以让店铺变得更有附加值。由于网络购物者只能通过网店的文字和图片来了解商品,所以一个好的店铺形象无疑能增加顾客的信任感,但店铺的装修更是提高商品附加值和店铺浏览量的重要手段。

店铺装修分两种:一种是自身根据商品的特性和需要去设计独具个性的店铺页面;另一种是通过购买淘宝网卖家中心提供的店铺模板来装修。

在此主要讲述卖家通过使用淘宝网免费模板并在此基础上进行修饰。淘宝网免费模板一般有三种,如图 6.33 所示,大家可以根据自己的需要选择其中的一种。其装修模板主要包括店招模板、图片轮播、宝贝分类、页面布局和其他功能模块。模板的使用方法也很便捷,只要在淘宝网后台单击"店面装修"就可以自行添加素材进行美化。

图 6.33 淘宝网免费模板

选好模板就可以进一步根据需要进行设计和修改了。

1. 店招设计

店招设计要注意以下几点：

(1) 页头高度为 150 px(已包含导航)，建议招牌尺寸为 950×120 px(即加上导航高度，刚好是 150 px，可避免发布后导航被挤掉而不显示的问题)。

(2) 注意和页头设计结合使用。

(3) 要与整个店铺的风格协调，与主营商品的类型契合。

店招设计好之后，直接点击店招位置的编辑上传图片保存就可以了。

2. 图片轮播设计

图片轮播是淘宝网标准版店铺所具有的重要功能。所谓图片轮播，就是将多个商品的宣传图片或者相关图片轮流出现来提高营销和宣传效果。这样就实现了利用最小的空间达到最大的宣传效果的目的。实现图片轮播的操作步骤如下：

(1) 在卖家中心中单击"店铺装修"，然后在店铺装修页面中找到左侧基础模块中的"图片轮播"，将其拖动到右侧需要添加图片轮播的空白位置(见图 6.34)，就可以看到添加的图片轮播模块，默认图片是白雪松树画面。然后单击图片右上角的"编辑"按钮，如图 6.35 所示。

图 6.34 设置图片轮播

(2) 在图片轮播内容设置里面可以看到图片地址。需要特别注意的是，图片轮播的素材是提前上传到店铺的图片空间中的。单击图片地址后面的按钮，可更换图片空间里的图片。链接地址就是图片中显示商品的链接地址，即单击促销图片就会跳转到指定的商品详情页面。在此挑选与轮播图片相对应的商品地址进行链接设置，如图 6.36 所示。设置完成后单击"保存"按钮。

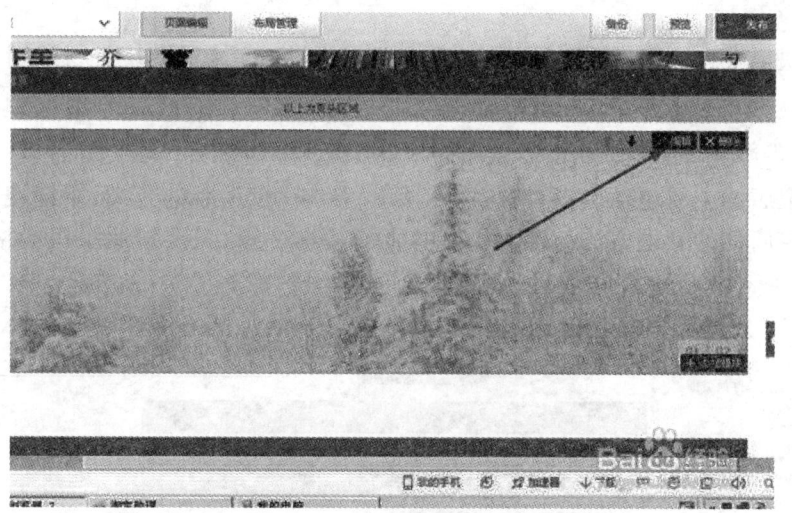

图 6.35 编辑图片轮播

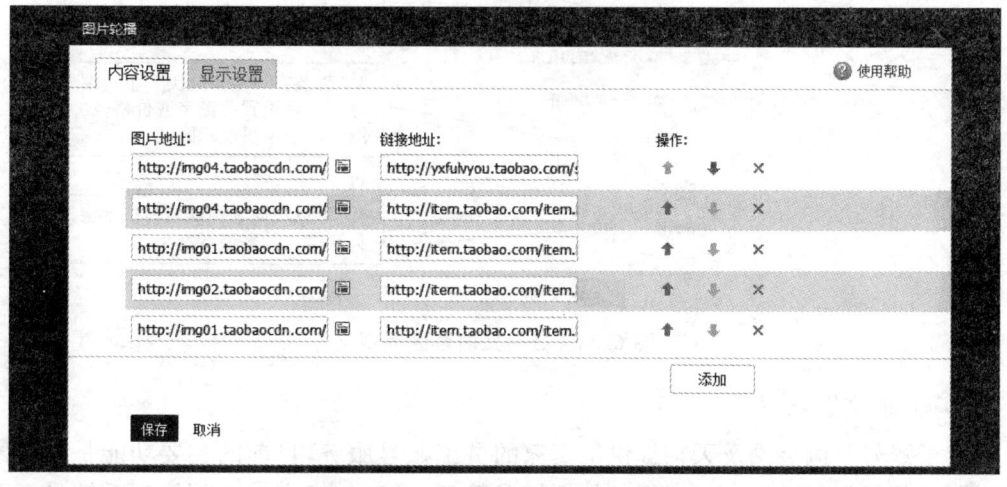

图 6.36 设置图片地址和链接地址

（3）图片轮播显示设置可以进行显示标题、模块高度、切换效果三项设置，如图 6.37 所示。

图 6.37 显示设置

3. 自定义模块

所有模块都会在左侧展示,将其拖动到右侧展示区之后,对模块进行编辑完善即可,如图 6.38 所示。

(二) 手机淘宝店铺

手机淘宝店铺主要包括店铺首页、店铺活动、店铺动态、店铺分类、店铺搜索、自定义菜单。手机淘宝店铺的管理方法与计算机端的店铺基本一致,只要按照手机的格式进行图片处理就可以。

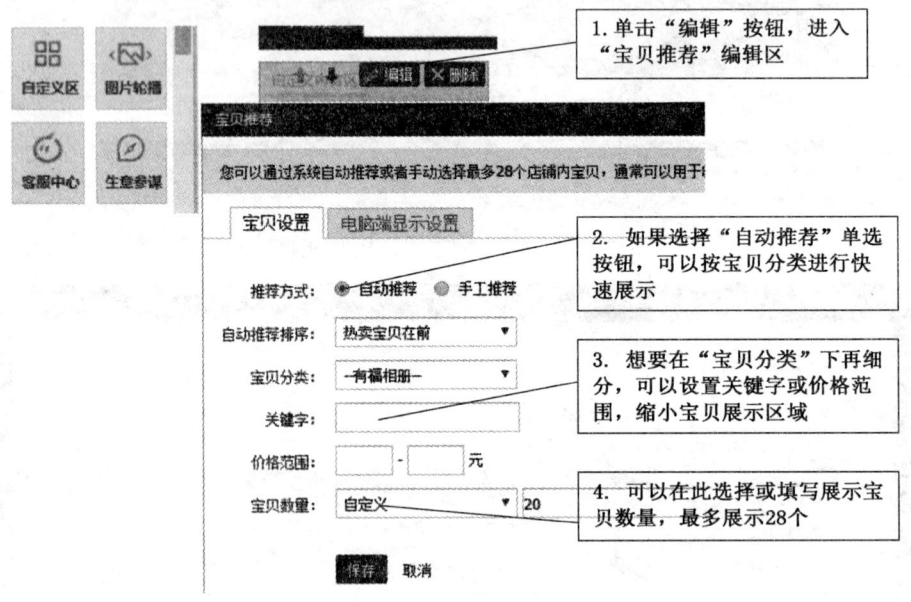

图 6.38 自定义内容区编辑

(三) 子账号管理

淘宝子账号是淘宝网及天猫提供给卖家的员工账号服务,目前的主要功能是对卖家员工淘宝网内部行为(卖家中心及旺旺)的授权及管理,通过与卖家的内部管理系统员工账号体系打通,进而为卖家提供一体化的账号管理服务并降低卖家员工账号管理及使用成本,如图 6.39 所示。

子账号设置的格式为:主账号名+冒号(英文的冒号)+子账号名。其主要功能如下:

(1) 沟通功能(与人聊天、阿里旺旺分流接单)。

子账号创立后可以用子账号名和创建时的密码登录阿里旺旺,与客人聊天。分流的意思就是在某段时间内和主旺旺账号聊天的客人很多,如果启用有分流功能的子账号登录的话,一部分客人就会被分流到和子账号聊天中。

(2) 店铺管理(需得到主账号授权)。

子账号创建后,主账号给子账号授权相关的功能,如商品编辑、上下架、改价、发货、退款等。子账号登录淘宝的"卖家中心"即可帮助管理店铺。

项目六 C2C 网络营销业务

图 6.39 子账号设置

阅读思考 6-2

客户关系管理

知识拓展

新手开店如何调整自己的店铺

淘宝店家小徐最近有这样的忧虑，开店快两年了，凭着店家产品好、价格低和小徐的热情服务，已经积累了 1 000 多位买家，并且每月销售额都在增长，可小店生意虽然越来越好，但利润却不见得比以前高。一方面原因是本身就是薄利多销，另一方面是客户多了，一个人打理不过来，需要请客服，需要支付工资。算下来现在每个月赚的钱反而没有以前多。

一次偶然的机会，小徐到一家大公司参观，发现他们的业务都是用客户关系管理系统进行管理的，这种信息化产品吸引了他，并产生了一个想法：我的小店是否也能用这样的系统来管理？回到家里，小徐就带着几个主要想法开始寻找这样的系统：① 把所有打过交道的客户都记录下来；② 记录下每次和客户交谈的内容；③ 能通过客户的意向和订单统计、分析并筛选出客户，找出大客户；④ 操作简单，界面漂亮。

几经寻找，终于发现了阿里软件网店版平台的 CRM（Customer Relationship Management，客户关系管理）功能，经过几天的试用，发现他之前的一些管理想法和思路在阿里软件网店版的 CRM 功能中都能够很好地体现：用系统把客户资源牢牢地保持在小店里；记录下每次与客户的交流重点；用系统协助他来筛选大客户，重点精准推销。

现在，小徐的小店是这样工作的：把现有员工分为前端咨询销售、后期产品服务两大部分，

207

小徐主要负责进货和协调工作。前端咨询销售负责向客户介绍产品直至客户购买,不断将新客户录入系统;后期产品服务主要负责发货、整理客户资料进行定期回访等工作;小徐利用系统的销售和客户拜访记录信息,分析什么产品好卖,什么产品利润比较高,从而合理安排进货。

定期通过 CRM 提供的邮件营销和短信营销针对特定客户群体进行推广活动。例如,最近的三八妇女节,就针对女性客户做了一次邮件推广,把小店最适合的衣服和活动优惠信息通过邮件发到客户的邮箱中,从而引导顾客光顾店铺;通过知识库搜集顾客经常提出的问题和解决方案,这样的总结,对外形成了一致的风格,给客户一种很专业的感觉,产生信任,进而购买店铺中的产品。

用阿里软件网店版的 CRM 功能管理店铺将近一个月了,客户的购买率节节上升,由于服务做得好,回头客也越来越多了,团队也不再像以前那样松散了,而是紧紧地团结在一起,每个人做自己最擅长的事,自然更加得心应手也更有效率。本月的销售业绩更是成倍增长。

小徐总结,网店虽然不大,但也存在管理问题,其实只要有企业化管理的思维,小小网店也能够有大作为!

讨论与思考
1. 在淘宝网店中如何运用 CRM 提高管理效率?
2. 试使用淘宝网阿里软件网店版的 CRM 功能。

阿里软件网店版使用。

训练任务	使用阿里软件网店版
训练目标	1. 学会使用阿里软件网店版的相关功能; 2. 能够运用软件功能提高网店管理效率
训练内容	1. 熟悉阿里软件网店版的相关功能; 2. 能够运用这些功能进行交易管理
训练成果	各团队根据自己使用阿里软件网店版的具体感受提交使用报告

任务三 网上商店推广与促销

案例导读

淘宝店铺推广实例

2015 年,小张在淘宝网开了一个基于实体鞋店的网上店铺,但是 2 个月过去了,实体鞋店运行正常,销售量也不错,但网店却没有什么进展。小张有点着急,他开始对淘宝网上其他同类网店进行考察比较。通过对其他网店的了解和观察,他发现自己的网店在以下几个方面有很大的不足:① 经营没特色,在实体店中经营面对的对象是已婚和中年妇女居多,所以在鞋样和款型上并没有紧跟时尚;同时在价格上,由于都是向厂家定做的真皮皮鞋,与时装鞋相比没有任何价格优势,唯一的优势就是以全真皮皮鞋作为卖点。② 商品特点及定位不明确,全真皮卖点不突出,没采用多元化促销方式,网店栏目、产品说明不吸引人。③ 网店名称、介绍、公告不够突出,没有围绕主题。④ 商品没达到 50 件以上。⑤ 商品照片需要美化。⑥ 商品发布时间不够准确。⑦ 网店应该注重推广。

针对以上问题,小张开始了店铺的改造计划:① 首先需要创造出经营特色。在上面已经提到网上和网下针对的客户群有出入,在现有基础上,在网店上只有突出真皮皮鞋的卖点,坚持以实惠的价格和优质服务为辅的经营特色。在不改变产品定位的情况下进行卖点包装,以真皮皮鞋的特性(舒适、自然)为创意推广"送父母""送爱人""送自己"的爱心特卖,再辅以平价促销和不断增进新的品种来进行多元化促销。② 网店名称、店铺介绍、公告围绕主题来设计。修改现在的网店名称"花美丽流行鞋馆"为"'犇'真皮皮鞋馆——真皮女鞋、男鞋、单鞋";店铺介绍修改为"舒适、自然的真皮皮鞋送父母、送爱人,自己也很舒适,很自然"。③ 店铺类目设计为送父母、送爱人、送自己、新款真皮女鞋(单鞋、凉鞋)、真皮男鞋(单鞋、凉鞋)、1 元拍区;商品命名采用"送父母舒适真皮皮鞋 88 元特价"格式。④ 重新发布一些店里的商品,以使种类丰富。⑤ 每周分 3 批,隔天发布一次新品,每个新品间隔 30 分钟,在早上 9:00—12:00,或下午 2:00—5:00,或晚上 8:00—22:00 发布。⑥ 网店推广主要通过淘宝论坛+博客的推广方式,每天至少要抽 1 个小时浏览论坛,至少有 20 条留言。结合博客日记写开店感受和经验总结,并把好帖发到淘宝论坛上和淘宝个人空间里面。

通过以上的措施,小张的网店开始逐渐受到欢迎,业务量也逐步开始提升。

案例思考 在网络世界里,怎样使顾客找到你的个人店铺?怎样使顾客愿意购买你的商品,并成为你的回头客?

课前准备

查看淘宝网、易趣网等网站上的个人网店,了解个人网店是如何开展网点推广和促销的。

课中思考

如何使个人网店更加有效地吸引顾客?

学习引导

一、网上商店的推广

网上商店的推广是指运用一定媒介,有计划地进行网店的传播广告活动,简单来说就是要让客户知道卖家的个人网上商店。网上商店的营销是指利用有效的促销宣传手段促使交易成功,简单来说就是要让客户选择卖家的个人网上商店。

（一）店铺推广

1. 店名与店标

一个朗朗上口又有个性的店名可以吸引顾客的注意力,加深顾客的印象,这样如果顾客想再次光顾卖家的店铺,就方便多了。店标是一个网店的形象,动态的店标比静态的店标更能吸引顾客的眼球。当顾客搜索店铺,或者进入店铺的时候,会马上被动态店标所吸引。

2. 标题优化

一般的淘宝买家都是通过关键词搜索来寻找自己想要的商品,如图 6.40 所示。例如,按照品牌、价格、类型等来搜索商品。所以在设置关键词的时候,要把商品的特性详细地在标题中表现出来,以提高商品被搜索到的概率。

图 6.40　关键词搜索过程

淘宝标题关键词一般为 60 个字符、30 个汉字。充分运用标题关键词,可以使得自己的商品展示在首页,这是店铺推广必做的事情。

如何挖掘标题的关键词是重点,关键词的寻找方法主要有:从商品类目中寻找,如图 6.41 所示;在淘宝首页的搜索下拉列表框中选择关键词,如图 6.42 所示。

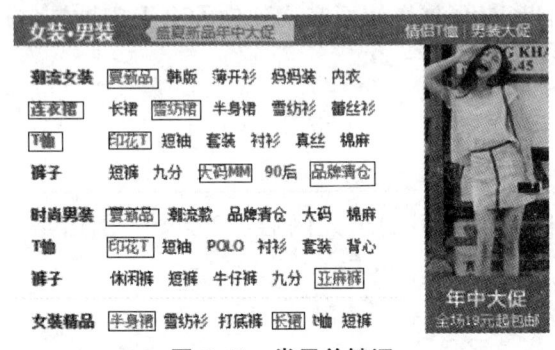

图 6.41　类目关键词

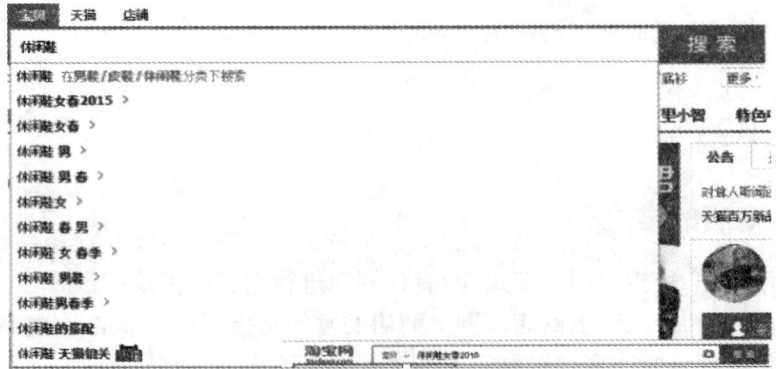

图 6.42　下拉列表中的关键词

标题关键词的类型包括品牌名＋年度＋季节＋特色＋属性词＋风格＋类目词,促销信息＋热词＋品牌词＋功能＋品名＋规格,品牌词＋热搜词＋属性词＋类目＋货号,如图 6.43 所示。

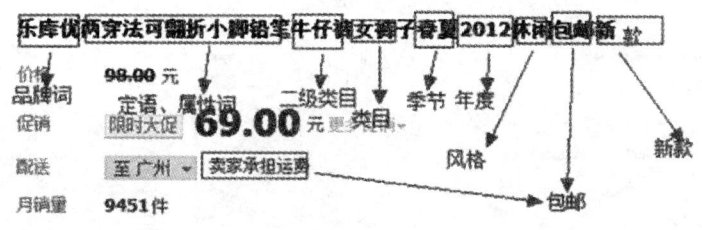

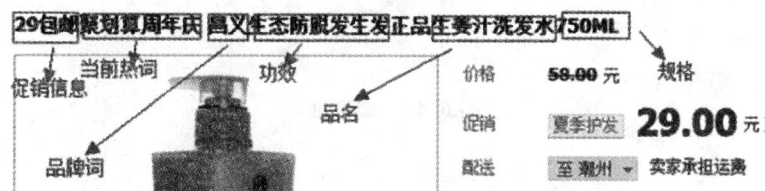

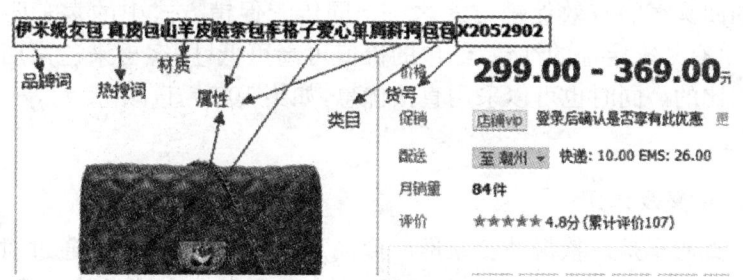

图 6.43　标题关键词

3. 橱窗推荐位

橱窗推荐位是淘宝网提供给卖家展示、推荐商品的位置之一,是淘宝网为卖家提供的特色服务。合理利用橱窗推荐位,将大大提高商品的点击率。买家进到店铺,最先看到的就是橱窗推荐位上的商品,这是商品给人的第一印象。对于推荐位不足的问题,卖家也可以购买宝贝模板来增加推荐位,这样顾客在浏览单个商品的时候,也可以同时浏览到更多的推荐商品。买家可以在店铺出售的商品列表中,选择合适的商品,单击"橱窗推荐"按钮即可,如图 6.44 所示。

4. 公告栏

从某种角度来说公告栏就是广告宣传的栏目,很多顾客来店里都喜欢先看公告栏。因此,卖家要将店铺的优惠促销信息及时发布到公告栏中,同时可以加入计数器来计算顾客的关注程度。这样卖家和买家都可以看到店铺每天的浏览量,了解店铺的受欢迎程度。但是应注意文字尽量言简意赅,公告栏是滚动出现的,太长的公告会降低顾客的关注程度。

5. 友情链接

设置友情链接是增加店铺点击率的方法之一。在店铺中设置好友或增加浏览量大的知名店铺的店铺链接,同样自己的店铺网址也会显示在上述店铺当中,通过友情链接可以使更多的顾客看到自己的店铺,从而达到增加店铺浏览量的目的。

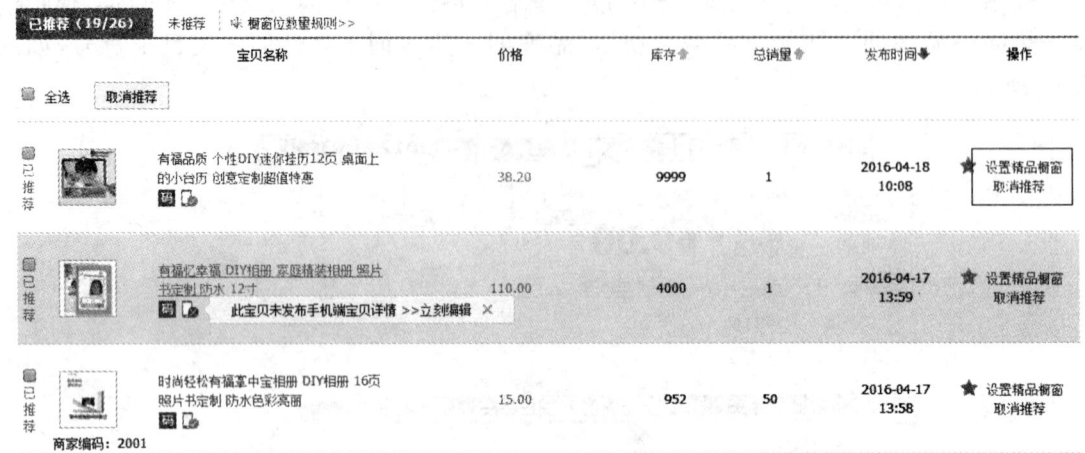

图 6.44　橱窗推荐

6. 红包

红包是增加回头客的有效促销方式之一。同传统促销方式中的卖东西送券是一个道理，如果买家手里有某家店铺的红包，红包的价值可高可低，顾客再来这家店铺的概率和红包的价值是成正比的。同时也可以采用直接优惠，如买 100 元直减 15 元等。

（二）直通车

1. 直通车的意义及作用

淘宝（天猫）直通车是一款帮助卖家推广商品/店铺的营销工具。通过对买家搜索的关键词或是淘宝网站内/外的展现位置出价，从而将商品展示在高流量的直通车展位上，也可自行选择在哪些买家眼前展示，让商品在众多商品中脱颖而出。申请淘宝直通车之后，卖家的商品可以在搜索结果页面、类目搜索页面和各类专项促销活动页面中显示，如图 6.45 所示。搜索结果页面是买家在搜索框中输入关键词即可到达的页面；类目搜索页面是买家单击类目关键词即可到达的页面，是买家购买意向最明确的地方，是目标买家寻找商品的必经之地；各类专项促销活动页面是淘宝首页、各频道和社区热卖单品活动、促销专享活动的页面。淘宝直通车是前期提高浏览量和人气最好的方法。从直通车来的客户质量很高，都是有购买需求的客户，而且通过直通车进来更能体现店铺的实力，增加了客户购买的可能性。

2. 直通车的类别

淘宝直通车分为全域搜索、定向推广及店铺推广三种方式。不同推广方式其展示位置也不同。

（1）全域搜索是指卖家设置与推广商品相关的关键词和出价，在买家搜索相应关键词时，推广商品获得展示，实现精准营销，卖家按所获流量（点击数）付费。卖家加入淘宝/天猫直通车，即默认开通。

（2）定向推广是以一跳或二跳形式进行展现的，即在店家的商品图片展示的页面中，单击商品图片，跳转到商品详情页或集合页，跳转到商品详情页则按一跳收费，跳转到集合页上则被单击商品展示在集合页的第一位，在此时单击后，才会收费。

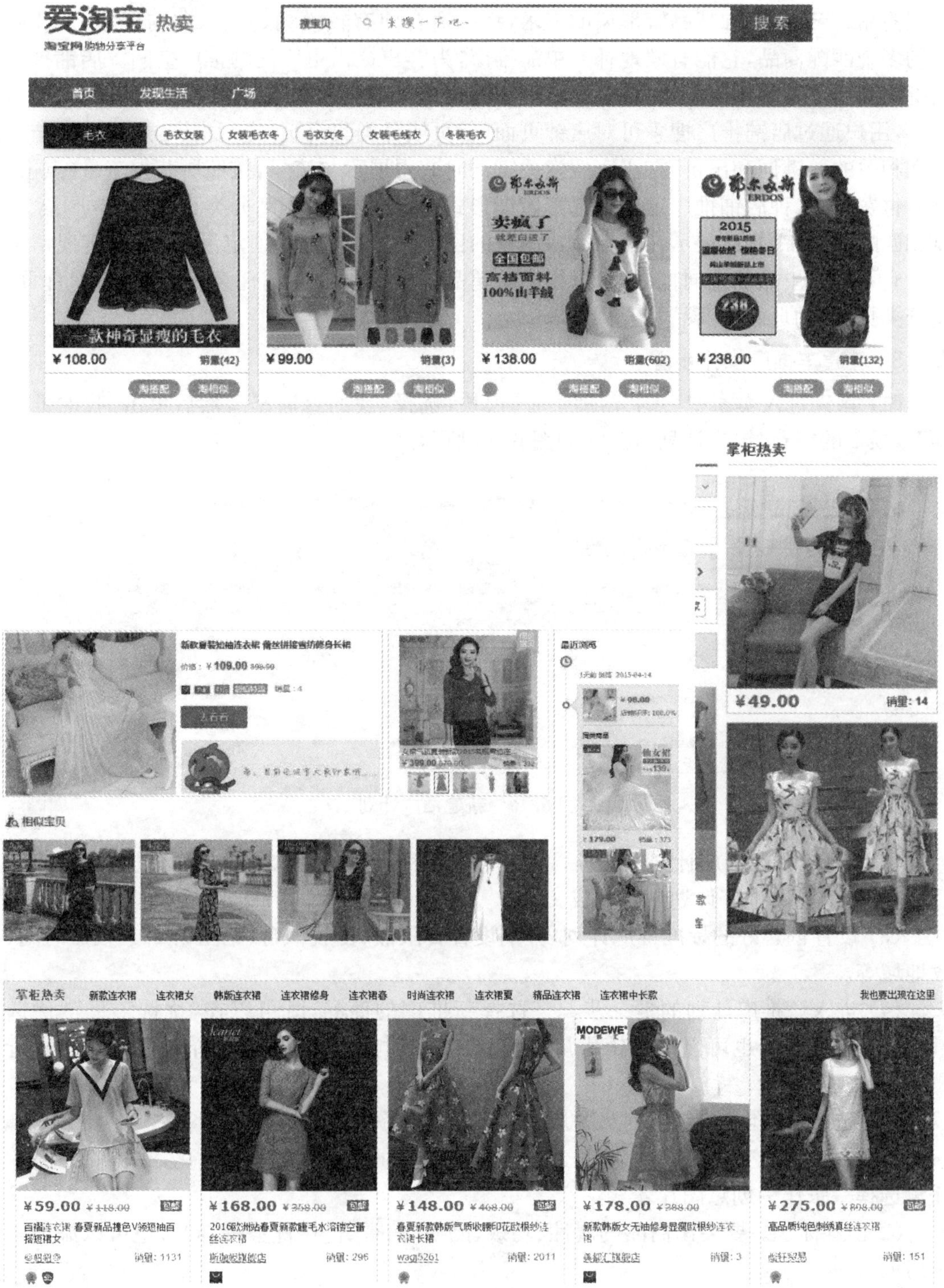
爱淘宝 热卖
淘宝网购物分享平台
搜宝贝
搜索
首页
发现生活
广场
毛衣
毛衣女装
女装毛衣冬
毛衣女冬
女装毛线衣
冬装毛衣
一款神奇显瘦的毛衣
¥108.00
销量(42)
¥99.00
销量(3)
卖疯了
全国包邮
¥138.00
销量(602)
2015
¥238.00
销量(132)
淘搭配
淘相似
掌柜热卖
¥49.00
销量: 14
相似宝贝
掌柜热卖
新款连衣裙
连衣裙女
韩版连衣裙
连衣裙修身
连衣裙春
时尚连衣裙
连衣裙夏
精品连衣裙
连衣裙中长款
我也要出现在这里
MODEWE
¥59.00
¥168.00
¥148.00
¥178.00
¥275.00
图 6.45　直通车展示

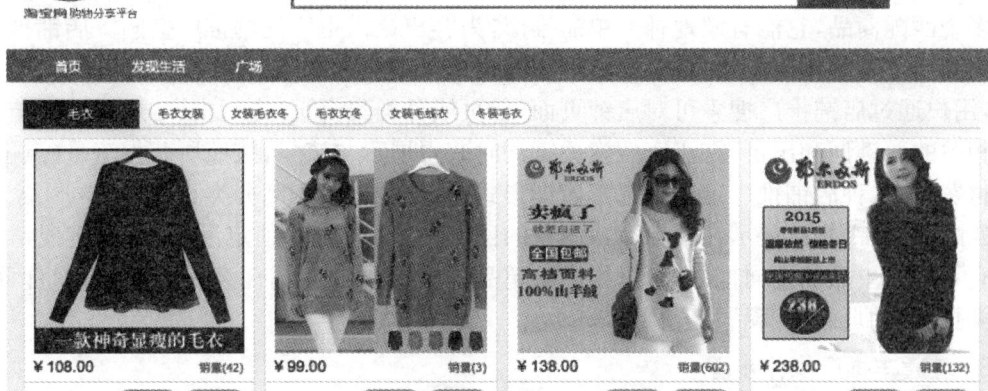

(3)店铺推广是淘宝直通车推出的一种新的通用推广方式,满足店铺同时推广多个同类型商品、传递店铺独特品牌形象的需求,特别适合向有较模糊购买意向的买家,推荐店铺中的多个匹配商品,它能有效地补充单品推广,为客户提供更广泛的推广空间。店铺推广分关键词和定向两种推广投放方式:第一种店铺推广关键词是基于搜索营销推出的一种通用推广,用户通过店铺推广搜索可对店铺页面(首页或分类集合页)进行推广,通过设置与推广页面相关的关键词和出价,在买家搜索关键词时获得展示与流量,按照所获得流量(点击数)进行付费;第二种店铺推广定向是基于店铺形式的定向推广,从细分类目中抓取与买家兴趣点相匹配的推广内容,展示在目标客户浏览的网页上,帮助店铺锁定潜在买家,实现精准营销。它不同于单品的定向推广,可以推广除单品详情页外的店铺任意页面,如店铺首页、导航分类页、活动页面或商品集合页面等。

3. 直通车推广操作步骤

(1)首先进入卖家中心的"营销中心"模块,选择"我的直通车",然后单击"我的推广计划"选项下的"新建推广计划"按钮,如图6.46所示。

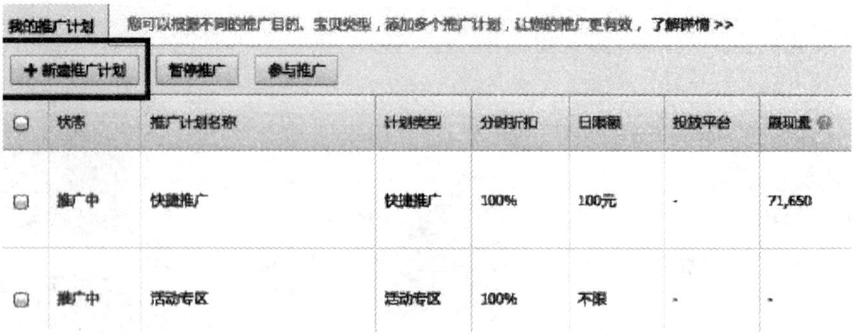

图6.46 新建推广计划

(2)进入"新建推广计划"页面后,设置计划名称、计划类型、分时折扣、投放平台等选项后保存,一个新的推广计划创建完成。

(3)设置创建好的标准推广计划,分别设置日限额、投放平台(见图6.47)、投放时间、投放地域等。

(4)进入该推广计划的下一步——选择新推广的商品,既可以在"优选宝贝""优选流量""优选转化"中,也可以结合销售量、库存和发布时间进行筛选,选择合适的商品进行推广,如图6.48所示。

(5)添加商品创意,包括创意图片、创意标题,如图6.49所示。

① 创意图片。可以到图片空间,对上一步挑选的商品主图进行优化,并从商品图片中任意选择一张作为创意图片。

② 创意标题。要突出商品的属性、功效、品质、信誉、价格优势等,同时也可以添加一些热门词。

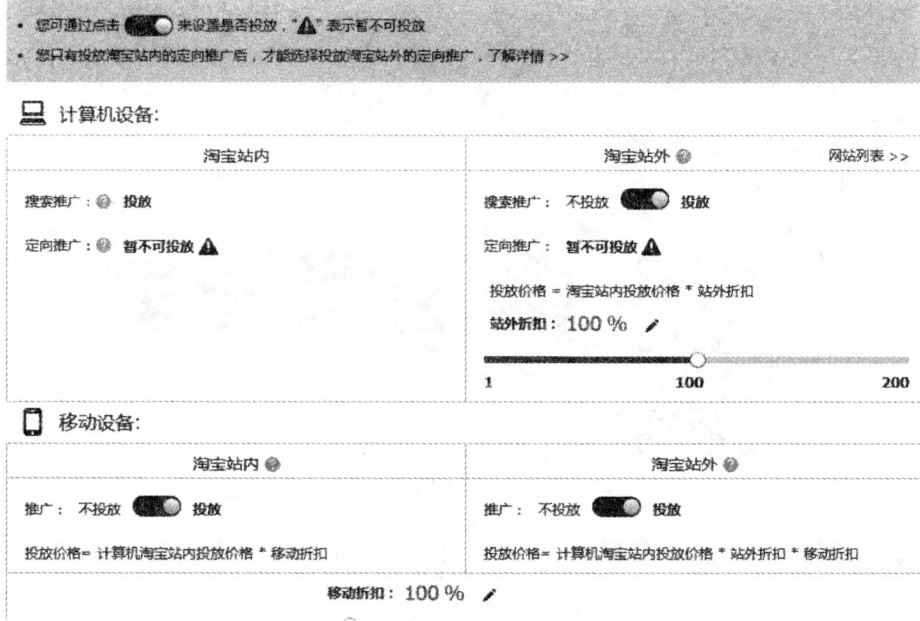

图 6.47 设置投放平台

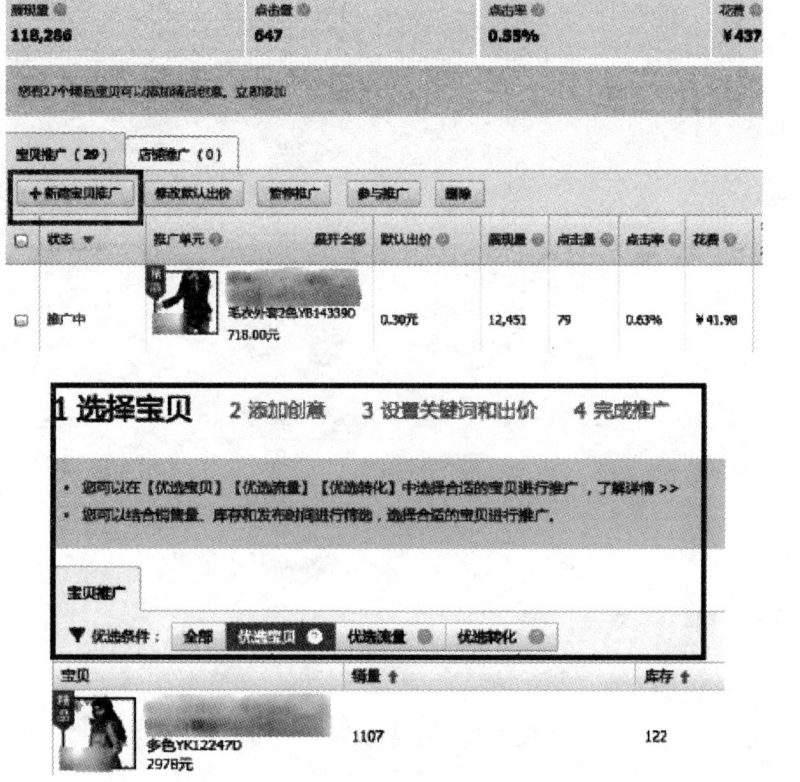

图 6.48 选择商品

图 6.49　商品创意

（6）设置关键词和出价。最多可添加 200 个关键词，可以在商品推荐词中选择关键词，并进行出价，如图 6.50 所示。

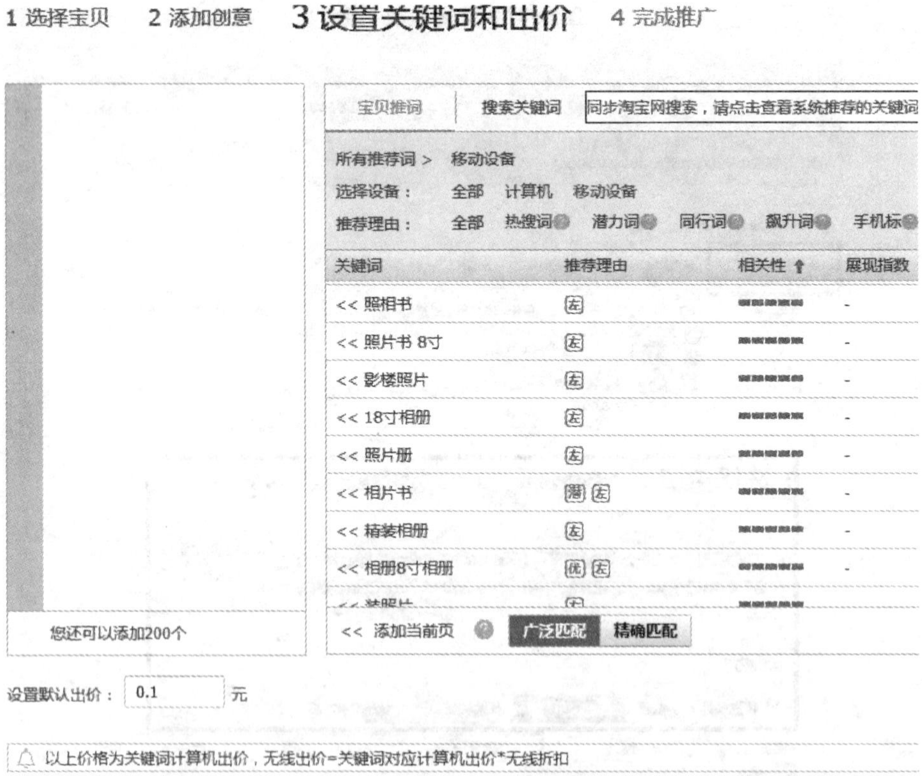

图 6.50　关键词设置和出价

(7) 完成商品推广,如图 6.51 所示。

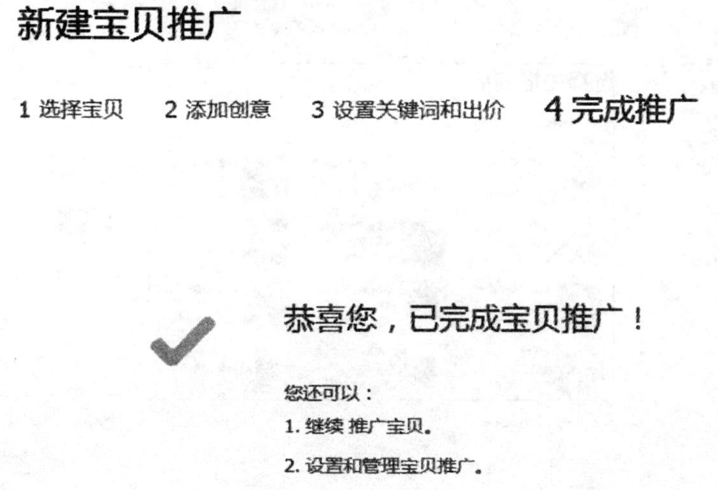

新建宝贝推广

1 选择宝贝　　2 添加创意　　3 设置关键词和出价　　**4 完成推广**

恭喜您,已完成宝贝推广!

您还可以：
1. 继续 推广宝贝。
2. 设置和管理宝贝推广。

图 6.51　商品推广完成

(三) 打造爆款

爆款是可以给店铺带来最大效益的明星产品,也叫明星款、引流款,是店铺的盈利支撑点。对于店铺来说,能否成功打造出爆款,关系店铺能否生存下来,尽快进入稳定期。

1. 爆款的特点

爆款相当于店铺产品的代言人,是店铺的活招牌,其具有以下特点:符合店铺产品的定位,和店铺其他产品具有可关联性或可搭配性,带来的客户能够为其他产品提供流量;质量过硬,供应链稳定,能够给店铺带来好的评价和客户体检,能够保持稳定引流,积累客户。

2. 爆款的价值

爆款具有提高店铺流量、提高店铺评分、带动关联销售、提高店铺转化的价值。

3. 爆款的选择

爆款的选择要把握一定的原则:第一,把一系列的商品先投放到直通车中,将选择页面到达率最高的单品拿出来做推广;第二,进行质量筛选,保证所选爆款是性价比最高的;第三,进行定价,保证大众化、平民化;第四,保障利润,所选择的爆款要有一定利润空间;第五,库存保证,有足够的库存数量是爆款可延续的基础;第六,要和其他商品有关联购买度,提高整个店铺转化率。

(四) 淘宝客推广

首先进入卖家中心的"营销中心"模块,单击"我要推广",然后在右侧选择"淘宝客推广",弹出登录窗口,单击右边的"我是淘宝会员",用淘宝卖家账户登录,第一次开通淘宝客推广需要同意协议,并且开通支付宝账户付款服务。按照提示操作即可。

同意协议并开通支付宝账户付款服务之后,就可进入淘宝客推广管理界面,在左侧选择"CPS 计划管理",即进入佣金管理页面,在此选择主推的商品,并设置佣金,默认佣金为店铺商品销售价格的 1.5%,如图 6.52 所示。最后单击"完成添加"按钮,即设置完成。

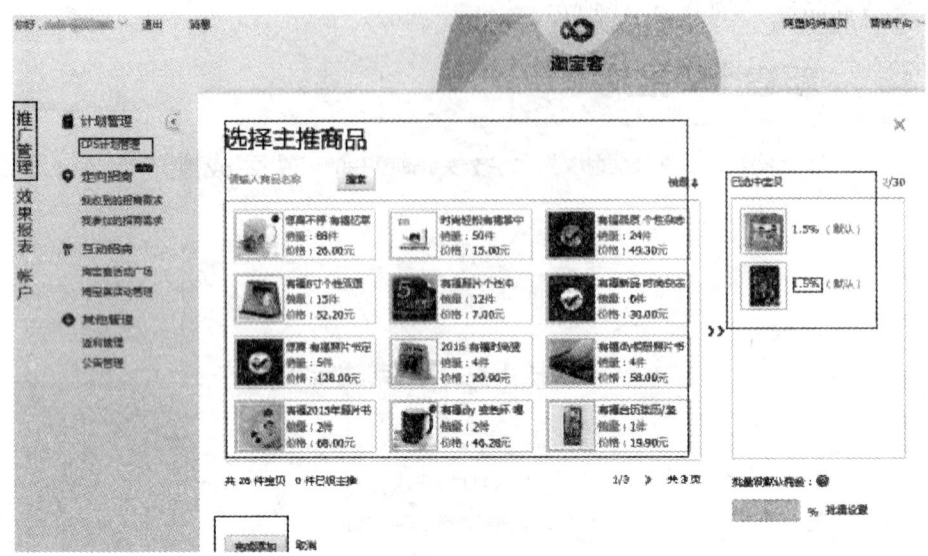

图 6.52　淘宝客推广设置

（五）阿里旺旺推广

阿里旺旺是淘宝网提供给买卖双方的一种免费即时通信工具，卖家可以利用阿里旺旺及时和买家联系，进行店铺/产品推广和促销。

使用阿里旺旺与买家沟通的语气和表情都很重要。可以灵活运用阿里旺旺的快速回复功能，提前把常用的回复语句保存起来。设置快速回复的步骤如下：① 打开阿里旺旺的"系统设置"对话框，在左侧选择"客服设置"；② 选择"客服设置"之后会出现两个子选项，一个是"客服工作台"，另一个是"自动回复设置"，这时选择"自动回复设置"选项，按提供完成自动回复语句的设置，设置完成后单击"保存"按钮即可。考虑到有可能出现不同客户在同一时间段内进行不同咨询的情况，还可以按不同状态设置不同的自动回复语句，设置步骤是：① 在"自动回复设置"页面中选择"设置自动回复"选项卡，单击"新增"按钮；② 在弹出的对话框中输入所需要自动回复的语句后，依次单击"保存""确定""应用"按钮，阿里旺旺的留言设置就设置完成了，如图 6.53 所示。

阿里旺旺个性签名的设置也是一个不容忽视的交易技巧。所谓广告无处不在，阿里旺旺的个性签名就可以作为淘宝卖家对客户宣传自身的免费广告。巧妙利用签名将店铺的特色、促销最直观地展现在买家面前。

个性签名的设置步骤是：打开阿里旺旺的"系统设置"对话框，在"个性设置"项目下选择"个性签名"，单击"新增"按钮即可设置个性签名，然后依次单击"保存"按钮、"确定"按钮完成设置。

（六）论坛及个人空间推广

论坛是淘宝买家和卖家交流沟通的平台，论坛里有许多买家，卖家去论坛发帖等于给自己的店铺做了隐性广告。

很多卖家会遗忘个人空间的推广促销价值。买家从淘宝论坛单击卖家的头像首先进入的地方就是个人空间，因此，卖家应尽量在个人空间里写上店铺的促销信息和最新的优惠政策,让推广和促销信息无处不在。卖家可以登录"我的淘宝",在"个人空间"模块中,选择开通淘宝空间。在"撰写文章"功能模块中可以随时更新店铺中的促销信息和商品信息,提高顾客的浏览量。

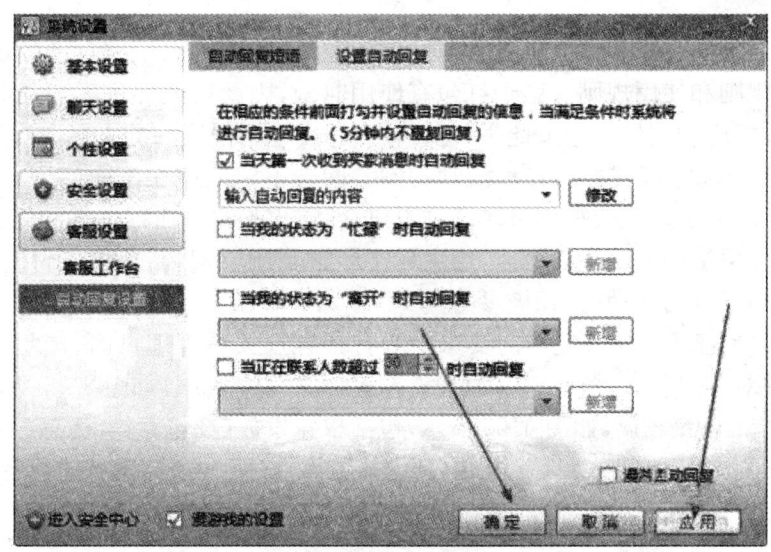

图 6.53　阿里旺旺自动回复

二、网上商店促销

淘宝网上商店的具体促销策略可从网店内、外两个方面入手。其中在网店内进行的促销以免邮费、打折、赠品三种方式为主,同时,由于网络购物和网上商店的特殊性,不能忽略其特有的网店信用管理;网店外的促销主要采取保障搜索引擎结果的排位,和竞争网店销售联盟,在淘宝社区和论坛发帖、回帖,有效利用广告推荐位和淘宝旺旺等策略。

（一）网店内的促销策略

网店内部的促销策略可分为销售促进和信用管理两种方式。

1. 销售促进

销售促进的手段以免邮费、打折、赠品为主,其他方式为辅。

（1）免邮费。邮费问题一直是影响买家对于网购价格优惠感知的重要因素,也是买家关注的焦点之一。卖家可以根据买家所购买的数量相应减免邮费,让买家从心理上觉得就像在家门口买东西一样,不要附加任何其他的费用。

（2）打折。打折是卖家目前最常使用的一种阶段性的促销方式。因为它直接让利于买家,让买家非常直接地感受到了实惠,因此受到了买家的欢迎,促销效果很理想。折扣主要采取以下两种方式:一是不定期折扣,在重要的节日,如春节、情人节、母亲节、圣诞节等打折。店主应选择价格调节空间较大的商品参加活动,而不是全盘托出。二是变相折扣,如采取"捆绑式"销售。这种方式的优点是符合节日气氛,更加人性化。

（3）赠品。赠品促销策略的关键在于赠品的选择上,一个得当的赠品,会对商品销售起到积极的促进作用,而选择不适当的赠品只能使成本上升,利润减少,顾客不满意。

（4）会员、积分。凡在网店购买过商品的顾客，都可成为网店的会员。会员不仅可享受购物优惠，同时还可以累计积分，用积分免费兑换商品。该策略的优点是：可吸引买家再次来店购物，以及介绍新买家来店购物，不仅可以巩固老顾客，使其得到更多的优惠，还可以发掘潜在买家。

（5）红包。红包是淘宝网店专用的一种促销道具，卖家可以根据自己的情况灵活地制定红包的赠送规则和使用规则。由于红包有使用时限，因此可以促进客户在短期内再次购买，有效地提升网店的销量。通过此举，也可较大程度地增强店内的人气。

（6）积极参与淘宝网主办的各种活动。淘宝网会不定期地在不同栏目、版块中组织不同的活动，参与活动的卖家会得到更多的推荐机会，这也是提升店铺人气和促进销售的一个好方法。要想让更多的人关注到网店，店主就要经常到淘宝网的首页、支付宝页面、公告栏等处关注淘宝网举办的活动，并积极参与。

（7）会员关系管理。在淘宝网的卖家中心打开客户关系管理页面，在此页面中可以查看客户列表，并对客户状态进行分析，为客户设置会员 VIP 等级，如图 6.54 所示。同时还可以对会员进行精准营销投放，如图 6.55 所示，包括权益发放（红包营销、优惠券营销）、定向优惠（专享价、打折、减现、包邮等）、专享礼包（新人礼包等），对店铺新老客户进行定向营销。

图 6.54　会员 VIP 设置

2. 信用管理

信用评价是会员在淘宝网交易成功后，在评价有效期内（成交后 3～45 天），对完成的交易互相进行评价的一种行为。一方面，网店的信用级别会对消费者的购买决策产生影响；另一方面，有的买家在交易后会对卖家所给的信用评判表示关注。因此，卖家一方面要诚信经营，提升自己的信用度和信用级别；另一方面要把握好这个宣传机会，每次交易后，不仅要对买家进行三级别评判，还要在评判留言栏留下相关的店铺信息，如"我们将在下周进行全场商品 9 折活动，欢迎再次光临"。这样一来，评判留言栏就成了促销信息的发布专区，合理地利用了网络资源。

图 6.55 精准营销投放

(二) 网店外的促销策略

网店外部的促销策略主要采取搜索引擎和销售联盟网店推广。

1. 搜索引擎

大部分买家上网购物首先浏览的页面是淘宝网搜索引擎页面,这时,买家脑海中就会出现一些他们所需商品的关键词,然后通过淘宝的搜索引擎搜索到符合条件的商品。因此,要想提高网店里商品被浏览的概率,就必须对搜索引擎的排序原理有充分的了解。要想让商品在同类商品的排名中尽量显示在前几页,就必须从商品名称、定时发布和橱窗推荐这三方面入手。

2. 销售联盟网店推广

销售联盟网店推广策略主要通过向各大购物导航网站申请收录来实现。有些购物导航网站是人工的,需要店主主动联系;有些购物导航网站是可以自动申请提交的,如速途特色网店导航等。被购物导航网站收录后,短期内未必见效,但日积月累,积少成多,会有很大的营销价值。

阅读思考 6-3

网络环境下常见的营销方式

1. 搜索引擎营销

搜索引擎营销分为两种:SEO 与 PPC。

SEO(Search Engine Optimization,搜索引擎优化),是通过对网站结构(内部链接结构、网站物理结构、网站逻辑结构)、高质量的网站主题内容、丰富而有价值的相关性的外部链接进行优化而使网站为用户及搜索引擎提供更加友好的服务,以获得在搜索引擎上的优势排名为网站引入流量。

PPC(Pay Per Click,点击付费广告)是指购买搜索结果页上的广告位来实现营销目的,各大搜索引擎都推出了自己的广告体系,相互之间只是形式不同而已。搜索引擎广告的优势是相关性,由于广告只出现在相关搜索结果或相关主题网页中,因此,搜索引擎广告比传统广告更加有效,客户转化率更高。

2. E-mail营销

E-mail营销是以订阅的方式将行业及产品信息通过E-mail的方式提供给所需要的客户,以此建立与客户之间的信任与信赖关系。大多数公司及网站都已经在利用E-mail的营销方式。毕竟E-mail已经是互联网的基础应用服务之一。

3. 即时通信营销

即时通信营销,顾名思义,即利用互联网中的即时聊天工具进行推广宣传的营销方式。品牌建设时,非正常方式营销也许获得了不小的流量,可用户不但没有认可你的品牌名称,甚至已经将你的品牌名称拉进了黑名单,所以有效的开展网络营销策略要求我们为客户提供对其个体有价值的信息。

4. 病毒式营销

病毒式营销并非利用病毒或流氓插件来进行推广宣传,而是通过一套合理有效的积分制度引导并刺激客户主动进行宣传,是建立在有益于客户基础之上的营销模式。

5. BBS营销

BBS营销已经很普遍了,尤其是对于个人站长,大部分到门户网站论坛灌水同时留下自己网站的链接,每天都能带来几百个IP。当然,对于企业来说,BBS营销要更专也更精。

6. 博客营销

博客营销是企业建立企业博客,用于企业与用户之间的互动交流及展现企业文化,一般以诸如行业评论、工作感想、心情随笔和专业技术等作为企业博客内容,使用户更加信赖企业,深化企业品牌影响力。

博客营销可以是企业自建博客或者通过第三方BSP来实现,企业通过博客来进行交流沟通,达到增进客户关系,改善商业活动的目的。

企业博客营销相对于广告是一种间接的营销,企业通过博客与消费者沟通、发布企业新闻、搜集反馈和意见、实现企业公关等,虽然这些没有直接宣传产品,但是与用户接近、倾听、交流的过程本身就是最好的营销手段。企业博客与企业网站的作用类似,但是博客更大众随意一些。另一种,也是最有效而且可行的是利用博客进行营销,这是博客界始终非常热门的话题,如老徐与新浪博客的利益之争、KESO的博客广告、和讯的博客广告联盟、瑞星的博客测评活动等,这其实才是博客营销的主流和方向。博客营销有低成本、分众、贴近大众、实时等特点,博客营销往往会形成众人的谈论,达到很好的二次传播效果。

7. 播客营销

播客营销是在广泛传播的个性视频中植入广告或在播客网站利用创意广告征集等方式来进行品牌宣传与推广的。例如,百事公司发起的"百事我创,网事我创"的广告创意征集活动。国外目前最流行的视频播客网站(世界网民的视频狂欢)、知名公司通过发布创意视频广告延伸品牌概念,使品牌效应不断地被深化。

8. RSS营销

RSS(Really Simple Syndication,简单信息聚合)营销是一种相对不成熟的营销方式,即使在美国这样的发达国家仍然有大量用户对此一无所知。使用RSS方式的以互联网业内人士居多,以订阅日志及资讯为主,而能够让用户来订阅广告信息的可能性更小。

9. SN营销

SN(Social Network,社会化网络)是互联网Web 2.0的一个特制之一。SN营销是基于圈子、人脉、六度空间这样的概念而产生的,即主题明确的圈子、俱乐部等进行自我扩充的营销策略,一般以成员推荐机制为主要形式,为精准营销提供了可能,而且实际销售的转化率较好。例如,谷歌的Gmail邮箱即采用推荐机制,只有别人发给你邀请,你才有机会体验它。同时,当你拥有了Gmail,又可以给其他人发邀请,用户通过邀请机制扩展了其社交网络,同时,Gmail通过人们的不断传递与相互关联实现了品牌的传递。这也可以说是病毒式营销的升华,对于用户认可产品的品牌起到了很强的推动作用。

10. 创意广告营销

也许看完"好房网热门房地产营销分析"后你会受到一些启发,企业创意型广告可以深化品牌影响力及品牌诉求。"格子网站,我有钱"这样的广告是纯粹的创意广告。

11. 知识型营销

知识型营销就像百度知道,通过用户之间提问与解答的方式来提升用户黏性,你扩展了用户的知识层面,用户就会感谢你。试想企业不妨建立一个在线解答疑难的互动频道,让用户体验企业的专业技术水平和高质服务,或是设置一块区域,专门向用户普及相关知识,每天定时更新等。

12. 事件营销

事件营销可以说是炒作,可以以有价值的新闻点或突发事件在平台内或平台外进行炒作的方式来提高影响力。例如,好房网刚被黑客攻击几分钟就被某人发现了,于是最短时间内写出一篇文章简单介绍事件,并发给了几个经常活动的QQ群及论坛上。当然,如果能根据该事件写出一篇深度报道会更好,会使更多人注意到他的文章。

13. 口碑营销

口碑营销虽然并非Web 2.0时期才有的,但是在Web 2.0时代表现得更为明显,更为重要。

14. 渠道分销

一个完善的网络营销渠道具有三大功能:订货功能、结算功能和配送功能。网络营销渠道分为网络直销策略(生产商通过网络直接销售产品)和网络间接分销策略(商品由中间商销售给消费者或使用者)。

讨论与思考

分析以上几种营销模式的特点与作用。

能力训练

在淘宝网上制定推广促销方案。

训练任务	网店推广促销方案的制定
训练目标	制订网店推广促销方案
训练内容	选择推广方式,制定促销方案
训练成果	写出选择推广方式的流程,并截图保存

思政元素

在网店经营中学会礼貌、尊重、友善,细节决定成败。

项目总结

　　C2C 电子商务是中国网络营销业务中非常重要的模式之一,而淘宝网仍是目前 C2C 模式的典型。淘宝网店铺创建需要分步骤进行:首先做好创建网上商店的准备工作,包括选好货源、证件拍摄、支付宝和身份认证等;网店装修需先定好店铺框架、统一店铺风格,对店铺进行美化,达到招徕顾客的目的;在网店经营与管理过程中,主要包括宝贝管理、交易管理、物流管理、店铺管理、进销存及财务管理等;店铺的推广是客户流量来源的关键,所以需要做淘宝网站内推广和站外推广,站内推广有直通车、淘金币、标题优化等,站外推广有搜索引擎推广、博客(微博)推广等。

资源链接

1. 淘宝网:http://www.taobao.com
2. 阿里巴巴:http://www.alibaba.com
3. 支付宝:http://www.alipay.com
4. 阿里妈妈:http://alimama.com
5. 阿里巴巴电子商务认证网站:http://alirenzheng.alibaba.com

同步练习

一、多项选择题

1. 店铺推广方式有(　　)。
   A. 设置店招和店名　　　　　　B. 橱窗推荐
   C. 直通车　　　　　　　　　　D. 论坛推广
2. 比较典型的店内销售促进方式有(　　)。
   A. 会员、积分　　B. 红包　　C. 免邮费　　D. 打折

二、判断题

1. 店铺基本设置包括店铺名称、店铺标志、店铺简介等内容。　　(　　)
2. 宝贝管理的主要内容包括商品信息的编辑和修改,商品上架、下架等。　　(　　)

三、论述题

阐述如何运用淘宝客进行店铺推广。

实训项目

淘宝网个人网店建立与信息维护

实训目的：

1. 了解淘宝个人网店的定位与规划。
2. 建立个人的淘宝网店。
3. 掌握淘宝网个人网店管理系统的各项功能。

实训要求：

1. 掌握淘宝网提供的各项工具的使用技巧。
2. 能够进行个人网店的推广与维护。

实训器材：互联网和个人计算机组成实训网络；学生客户端采用 Windows 2000 系统、IE 8.0 以上浏览器。

实训指导：

1. 个人网店的定位与规划。
2. 个人网店的建设。
3. 个人网店的维护。

	活动重点	时　间
任务引入	淘宝网个人网店建立及维护	20 分钟
活动一	分析淘宝网开店流程	50 分钟
活动二	注册淘宝网账户，注册支付宝账户	50 分钟
活动三	店铺构建	80 分钟
活动四	店铺维护	30 分钟

活动建议：

任务引入	资源/时间
目的： 　　通过在淘宝网建立自己的网店，真实体会 C2C 交易平台中网络营销策略应用的重要性。 活动安排： 　　① 组织学生进入淘宝网，了解淘宝网开店流程；② 注册淘宝账户和支付宝账户；③ 建立自己的网店；④ 掌握淘宝网商品交易平台营销策略的具体应用	实训室/20 分钟； http://www.taobao.com

续 表

活动一　分析淘宝网开店流程	资源/时间
目的： 　　通过登录淘宝网分析其开店流程，为自己建立个人网店打好基础。 活动安排： 　　① 组织学生登录淘宝网，检索淘宝大学城下载淘宝开店流程；② 以消费者的身份选择适合的商家进行实际商品的竞拍；③ 分析淘宝网上开店应注意的问题，并以小组为单位进行探讨	实训室/50 分钟； 投影仪
活动二　注册淘宝网账户，注册支付宝账户	资源/时间
目的： 　　根据淘宝网开店流程，注册淘宝网账户和支付宝账户。 活动安排： 　　① 组织学生登录淘宝网，注册淘宝网账户；② 注册支付宝账户；③ 总结注册过程中所面临的问题	实训室/50 分钟； 投影仪
活动三　店铺构建	资源/时间
目的： 　　利用淘宝网 C2C 平台，构建适合自己的购物平台。 活动安排： 　　① 组织学生利用自己的账户登录淘宝网，选择适合自己的 C2C 平台框架；② 设计网站平台中的框架内容，包括 Banner 和商品；③ 展示自己的 C2C 平台，并以小组点评的形式进行经验分享	实训室/80 分钟； 投影仪
活动四　店铺维护	资源/时间
目的： 　　为了使自己的购物平台能够吸引更多的消费者，店铺的维护是非常重要的，因此，要求每组学生针对活动三中所创建的站点进行维护，并总结维护方式及方法。 活动安排： 　　① 组织学生登录自己的店铺，并及时更新商品信息，要求信息丰富；② 根据活动三中小组讨论的结果，吸取较好的建议，更新自己的框架结构和布局；③ 时刻关注商品价格、图片的更新与维护；④ 将更新后的店铺与初始建成的网店进行对比，写出对比报告	实训室/30 分钟； 投影仪

项目七

O2O 网络营销业务

项目情境创设

由于全球化的商业社会对信息快速交流与共享的要求越来越高,衍生了更多新的商务行为,社交、交易、体验、营销开始涌入虚拟世界,这些质的改变在快速地推动各个行业的发展。2012 年电子商务产生一个新的模式——O2O,即线上(Online)到线下(Offline)。我们早先接触的团购网站都归属于 O2O 的领域,商业 O2O 模式的表现形式将在不远的将来呈现出越来越丰富的内容。

O2O 作为线下交易业务的前台,为互联网和电子商务带来了商业发展的一个高峰。O2O 模式互动营销,比单纯线上买卖更安全,比传统线下销售更灵活。它为更多消费者带来了丰富的营销体验。过去以零售方为主导的时代即将过去,市场及消费者的声音即将唱响主旋律。

项目任务书

任务编号	分项任务	职业能力目标	知识要求	课时
任务一	O2O 及其产生的原因	能够理解 O2O 的概念和特点,掌握 O2O 产生的原因	1. O2O 的概念和特点; 2. O2O 产生的原因; 3. O2O 的优势和劣势	2
任务二	O2O 经营模式与营销策略	能够分析企业采用的 O2O 经营模式与营销策略;分析各种策略的特点	1. O2O 的经营模式; 2. O2O 的营销策略; 3. 社区 O2O 的经营模式和特点	2
任务三	大数据时代的 O2O 运营	能够掌握 O2O 大数据开发的流程,运用分析工具进行大数据分析	1. 大数据的有关概念和特征; 2. 大数据来源; 3. O2O 电商大数据开发流程; 4. 基于大数据的 O2O 营销	1
任务四	O2O 发展趋势	能够分析我国 O2O 发展的趋势和影响 O2O 发展的因素	1. O2O 发展的影响因素; 2. 我国 O2O 模式的发展现状; 3. 我国 O2O 模式存在的问题和发展趋势	1
职业素质目标		1. 搜集和分析信息能力; 2. 团队合作自主学习能力; 3. 探索实践的创新能力		

项目学习引导

O2O,特指本地服务电商化。从广义上讲,O2O是指通过线上营销推广的方式,将消费者从线上平台引入线下实体店,即Online to Offline;或通过线下营销推广的方式,将消费者从线下转移到线上,即Offline to Online,在整个过程中不完全强调要通过线上支付环节完成交易。从狭义上讲,O2O是指消费者通过线上平台在线购买并支付/预订某类服务/商品,并到线下实体店体验/消费后完成交易过程;或消费者在线下体验后通过扫描二维码/移动终端等方式在线上平台购买并支付/预订某类服务/商品,进而完成交易。狭义O2O强调的是交易必须是在线支付或预订的,同时商家的营销效果是可预测、可测量的。

任务一 O2O及其产生的原因

案例导读

风云再起,社区团购竞争新看点及趋势展望

社区团购并非"商业新物种",但却是当下最为火爆和竞争极为激烈的行业领域之一。在互联网创新驱动下,从最开始的O2O模式,到近几年互联网巨头们纷纷押注社区商业,展开激烈角逐。突如其来的疫情影响,再度让各大互联网巨头将目光聚焦到社区团购,社区团购再度拉开"大战序幕"。

01 社区团购赛道再升温

在社区团购市场,除了开启狂奔模式的叮咚买菜外。2020年7月,美团调整组织架构成立优选事业部,发布了美团买菜App,进入社区团购赛道,并开始疯狂拉新,社区团购成为美团下一个业务增长点和新业务故事。

2020年8月底,电商巨头拼多多在武汉、南昌等地上线社区团购平台"多多买菜",通过供应链集采优势和社群电商推广,截至11月27日,"多多买菜"已经覆盖了全国范围内除北京、上海、深圳之外的十四个省市,大多集中在下沉市场。

阿里巴巴2020年10月成立社区团购事业部,并将盒马社区团购业务覆盖湖北全省,也透露出积极加码社区团购的市场信号。京东筹划了名为"京东优选"的社区团购项目,整合内部四个社区团购业务。

就连食用油品牌金龙鱼都按耐不住,12月1日在互动平台上表示,目前公司的零售渠道已经涉足社区团购业务,搭建了金龙鱼的社区服务网络,未来社区团购业务会作为终端零售的补充持续发展。

据不完全统计,国内目前有200多家社区团购企业,从2019年1月至2020年11月26日,国内社区团购类电商领域共发生26起投融资事件,共计融资超117亿元。

尽管社区团购市场早已是一片红海,互联网巨头们都在这条赛道上争相跑马圈地、激战正酣。

02　千亿规模的社区团购市场

众所周知,互联网公司服务于人们生活的衣食住行,在饮食方面,互联网企业可是下足了功夫,近年来大家都纷纷押注社区团购。社区团购以社区或居民小区为目标开展团购式业务,主要满足家庭消费场景需求。在社区团购中,生鲜和日用品是家庭消费场景中消费频率最高、购买需求最强的,是社区团购的主要品类。

以生鲜为例,中国人口众多,生鲜是每家每户餐桌必不可少的元素,生鲜本来就是一个万亿级的市场,近年来生鲜消费稳定增速,空间巨大。社区团购市场空间有多大?有研究机构分析预测,成熟社区GMV(成交金额)约6~8万元,按30%社区渗透率计算,中国社区团购市场规模将接近1 000亿元。

据观研天下报告统计显示,中国社区团购电商用户在2018年的规模就达到了3.32亿人,社区团购用户一直保持高速增长,加上如今各大互联网平台加快布局,用户渗透率进一步提升。

社区团购消费人群主要是家庭饮食日常采购者,以女性消费者为主,其中包括已婚女性,也包括年轻的消费群体,经过多年O2O市场的习惯培养,他们已经天然适应了社群再造下的社区团购。可见,社区团购有高频次的市场需求,又有广阔的市场发展空间和前景,社区团购市场注定是各大互联网巨头的"必争之地"。

03　社区团购竞争的新看点及趋势

社区团购行业从2015年兴起至今,起起伏伏,经历过2018年全民团购以及资本追逐的风口后,到2019年整个行业经历了大洗盘,暴雷、兼并及整合等,大多数团购平台都败走出局。从行业发展阶段看,目前社区团购市场已经迈入下半场,如今是巨头、头部玩家和少数垂直行业平台玩家之间的角逐。那么,迈入下半场的社区团购市场有哪些新看点?狂风暴雨后的社区团购市场是否会回归理性?

第一,竞争日趋激烈,补贴大战已经开始。

毫无疑问,巨头们已经纷纷再度加码布局,尽管目前是未见风来,但已经嗅到了狂风暴雨即将到来的气息,这轮社区团购大战的竞争将会是社区团购行业至今"之最",竞争只会更加激烈。互联网巨头竞争历来离不开强大资本作为支撑,无论是新入局的美团、拼多多,还是不断加码的阿里巴巴、京东,以及其他玩家已经开始了社区团购补贴大战,如拉新、转移客户、刺激客户线上下单、留住客户等。

第二,各有各的玩法,发挥各自的优势。

这轮社区团购大战的一大看点是,各有各的玩法,各家都拿出了自家的竞争利器。

其中具有代表性的就是拼多多,多多买菜定位便宜实惠的社区团购平台,模式上主打的是线上预订+次日送站+站点自提。拼多多也凭借其农产品上行的战略优势,通过集中采购的优势降低成本,直接触达消费者。美团买菜主打前置仓自营模式,不同于京东等公司与超市合作的模式,侧重自我管理,同时依托配送优势。

第三,预判狂风暴雨后社区团购市场终将回归理性。

多年来中国互联网行业竞争一直是风起云涌,2011年千团大战、2012年电商烧钱大战、2013年OTA烧钱大战、2014年的网约车大战、2015年外卖/O2O大战、2017年的共享单车大战……每一次"血雨腥风"后,最终剩下的只是头部玩家。可以预判狂风暴雨后的社区团购市场终将回归理性。而对于作为消费者的我们来说,社区团购给我们带来更多便利的同时,更关注商品的质量和服务的品质。

(资料来源:澎湃在线,https://www.thepaper.cn/)

课前准备

搜集国内知名 O2O 网站信息。

课中思考

O2O 为企业带来怎样的价值?

学习引导

互联网产业的迅速发展,带动电子商务迅速壮大。如今电商在零售行业占据重要地位,给传统产业尤其是传统零售业带来了巨大的冲击,线下商家的发展速度落后于线上商家,许多线下商家转而寻求线上发展。然而线上与线下的商家各有优势,线下商家有着实体店的优势,而线上商家有着网络市场的优势,二者的联合是必然的趋势。

一、O2O 的概念

2010 年 8 月,TrialPay 公司的创始人 Alex Rampell 提出了 O2O(Online to Offline,线上到线下)的概念。他在分析 Groupon、OpenTable、Restaurant.com、SpaFinder 公司的案例时发现这些公司之间存在共同点:这些公司的业务促进了线上到线下商务的发展。他将该模式定义为"线上—线下"商务,简称为 O2O。如同 B2B、C2C 和 B2C 这类的商务术语,O2O 开始广为流传。

O2O 是指将线下的商务机会与互联网结合,让互联网成为线下交易的平台。O2O 的概念非常广泛,企业在品牌和用户定位的基础上,融合线上和线下的渠道,利用互联网、大数据技术和社交媒体,随时随地为消费者提供消费体验,有效提升品牌的知名度,建立消费者与品牌之间忠诚度的一种商业模式。

二、O2O 的特点

(一)数字化顾客管理

O2O 是建立在互联网上的消费者与品牌之间的持续信任的连接,是客户网络体验和实地体验的结合,商家通过消费信息了解消费购物信息,极大地方便了商家搜集消费数据,分析消费市场,进行精准的营销定位。通过个性化的营销定位,实现在新技术、新模式下以人为本的极致客户体验,从而更好地维护并拓展客户。O2O 是围绕品牌定位、用户定位的一种商业设计,它结合了用户定位和画像、物联网的位置感知、视觉设计、艺术陈设、新媒体传播、用户情景表演、会员系统与大数据等技术,制定品牌策略、设计产品创新、完善人的情境与场景设计、建立立体的客户体验。

（二）在线支付

即使在电子商务最发达的美国，线下消费的比例依旧高达 92%。这不仅是因为线下的有些产品和服务不能通过快递送达，更重要的是消费带来的社交体验是无法装箱运送的，消费者最终要到实体店里进行消费。通过 O2O 模式，将实体店中的商品及服务进行展示，提供在线支付。这样线下服务就可以在线上来揽客，消费者可以享受在线筛选服务和在线结算的便利。

目前正在尝试使用 O2O 模式的商家，使用比线下支付要更为优惠的手段来吸引客户进行在线支付，这对于消费者来说，不仅节约了不少支出，拓宽了选择的余地，还可以通过线上对比所在区域选择最实惠的服务。但如果没有线上支付的展示，也许消费者会很难知晓商家信息。O2O 的核心在于在线支付，有在线支付功能的 O2O 只不过是替他人作嫁衣，如常见的团购网，如果没有能力提供在线支付，就无法统计实际购买人数。

（三）大数据是关键

O2O 充分利用大数据技术，同时也在产生大数据。对商家而言，当他们有了数字化的信息之后，巧妙地将销售行为、经营流程数字化。当商家拥有了用户数据、运营数据、商品数据之后，可以开展需求调研和品牌分析，指导商品研发、生产，并以此来开展以需定产的 B2C 模式。对消费者而言，他们通过智能手机终端，将社交行为、消费行为和互动行为等碎片化的数据汇总成为 O2O 丰富的数据基础。因此，O2O 营销的基础是大会员体系，如线上社区、线下会员。O2O 运营的基础是企业资源的电子化、数字化，包括对产品和服务的电子化，对资源和环境的数字化。

三、O2O 产生的原因

（一）国内外 O2O 模式的产生

2007 年美国沃尔玛公司的电子商务网站（http://www.walmart.com）提出了 Site to Store 的 B2C 战略，这项服务可以让消费者在网上订购商品、付款，然后在离他最近的沃尔玛商店取货。订单产生后沃尔玛公司把商品放到指定商店里的一个专门的地方等待消费者去取货。该模式是 O2O 的雏形，从中可以看出美国的 O2O 的推动者是线下实体零售商。

在中国，20 世纪 90 年代就产生了 O2O 雏形模式，如 OTA 行业的携程网。由于经济发展，人口快速流动，人们的出行需求促使酒店预订业务逐渐兴起。当时的酒店数量多且分散，不论是商旅还是游客订酒店都很困难。携程网认为酒店预订前景广阔，利用线上业务实施酒店预订，引导消费者到线下酒店消费，中间减去了很大一部分的渠道费用。从这个角度可以看出，中国的 O2O 的主导者是线上的电子商务公司（见图 7.1、图 7.2）。

（二）O2O 产生的原因

1. 从市场的角度来看

市场竞争越来越激烈，经营成本越来越高，其主要体现在房租成本、人力成本不断增加，导致利润降低。而客户忠诚度越来越低，客户忠诚度降低的主要原因在于可选择性太多，当人们可选择的范围特别大的时候，就很难保持对某一个品牌的持久忠诚，除非这个品牌具有一定的特殊性，能够满足消费者的某种长期需求。O2O 将线上订购的便捷实惠和线下消费的真实体验充分结合起来，特别适合必须到店消费的商品和服务，从而强化了自己的核心竞争力，改善了用户体验，提高了商家的市场竞争力。

图 7.1　天猫超市首页

图 7.2　携程旅游网

2. 从技术的角度来看

物联网技术的发展，使得互联网技术与各类智能设备越来越多地融入人们的日常生活中，传统的购物与消费方式也开始随之改变。物联网理论提出的新型智能网络和服务的架构，可以实现生活中的交互变革与体验提升。O2O 同移动互联网的结合将在很大程度上改变商业与社会形态。

随着大数据技术的发展，O2O 的数据商业架构也越发清晰，O2O 的每个线上与线下交互节点产生的数据都将量化。从用户进入停车场、进店、出门到手机访问 App，用户在每个消费环节都将产生数据。O2O 模式不仅仅让企业能够读取数据来处理客户的信息，更可以让企业服务所需要的硬件更加智能，主动地做出正确的选择来为顾客服务。越来越多的企业竞争将变成对于数据分析、挖掘与利用的竞争。

3. 从价值创造的角度来看

O2O是将线下交易与互联网结合在一起的新的商务模式,把线下商店的消息推送给线上用户,用户在获取相关信息之后可以在线完成下单、支付等流程,之后再凭借订单凭证等去线下商家提取商品或享受服务。在电子商务的信息流、资金流、物流和商流中,O2O只把信息流、资金流放在线上进行,而把物流和商流放在线下。O2O依靠线上推广交易引擎带动线下交易,以加大商户的参与和用户的体验感,这种线上与线下的融合产生的价值十分惊人。

四、O2O的优势和劣势

(一) O2O的优势

O2O可以节省交易的费用,顾客对商业实体的价值判断变得更加便利和直观。企业利用大数据的作用,深入了解顾客认同的商业价值。以线下实体服务体验为主,打破现有电子商务模式。以手机、平板电脑为服务终端,实现无地域、无时限的移动互联消费。不仅商品和服务的质量可比较,网络消费记录可查询,商品到货速度快,也可以看见其他消费者的意见和评论,如午餐外卖,网上下单几分钟就可以送到。采用O2O使得商家的定位精准,反应速度提高,缩短了与顾客的距离。

(二) O2O的劣势

在电子商务领域,国内还未形成完全成熟的O2O体系,不论是行业监管还是技术方面都有很多欠缺的地方。例如,国内团购网增长过快,团购网信息的真实性不能保证,支付的安全性不能保证,间接影响了O2O的发展。有的商家为了吸引消费者到店,制定了十分诱人的优惠政策,但是等消费者到店之后,又有很多附加的或隐形的消费,有些团购商品的质量比常规渠道购买的质量差很多,这都会让消费者产生受到欺骗的感觉。这都可能会影响消费者再次从团购渠道购买的选择。

阅读思考 7-1

苏宁"O2O模式"诠释以旧换新第一平台

近日,国务院印发《关于进一步做好稳就业工作的意见》,指出要挖掘内需带动就业,鼓励汽车、家电、消费电子产品的更新消费。政策暖风频吹,2020年,"以旧换新"再度成为家电行业的关键词。

2019年以来,促进绿色节能家电消费、以旧换新等政策不断出台。苏宁作为家电第一销售渠道,在以旧换新"大潮"中做出突出贡献,商务部发布的《2019年电子电器产品消费报告》更是以苏宁的"以旧换新"业务作为典型案例。

目前,苏宁已经将以旧换新发展为一场多方参与、多方共推的社会性活动。不仅帮助消费者以便利手段处理旧家电、以优惠价格购入新家电,也为家电消费提供了新的增长点,有效地提振了家电市场的信心。

苏宁"以旧换新"领跑行业

2019年,苏宁成立以旧换新项目组专项全国推广,整合各品牌工厂为消费者提供购新换新补贴,以优惠券、苏宁卡等多种方式为消费者提供换新补贴,同时打通旧机回收与新机购买流程,不仅实现了线上线下全渠道的有序衔接,也为消费者提供了规范化及标准化的服务。

苏宁大数据显示,截至11月底,苏宁平台"以旧换新"总转化金额60亿,参与补贴人数133万人次,换新台数超200万订单,回收电子电器产品件数达285万件(见图7.3)。其中,空调是苏宁平台"以旧换新"的主要品类之一,2019年1—11月,空调转化金额在苏宁平台电子电器全品类中占比超过四分之一。这一方面表明以旧换新活动针对性强、精准面向有升级需求的用户;另一方面也透露出家电换新逐渐成为新的生活方式。

换新不只要换"新",更要换"好"。苏宁大数据显示,美的、海尔等一线品牌依然是旧机换新的首选。2019年1到11月,美的、海尔分别以占比12.39%和9.71%位于苏宁平台"以旧换新"品牌转化金额前两席位。苏宁自主品牌则实现转化金额超过5亿元,占全部转化金额的8.6%,位列第三位。

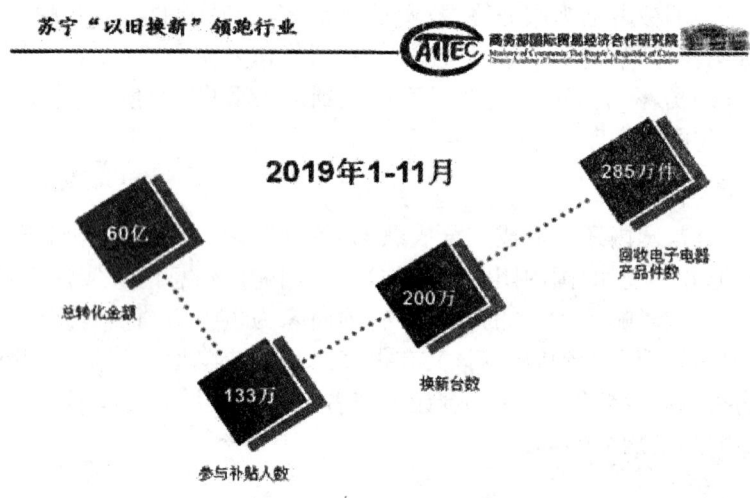

图 7.3 苏宁"以旧换新"

"O2O 换新模式"诠释第一平台

家电换新的火热势头离不开苏宁的优质服务与补贴力度。而苏宁独具的线上线下全渠道的O2O换新模式更是成为行业"以旧换新"的第一平台。2020年,苏宁将持续主推"以旧换新"。

在服务体验方面,苏宁升级了一站式以旧换新平台,实现免费拆旧机、快速发补贴、上门装新机一步到位。消费者不仅可以在线上预约以旧换新服务,也可以到苏宁线下门店进行换新,社区生活帮还有以旧换新窗口。

而针对消费者的换新担忧,苏宁还推出"一口价"政策(见图7.4)。线上平台专业评估,换新不再担心随口估价。如果对估价满意,回收服务30分钟响应,24小时上门,北京、上海、南京等核心城市可以实现半日上门,换新流程十分便捷。而在线下门店换新,更有苏宁专业店员的换新服务辅导,帮助消费者完成以旧换新的全过程。

在补贴力度方面,苏宁以旧换新覆盖旧机回收补贴、苏宁换新补贴、商家换新补贴三大补贴。三方补贴加持,换新力度领跑行业。年货节期间,苏宁更推出高达1 500元的以旧换新补贴,正是家电换新的好时机。

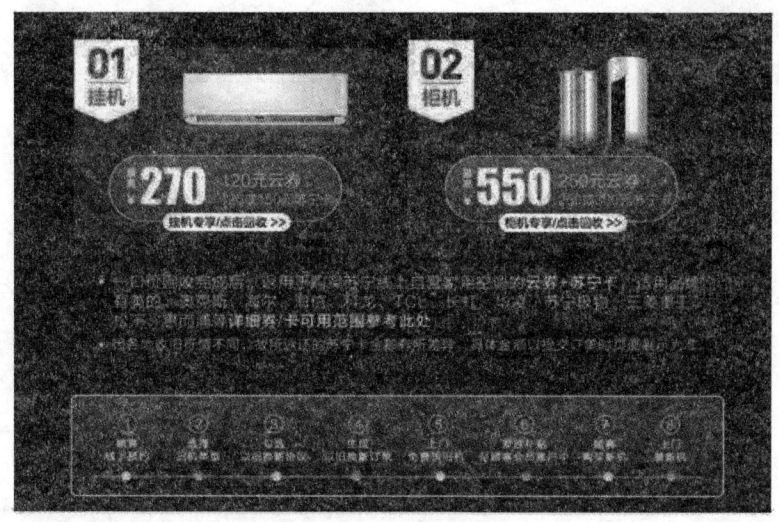

图 7.4 "一口价"政策

(资料来源:光明网,https://www.gmw.cn.)

讨论与思考

1. 苏宁如何打造其特有的 O2O 模式?
2. 传统零售业的互联网转型有哪些方式?

能力训练

O2O 模式案例的搜索和讨论。

训练任务	案例的搜索和讨论
训练目标	1. 学习 O2O 的含义和产生的原因; 2. 掌握 O2O 模式的特点和优缺点; 3. 能够分析有关案例
训练内容	1. 学生分组,3~5 人一组,确定一名组长,由组长安排任务; 2. 搜集各类 O2O 案例,搜索 O2O 网站,挑选典型案例进行小组讨论和分析; 3. 分析 O2O 和 B2C、C2C 的区别和联系; 4. 讨论 O2O 模式对哪些传统行业影响最大
训练成果	1. 各队派代表讲解本组 O2O 案例; 2. 班级讨论 O2O 模式的优势有哪些

任务二 O2O 经营模式与营销策略

案例导读

我国 O2O 商业模式的探索

O2O 模式是中国最早的电商模式之一，携程网的 O2O 模式，只不过是一个阶段性的探索模式，O2O 最终需要实现信息流和资金流在线上实现，商业流和服务在线下实现。目前市场上大家比较熟悉的就是美团网、大众点评网、58 同城等，这些电商属于 O2O 模式的雏形。传统行业的商业品牌是如何运营 O2O 的呢？我们来看以下两个案例。

案例一："外婆家"微信+O2O

"外婆家"是一家走在行业流行前沿的餐厅，"外婆家"是借微信支付引入移动支付的体验餐厅。"外婆家"信息部部长王伟介绍，"外婆家"正在大力推广的微信点餐及支付场景是："当用户排队等位的时候，微信能自动推送订餐信息，然后进行支付，自动下单，顾客排到号时就可拿着入口牌，进去享用美食了，不必进去之后再点餐。"同时在线点餐与 POS 端打通，享受线上支付新体验。用户首先需关注"外婆家"微信公众号，向公众号支付 1 分钱，获得优惠资格。然后利用该公众账号的在线点餐功能点餐，微信会将点餐编号推送到店内终端上，服务员通过该编号下单，用户可以享受快捷的用餐服务，用餐完毕买单后会自动获得含支付链接的微信消息，点击即可微信支付买单，同时获得优惠减免。此外，为了更好地吸引和留住顾客，"外婆家"利用微信公众号的功能，帮助顾客定位查找身边的餐厅信息，通过优惠活动了解餐厅动向，如果有喜欢的菜品，可以直接在线下单，无须到店点餐(见图 7.5)。

图 7.5 "外婆家"微信支付

案例二：苏宁"万人抢"展现 O2O 的优势

图 7.6 所示的"万人抢"活动是苏宁同价战略实施之后非常成功的营销产品，销售额取得了超常规的迅猛增长。2013 年线上的苏宁易购与线下的所有门店为"万人抢"做了精心筹备。自从实施线上与线下同价策略以来，苏宁开始成为"打垮对手"的角色，从 5 月中下旬开始，先后推出了 4 次强有力的大型促销活动。6 月 8 日起正式实施以来，社会舆论对苏宁"线上线下同价"一直保持着高度关注。苏宁实施"同价"可谓是"一石二鸟"，打破了"网上更低价"的假象，让利于消费者，杜绝门店客户流失，进一步推动线上与线下融合发展，提升整体服务能力，进一步扩大苏宁线上与线下的总体市场份额。越来越多的消费者开始享受到苏宁的便利服务，因此苏宁整体竞争力得到了大幅提升。8 月是彩电传统销售淡季，而"万人抢彩电"掀起了大波澜，在活动中，苏宁依靠自身线下与线上充分融合的优势，依靠"同价"

两条线联动体现了O2O的实力,其运营实力令市场无不惊叹,在家电零售市场的领先地位进一步得到了巩固,而线下传统零售企业、线上电商都同时经历了很大的冲击。近年来,苏宁在推进线上与线下融合方面下了不少心思,2013年后更在组织架构、业务经营、品牌形象等方面采取了一系列的重大动作,为的就是推进O2O模式顺畅运行。在"万人抢"活动中,苏宁O2O优势就得到了集中爆发。在整个活动中,苏宁采购部门确保商品货源、促销资源,实体门店与苏宁易购同步推进销售,双线同时发力,物流、售后等各部门协同配合。"万人抢"不再是传统的促销方案,而成为主力的大将是O2O模式。

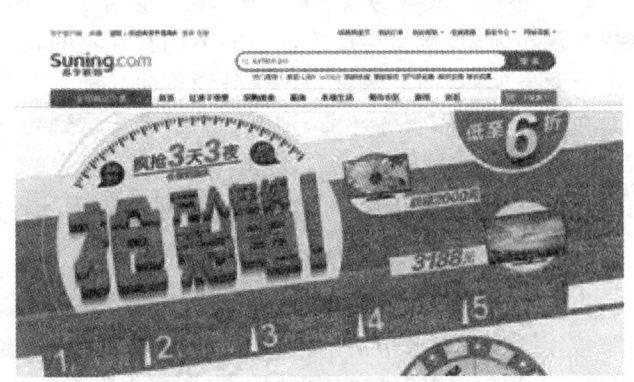

图7.6 苏宁双线同价万人抢

O2O营销模式在很多商业领域的运用越来越多,而未来O2O营销模式在其他领域的运营也是势不可当的,对顾客消费习惯的影响也是非常巨大的。例如,O2O可以分流收银系统的压力,促进快速买单,方便消费者购物,可以做到线上消费,线下体验。对企业而言,可以促进企业更好地整合服务系统、信息系统、物流系统等。其不同于传统的线上支付,O2O模式的线上活动包括在线信息检索、在线预订、在线体验等。通过O2O平台的帮助,企业的库存问题也可以尝试去寻找到更好的解决办法。

(资料来源:http://www.ebrun.com.)

案例思考 O2O的商业模式和传统的商业模式有什么不同?为什么会吸引各类企业去尝试?

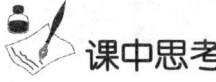

课前准备

各类行业企业实施O2O的模式。

课中思考

O2O有哪些模式?

学习引导

O2O即Online to Offline,也即将线下商务的机会与互联网结合在了一起,让互联网成为线下交易的前台。这样线下服务就可以用线上来揽客,消费者可以用线上来筛选服务,还有成交可以在线结算,很快达到规模。该模式最重要的特点是:推广效果可查,每笔交易可跟踪。艾媒咨询的数据显示,2020年中国O2O市场规模为14 399.5亿元,目前O2O模式已成为本地生活领域的重要模式。

一、O2O 的经营模式

O2O 不仅是线上与线下,更多的是虚拟体验和现实体验的融合,是用虚拟体验的能力来提升现实体验,从而实现线上与线下相互穿越的虚实融合。O2O 模式在线上环节与传统的电子商务相似,即消费者通过网站浏览商品和服务信息并实施购买,然后完成在线支付,但是在获取商品和服务环节,则需要消费者亲自到线下实体经济中去消费或享受服务,这是需要消费者亲临线下的过程。O2O 模式已经从线上到线下和线下到线上发展演变了很多,目前,我国电商企业经营 O2O 模式主要采取以下几种模式。

(一)社区团购模式

作为社交电商和新零售模式的交叉产物,社区团购以 1~3 公里社区为商业半径,在即时零售领域为消费者带来了新鲜的消费体验,尤其是在疫情期间,无接触配送进一步促进了"预售+自提"的拼团模式的发展。阿拉丁小程序监测显示,社区团购类小程序在疫情过后活跃度保持相对稳定,在 2020Q2 购物类小程序 TOP 10 当中,兴盛优选、同程生和十荟团作为社区团购类电商占据了三席位置。社区团购在 2019 年遭遇行业洗牌之后,2020 年上半年经过疫情的影响,社区团购用绑定团长的方式,到店自提,避开人流的同时还省去人力、租金、"最后一公里"配送等成本,团长 10%~12%的佣金成本对于零售企业而言是相对较低的支出,因此更具有盈利性。社区团购在社交电商的基础上,依靠社区和"团长"资源实现商品流通的新零售模式。社区团购平台雇用团长,部分为全职员工,并为团长提供商品、物流、系统、运营、品牌、售后等全方位支持。团长基于社区邻里关系,维护社区居民用户,负责建群运营、推荐产品、售后服务(见图 7.7)。

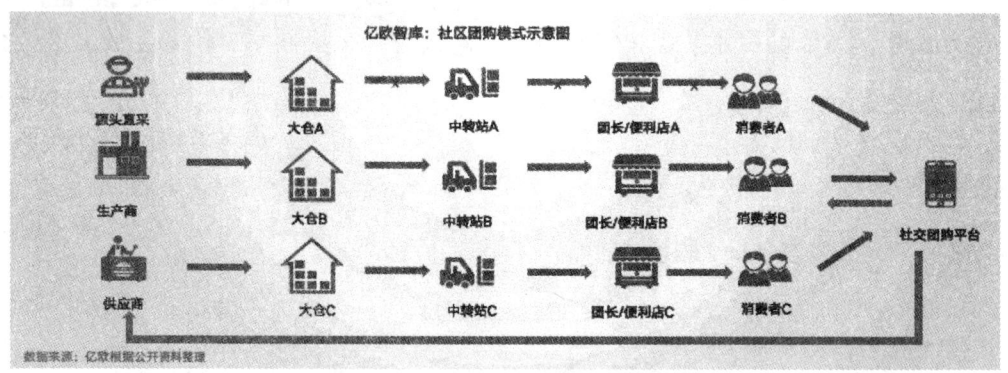

图 7.7 社区团购模式示意图

(二)导航模式

导航模式是利用地图服务和导航服务,进一步扩展到生活服务类、娱乐类、酒店类的预订服务,它利用了消费者对地图导航的需求来进行引导,由于地图导航在 O2O 和 LBS(基于位置的服务,是指通过电信移动运营商的无线电通信网络或外部定位方式,获取用户移动终端的位置信息,在 GIS 平台的支持下,为用户提供相应服务的一种增值业务)方面的天然优势,导航 App 涉足生活服务等方面,O2O 自然是不可阻挡的潮流,如百度地图、高德地图等。百度地图聚合了找美食、定酒店、景点预定、买电影票等功能,消费者通过百度地图即可一条龙解决出行问题(见图 7.8)。

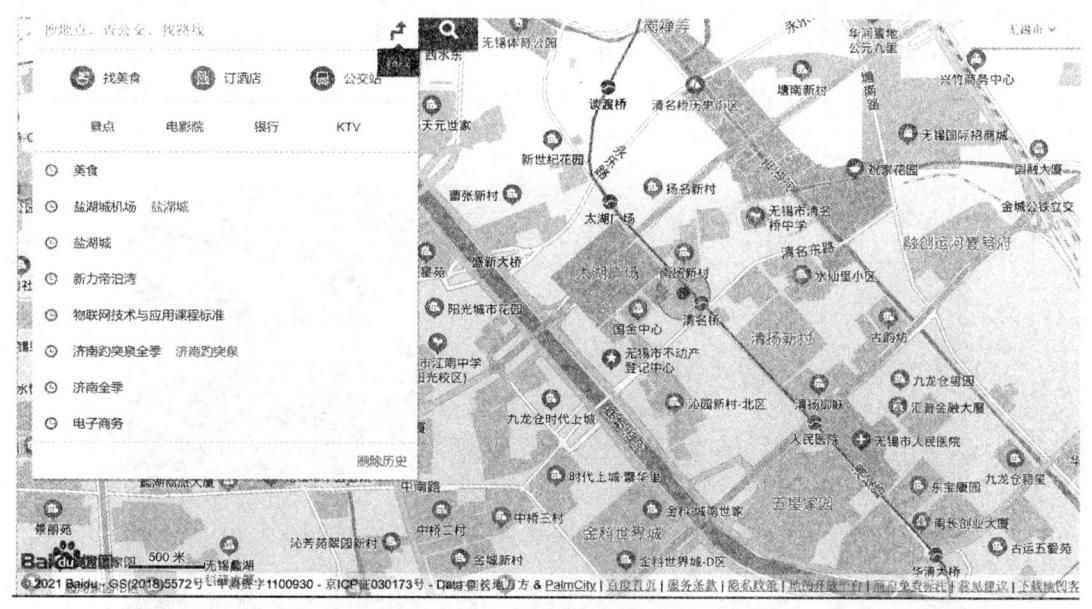

图 7.8　百度地图

(三) 同步模式

同步模式是指线上和线下的同步模式,是指企业和商家通过开设实体店等形式,将商品或服务直接拓展到实体经济中,实现线上和线下同步发展的模式。近几年,由于电子商务对传统实体经济的巨大冲击,尤其是零售业,很多服装和饰品的专卖店逐渐沦为网店的试衣间或体验馆。很多实体商家开始思考"后电商时代"的发展模式。例如,苏宁开始宣布实行线上与线下同价,线上与线下同价实现了零售业日常促销竞争的平等化。消费者省去比价带来的不便。苏宁的网上商城——苏宁易购,并购了母婴产品运营商红孩子,宣布开设实体店,将线上排名靠前的商品引入线下,并保持线上与线下同价和同步的促销模式(见图7.9)。消费者到实体店中扫描店内二维码在线上下订单,也可以在线上商城直接下单,到实体店提货,将线上和线下全面打通。

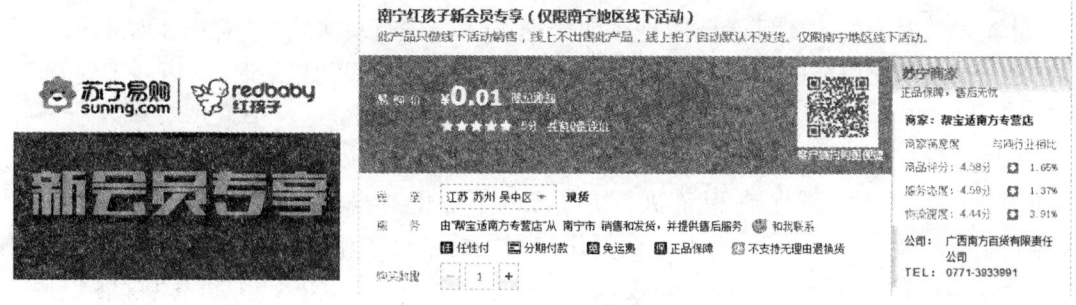

图 7.9　苏宁易购和红孩子

(四) 推广模式

推广模式是指利用移动互联网,对线下实体经济形式进行网络营销和推广,以实现线上与线下互动,促进线下销售的形式。将实体店的产品或服务信息发布到微信平台、App 或相关点评网站,通过平台上消费者和商家的互动,对产品或服务进行及时的改进,完善客户体验以获得较好的口碑,从而稳固实体店的市场。"西贝莜面村"就是最典型的案例(见图7.10)。

图 7.10　西贝莜面村

（五）二维码模式

二维码模式是指消费者在线下用手机等移动终端扫描商家的二维码信息,实现在线关注或购买商家的产品或服务的一种模式。扫描二维码,把线下引入线上,与前面提及的模式引流方向相反。目前,我国商家对二维码模式的应用主要是二维码的主读业务,即通过手机识别二维码找到商家网站或者 App,省去了在手机上输入网址的不便。消费者可以通过手机中的二维码扫描软件扫描二维码,实现在线购买商品,或者是添加商家的微博、微信等应用,以便获取商家最新的促销信息。这种二维码应用模式现在被广泛用于各类实体商家,成为拓展市场的重要渠道。

（六）体验模式

体验模式对应的主要目标群体是倾向于通过体验进行决策,消费意向不显著的人群。其核心是消费者对服务的体验和生活方式的便利,延长与用户的接触时间,以利于提升消费转化率。

在体验和服务的模式中为消费者提供免费 WiFi 服务,以实现会员识别、定位动线分析、信息采集和实时在线促销,从而进行更精准的个性化推荐,甚至进一步实现现场消费行为的大数据采集和分析。例如,万达商场用户只需连接商场中的 WiFi,就会自动关注商家的公众账号并成为电子会员,以此为接入口,通过 WiFi 实现 SNS 营销和 CRM 客户接入。显然,在潜移默化中实现用户向会员的转化比介绍过的其他方式要高效很多。

除此以外,通过生活方式的价值观和粉丝来转化。例如,运动腕表,可穿戴设备——小米手环。小米手环的主要功能有查看运动量、监测睡眠质量、智能闹钟唤醒等。可以通过手机应用实时查看运动量,监测走路和跑步的效果,还可以通过云端识别更多的运动项目。通过微信群组功能等吸引更多的用户参与,通过数据形成用户黏性,进而使数据和社交两者相互作用,让用户完成在小米智能家居 App 上的沉淀,这正是小米运动 O2O 的精髓所在。通过数字化战略来搭建一个底层的运动生态系统,帮助更多的消费者养成运动习惯,使运动真正成为人们生活中不可缺少的一部分(见图 7.11)。

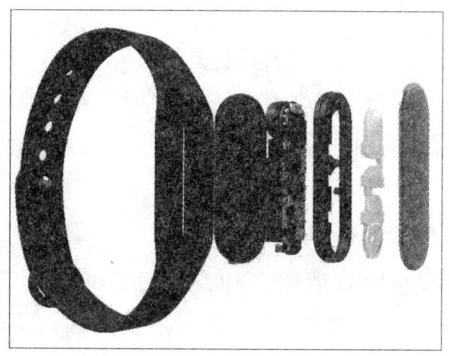

图 7.11　小米运动 O2O

（七）定制模式

定制模式可以满足客户的个性化需求,促进服务效率的提升。通过产品形态、外观和配置的定制,用户可以自行设计个性化产品。例如,海尔冰箱的个性定制,网友可以在图片库和花纹库中选择搭配,也可以上传自己亲手绘制的图片,无论是绘画,还是婚纱照、家庭照等,都可以充分展现消费者的个性。

（八）粉丝模式

粉丝模式是让粉丝产生内容,成为传播品牌的自媒体,利用粉丝的社交关系和社会资源进行 O2O 转化。这是社交类 O2O 的一种方式,以消费者为主导,利用社会化平台的粉丝聚集功能,定期给粉丝推送优惠和新品信息等,吸引粉丝直接通过移动 App 购买商品。而品牌终端、专卖店等线下资源是粉丝模式中关键的一环。粉丝的销售服务、信息采集和粉丝管理将以此为中心和 O2O 相连接。粉丝自媒体的核心在于品牌的拟人化情怀和互动体验,这样才可能吸引用户转化为品牌的粉丝,而这些往往需要一个懂互联网和了解年轻人想法的运营团队。例如,将微信确定为未来传播和粉丝互动、会员注册的主入口,其他通道作为辅入口,启动品牌拟人化的事件营销传播。过去,酒店在客人离店后,几乎和客户失去了联系,但是现在通过 O2O,酒店可以保持和客户的联系,通过分享该酒店的入住体验减免房费等手段刺激客户主动传播和再次入住。

二、O2O 的营销策略

（一）深度营销

深度营销是建立在互联网基础上,以企业和顾客之间的深度沟通、认同为目标,从关心人的显性需求转向关心人的隐性需求的一种新型的、互动的且更加人性化的营销新模式、新观念。企业应该通过网络,与顾客交朋友,了解顾客的喜悦和痛苦,然后从关爱的角度出发,进行情感营销,详细深入地介绍产品的功能和使用方法,并且追踪使用后的效果。同时,通过网络随时回答顾客提出的问题,双向交流,深入沟通。只有这样,才能培养顾客的忠诚度,也只有这样,企业才能获得持续发展。

(二) 口碑营销

口碑(Word of Mouth)源于传播学,由于被市场营销广泛应用,所以有了口碑营销。传统的口碑营销是指企业通过朋友、亲戚的相互交流将自己的产品信息或品牌传播开来。口碑营销又称病毒式营销,其核心内容就是能"感染"目标受众的病毒体——事件,病毒体威力的强弱则直接影响营销传播的效果。在今天这个信息爆炸、媒体泛滥的时代里,消费者对广告,甚至新闻,都具有极强的免疫能力,只有制造新颖的口碑传播内容才能吸引大众的关注与议论。

(三) 互动营销

互动营销中,消费者和企业只有抓住共同利益点,巧妙地找到沟通时机和方法才能将双方紧密地结合起来。互动营销尤其强调双方都采取一种共同的行为。一般都是先进行前期策划,然后针对某一话题,网络营销公司的幕后推手开始引导,接着网友会参与其中,这是比较常规的互动。互动性是互动营销发展的关键,在企业营销推广的同时,更多信息应该融入目标受众感兴趣的内容之中。例如,官网、企业微博、微信公众平台等媒介营销,作为自媒体营销,在自己掌握的账号渠道上传播信息,从而获得外界对企业的关注及认可的行为。

(四) 饥饿营销

饥饿营销运用于商品或服务的商业推广,是指商品提供者有意调低产量,以期达到调控供求关系,制造供不应求的假象,以维护产品形象并维持商品较高售价和利润率的营销策略。也就是说,商家采取大量广告促销宣传,勾起顾客的购买欲,然后采取饥饿营销手段,让顾客苦苦等待,结果是更加提高了购买欲,有利其产品提价销售或为未来大量销售奠定客户基础。

(五) 封测营销

封测是指在很小范围内的测试,主要是为了发现问题、解决问题。一般情况下,通过一个渠道或几个渠道进行测试。很多游戏网站或类似产品的电商会采用封测营销的方式,通过封测尽量让产品或服务的问题都暴露出来,让消费者参与到产品的改进计划中,根据用户的喜好有针对性地完善产品,同时获得大量的用户数据和提高用户的忠诚度。

三、社区 O2O

社区 O2O 又叫作智慧社区 O2O。它是指充分利用互联网技术,采用大数据模式,同时兼具电商模式低成本、省资源和传统模式重服务与体验的优点,实现居民足不出户就能完成消费的方式,是一种新型的消费模式。

(一) 社区 O2O 的优势

这种新型模式能够平衡社会、商业和环境需求,同时优化可用资源。社区 O2O 融合了线上交易与线下交易二者的优点进入居民家中,但是作为一种较为新型的交易模式,其本身的建设并非一蹴而就。社区 O2O 是一个需要多方合作的项目,涵盖了经销商、供应商、企业运营团队,甚至还包括投资机构和政府机构等各个因素。不过,随着互联网的快速发展与人类社会的进步,社区O2O必将成为社会经济发展的强有力支撑,促进国家第三产业的发展。

例如,华润万家与饿了么口碑进行深入合作,华润万家约2 000多家门店陆续上线饿了么平台,覆盖全国约100个城市。华润万家所包含的大卖场、标准超市、精品超市、便利店四种业态及各大零售品牌,全部在合作范围之内。而华润万家旗下自营门店也在美团外卖和京东到家两个平台上线,目前,华润万家入驻京东到家的门店数量已超过1 000家。

（二）社区O2O的特点

(1) 抓住顾客的体验需求,给社区带来了线上的快捷,又提供了线下服务的乐趣。例如,苏宁利用社区O2O,将线上订货、实体店体验、送货或取货完美结合。

(2) 辐射范围不广,但为服务小区带来便捷。深夜,实体店家都关门了,而网上商家24小时待命,一份水饺分分钟送达,给客户带来了很大的便利和消费享受。

(3) 采用团购方式,商家和消费者同时获益。

(4) 与社区物业服务相结合,物业服务企业可把社区所有的相关通知通过O2O服务平台传播,这个基本功能可以吸引社区居民登录该O2O服务平台,从而为居民提供有吸引力的服务。

（三）社区O2O的模式

1. 社区网络超市

针对社区人群,提供小区居民所需的生活物资。例如,京东在太原与唐久便利店合作正式上线了一个O2O项目,通过各自的优势资源互补和资源深度整合,重新定义了一类O2O服务的规则和模式,实现了线上、线下的双赢。

2. 团购

以团购的形式切入社区,通常是在特定的时节提供产品,各种当季水果团购或特定节日的礼品团购,如中秋月饼、螃蟹等；还可针对热点事件开展团购,如雾霾天气提供空气净化设备。

3. 一卡通

围绕社区生活、社区商业提供一卡通式的便捷消费服务,以社区门禁卡为一卡通的载体,门禁卡不仅是居民出行的钥匙,还具有更多功能,如折扣卡、购物卡、会员卡等。将这些卡的功能整合到一张门禁卡中,更加方便。

4. 家政维修等上门服务

对于家庭生活中的常见问题,如修开换锁、电路检测、打扫卫生、洗车修车等,社区O2O通过整合各类服务方,与物业签订合作框架,为社区居民提供服务。有些服务是物业免费提供给住户的,这笔服务费用由物业统一支出；有些服务是需住户额外付费的,这笔服务费用就由住户承担。

5. 收发服务

社区周边的商家或纯粹的第三方代收发企业做收发服务,部分社区物业也已开始提供这项服务,天猫社区服务站更是在全国范围内进行相似服务的推行。

6. 社区社交互动

利用社区内的位置资源开发广告位,如大门入口、楼道入口等位置。不过随着O2O的崛起,社区内的媒体价值开始水涨船高。通过开发独立的社区社交 App,或者组织社区微信群进行沟通。社区社交潜在市场巨大,国美邻里社交应用 Nextdoor 正在快速崛起,并且这股风潮已经吹进了国内市场。

阅读思考 7-2

苏宁小店上线咖啡业务成为国内O2O社区便利店的引领者

"社区便利店+咖啡"成为新的竞争市场

2018 年 9 月份开始,自营咖啡正式在南京超 100 家苏宁小店实体店面上线。如今,苏宁小店作为苏宁抢夺线下流量的入口,也开始布局社区里的咖啡场景。在苏宁小店的自营咖啡业务窗口,一台意大利原装出厂进口的 Barsetto 咖啡机,以平均 40 秒的制作时间(大多数机器需要 60~90 秒),即可为社区周边用户提供一杯口感醇厚的新鲜咖啡。对苏宁来说,以"随时随地提供完美咖啡"为产品目标,也就决定了苏宁便利店便捷、快速的特性,可以覆盖不同时间段有咖啡需求的人群。

图 7.12

苏宁小店打造一公里生态社区体验

如今,随着人们消费需求越来越多,传统便利店也开始升级,在经营模式和服务方面为消费者提供了不一样的体验。而苏宁小店也实现了以快消和生鲜为代表的全品类商品服务,深入城市 CBD、社区,聚焦一公里以内的目标人群,为消费者提供多样化的商品选择,满足丰富多彩的高品质生活所需。传统零售商和投资机构也看中这些连锁便利店。

2017 年 12 月,苏宁董事长张近东在智慧零售大开发战略发布会上表示,未来三年苏宁将新开 1.5 万家线下苏宁小店,其中在 2018 年新开 5 000 家,达到规模化经营。苏宁如此大规模地对标传统便利店的高调宣言,京东天猫当然不会甘拜下风,京东放言 5 年内开设超过 100 万家;天猫小店计划一年开 1 万家门店。其中,京东便利店和天猫小店主要以加盟为主,而苏宁小店目前采用直营便利店的模式进行线下社区范围扩张。

值得一提的是，苏宁小店虽然定位于便利店，但与传统便利店不同的是，苏宁小店是依托苏宁大生态而打造的"便利店＋服务"模式，通过自营的形式为消费者提供更多轻食、生鲜、餐饮服务，用户可以到店购物或者线上下单选择自提和外卖；也可以通过App下单包括餐饮、快递、家政、维修等多层次服务。苏宁用社区O2O的运营模式，实现了30分钟外卖配送的优势，也给用户带来更快的外卖体验，此次苏宁小店选择将咖啡带入社区，也将继续它的使命，用社区服务为用户打造一个一公里零售生活圈。

据悉，苏宁小店的狮子咖啡是苏宁小店打造的一个社区场景消费的自主咖啡品牌。店内设置了传统的咖啡柜台、小店30分钟极速配送和无人自助咖啡机三大消费场景，并将各个场景以苏宁小店这一身边服务平台，在线上线下双渠道进行连接。京比特觉得未来人们无论何时都能喝上便利店送来的咖啡，这种体验感将会在咖啡行业中形成一种趋势。

图 7.13

苏宁小店已成为国内O2O社区便利店的创领者

众所周知，互联网电商们纷纷争抢线下渠道，而咖啡企业们也不再打品牌营销战术，开始向互联网模式转型。如今苏宁小店上线咖啡业务，不只是单纯的售卖咖啡，更重要的是承载了苏宁智慧零售生态的一系列服务，未来苏宁小店将连接苏宁生态内的其他产品，形成内部协同效应。苏宁小店不仅仅是苏宁在社区上的入口，更是苏宁在线上线下流量转化的重要消费途径。苏宁零售集团苏宁小店公司总裁鲍俊伟则表示，苏宁小店一方面是服务的执行者，另一方面也是各项业务的流量入口。如今，随着苏宁小店的扩张，苏宁小店的商业模式也成功实现了最高单月140万的营业成绩，这也证实苏宁的商业模式无疑是成功的。最后京比特想说，苏宁小店已经成为国内O2O社区便利店的创领者。苏宁小店完成了苏宁智慧零售离用户最近的一个生态闭环，也对传统便利店形成了巨大的冲击，开始引领传统便利店行业和咖啡行业实现变革与创新。

（资料来源：网经社 http://www.100ec.cn/detail——6470127.html.）

讨论与思考

1. 苏宁小店的社区O2O模式有哪些优势？
2. 以你的生活社区为例，你认为能够运用社区O2O模式开展什么电商业务？
3. 你认为社区O2O有无发展前景，为什么？

能力训练

模拟创业设计。

训练任务	O2O 创业设计书
训练目标	1. 学习 O2O 经营模式和营销策略； 2. 掌握 O2O 经营模式和营销策略的应用； 3. 会撰写创业计划书
训练内容	1. 学生分组，3~5 人一组，确定一名组长，由组长安排任务； 2. 由小组讨论和分析，确定 O2O 创业项目； 3. 撰写创业计划书，制作 PPT
训练成果	1. 每组派一名代表讲解本组的 O2O 创业计划； 2. 全班进行提问答辩，并进行投票选出最佳创业计划

任务三　大数据时代的 O2O 运营

案例导读

网易云音乐年度歌单刷屏

近年来，流行的年度账单和年度歌曲列表可以在年底为用户生成专属的个人报表，显示一年内该用户在应用程序上的各种使用行为。而这种精细化的个人报表实际上也使用了大数据技术。利用大数据技术收集用户的个人行为数据，并通过分类和计算获得。

网易云音乐一直吸引着用户的眼球，让用户积极参与其中。网易云音乐的年度歌曲清单是使用大量数据来收集用户的收听信息和数据（见图 7.14）。每个用户听到最多的歌曲、发送的评论、收听时间、收听习惯等都将显示在这个专属的歌曲清单中。它非常清楚地列出每个用户的收听喜好并分析用户的心情、个性等，制定一个大概的标签，增加更多的个人情感内容，并让用户体验定制化。播放列表细致周到，对其印象深刻，并被进一步转发和共享以实现散布和刷新屏幕的最终效果。其中，大数据起着非常基础但是也很重要的技术作用。

图 7.14　网易云音乐年度歌单

正是由于大数据,网易云音乐与用户才能形成深度的创意互动,并实时生成独家歌曲列表。然后借助情感视角,走心的内容所引起的情感和共鸣,与每个用户建立情感联系,从而增强用户对网易云音乐的信任和依赖性。从网易云音乐年度歌曲列表刷屏的案例中不难发现,最受欢迎和最受公众关注的是年度歌曲列表的独特性和特殊性,在使用年度歌曲的同时给用户带来独特的优越感。歌曲列表回顾过去一年的心情也触动了许多用户的情感点。简而言之,在大数据的影响下,可以实现诸如年度个人播放列表之类的交互形式,并且可以定制每个用户来实现精细化营销的目的。

(资料来源:搜狐网,https://www.sohu.com/a/402441165_120190698.)

案例思考 1. 为什么网易云音乐年度歌单能够产生刷屏效果?
2. 网易云音乐公司是如何使用大数据获得商业成功的?

课前准备

搜索各类大数据营销案例。

课中思考

大数据时代有哪些网络营销创新?

学习引导

一切数据皆资产。大数据已经成为重要的战略资源,在新的互联网时代扮演着越来越重要的角色。基于大数据的网络营销已经成为营销的重要手段。网络环境下,通过大数据来对数据进行整合,可以从大量碎片数据中挖掘出更多有价值的内容。而基于大数据技术上的创新,会使未来的网络营销更贴近消费者,广告出现的时间更合理,广告的形式和内容也更容易被消费者所接受。

一、大数据的有关概念

(一)大数据

研究机构 Gartner 提出的大数据概念是:大数据是使新处理模式具有更强的决策力、洞察发现力和流程优化能力的海量、高增长率和多样化的信息资产。如果说"大数据"是海量数据,那么从海量数据中找到有意义的模式或知识就变得十分重要。

(二)数据挖掘

数据挖掘(Data Mining),一般是指从大量的数据中通过算法搜索隐藏于其中信息的过程。数据挖掘通常与计算机科学有关,并通过统计、在线分析处理、情报检索、机器学习、专家系统(依靠过去的经验法则)和模式识别等诸多方法来实现上述目标。简言之,数据挖掘的定义是从海量数据中找到有意义的模式或知识。

(三)大数据技术

数据采集(Extract Transform Load,ETL)工具负责将分布的、异构数据源中的数据,如关系数据、平面数据文件等,抽取到临时中间层后进行清洗、转换、集成,最后加载到数据仓库或数据集中,成为联机分析处理、数据挖掘的基础。

二、大数据的特征

(一)数据量大

通常用 Volume、Variety、Value、Velocity 这四个 V 来概括大数据的特征。数据体量巨大,从 TB 级别跃升到 PB 乃至 EB 级别。要想知道数据量有多大,先来看看一组公式:1 024 GB=1 TB;1 024 TB=1 PB;1 024 PB=1 EB;1 024 EB=1 ZB;1 024 ZB=YB。到目前为止,人类生产的所有印刷材料的数据量是 200 PB,而历史上全人类说过的所有的话的数据量大约是 5 EB。

(二)类型繁多

类型的多样性使数据被分为结构化数据和非结构化数据。相对于以往便于存储的以文本为主的结构化数据,越来越多的非结构化数据的产生给所有厂商都提出了挑战。拜互联网和通信技术近年来迅猛发展所赐,如今的数据类型早已不再是单一的文本形式,已经包括网络日志、音频、视频、图片、地理位置信息等,多类型的数据对数据的处理能力提出了更高的要求。

(三)数据价值密度低

价值密度的高低与数据总量的大小成反比。以视频为例,一部 1 个小时的视频,在连续不间断的监控过程中,可能有用的数据仅仅只有一两秒。例如,随着物联网的广泛应用,信息感知无处不在,信息海量,但价值密度较低,如何通过强大的机器算法更迅速地完成数据的价值"提纯",是大数据时代亟待解决的难题。

(四)处理速度快、时效高

这是大数据区别于传统数据挖掘最显著的特征。数据的增长速度和处理速度是大数据高速性的重要体现。与以往的报纸、书信等传统数据载体生产传播方式不同,在大数据时代,大数据的交换和传播主要是通过互联网和云计算等方式实现的,其生产和传播数据的速度是非常迅速的。另外,大数据还要求处理数据的响应速度要快,比如上亿条数据的分析必须在几秒内完成。数据的输入、处理与丢弃必须立刻见效,减少延迟。

三、大数据来源

(一)用户数据

这部分数据是来自企业用户、会员系统的数据,包括会员卡、权益、积分、优惠券等信息。这些数据总量小、质量高,会员互动频率越高,互动数据越多。这些数据对应的是企业的会员业务系统,也会有数据接口,部分数据来自企业手工记录和访客系统。

(二)交易数据

交易数据主要来自商家的电子业务平台上的订单数据。这些数据以线上的交易数据为主,有准确的收货地址、联系人等交付信息,支付方式和消费频率、额度等。如果不是商家自建的官方网站,有可能受电子商务平台数据开放性的限制,不一定有数据接口。还有部分售后服务系统的数据,这些数据质量高,都是事务性数据,数据量大,业务处理过程复杂。

(三)外部数据

外部数据一般来自企业外包或合作的客户数据。这些数据可以用来做市场活动,时效性比较滞后,可能有失效数据。这些数据会存储进企业的数据仓库,需要进行清洗和整理。还有一部分社交平台数据,一般来自企业的微博、微信、社区和App等社交渠道上产生的互动、传播、交易等数据。这些数据包含了社交身份标识,如微博ID、微信ID等。这些数据信息丰富,具有碎片化、非结构化的特点。

(四)网络爬虫数据

网络爬虫(Web Crawler),是一种自动化浏览网络的程序,它们被广泛用于互联网搜索引擎或其他类似网站中,以获取或更新这些网站的内容和检索方式。它们可以自动采集其能够访问到的所有页面内容,以便程序做下一步的处理。这些数据一般来自企业的大数据采集系统,大多是碎片化内容,数据量大,数据的采集渠道非常丰富。

这些不同来源、不同结构的数据,需要进入统一的数据仓库进行存储和整理,根据不同规则进行清洗和整理。这些数据源经过处理后,用户数据可以分析用户的基本属性和购买能力、兴趣爱好和价值;交易数据可以分析用户的线上购买能力和行为特征;外部数据可以分析其他利益相关方的基本属性和行为特征来转化潜在客户,尤其是社交数据,可以分析用户的社交特征和社交关系网络。网络爬虫可以将大量的碎片化数据与当前数据进行匹配合并。通过对这些数据的挖掘和分析可以进一步展开精准营销和个性化推荐。

四、O2O电商大数据开发流程

O2O电商在大数据背景下,利用各种数据源分析各用户群体的特点,预测未来趋势及行为,进而获得有价值的知识和商业信息。这个数据开发流程主要包括3个步骤:

(1)数据搜集。O2O电商根据确定的数据分析对象在数据分析中抽象出所需要的特征信息,然后选择合适的信息搜集方法,将搜集到的信息存入数据库。

(2)数据预处理。在数据库中的数据有一些是不完整的,因此需要进行数据清理,将完整、正确、一致的数据信息存入数据仓库中。提炼出有意义的数据,剔除无效数据以提高分析效率。最后进行数据抽取,即检测数据的关联性,关联的数据会表现出更多特定用户的活动特征,关联的数据本身也可以用于个性化服务。

(3)数据挖掘及应用。在数据挖掘过程中,根据不同的应用需求选择不同的挖掘模型,对数据进行深度挖掘,如对用户数据根据性别、种族、年龄和兴趣等分类。得到挖掘结果后,对其进行解释应用,一般的挖掘应用包括排名与个性化推荐、异常检测、Web挖掘与搜索、大数据的可视化计算与分析等。

五、基于大数据的O2O营销

其实大部分的O2O企业根本不缺少数据,而是数据多到难以处理。如何利用大量的用户数据、交易数据、外部数据、爬虫数据将成为一个巨大的挑战。在O2O模式下需要借助这些数据进行各种数据整合,最后得出一整套有益的大数据营销解决方案。

（一）关联化营销策略

在20世纪90年代的美国沃尔玛超市中，沃尔玛的超市管理人员分析销售数据时发现了一个令人难以理解的现象：在特定情况下，啤酒与尿布两件看上去毫无关系的商品会经常出现在同一个购物篮中。这种独特的销售现象引起了管理人员的注意，经过后续调查发现，这种现象出现在年轻的父亲身上。年轻的父亲前去超市购买尿布时，往往会顺便为自己购买啤酒。沃尔玛超市管理人员发现了这一独特的现象之后，开始在超市中尝试将啤酒与尿布摆放在相同的区域，从而获得了很好的商品销售收入。

利用数据挖掘技术对数据库中的大量信息进行分析，发现其中的一些关联或趋势，进而开拓出一种新的模式。对于各个O2O商家来说，精确营销可以带来大量的消费者，而且这些消费者对品牌具有较高的忠诚度。当有了这样一批忠实消费者后，获取他们的消费习惯等数据，就能够通过数据分析对他们进行深度推广。从另一方面来说，消费者从商家处获得的信息也是他们所希望得到的，这大大降低了选择成本。

（二）用户价值定位营销

分析O2O用户的历史行为和习惯，进行相应的营销。例如，苏宁自主研发的社交工具——云信。云信能够对购买者的购买行为及其历史记录进行分析，为之后有针对性的网络营销提供数据基础。这种营销策略能够通过对用户基本的社交兴趣划分，找到企业所需要的潜在用户，对潜在用户投放商品广告，以提高广告投放的转化率，定位最有价值的用户群及潜在的用户群，并查明促使顾客购买的原因，调整宣传重点或组合营销方式。

（三）基于社交软件的大数据分析营销

利用社交软件或工具对O2O电商用户数据进行深度分析，挖掘出用户的行为特征、消费习惯和兴趣焦点，让O2O电商各方参与者都获得极大的价值。例如，微信O2O的大数据营销，通过网站、微博或各种线下广告让用户扫描微信二维码，或者查看附近的人，发掘附近人的兴趣爱好、生活习惯等以寻找目标客户群体，并对这些用户进行流量监控、数据分析。通过这些数据分析发现用户访问的规律，并制定相应的网络营销策略。又如，量子恒道，为淘宝旺铺设计的店铺数据统计系统，通过统计访问店铺的用户的行为和特点，了解用户喜好，为店铺推广商品展示提供充分的数据证据。

大数据技术的应用必将成为O2O电子商务深入发展的重中之重，也将为其带来巨大的商业价值。

阅读思考7-3

O2O时代大数据精准营销模式

O2O营销的根本目的在于实现用户消费，促进从O2O营销受众到消费用户的转化。因此根据用户消费行为发生时间节点的前后，以及各个阶段大数据O2O营销作用的发挥，O2O时代大数据精准营销模式大致可以概括为三种模式。

1. 激发潜在消费——以销定产

如果能在产品生产之前了解潜在用户的主要特征，以及他们对产品的期待，那么产品生产即可投其所好。大数据通过线上平台的搭建能够积累大量的客户数据，通过用户的浏览时间、地点、网页停留时间,以及从用户在社会化媒体上所发布的各类内容,还有与他人互动的内容中,可以找出千丝万缕的关联信息。利用某种规则关联及综合起来,就可以帮助企业筛选重点的目标用户,进而实现对客户需求的抓取。在充分放大受众广度的基础上,挖掘用户的潜在需求,实现客户"画像"的绘制,从而实现以销定产、O2O营销前置的目的。

如万科、链家合作打造的"链万家"VHDM系统,就是通过对链家线上平台数据的挖掘,帮助万科实现房源和客户的对标。和传统的O2O营销过程中明源系统录入客户信息相比,基于大数据的链家既让客户信息采集更便捷,纬度更多,综合分析可借鉴性更强,还从客户被动选房变为向客户主动推房,灵活性更高,对于开发商而言成交的可能性被提高。

2. 满足当下消费——精准锁定

面对日新月异的新媒体,许多企业想通过对粉丝公开内容和互动记录的分析,将粉丝转化为潜在用户,并对潜在用户进行多维度画像。大数据可以帮助分析活跃粉丝的互动内容,关联潜在用户与会员数据,关联潜在用户与客服数据,筛选目标群体做精准O2O营销,进而可以使传统客户关系管理结合社会化数据,丰富用户不同维度的标签,并可动态更新消费者生命周期数据,保持信息新鲜有效。

如中粮集团发起的一场以"中粮,让年更有味道"为主题的大型品牌O2O营销活动,通过分析过年语境的广告思维、线上线下结合的传播思维、自建网络O2O营销平台的O2O营销思维,提出了大数据时代广告精准O2O营销和传播策略:在传播领域,以受众为中心,发挥社交化网络传播特性;在O2O营销领域,依托现代信息技术手段,基于用户属性和用户行为精准判断和精准定位的基础上,建立个性化的服务体系,实现广告精准投放,最终实现了"我买网"电商同比销售翻3倍的直接利益。

3. 衍生持续消费——提升黏性

根据消费行为的大数据分析,进行传播趋势分析、内容特征分析、互动用户分析、正负情绪分类、口碑品类分析、产品属性分布等,也可以通过监测掌握竞争对手传播态势,并可以参考行业标杆用户策划,根据用户声音策划内容,甚至可以评估矩阵运营效果。

在大数据分析用户已经形成的消费记录的基础上形成SCRM(社会化客户关系管理),通过SCRM中的客户分级管理支持,结合大数据挖掘,企业为用户贴上了标签,为O2O营销做好了准备。粉丝不但是社交媒体的主角,更是企业品牌的重要资产。

如海尔搭建的SCRM数据资产,海尔目前线下实名用户达1.4亿,线上用户合计2.3亿。SCRM数据按照搜集的数据,给用户贴上数据标签,可以形成最基本的10种用户模型。比如科技爱好者模型、环保主义者,基于购买可能性的模型,海尔可以找到那些马上有需求的人,进行精准O2O营销创造持续消费。

SCRM可以利用渠道管理和宣传制作工具,将数据进行可视化,促进企业品牌宣传、事件传播和产品创新,自动生成特定的市场宣传报告,对特定宣传目的报告进行管理。

(资料来源:搜狐网,https://www.sohu.com/a/68873324_398759.)

讨论与思考

1. 基于大数据技术的O2O模式有哪些应用场景?
2. 大数据技术的应用能够给O2O模式带来什么好处?

 能力训练

大数据分析模拟练习。

训练任务	产品数据分析
训练目标	1. 学习使用百度指数的数据分析功能； 2. 理解数据分析对O2O营销决策的重要作用； 3. 掌握初步的数据分析能力
训练内容	1. 学生分组，3~5人一组，确定一名组长，由组长安排任务； 2. 分析不同品牌/行业市场热度变化，分析不同品牌/行业在不同区域的指数变化，分析用户的需求变化； 3. 百度指数可以通过输入品牌/行业关键词，自由选择时间为7天/30天或者是自定义时间段，查看在一定地域范围内的大众热度变化、指数变化、用户的需求变化
训练成果	1. 每组完成一份分析报告； 2. 每组制作报告的PPT，并进行口头汇报，全班进行讨论

任务四 O2O发展趋势

案例导读

O2O电商模式的现状及发展趋势

O2O行业现今可以说是"尸横遍地"。资本造就了O2O市场的繁荣，但也导致了行业的萧瑟和衰败。没有合适的盈利点和持续发展规划也是O2O行业好看却不好吃的致命伤。

餐饮类O2O

有钱任性：直接用钱"砸"用户来培养用户习惯。但在烧钱、补贴、砸流量、抢用户等混战背后，用户能够持续选择的入口是有限的，只有第一没有第二，甚至BAT都有可能成为直接竞争对手。

发展空间有，运作难度大：有些企业都是基于特色产品而形成的O2O模式，但也均面临着物流和规模化的压力。并且很多企业认为做好B端，C端就能水到渠成，从而完成O2O闭环，但实际却形成了B端为主，C端用户无感，B端和C端失衡严重的现象。

行业壁垒低：创业者所选领域是否是刚需决定了议价能力。因此，细分领域的用户量和需求频次就决定了项目质量。比如烧饭饭这个项目，面向的人群比较垂直，但是流量有限，存在同质类项目，做大较难。

生活服务类O2O

市场竞争环境不乐观，烧钱现象严重，拼到最后都是看烧钱能力和整合资源的运营能力。利润小，成本大：一些社区项目，平均客单价才几十元，需要投入大量人力，才能保证覆盖高密度的社区用户，线下壁垒、社区经验壁垒、社区物理边界都会限制社区O2O企业的发

展。当微薄的收入难以覆盖高昂的成本时,这些O2O企业就会面临惨烈的淘汰过程。用户习惯未形成刚需:想做强需求的产品,要看它是否是大刚需、高频次的消费。对于一些用户群基数小,消费频次低的项目,就不适合做单独的项目。

出行类O2O

门槛高,投入大:对于初创者而言,出行类领域O2O创业是有较高门槛的。尤其是汽车平台类项目,BAT三巨头分别涉猎了滴滴快的、Uber等出行公司。对于初创公司来说,简直是内忧外患。除了国内新近改名滴滴出行、哪里都要插一脚的滴滴外,还要面临着来自国际巨头Uber的威胁,它挂着拼车的羊头,却做着专车的生意,直接威胁拼车和专车两条产品线。因此打车平台基本上没有机会可言。投资收紧,大批出行业公司面临断粮:随着资本寒冬到来,投资人对这个领域的投资开始持谨慎态度,出行类公司融资难度骤增,有些创业公司因此资金链断裂而死亡。

教育类O2O

行业巨头半边天:新东方、好未来、腾讯课堂、淘宝同学这样的教育企业继续飞速发展,BAT等巨头持续通过并购或者入股的方式融合更多垂直教育企业,布局各自的生态教育圈,因此小企业想要发展生存会很难。资金断裂,产品做得不深:一方面是由于资金链断裂,另一方面是目前来看,各个平台都还停留在解决师生交易撮合环节上,对于教师、学生、家长在教学过程中的价值都没做深。而在家教场景下,做深教学服务过程的价值,非常困难。教育是个相对复杂的行业,尤其在家教领域,需要老师和家长持续面对面沟通,在这种强关系下平台很难深度介入。同质化产品多,缺少优质内容:目前在线教育的同质类产品颇多,光在线教育的产品就能达到千家以上,但最大问题也是最大的壁垒就是缺少优质的教育内容。简单地把线下的内容录制放到线上是行不通的,课程缺乏相应机制,内容不吸引人,对用户来说会很痛苦。

旅游类O2O

产品重叠严重,竞争激烈:目前已关闭的旅游O2O绝大多数是产品出现了重叠。近年,线下传统旅游开始向线上布局,但一些巨头也逐渐从线上向线下转移,力图掌控线下资源及服务。在市场竞争格局下,新的创业者们似乎已经失去了竞争的能力了。在线旅游产品渗透率低:旅游O2O中,最明显的短板还在于休闲度假产品中的门票产品,其渗透率低、增长缓慢。一些消费者还是不放心这类互联网产品,大多数还是进行线下购买。纵观以上这些企业,基本可以看出都是前期投入大量资金,以低价手段做营销,以至于后期资金紧缩,甚至崩溃。在现在看来,其实低价只能是在短期内引起消费者注意或达到某种效果的一个营销手段。对于公司层面来说,虽然靠这些手段短期内带来大量用户,从而吸引风投,但钱总有烧完的一天,烧到后来,就难免将自己的产品烧成灰烬。虽然互联网现在给我们带来了很多便利与多重选择,但对于O2O产品来说,如何能够让消费者持续、有效地使用产品,这才是它们最应当重视的。

(资料来源:搜狐网,https://www.sohu.com/a/141204676_661514.)

案例思考 从案例中可以看出O2O失败的企业有哪些?你认为原因是什么?

课前准备

分析我国 O2O 模式的发展现状和存在问题。

 课中思考

你认为 O2O 模式的发展前景如何?

 学习引导

O2O 的核心是将线上与线下深度结合,利用互联网庞大的信息优势拓展线下业务。无论时代如何变化,实体店的形式不断改变,从最开始的普通小摊、门店、旗舰店到现在的体验店,模式在不断变更,消费者享受的服务越来越丰富,实体店将始终是消费者购物最重要的终端。中国 O2O 市场的快速发展将给中国经济的发展带来无限的可能性,O2O 将渗入人们生活的各个方面。因此,O2O 集合了线上与线下的经营活动,将线上交易与实体终端直接联系起来的一种消费模式,完成了将消费者最终带到实体店的目标,即使受到网站的用户数量、用户的黏性及活跃度,移动终端的普及,在线支付平台的安全性,包括网站本身的特色等因素的制约,但其发展壮大已成为必然趋势。

一、O2O 发展的影响因素

(一)外部因素

宏观环境包括政治、经济、科技、法律和文化等方面。

政治环境方面,稳定的政治环境、国家对高新技术的支持可以为 O2O 电子商务发展提供坚实后盾。

经济环境方面,快速的经济增长促进消费水平的上升,只有消费提升了,O2O 才会有更广阔的市场空间。

科技环境方面,互联网技术的发展对 O2O 模式的发展具有重要的影响,因为电子商务的一个必备要素就是信息化平台的建设,电子网络迅速、快捷、方便地传递信息对于 O2O 的发展至关重要。

法律环境方面,法律是影响 O2O 电子商务模式发展的一个重要因素,通过法律等方面的防范能够有效地防止电子商务安全问题的出现,保证电子商务的安全。电子商务涉及网上的在线支付,如何保障电子支付安全受当前的法律环境建设的影响。

文化环境方面,尤其是消费文化意识,可以影响消费者是否愿意接受 O2O 的消费模式,从而决定 O2O 模式的市场空间。

当前 95% 左右的商务活动仍徘徊在 O2O 模式之外,说明当前的 O2O 模式市场前景非常大。当前中国居民的消费市场远远没有打开,而且当前中国居民的消费意识已经转变为更加注重消费质量,这也为 O2O 模式提供了巨大的需求。同时通过携程网、美团网的经营业绩及当前不断涌现的新的电商加入该模式,可以看出 O2O 模式具有巨大的市场效益。

(二) 内部因素

宏观环境和市场竞争可以影响O2O模式整体的发展状况,单个企业的O2O模式能否发展良好,受企业自身经营管理的影响。

首先,最重要的一个因素就是线下商家的服务质量和服务态度。在O2O模式中,线上仍然是线下扩张的手段,而线下的服务质量和水平才是决定消费者是否满意的根本因素。同时电商企业内部的风险控制,支付安全隐患的控制是O2O模式能够成功的一个重要因素,只有消费者的支付安全能够得到保障,才会有更多的消费者使用这个模式。

其次,一个企业的信誉在O2O模式下显得极为重要。在线上,线下企业好的信息能够得到迅速传播,坏的信息也同样如此。在O2O模式下,如果不注重企业信誉,那么其将迅速被市场淘汰。

在O2O模式下,企业的人才至关重要,包括技术人才和管理人才。技术人才可以在构建信息化平台和风险控制方面提供保障,管理人才可以为企业发现更多的O2O模式的潜在领域。总之,在O2O模式下,商品和服务的质量、信息化平台的建设、支付安全的保障、人才的储备都至关重要。

二、我国O2O模式的发展现状

2015年4月国内电商研究机构中国电子商务研究中心发布了《2014年度中国网络零售市场数据监测报告》,报告显示,2014年中国电子商务市场交易金额达13.4万亿元,同比增长31.4%。其中,B2B电子商务市场交易额达10万亿元,同比增长21.9%;网络零售市场交易金额达2.82万亿元,同比增长49.7%。2014年,电子商务市场细分行业结构中,B2B电子商务市场份额占比74.6%、网络零售市场份额达21%;O2O市场份额占比4.4%。79%以上的交易仍然在线下进行,O2O增长迅猛,这也说明我国电子商务发展的空间巨大。

本地生活服务O2O市场发展快速,餐饮、休闲娱乐等O2O初具规模,但本地生活服务O2O在本地生活服务市场中渗透率较低。未来随着实物类电子商务用户群体网络消费内容的不断扩大,移动互联网的飞速发展将推动本地生活服务O2O快速发展。

截至2014年6月,中国手机网民规模达到5.27亿人,手机用户基于LBS(Location Based Service,基于位置的服务)能够很好地与线下的商家对接。当客户来到一家商场购物,一些App能根据手机定位客户的地理位置,然后把相应的促销信息推送到手机上,从而达到线上影响线下消费的效果。移动电子商务的发展为O2O的发展提供了极大的便利,因此电子商务的发展必须要不断突破各种自身的瓶颈,而最大的瓶颈就是对电子商务本身的理解。企业没有理由不去重视那79%的线下份额,因此O2O电子商务模式一定是未来电子商务模式的重要发展方向。

三、我国O2O模式存在的问题

(一) 商业模式单一,竞争雷同,缺乏创新

目前我国O2O电子商务主要集中在团购和出行这两项业务。涉及的产品主要是美食、摄影、美容美发等同质性的产品,缺乏可选择性。促销也主要以打折、优惠套餐、赠品为主,商家为了从低价竞争中获取利润,不断降低产品品质和服务质量,缺乏创新性。团购市场在

短短的4年内迅速扩张发展到6 000多家,竞争激烈、业务重复,很多企业都无法撑过3个月。除了聚划算、美团等大型的团购网站有尚可的经营业绩外,绝大部分的团购网站都在为流量苦苦挣扎。2013年万达集团开设O2O万达电商平台"万汇网"上线一年多也关闭了。

（二）线下消费市场规模大,无法满足消费者需求

我国线上消费只占21%,O2O市场份额占比4.4%,79%以上的交易仍然在线下进行。网络购物只占消费支付的一部分,而线下消费中餐饮、旅游、家政等大部分消费可以通过线上宣传和支付将其引导到线下体验,生活服务类消费比网络购物消费潜力更大,所以O2O模式蕴含着巨大的消费商机。但是消费者在线上完成支付后往往面临线下难消费的尴尬,如很多餐饮团购有限制性条款,诸如节假日、晚餐等热门时段不能消费;强制消费酒水;每天限制接待人数等,而且退款困难重重。

（三）消费者需求的转变

随着经济的发展,人们生活水平的提高,更多的消费者开始通过电子商务平台选择他们感兴趣的产品。消费者更加注重产品的特性、个性,更加关心产品的品质和服务的特色,更加注重购买过程的便利性和节省时间的特点。由于线下竞争的同质化,线上与线下的商家想通过O2O模式脱颖而出,留住消费者的忠诚度变得越来越困难,消费者的黏性在逐渐降低。

（四）网络风险依旧存在

随着电子商务的发展和O2O模式的不断深化,在交易的同时可以进行同步的支付结算。在网络支付过程中主要存在银行网络支付系统有安全漏洞、交易过程中密码泄露、支付双方信用风险等问题。很多并无资质的网站上线运营,甚至有大量的钓鱼团购网站利用消费者喜欢低价商品的心理,给出极大的折扣,收到消费者的预付货款后网站就关闭了,导致消费者的合法权益受损。

（五）缺乏专业人才,企业扩张过快

与经过多年运营和人才积累的C2C、B2C电子商务模式一样,O2O模式同样需要大量的推广、美工、计算机、采购等人才。O2O模式是近两年才发展的,不仅缺乏推广、美工、采购等人才,更缺乏专业的管理人才进行运营管理。由于团购网站的发展速度过快,缺乏健全的体制,大量的风投资本都涌入团购领域,拿到风投资金的团购网站往往选择疯狂的扩张,大量招聘员工,管理问题逐渐浮现。员工离职是家常便饭,从企业的管理、企业文化到人才机制、员工归宿等各方面都没有完全考虑周全,大起之后必是大落,这样无论是对消费者还是企业自身都是非常不利的。

四、我国O2O模式发展趋势

（一）线上线下将更加融合

目前,很多企业已经意识到电商不只是一种销售商品的工具,它不仅能够给企业带来消费者,更能帮助企业实现资金的流入。如果与电商配合得不够好,就会造成与消费者的脱节。"万汇网"上线一年没有成功的主要原因是企业高层还没有完全融入互联网思维中,线上与线下还没有完全打通,并没有将自身的产品宣传与渠道设计同互联网相结合,这就造成

网络运营的不成功。在O2O这种特殊的电子商务模式下,越来越多的商家将自己的线下服务行为与线上的宣传有力地结合起来,满足消费者对于该产品或服务的预期,实现更多更长期的盈利,所以未来的O2O模式将会形成线上与线下完全融合的局面。

（二）突破时间空间的限制

随着O2O电子商务模式的发展,竞争更加激烈,商家的盈利空间不断地缩小。未来的发展趋势是将逐步转向底层消费。从打车到投资理财,从餐饮美食到医疗会诊,电子商务的身影无处不在。但目前的O2O领域过于狭窄,需要进一步渗透到人们的衣食住行中,更多地关注消费者的主动分享、互动娱乐和自主记忆。商家应该采取相关措施来解决其跨界消费难的问题。对于空间上,连锁的店家是否能够对不同区域的订单信息给予实现消费;在时间上,能不能打破节假日不可用与到期日的限制。这种跨地域、跨空间的融合将会是O2O电子商务进一步发展的关键。

（三）关注中小商户的发展

电子商务的发展将推动越来越多的中小商户加入O2O的模式中。O2O模式将会更加关注中小商户的利益,目前很多中小商户的发展并不乐观,其不仅要以低价吸引更多的消费者,还要及时地把钱交到相关平台,这样就造成了中小商户的发展压力。中小商户是O2O电子商务发展的主要客户来源,为了提高平台中商家的数量,需要进一步关注中小商户的利益,放宽中小商户的入驻条件,这样才能保证O2O电子商务的长期发展。

（四）探索盈利模式,发展交易化平台

O2O商家从之前的盲目扩张到现在的注重经营质量,是由于了解了盈利才是王道。早期的O2O电子商务只希望做一个单纯的网络信息平台,但是网络信息平台回笼资金的周期过长,前期过度扩张,投入过多,信息平台的商业模式不清晰,O2O商家无法单纯地依靠信息中介获取利润。很多O2O网站开始收缩战线,关闭一些亏损的服务。企业要获取资金流与利润,最主要的办法是达成交易,把有限的资源更好地使用到满足消费者体验上,才能满足利润的达成与实现。交易化平台将是O2O电子商务发展的一种必然趋势,也是O2O企业资金回笼的一种有效方式。同时随着大众点评、携程网等电子商务网站不断地向交易化平台发展,从这里也能看出交易化平台是未来发展的重要趋势。

（五）大数据和O2O的融合

与传统经营相比,O2O模式下的消费者更加注重多样化、专业化、便利性、整合性消费。平台应重新进行市场目标定位分析,建立服务于特定群体的网站,吸引客户再次消费,提高客户忠诚度。这就需要O2O平台商家通过大数据的数据挖掘技术,对线上平台端口引入的客户数据进行分析,深化行业细分,为顾客提供个性化、多样化的服务,提供售后服务,推送促销信息等,建立企业内部的客户关系管理系统。对自建网站的企业,可以整合供应链管理系统(SCM)、办公自动化系统(OA)、企业资源计划系统(ERP)、仓库管理系统(WMS)等,实现全方位的有机组合。

要想让我国的O2O电子商务更加健康、合理的发展,必须从商业模式构建、法律监管、行业自律等多方面着手,加强现代化信息技术的发展、移动终端设备的普及、商业智能系统的应用。O2O这种线上推广、线下消费体验模式的优越性越来越明显,将线下的消费转化为线上搜索、线上支付、线上评价的线上与线下相结合的模式,最大限度地实现了资源整合,建立了一个全新的、共赢的商业模式。

阅读思考 7-4

抖音本地生活服务策略

一、抖音是怎么做本地生活服务的

从路径上来看，抖音做本地生活服务业务也是从种草到消费的闭环。这一步的闭环对于用户体验的增益同样要看需求类型和对应的基础设施的完善程度，所以抖音现在做的是业务相对比较简单、即时性不强、决策链路短的到店团购业务。到店团购业务往往是以商家为单位，比如说美团和抖音上入驻的"海×捞"是同一个，提供的服务也是一样的，用户只需要对比上美团买还是抖音买，也就是只需要比较渠道差异。而电商是以商品为单位，用户除了要对比渠道差异，还可能要对比不同商家的差异，电商商品同质化严重。但是，这并不意味着到店团购业务就好做。抖音现在做的团购业务是这样的：用户看到这个餐厅的短视频被种草后，就会进一步查看这个餐厅（包括位置、评分、菜式等）是否合适，再看团购套餐是否合适，合适后就直接购买了。

二、抖音已攻克本地生活服务前期最大的难点

作为仅次于微信的第二国民 App，抖音对电商商家同样具有非常强大的吸引力。而本地商家则不一样：一方面，它们的供给不能看作是近乎无限的，甚至可以说是非常有限的，一个餐厅能够出的餐是有限的，一个电影院提供的座位是有限的；另一方面，地理距离和需求即时性会使得商家的地域性非常强，在本地域内商家能够覆盖的流量才对商家有效，流量并不是越多越好，也并非是卖得越多越好，如果一下子涌入过多的需求，商家是接不住的，本地生活服务的需求时效性的灵活程度远远比不上电商。这决定了有限、精准的流量才是最适合本地商家的。如果商家目前的供给能力只够线下的自然流量和美团、饿了么等渠道，商家自然不会去开拓更多渠道。所以相比较电商商家，抖音对本地商家的吸引力就相对没有那么强了。然而，抖音还是非常快地就覆盖了很多本地商家。纯线上互联网出身、没有美团那么强悍的地推能力的抖音是怎么做到的呢？原因主要有三个：

第一是疫情。疫情使得到店业务陷入停滞，原本没有线上化的商家线上化，已经线上化的商家进一步加深线上化，原本不外卖的开始外卖，原本只入驻美团和口碑的愿意入驻抖音去营销。

第二则是美团和饿了么在确定型需求主导的本地生活服务市场近乎达成垄断，重塑了业态，也重新制定了玩法规则。商家在竞争加剧的同时，佣金抽成等平台成本也在不断上升，所以商家迫切需要寻找一个低成本的流量平台。

第三则是字节强大的执行力和快速学习迭代的能力。这种能力几乎是业界公认的，字节已经不止一次地证明了这点，我们前面提到的电商业务就是一个很好的证明。

所以在美团和饿了么建立了非常强大的竞争壁垒的情况下，抖音还是非常快就完成了本地生活服务商家的积累。

三、需求侧是抖音的优势

抖音非常擅长运营创作者和内容，也非常擅长利用内容来调整战略目标。比如说，抖音之前想把影视宣发这块业务切过来，于是大力推"××电影"这类影视内容，测试用户对这块

内容的反应,丰富这块的用户画像,感兴趣的用户就会变成分发影视内容的目标,明星就可以做宣传,就会把自己的宣发资源带过来,抖音就能把原本属于微博的影视综宣发给切过来。深度上,抖音一方面加强对本地生活服务内容的推荐,通过推荐这方面的内容去丰富这块的用户画像,同时进一步培养用户在抖音上消费本地生活服务内容的习惯;而在内容生产方面,抖音推出各种激励措施,联动整个生态内的玩家,引导视频创作者生产更多相关的优质内容,来供目标用户来消费。另一方面激励内容生产,抖音一边生产更优质的内容来刺激用户需求,一边通过用户行为数据来获取更丰富的用户画像,用数据来不断改进推荐策略,进一步推荐更有效的内容去刺激用户的需求,在需求侧就形成了正向循环。

四、抖音本地生活服务的潜力

抖音海量的消费行为,再加上刻意的内容引导和推荐匹配,会产生海量的本地生活服务需求,所以抖音在这块业务的上线是很高的。然而,前面也说过,从需求转化为消费,考验的是需求类型和与之匹配的基础设施,抖音目前的基础设施水平还非常薄弱,比较容易转化的是部分业务简单、决策链路短的团购业务。那么,抖音有没有能力去反攻美团的大本营,直接反攻美团最核心的外卖业务呢?目前基本上是没可能的,主要有以下两个原因。

1. 基础设施

基础设施决定了交付能力,决定了用户的选择。一般而言,我们可以将确定型需求粗略地分成两个决策阶段,分别是渠道决策和店铺决策(这两个决策发生的先后顺序依据场景而定)。比如说跟朋友约好周六找个合适聚餐的地方,用户会想着上美团或者大众点评看看(渠道决策),接着就是在上面搜寻合适的餐厅,确定去海×捞(店铺决策)。店铺决策是非常核心和复杂的部分,可能会涉及价格、品类、评价、交通位置、环境服务等,平台就会提供不同的匹配方式,比如说智能推荐、主动搜索等。很多时候主动搜寻的成本不可避免,比如说根据位置、价格、评分等来搜索和导航匹配,涉的基础设施可能就会非常多和复杂。外卖涉及的基础设施就更多、更复杂了。外卖整体流程长、角色多、利益复杂、模式重,单纯配送这块就非常复杂难搞了。首先是对骑手的招募和管理就不容易,然后还要看平台对骑手的价值如何,相比较其他种类工作和其他外卖平台,你要提供什么样的价值才能让骑手在平台上留存?配送成本和效率是怎么样的?如何在保证满足用户预期的基础上,还要有市场竞争力,同时成本又可控,又要给骑手相对于其他可选的工作或其他外卖平台更高的收益。美团和饿了么能够在这么低的配送成本下达到这样的配送效率是很恐怖的,不单纯是技术的问题,还有规模、数据和管理等方面问题,要赶上是很难的。抖音要赶上,先要将基础设施填上。

2. 产品定位和包袱

无聊看抖音、叫外卖上美团,用户心智往往反映了产品定位和核心价值。人们上抖音的目的首先是消遣,而不是为了找餐厅、订酒店。抖音首先要满足人们高效刷短视频的需求,其次才是其他需求。对于刷短视频,抖音是高效的,但是对于购物等其他需求却不一定。如果是在刷短视频的过程中产生了明确的消费需求,抖音直接满足,而不需要用户跳出抖音去购买,这是高效的(所以只要对应的基础设施上来,抖音做购买闭环,针对不确定型需求就是高效的,就可以做);但是,如果用户在进入抖音之前已经有了明确的需求,就是要找一家适合周末聚餐的餐厅,显然不可能一个短视频一个短视频地刷过去找。产品会在功能层面有主次,有取舍。当然,用户的心智不是不可以改变,也不是只能容下一种心智,像微信,从一开始的即时通信,慢慢增加社交朋友圈、公众号,然后是支付、购物等,到现在的小程序、视频号;抖音当然也可以单独开辟一个"本地生活服务"的入口,让用户不用刷短视频,而是像美团或大众点评那样去直接搜寻。但是,这一切的前提是,你要有很好的交付能力,所以该完善的基础设施还是需要先完善,否则效果也不会多好。一个是偏消磨时间的消遣,一个是偏省时的购物,在场景层面似乎是没有多大的协同效应的。所以就算人们在抖音上的购买习惯形成了,但也仅仅只是代表在不确定型需求场景下的心智形成了,不代表确定型需求的心智就形成了,人们如果想到要去找餐厅、订酒店,还是首先想到美团。这一样适用于电商。现在已经有很多人在抖音上购物了,但是人们一旦有明确的购物需求,第一时间还是想到淘宝、京东和拼多多,而不是抖音。

[资料来源:网经社,http://www.100ec.cn/detail—6591657.html.(有删减)]

讨论与思考

1. 谈谈你所了解的抖音。
2. 抖音本地生活服务的优势有哪些?

能力训练

分析 O2O 模式。

训练任务	O2O 模式分析
训练目标	1. 了解 O2O 发展的影响因素; 2. 了解我国 O2O 模式的发展现状; 3. 分析 O2O 模式存在的问题
训练内容	1. 学生分组。3~5 人一组,确定一名组长,由组长安排任务; 2. 小组讨论和分析。浏览聚划算、大众点评网、美团网,分析网站的 O2O 模式、功能、盈利点、存在问题; 3. 撰写分析报告
训练成果	1. 每组提交一份分析报告; 2. 选出分析最全面的一组

思政元素

新时代如何做到与时俱进——时代精神、民族精神、文化自信。

O2O 不仅仅是线上和线下的融合,更多的是虚拟体验和现实体验的融合,是用虚拟体验的能力来改造现实体验,从而实现相互穿越的虚实融合。本项目介绍了 O2O 的概念及其产生的原因,分析了 O2O 的经营模式及其营销策略,介绍了大数据时代 O2O 的运营方式,包括其开放流程和分析工具,最后展望了 O2O 模式的未来发展趋势。

资源链接

1. 携程:http://www.ctrip.com
2. 天猫超市:https://chaoshi.tmall.com
3. 苏宁易购:http://www.suning.com
4. 西贝莜面村:http://www.xibei.com.cn
5. 华润万家:https://www.crv.com.cn
6. 网易云音乐:https://music.163.com
7. 百度地图 App
8. 苏宁小店 App
9. 抖音 App

同步练习

一、单项选择题

1. 下列不属于 O2O 特点的是(　　)。
   A. 数字化顾客管理　　　　　B. 线下交易
   C. 在线支付　　　　　　　　D. 大数据是关键
2. O2O 的营销策略不包括(　　)。
   A. 深度营销　　B. 口碑营销　　C. 互动营销　　D. 渠道营销
3. (　　)不是大数据的特点。
   A. 数据量大　　B. 类型繁多　　C. 价值高　　D. 处理速度快、时效高

二、多项选择题

1. O2O 产生的原因有(　　)。
   A. 经营成本越来越高　　　　　B. 客户忠诚度越来越低
   C. 物联网技术的发展　　　　　D. 大数据技术的发展
   E. 产生的价值十分惊人
2. O2O 的优势有(　　)。
   A. 节省交易的费用　　　　　　B. 无时限的移动互联消费
   C. 定位的精准度提高　　　　　D. 团购信息真实性不能保证
3. 我国电商企业经营 O2O 模式主要采取的模式是(　　)。
   A. 团购模式　　B. 导航模式　　C. 同步模式　　D. 推广模式
   E. 二维码模式　F. 体验模式　　G. 定制模式　　H. 粉丝模式
4. 大数据来源于(　　)。
   A. 用户数据　　B. 交易数据　　C. 外部数据　　D. 网络爬虫数据

三、名词解释

O2O　深度营销　口碑营销　互动营销　饥饿营销　大数据　数据挖掘

四、简答题

1. 简述O2O产生的原因。
2. 简述O2O的经营模式和营销策略。
3. 简述基于大数据的O2O营销。
4. 我国O2O电商大数据开发的流程是什么?

五、论述题

1. 阐述O2O模式存在的问题和发展趋势。
2. 谈谈我国O2O模式的发展现状。

六、案例分析

1. 结合案例"苏宁小店上线咖啡业务",谈谈企业和商家如何将商品或服务直接拓展到实体经济中,实现线上和线下发展的同步模式。
2. 结合案例"O2O时代大数据精准营销模式",谈谈企业如何通过大数据营销提高企业竞争力。

实训项目

微信众筹O2O场景设计

实训目的:通过设计O2O的活动场景,掌握O2O营销技巧。

实训器材:计算机网络机房。

实训指导:微信众筹是一个典型的线上往线下导流的O2O活动场景,好友发起众筹是关键的传播点,而参加抽奖、邀请好友参加抽奖和查看结果是关键的引流点。前者突出传播目的,后者突出引流到店的目的。活动后撰写活动计划并讨论。

训练结果:微信众筹O2O场景活动计划。

范例:

活动主题:微信众筹,×元购机。

邀请好友为自己众筹,每获一次众筹立减×元,原价××××元的家电,最低可×元购买!限量××台,参与0元购机的众筹用户其参与的好友必须达到×××人以上,最短时间获得最多朋友参与的众筹,即获得购买×元购买的资格。同时,参与的好友可以获得额外的抽奖机会。

活动时间:2×21年×月××日—×月××日。

活动规则:(1)邀请好友为你众筹。

(2)为好友众筹一次,即获得一次抽奖机会,奖品为×××。

(3)前××名最短时间获得最多众筹的网友,获得购买×元购机资格。

参与方式:微信活动页面。

项目八

网络营销策划

项目情境创设

面对蓬勃发展的互联网和电子商务,不少企业存在以下困惑:

打算进军互联网,却不知道如何开展网络营销。

网站运营几年了,钱没少花,流量却一直不涨。

网站有不少流量,但是却没有盈利,也不知道何时才能盈利。

选择适合自己的网络营销策略,发现网站上存在的问题,找到自己的盈利模式,这些都是网络营销策划的主要内容。网络营销是公司级的营销,是一个系统工程,涉及企业营销活动的各个层面。网络营销由各项具体网络营销活动组成,如网站建设、网站推广、网上销售等。这些活动之间是相互关联的,如果缺乏总体网络营销策划的指导,即使在各项分立的网络营销活动中都投入大量资源,网络营销的整体效果仍然会大打折扣。怎样选择合适的网络营销策略,对网站进行推广,让企业真正实现通过网络盈利呢?

项目任务书

任务编号	分项任务	职业能力目标	知识要求	课时
任务一	网络营销策划概述	掌握网络营销策划的原则与内容	1. 网络营销策划的原则; 2. 网络营销策划的内容; 3. 网络营销策划的层次; 4. 影响网络营销策划的关键	2
任务二	网络营销策划流程及策划书	能够完成网络营销策划书的撰写	1. 网络营销策划书的要点; 2. 网络营销策划书的格式; 3. 小米手机网络营销策划书	2
任务三	网络营销策划实务	能进行网络营销策划	1. 事件营销策划; 2. 病毒营销策划; 3. 搜索引擎营销策划; 4. 微营销策划	2
职业素质目标		1. 初步具备网络产品策划的能力; 2. 掌握网络营销策划书的编写方法; 3. 能够选择合适的方法进行网络营销策划		

项目学习引导

很多公司都遇到过这样的情形:公司的网站做得很高端、很漂亮,但是在后期回访的过程中,发现他们很苦恼。网站访问量低,产品卖不出去,基本上没有客户咨询,连百度上都搜索不到公司网站,只能通过传统的营销方法:发传单、发名片、打广告让别人知道有这样一个公司网站。慢慢地,企业网站变成了"世外桃源",产品信息被孤立起来,网站也就成了摆设。这些都是由于缺乏总体网络营销策划指导所造成的。

任务一　网络营销策划概述

案例导读

支付宝"五福红包"活动

支付宝(中国)网络技术有限公司是国内领先的第三方支付平台,致力于提供"简单、安全、快速"的支付解决方案。支付宝公司从2004年建立开始,始终以"信任"作为产品和服务的核心。旗下有"支付宝"与"支付宝钱包"两个独立品牌。自2014年第二季度开始成为当前全球最大的移动支付厂商。

过年之前,支付宝再次推出了"五福红包"活动,表示要"把欠大家的敬业福都还给大家"。这是支付宝第二次战斗。虽说2015年推出的效果不太显著,但它的推广方式有其专业和巧妙之处,再有了2016升级版的第二出。支付宝还帮360搜索创造了全民"搜福"的新纪录,把自己送上了热搜榜。

支付宝方面表示:今年不会对任何一张福卡刻意营造稀缺悬念。也就是说,像去年敬业福极度稀缺的情况不会再出现了。大家都知道,集齐支付宝的五福就可以瓜分2亿元人民币。2亿这数字听起来就很让人心动,为了瓜分这2亿,很多人便想着去试一试。在年前,支付宝便火热地开展了集五福行动了。

那你想过为什么支付宝要花2亿去搞这个活动呢?

其实原因可想而知。近年QQ、微信日渐火热,红包席卷中国,红包雨铺天盖地。支付宝压力就大了,被腾讯两个产品一起打压,得有所动作才行呀。

支付宝"五福":富强福、和谐福、友善福、爱国福和敬业福。打开支付宝扫福就可以收集到,但大众集齐五福也不是那么容易的事,特别是敬业福,这就是它设计的巧妙之处。

于是用户为了快速地集齐五福,就需要互相交换福卡,而这就要通过加好友或者加群来实现。一旦支付宝形成了这种社交方式,就可以慢慢像微信一样,能在某种程度上制衡微信和QQ。

所以说,支付宝的集五福的活动设计得很巧妙,达到了初步目标。支付宝让人们知道它不仅仅只是一个支付工具,还能像腾讯那样聊天加朋友。只是它能否拉走QQ和微信的用户,这就要看支付宝以后的发展和技术了。

总的来说,支付宝推出的这次活动是十分成功的,使自己在大年期间成功吸引住人们的眼球,在一定程度上拉近了人们的距离,改善了人际关系。只是在后期的效果上有点令人失望,分的钱少,用户不满意,支付宝推动社交的效果没有达到。

(资料来源:百度官网,https://baijiahao.baidu.com/s?id=16419617995971235388&wfr=spider&for=pc)

案例思考　　1. 支付宝集五福活动为何能取得如此大的效益?
　　　　　　　2. 你觉得与传统营销方式相比,网络营销有哪些优势?

课前准备

熟悉各种网络营销手段。

课中思考

怎样才能使网络营销行之有效?

学习引导

顾名思义,网络营销策划就是为了达成特定的网络营销目标而进行的策略思考和方案规划的过程。在理解网络营销策划概念的时候,一定要有特定的网络营销目标这一前提,也就是要明白策划的对象、策划要达成的目标。同时,网络营销策划首先要做的是营销策划,网络只是营销策划的范围而已。

一、网络营销策划的原则

(一)系统性原则

网络营销是以网络为媒介,整合互联网资源和技术工具的系统性的企业经营活动,同时也是在网络环境下对市场营销的信息流、商流、制造流、物流、资金流和服务流进行的管理。因此,网络营销方案的策划,是一项复杂的系统工程。网络营销策划人员必须以系统论为指导,对企业网络营销活动的各种要素进行整合和优化,使"六流"皆备,相得益彰。

(二)创新性原则

网络为顾客对不同企业的产品和服务所具有的效用和价值进行比较带来了极大的便利和自由。在个性化消费需求日益明显的网络营销环境中,通过创新,创造与顾客的个性化需求相适应的特色产品和服务,是提高效用和价值的关键。特别的奉献才能换来特别的回报。创新带来特色,特色不仅意味着与众不同,而且意味着额外的价值。在网络营销方案的策划过程中,必须在深入了解网络营销环境,尤其是顾客需求和竞争者动向的基础上,努力营造旨在增加顾客价值和效用,为顾客所欢迎的特色产品和服务。

(三)操作性原则

网络营销策划的第一个结果是形成网络营销方案。网络营销方案必须具有可操作性,否则毫无价值可言。这种可操作性,表现为在网络营销方案中,策划者应根据企业网络营销的目标和环境条件,就企业在未来的网络营销活动中做什么、何时做、何地做、何人做、如何做的问题进行周密的部署、详细的阐述和具体的安排。也就是说,网络营销方案是一系列具体的、明确的、直接的、相互联系的行动计划的指令,一旦付诸实施,企业的每一个部门、每一个员工都要明确自己的目标、任务、责任及完成任务的途径和方法,并懂得如何与其他部门或员工相互协作。

（四）经济性原则

网络营销策划必须以经济效益为核心。网络营销策划不仅本身消耗一定的资源,还要通过网络营销方案的实施,改变企业经营资源的配置状态和利用效率。网络营销策划的经济效益,是策划所带来的经济收益与策划和方案实施成本之间的比率。成功的网络营销策划,应当是在策划和方案实施成本既定的情况下取得最大的经济收益,或利用花费最小的策划和方案实施成本取得目标经济收益。

二、网络营销策划的内容

（1）网络营销盈利模式的策划。这主要解决通过什么途径来赚钱的问题。

（2）网络营销项目的策划。它加上赢利模式就相当于是一份商业计划书,主要解决我们是谁、我们做什么、我们的核心优势是什么、我们靠什么赚钱、我们的目标是什么、我们应该怎样实现目标等一些宏观层面的问题。同时需要将具体的行动编制成甘特图,也就是行进路线和进度控制。

（3）网络营销平台的策划。是策划建设网站,还是借助第三方平台来做,这个与模式需要相匹配。网站应从结构、逻辑、视觉、功能、内容、技术等方面考虑怎么去规划。

（4）网络推广的策划。这主要包括网站怎么推广、品牌产品怎么推广、怎么广而告之、怎么吸引目标客户、通过什么手段来传播推广、有什么具体的操作细节和技巧、怎么去执行等。

（5）网络营销运营系统的策划。这主要包括业务流程的划分,根据业务流程来规划部门编制、团队岗位、薪酬、管理考核、培训等。

其实,从系统的角度来说,网络营销策划就上面几个模块。因为在具体网络营销运营过程中,需要动态平衡,专题策划。例如,某网站的销售力差、转化率低,那就要形成以转化率为核心的网站销售力策划,但是这其实在网站平台策划中就包含了。而网络推广策划中就可以形成以单一传播形式的策划,如博客营销策划、软文策划、网络广告策划、SEO 策划、论坛推广策划,也可形成以主题为核心的阶段性整合传播策划,集中利用各种网络传播渠道。

三、网络营销策划的层次

（一）信息应用层策划

这是最简单、最基本的一层。在这个层次上,企业主要通过利用互联网来发布信息,并充分利用网络优势,与外界进行双向沟通。在这个应用层中,不需要企业对信息技术有太高的要求,只是最基本的使用。例如,通过发 E-mail 与消费者进行沟通、交流,定期给客户发各种产品信息邮件、产品推荐邮件、电子刊物等,加强与顾客的联系;建立企业主页,将一些有关企业及其产品、服务的介绍放在上面,辅之精美的图文,供访问者浏览;通过专用数据专线上网。

（二）战术营销层策划

在这一层上企业主要进行下列工作。

1. 网络营销调研

利用互联网在线调研可以轻松地完成大量复杂的调研工作,能够满足各种统计数据的要求,提高营销调研的质量。由于它使用电子问卷,从而大大减少了数据输入工作,缩短了调研时间。

2. 网上销售

这是目前网络营销中最具诱惑力的地方之一。数以千计的企业在网上安营扎寨,销售产品种类繁多。而实际中,这个企业也许仅仅就是一台计算机,没有厂房,没有员工,也没有办公大楼。他们是网上的"虚拟商",却又显得如此真实。网上销售与传统的商业销售的实物流程相分离,是一种信息时代的营销手段。

3. 营销战术系统

主要包括一些用于管理库存的子系统,用于宣传产品、链接网站的子系统及答复用户意见、反馈信息的子系统。决策者利用网上的这一系统分析工具,进行着各种各样的决策活动。

（三）战略营销层策划

这个层次是建立在战术营销层基础上的,将整个企业的营销组织、营销计划、营销理念等完全融入网络,依靠网络制定方针,开展战略部署,实现战略转移,缔结战略同盟等战略决策。

四、影响网络营销策划的关键分析

网络营销已随着网络的普及而逐渐被越来越多的企业所关注,但是在网络营销策划中成功的企业不是很多,网络营销与传统营销是相似的,"事无预不立",成功与失败的关键因素在于营销策划。网络营销策划的关键因素有以下几点。

（一）网络营销的正确认识

网络营销的成功案例非常多,在做网络营销策划的时候不要只是看到网络营销的成功案例,要将眼睛盯着企业自身的情况,不是有一个好的想法就可以成功的,要考虑整个营销策划的细节,在这点上网络营销和传统营销是相同的。但是,网络营销有别于传统营销,只有正确地认识了网络营销才会将网络营销运营到极致。

（二）专业的网络营销团队

"工欲善其事,必先利其器",找对正确的人是成功的一半。通常在网络营销团队建设上普遍有两种极端:一是抱试试看心态的企业,临时找来两三个人,甚至一个人就开始了网络营销,并且这些人还不一定是专职做这个事情的,可能是从原来销售部门找了几个经常上网的,兼职做网络营销。二是在分工上也没有什么区分,放任员工想怎么干就怎么干,也没有相应的权责。在团队的管理上,必须做到分工合理,相应的职责要明确到每一个人,检查起来才有据可查,责任才能落实到每个人头上,相应的计划才能执行下去。

（三）制定有效的营销方案

根据企业营销战略制定出来的网络营销方案是企业开展网络营销的灵魂，如果缺少切实可行的网络营销方案，不管再怎么努力，终将会徒劳无益。

对于网络营销目标的制定，很多企业都不在意，要么觉得能做多少算多少，要么觉得越大越好。要知道这些想法直接导致的是网络营销的工作无法进行检查，因为没有一个标准，谁也不需要为此负任何责任，在这种情况下，要想成功也是不太可能的。

（四）营销方案的有效执行

在网络营销策划方案制定好之后就是对方案的执行，再完美的方案不执行也只是一个方案。网络营销策划同样需要成本，需要考虑投资回报率，及时高效的方案执行才会降低成本。要明白免费的营销方式不只有你想得到，付费就要精于预算。在将免费的营销方式完成之后要有效地控制付费的推广，不是所有的访问都会创造价值。执行力在一定程度上影响着网络营销的成本。

不是说完成以上几点网络营销策划就会成功，但是不考虑以上因素的网络营销是不会成功的。一个好的策划要考虑的因素会很多，有了好的方案并将营销做到细节才是最重要的。

阅读思考 8-1

网络营销策划三大核心要素之创意为王

策略、创意、运营系统，这是菜根谭策划运营多个传统营销和网络营销项目总结出做企业策划、营销策划、品牌策划、网络营销策划的三大核心要素。以下介绍其中的第二个要素——创意为王。

创意是什么？这个每个人都知道。创意是对传统的叛逆，创意是打破常规的哲学。

诸葛亮在有一次伐魏的时候，由于马谡丢失了蜀军运输粮食必经的重镇——街亭，蜀军无粮，陷入了困境，连只能供大军撤退用的军粮存放地也因为没有士兵看守而被司马懿率军攻击。面对魏国大军，诸葛亮巧妙利用司马懿多疑和认为自己生平从不冒险的观点（也有人说是司马懿故意放走诸葛亮的），布下了空城计，让司马懿害怕有埋伏，从而吓走了魏军，保护了粮食并安全撤退。诸葛亮打破自己从不冒险的常规，创造出了空城计这一创意，体现了他超高的谋略和智慧。

1. 创意在商业中的应用

商业上的创意比比皆是。例如，股票，使用股民的钱，用合法的手段来帮自己赚钱，自己还不用承担投资亏本的风险，而发明这种模式的人就是天才；又如彩票，利用人的侥幸心理，合法聚集大量资金；又如保险，利用时间差，先把你的钱拿来钱生钱，然后再用你儿子、孙子的钱来为你保险、养老。这些都是合法的商业模式创新。不合法的如传销，利用人人想发财的心理，直接把你的钱装进他的口袋。

在营销的创新上，如亚马逊创造的广告联盟模式成就了自己；同时该模式也被谷歌发扬光大，成为网络中小站长的盈利模式；而凡客诚品将这一模式稍微改动下，变成了媒体分账，也成就了一家中国本土伟大的电子商务公司。又如各种网络应用产品的出现，网络、移动网络、云计算、IM、SNS、微博和最新的播客等。

这些模式主要体现在商业模式的创新上,即使有好创意,实现难度也相对比较大。一般传统中小企业在网络营销中的创意主要用在产品销售、品牌策划和网络传播中,如产品销售力的提升,网络传播软文和事件话题营销中等。

2. 创意从哪里来?

创意从洞察(我用的是洞察,不是观察或调查)中来,对市场的洞察、对消费者的洞察、对人性最深层次的洞察。洞察产生了洞见,你洞见了消费者需求、洞见了启动心灵的按钮,那么你就洞见了财富之门。

菜根谭一直关注淘宝网上做得非常成功的几家店铺:阿卡、裂帛和飘飘龙。菜根谭认为这几个品牌都是依靠对消费者深刻洞察获得的创意发展起来,成为数一数二的网络品牌。

阿卡,一个服装设计师,29岁,开创淘宝网服装预售模式,店铺有个性,文字感性,充满灵性;店铺所有服装都是由阿卡亲自设计的,网友可以提供各种灵感和建议,依靠互动洞察消费者需求的同时培植了一大帮卡迷。阿卡的成功就是草根利用创意获得成功的最典型故事。

裂帛,2个广告公司文案出身的女孩打造的全新品牌,店铺的服装款式独具个性,有民族风格,也有环保内涵。文字和画面有点叛逆、个性,也有点颓废,看她们的文字你会觉得在读张爱玲的文章,在欣赏王家卫的电影《花样年华》,而这正是时下很多都市白领的内心写照:服装就是心情,裂帛就是内心。她们在裂帛这里找到了归宿,她们成为粉丝,她们让裂帛卖了1个多亿,也让2个在广告公司失业的女孩实现了自我价值。

飘飘龙,线下800人推销都卖不动,走投无路上淘宝的一个品牌。他们靠故事、文字及对消费者的真诚造就了一个奇迹。飘飘龙所有产品文案都采用或讲故事或直接模仿国际著名广告手法,再加一些手绘插图配画,现在又加动画的形式。飘飘龙的故事基本就是目前都市男女身边所发生事情的提炼,用诗一样的语言讲述一个又一个动人的爱情,其实他们根本不是卖布绒玩具,他们卖的是故事,是消费者自己的故事、心情和经历。

阿卡、裂帛和飘飘龙,他们都是草根创业成功的英雄。他们用无与伦比的创造力证明了:当今的中国互联网,利用创意是完全可以成功的。

他们靠创意致富。创意是网络营销策划的第二个核心要素,创意也是企业网络营销成功的核心因素之一。

(资料来源:阿里云资讯网,https://www.aliyun.com/zixun/content/4_19_351065.html。)

讨论与思考

1. 网络营销策划的三大核心要素是什么?
2. 阿卡、裂帛、飘飘龙成功的原因及启示。

能力训练

网络营销策划实践。

训练任务	网络营销策划概述
训练目标	理解网络营销策划的层次,掌握网络营销的内容及关键能力
训练内容	调查某公司或产品网络营销的现状,理解网络营销策划的重要性
训练成果	撰写调查报告

任务二　网络营销策划流程及策划书

案例导读

泰康人寿"飞常保"：朋友圈广告

从最古老的街头吆喝，到店面街头发放印刷好的优惠券、打折卡，这种形式已经持续了几千年，借助互联网平台，各种电子优惠券、电子打折卡如雨后春笋般出现在互联网大潮中，小到独立经营的时尚餐厅、茶餐厅，大到全球食品连锁企业巨头，如麦当劳、肯德基，都一窝蜂地在各自的官网、优惠网站上定期发布电子优惠券，这是一种市场营销的革命。

一、营销背景

泰康人寿"飞常保"是一款提供航空意外保障的保险产品，如何才能唤醒消费者对航空安全的关注并提升"飞常保"产品在消费者心中的认同感，提升用户对泰康人寿的品牌好感度，成为本次营销的核心挑战。

二、营销策略

1. 营销洞察

为了工作而天天奔波于机场、酒店及谈判桌之间，这已成为很多商务人士的生活常态。忙碌中往往忘却了自己忙碌的初衷，忽略了留守在家的亲人对自己的担心与牵挂。

2. 营销策略

以"世界那么大，终究要回家"为传播主题，以微信朋友圈广告为传播载体，在出行密集的"五一"小长假前2天登录微信朋友圈，以视频形式，用温馨的画面和情节讲述一段父女间爱与等待的故事。通过强调亲情和家庭责任，唤起消费者"安全回家"的意愿，从而提升用户的保险意识，认同"飞常保"航空意外险，更从情感共鸣层面提升用户对泰康人寿的品牌好感度。

3. 活动执行

（1）恰节日时点上线：4月29～30日，"五一"小长假节前2天登录微信朋友圈。

（2）微电影引发情感共鸣：以《世界那么大，终究要回家》微电影作为朋友圈广告的传播主体，引发用户"安全回家"的情感共鸣。

（3）免费领取"飞常保"：泰康提供价值百万的"飞常保"航空意外险，用户可以免费领取。

三、核心亮点

以强调家庭、责任和爱的内容创意，引发用户情感共鸣，开启微信朋友圈情感营销，向消费者传递泰康人寿正面品牌形象。

四、数据效果

（1）广告上线2天总曝光量达1.85亿次，3 480万次广告点击。

（2）引发2万次分享，127.8万个评论，获得98%的正面评论。

（3）增加了官方微信粉丝15万人。

(4) 有效提升了"飞常保"产品的知名度,传递了泰康人寿的品牌认知。

(5) 泰康人寿成功开创了全民免费航意险模式,提升了品牌在保险业界的声誉。

(资料来源:营销中国,http://www.292775.com.)

案例思考　泰康人寿"飞常保"营销策略及效果如何?

课前准备

了解网络营销策划的流程。

课中思考

撰写网络营销策划书的要点。

学习引导

网络营销策划不同于网络推广及优化,网络营销策划更加全面、更加有针对性。网络营销策划可以从整体上执行策划方案以提升及打造品牌知名度(线上),并且可以直接或间接地提升企业的销售额。

一、网络营销策划流程

(一)接触客户,明确目标

在开展网络营销之前,要和客户做深入的沟通及交流。在交流中明确客户的目的,也就是客户做网络营销的目的何在。他们是想通过网络营销提升品牌还是提升销售额,根据侧重点及目的的不同,后期要制定针对性的方案。

(二)分析产品和客户

"先调后谋,先谋后动",也就是说在开展工作之前,要了解和分析客户的产品及服务,找出其产品及服务的销售点及优势所在。这样可以进行放大并且可以脱离同质化竞争。在详细地了解了产品及服务之后要根据其产品及服务去分析潜在客户,要去分析潜在客户的消费心理、年龄范围、上网习惯等。

(三)确定平台及方法

有了以上两步的铺垫工作,就可以有针对性地选择互联网上的平台,找出具有潜在客户的网络平台。如果你的产品和服务是针对学生群体,那么SNS社交类网站就不可忽略,因为这些平台上聚集着很多你的潜在客户,并且像QQ等相关平台也不可忽略。也就是说,在分析了客户群体的特征之后才能确定其营销平台。然后就是根据这些已知的信息制定可行性的方案,是准备事件营销还是活动营销,是开展视频营销还是新闻软文营销等。

(四)执行监控及调整

方案一旦确定,接下来就是强有力地执行了,没有执行力再好的方案也是形同虚设。在执行的同时要密切关注执行的效果和方向,避免在执行中因为某些不可预料因素的干扰出现方向上的偏差。如果一旦出现偏差就需要快速地做出反应去进行相应的调整,以免功亏一篑。

(五)分析数据,进行总结

最后一步就是对最终效果的总结,这个总结的依据来源于执行中的数据并以此来进行分析总结。例如,经过本次的策划,执行有没有达到预期的效果,如网站流量的突破、关注人群数量的提高、营业额的增加、品牌知名度的提升等。这些最终的效果都是需要用数据来说话的。

二、网络营销策划书的要点

撰写网络营销策划方案时,务必要注意步骤和细节的可行性。网络营销策划书可以遵循 5W2H 定律。

5W 是指:

What:方案要解决的问题是什么?执行方案后要实现什么样的目标?为企业能创造多大价值?

Who:谁负责创意和编制?总执行者是谁?各个实施部分由谁负责?

Where:针对产品推广的问题所在,执行营销方案时要涉及什么地方什么单位?

Why:为什么要提出这样的策划方案?为什么要这样执行?

When:时间是怎么样安排的?营销方案执行过程具体花费多长时间?

2H 是指:

How:各系列活动如何操作?在操作过程中遇到的新问题如何及时地解决和处理?

How much:方案需要多少资金,多少人力?

三、网络营销策划书格式

(一)网络营销策划的目的

要对营销策划所要达到的目标、宗旨树立明确的观点,作为执行本策划的动力或强调其执行的意义所在,以要求全员统一思想,协调行动,共同努力保证策划高质量地完成。

(二)网络营销环境的分析

其具体包括行业外部环境分析、政治环境分析、经济环境分析、行业内部环境分析、消费需求分析、网页分析等。

(三)网络营销目标

网络营销目标是在前面任务的基础上公司所要实现的具体目标,即网络营销策划方案执行期间,经济效益的目标为:总销售量是多少,预计毛利是多少,市场占有率实现的百分比是多少。

(四)具体的网络营销方案

书写具体的网络营销策划书时,应考虑以下几点内容:

(1)网站分析主要包括网站流量分析、站点页面分析、网站运用技术和设计分析、网络营销基础分析、网站运营分析等。

（2）网络优化主要包括网站结构优化、网页标签优化、网页减肥压缩、超链接优化、页面内容优化。

（3）网站推广主要包括搜索引擎排名、相关链接交换、网络广告投放。

（五）广告宣传的方法

1. 广告宣传的原则

（1）服从公司整体营销宣传策略，树立产品形象，同时注重树立公司形象。

（2）长期化。广告宣传的商品特性不宜变来变去，否则消费者会不认识商品，还会使老主顾也觉得陌生，所以，在一定时段上应推出一致的广告宣传。

（3）广泛化。选择广告宣传媒体多样化的同时，注重使用宣传效果好的方式。

（4）不定期地配合阶段性的促销活动，掌握适当时机，灵活进行，如重大节假日、公司有纪念意义的活动等。

2. 广告宣传的实施步骤

（1）策划期内前期推出产品形象广告。

（2）适时推出诚征代理商广告。

（3）节假日、重大活动前推出促销广告。

（4）把握时机进行公关活动，接触消费者。

（5）积极利用新闻媒体，善于利用新闻事件提高企业产品的知名度。

阅读思考 8-2

小米手机网络营销策划书

1. 网络营销策划目的

我们这个时代是互联网快速发展的时代，越来越多的商家进入互联网的淘金潮流中，大量的访问数量，快速的传播速度，创新的营销方式，使之颠覆了传统的营销渠道，受到各行各业的青睐。作为新兴产物的智能手机，小米手机从一开始就走网络营销渠道，确保成为一款只在网络销售的发烧友高端智能手机，提高品牌知名度。

2. 网络营销环境分析

（1）市场环境分析。

根据中国三大运营商公布的数据显示，截至 2012 年 8 月底，中国的手机用户总数已经达到 9.272 亿户。这说明中国手机市场是非常巨大的，而且随着技术的进步，跟计算机的发展一样，手机更新换代的速度也会越来越快。所以市场对于更加先进的智能手机的需求也会越来越大。中国消费者的消费特点是追求物美价廉，但目前智能手机市场中几千元的销售价格却让人望而却步，以购买计算机的价格买一部手机，在很多人看来是不划算的，所以一款配置高端、价格却在千余元的、性价比极高的手机是很适合中国市场的。可以预见，类似小米手机这种性价比高的智能机将会占有中国普通智能手机消费市场大部分份额。

（2）产品分析。

小米手机是一款高性能发烧级智能手机。主要针对手机发烧友，手机生产由英华达等公司代工，操作系统采用小米自主研发的 MIUI 操作系统。于 2011 年 11 月份正式上市，售价1999元,采用线上销售模式,是世界上首款双核1.5 GHz的智能手机。搭载的Scorpion双核引擎比其他单核1 GHz处理器手机的性能提升了200%,和双核智能手机相比也提升了25%。经过系统优化后还能提高30%的性能。小米手机采用了高通MSM8260 1.5 GHz双核处理器(Snapdragon S2),与HTC G14的CPU相似,但是主频更高。内存方面使用的是1 GB RAM和4 GB ROM,完全满足应用的需求。另外,屏幕方面采用的是夏普的4英寸屏幕,屏幕技术采用TFT,分辨率是16∶9的854×480像素,即FWVGA,该屏幕采用半透半反射结构,阳光底下也可以看得清楚。摄像头方面,后置800万像素摄像头,无前置摄像头。

(3) 竞争分析。

① 市场现状。目前,随着智能手机的普及,同质化现象也日趋明显,外观上都是直板、触屏、超薄的机身,操作系统都是应用谷歌的Android系统,Android凭借开源的政策拉拢了很多终端厂商。摩托罗拉借助Android系统重新复苏,成为2010年智能手机的领头羊。摩托罗拉的前车之鉴和诺基亚的败走麦城,使HTC、索尼爱立信等厂商纷纷加入Android阵营,而这恰恰造成了智能平台过于单一的现象,同质化现象也开始暴露。从外到内的千篇一律,智能手机已很难再吊起消费者的胃口。当消费者逐渐回归理性的时候,终端厂商所面临的考验将变得更严峻,为手机提供寻求个性化设计迫在眉睫。

② 竞争对手。目前小米的竞争对手主要有iPhone、HTC、三星、摩托罗拉、LG手机等。其中iPhone手机的价格一直居高不下,主要面向的是高端市场,故而相同价位的竞争对手主要是后四位厂家。接下来来看他们的参数与价格对比。参数相近的手机与小米相比价格上不占据优势,而价格相近的产品在配置上又比不上小米。所以说小米在智能手机市场还是具有很大的竞争优势的。

(4) 消费者分析。

小米手机面向的客户群体主要是那些易于接受新鲜事物、经常上网且有过网购经验、对价格敏感的年轻消费者。而在国内,这样的人群数量是非常庞大的,随着网上购物的流行,越来越多的人会选择从网上购买商品,由此而获得更多的价格优惠。同时,随着小米品牌的树立及公司和用户共同宣传推广,会吸引更多的人来关注和购买小米手机。

3. 营销目标

小米作为一个全新的品牌,在上市前是没有一点知名度的。所以小米前期的目标当然是宣传自己,利用网络进行宣传、拓展市场,为产品准确定位,突出企业形象和产品特色,采取差异化的网络营销竞争策略。为产品提供有力的展示平台,加以突出小米手机特色和优点及企业的优质服务,在消费者中树立良好的企业形象。致力于打造顶级智能手机,以占领国内中端手机市场,并逐步走向全球。

4. 网络营销方案

(1) 市场定位。

小米手机只在小米网(http://xiaomi.com)上零售,而且对于小米手机的界面,MIUI首次使用了互联网来开发手机OS的模式,50万发烧友(或称为刷机友)直接参与了手机的开发与改进,而小米手机本身比较大众化的外观及强悍的配置也暗示了其目标市场:爱刷机的手机用户、追求高性价比的潮流玩家,他们将是小米手机主要面对的群体。

(2) 营销组合描述。

从产品端(Product)来看:小米手机是可鉴性产品(标准型产品),消费者在购买时就能确定和评价其质量,因此该产品适合进行网络营销。小米手机定位于发烧友手机,高配和软硬一体,产品研发过程采用"发烧"用户参与模式。手机硬件均由一流供应商(三星、夏普等)提供。生产组装由极具实力的工厂(英华达、富士康)代工。手机采用由 Android 原生系统深度开发的 MIUI 系统,针对中国用户的使用习惯,原创特色的全套 UI 体系,系统研发小组根据测试用户的反馈意见,每周五持续改进更新系统。

从价格端(Price)来看:小米采用低价策略,小米的战略优势——最为低廉的智能手机。小米手机利用网络营销的特点来减少成本。小米手机的销售人群为中青年,他们对价格十分敏感。对于想要购买高配智能手机的中低端的消费者来说,小米手机无疑是首选。

从渠道端(Place)来看:小米采取以网络作为载体进行 B2C 的电子商务的销售方式。全线的网络销售,节约成本,具有时尚感。这也更加突出了小米移动互联网公司的实质。和凡客诚品的如风达物流公司合作,增加了手机配送的安全性、及时性。

从促销端(Promotion)来看:小米采用了口碑营销、事件营销、微博营销及饥渴营销。通过消费者及网络用户的口耳相传来为手机做宣传,使得小米手机成为人们耳熟能详的数码产品。利用一些事件,如之前的小米青春版用校园文化来进行品牌的宣传,用户购买时发表微博可以得到优惠,这样利用广大用户的微博来为公司做了一个成本很低但效果明显的宣传。通过网络限量订购,再到线上公开发售(实质上的第二次订购)的饥渴营销吊足了消费者的胃口,使得更多的消费者想要拥有小米手机。

5. 渠道和促销策略

(1) 建立门户网站。

小米官方网站通过网络,将小米公司的良好形象、经营理念、公司资讯、产品信息及服务信息做了全面的展示。通过及时有效的信息发布与客服互动,在客户心中树立起良好的企业形象,为取得更好的社会效益及经济效益打下了良好基础。

完善的企业网站解决方案其优点在于:它会成为信息发布、信息搜集、信息处理及信息共享的最有效工具。小米公司网站充分考虑网站未来信息流量大、信息密度高、信息面广的特点,将信息服务有序、实时、准确地完成。同时,借助网站的互动能力广泛地搜集来自顾客的反馈信息,并加以整理和分析,充分融合,然后以互联网的形式让信息自外向内再自内向外有序地流动,以形成一个闭环的信息系统,真正将信息服务提高一个层次。

(2) 网站信息资源分析。

① 产品信息。产品信息包括产品简介、产品规格、产品功能和用途、产品物品配件信息、周边产品信息、更新信息。

② 公司运营信息。公司运营的相关信息包括查询热线、投诉热线、客服邮箱、交易须知、收费须知、注意事项及常识。

(3) 网站设计原则。

整体效果:简洁美观,功能强大,信息互动性强,界面分明,功能性与可读性相融合,信息量大,具有鲜明的行业特点和时代感。

图文设计标准:在不影响美观的情况下尽量使各种带宽用户能够尽快获取相关信息。

旗帜设计:网站 Logo、网站名称、主题要求表达准确,易于理解与辨析。

内容分类:适合人们的阅读习惯,分类清楚、重点突出、简明扼要。

网页设计:色彩过渡平稳和谐,以色块对比突出重点,以线条穿插活跃气氛,适量运用简洁精致的图片和动态元素以吸引用户注意力。

后台系统：以功能完善、使用方便的后台进行资讯发布、账户管理、在线查询、信息反馈、会员管理等子系统来支持网站信息的更新和管理，使网站的操作和维护过程更加方便快捷。数据库及用户查询界面则尽量以实用为原则来设计开发，同时保证信息传递的快速性与安全性。

(4) 网站的内容策划。

小米网站主要由8个部分组成，分别是首页、小米手机、配件、下载、客服、社区、MIUI、米聊。

首页：手机及周边产品图片、热门资讯、小米报播。

小米手机：产品规格、功能、样式、配置、价格。

配件：小米周边产品信息、价格。

下载：提供操作系统、驱动、相关手册等的下载。

客服：常见问题解答、咨询与解答、投诉与建议、联系热线。

交流社区：注册用户可以在里面自由发言交流、提供资源、发表使用心得，公司也会发表相关资讯、宣传信息、视屏广告等。

MIUI：详细介绍小米手机操作系统MIUI的各种信息，提供系统和使用手册下载。

米聊：介绍在线聊天工具的相关信息，进行演示，并提供下载。

(5) 网站推广方案。

① 免费服务。人们都喜欢免费的东西。小米计划通过免费的信息吸引人们来访问其网站，比单纯让人来访问更有效。例如，提供免费的手机软件下载中心、最新手机信息的发布。提供的免费内容与销售的东西非常接近，这样吸引来的访问者可能就是目标潜在客户。提供免费服务的同时，网站会提供多种链接方式将获取免费信息的用户的注意力引向销售的产品部分。

② 发布新闻。新闻推广总是有效的，即使消费者一下子记不住小米的网址，也一定会留下印象。寻找有价值的事件进行新闻发布（如之前小米青春版的发布），并将新闻发布到其他新闻网站及数码产品相关平台上，同时添加网站链接。

③ 使用传统媒体。利用传统媒体包括报纸和杂志（如《数码产品》杂志），发布产品信息，由于它们面向特定的群体发布，有时这些信息会更加准确有效，可以有效增加网站访问量。

④ 邮件推广。通过与各大免费邮箱的提供商合作，在他们的免费邮件系统中放置小米广告。向网站平台注册的用户发放小米手机的产品信息。建立邮件列表，向潜在客户群体发放邮件广告，宣传产品信息和公司活动信息。这是与客户保持联系、建立信任、发展品牌和建立长期关系的最好方法之一。邮件主题原则：体现出邮件内容的精华，体现出发件人信息中无法包含的内容，体现出品牌或者产品信息，邮件主题含有丰富的关键词，邮件主题不能过于简单或复杂（注意：邮件中应附有邮件退订选项）。

⑤ 广告策略。采用CPM或是PPC方式，在各大门户网站发布广告，吸引消费者前来浏览网站，如在百度推广中发布推广广告。

⑥ 链接策略。链接的质量是搜索引擎考虑的重要因素之一，更多的网站链接会提高平台的搜索排名。可以将网站登录到行业站点和专业目录中，或是和一些与网站内容互补的

站点请求互换链接。同时可以免费为一些站点写一些专业性的文章,在其中可以附带描述公司产品,并请求对方链接小米公司网站,这是一种有效的病毒式营销方法。

⑦ 客户关系策略。为客户发布最新的产品信息及相关资讯,建立客户个人信息数据库,提供积分制服务,为其提供个性化服务,保持客户对公司产品的关注度。保持与客户的联系,及时对客户请求做出反应,制作电子刊物。

(资料来源:百度文库,http://wenku.baidu.com/view/1dc0abe75ef7ba0d4a733b5e.html.)

讨论与思考
1. 网络营销策划书由哪些内容构成?
2. 指出这份网络营销书的优点和缺点。

网络营销策划书。

训练任务	网络营销策划流程及策划书
训练目标	能够撰写网络营销策划书
训练内容	根据网络营销总体规划的步骤,为一个企业进行网络营销的总体策划
训练成果	撰写策划报告或方案,分小组讨论并全班交流

任务三 网络营销策划实务

案例导读

青岛泽山葡萄酿酒营销型网站案例

青岛泽山葡萄酿酒有限公司(简称泽山)在网络营销转型前在做北京总后、原南京军区等部队的特供业务,不愁销路。2012年后,泽山的部队特供业绩直线下滑。没了特供订单,该怎么办?习惯做特供而其他渠道缺乏人脉和营销经验,泽山的总经理(王总)非常担心,摸索转型开辟新市场。2013年,他收到单仁集团短信,受邀参加网络营销试听课。"互联网时代做网络营销应该没错",寻求转型的总经理毫不犹豫地去了,听完课觉得很靠谱,又报名参加策略班,并带员工一起学习。上课时学习了营销型网站觉得很不错。牛商网吴新兵老师上门服务和他一起研究如何实现网络营销,他觉得靠谱,因此和牛商网签订了营销型网站建站合同。

泽山自有200亩生态葡萄园,生产多款葡萄酒。王总想把每一款产品都放到营销型网站上,牛商网建议主打冰葡萄酒定制比较合适,突出冰葡萄酒的高品质和稀缺性(年产仅10 000瓶),目标客户是追求品质的成功人士。为了吸引目标客户购买,牛商网充分利用泽山高氏庄园生态农业园优势,策划了葡萄节、品葡萄酒、生态旅游等活动,通过现场体验带动销售。同时,牛商网策划制作了招商加盟页面,帮助泽山发展代理商。牛商网建议泽山营销型网站(见图8.1)上线就投付费推广,帮泽山网销团队系统地培训运营、推广、客服人员,邀请他们参加线下沙龙活动。为了做好全网营销,王总在牛商网做了营销型手机网站,并利用微信做微营销。泽山网销团队把每天游客的照片资讯及时同步更新到计算机端网站和手机网站,把当天照片和视频制作成微网页、微场景发给潜在客户吸引他们来庄园,发给代理商请他们转发宣传,做微信公众号、建微信群分享葡萄酒知识进行营销。

图 8.1　泽山高氏庄园营销型网站

2013年10月,泽山营销型网站上线投付费推广,葡萄节、品葡萄酒、生态旅游极其火爆,不仅吸引了山东省内的游客,还有北京、上海、广州、深圳、厦门、成都等大中城市的客人前来游玩。冰葡萄酒热销,拉升了整个庄园的生意,甚至吸引了美国、英国等十几个国家的海外游客。潍坊西水机器人科技有限公司看完泽山冰葡萄酒营销型网站后马上咨询,几天后实地考察现场签约了代理合同。营销型网站吸引中央电视台《美丽中华行》《农广天地》等栏目慕名来考察,免费拍摄剪辑了5分钟宣传片,专门介绍高氏专业有机冰葡萄酒,播出后引起巨大反响,吸引更多人前来观光。王总不仅把宣传片放到营销型网站上,还在片中加上水印、公司的标志和热线电话,上传到优酷等多个视频平台,带来大量的流量和客户询盘,许多企业老板来考察,不仅定制了葡萄酒,还成为泽山的代理商。

(资料来源:牛商网,http://www.nsw88.com.)

案例思考　简述青岛泽山葡萄酿酒有限公司转型过程及效果。

课前准备

熟悉企业建站方式。

课中思考

如何进行网络推广?

一、事件营销

(一)事件营销的概念

事件营销(Event Marketing)是企业通过策划、组织和利用具有名人效应、新闻价值及社会影响的人物或事件,引起相关媒体、社会团体和消费者的兴趣与关注,以求提高企业或产品的知名度、美誉度,树立良好品牌形象,并最终促成产品或服务的销售目的的手段和方式。

事件营销是近年来国内外十分流行的一种公关传播与市场推广手段,集新闻效应、广告效应、公共关系、形象传播、客户关系于一体,并为新产品推介、品牌展示创造机会,建立品牌识别和品牌定位,形成一种快速提升品牌知名度与美誉度的营销手段。20世纪90年代后期,互联网的飞速发展给事件营销带来了巨大契机。通过网络,一个事件或一个话题可以更轻松地进行传播和引起关注,成功的事件营销案例开始大量出现。

(二)事件营销的策划

事件营销可以分为两类:一是主动制造事件类,可称为主动性事件营销;二是被动制造事件。例如,一些业内人士从百度风云榜之类的排行榜中抓选营销机会,根据热门事件制作自己的事件管销策划方案,开展借势营销。成功的事件营销一般要经过以下几个步骤。

1. 细分市场,准确定位

事件营销必须有明确的造势对象。只有明确了营销对象是谁,弄清他们心中的想法,有的放矢地进行事件营销,才能最大限度地提升营销效应。企业对自己的品牌必须有一个明确的定位,一切事件营销都围绕这个定位来进行,最终形成一致性的品牌形象。

2. 因势利导,合理诉求

事件营销一定要找到品牌与热点事件的关联点,不能脱离品牌的核心价值,这是事件营销成功的关键。应该把品牌的诉求点、事件的核心点、公众的关注点重合在一起,形成三点一线,贯穿一致。品牌内涵与事件关联度越高,就越能让消费者把对事件营销的热情转移给品牌。不管是借势还是造势,一定要找出品牌和事件之间的关联性。如果生搬硬套地将二者联系到一起,不考虑产品与事件的相关性,什么事件都想利用,什么主题都想靠边,最终只会导致产品形象混乱,目标市场模糊,达不到预期的效果。

3. 捕捉热点,掀起高潮

事件营销要想深入人心、影响久远,事件的公众参与度不可忽视。公众参与度高的事件营销往往能在不经意间悄然入心,巧妙地拉近品牌与大众的距离,树立良好的品牌形象。企业在事件营销过程中,可以通过借势、造势等方式,使企业的产品定位在事件中得到合理的诉求,引起消费者关注,达到提升品牌的效果。

4. 整合传播,完善品牌

事件营销的最终目的是提升品牌价值。然而,一个事件营销产生的轰动效应毕竟是短暂的,想要保持事件对品牌的长期影响,还要在事件后将事件及品牌的相关信息不断灌输给消费者,并把公众的注意力潜移默化地转化为实际购买力及对品牌的忠诚。这就需要企业在事件中和事件后做好品牌整合的营销传播工作。

5. 把握尺度,控制风险

事件营销就是借社会事件、新闻之势或通过企业本身的策划、运作造势来达到传播的目的,但是事件发展的不可预见性、媒体的不可控制性,受众对事件的理解程度及企业对事件策划的掌控能力,都决定了事件营销可能暗藏风险。因此,在事件运作前,有必要对整个事件做一次全面的风险评估,并以此调整和架构企业应对措施,以将风险可能带来的损失降到最低水平。

二、病毒式营销的策划

(一)病毒式营销的概念

病毒式营销(Viral Marketing)是指通过类似病理和计算机方面的病毒传播方式,即自我复制的病毒式传播过程,利用已有的社交网络去提升品牌知名度或达到其他的市场营销目的。病毒式营销是由信息源开始,再依靠用户自发的口碑宣传,达到一种快速滚雪球式的传播效果。它描述的是一种信息传递战略,经济学上称之为病毒式营销,因为这种战略像病毒一样,利用快速复制的方式将信息传向数以千计的受众。

美国著名的电子商务顾问 Ralph F. Wilson 博士将一个有效的病毒式营销战略归纳为6项基本要素(见图8.2)。一个病毒式营销战略不一定要包含所有要素,但是,包含的要素越多,营销效果可能越好。

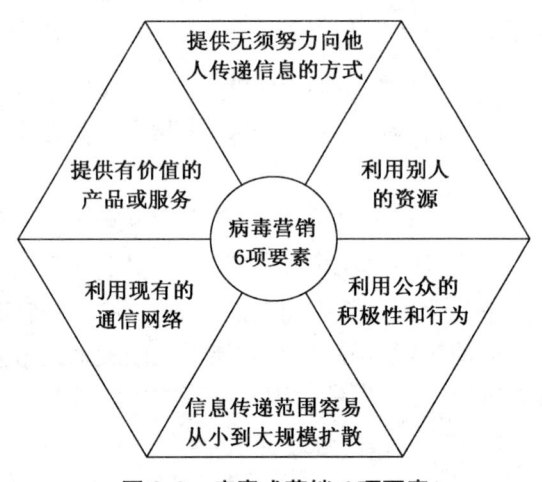

图 8.2 病毒式营销 6 项要素

(二)病毒式营销的步骤

病毒式营销已经成为网络营销最为独特的手段,被越来越多的企业成功利用。病毒式营销的运用实施一般来说包括以下步骤,如图8.3所示。

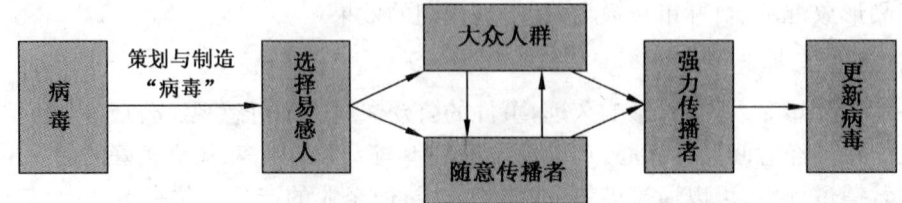

图 8.3 病毒式营销的实施步骤

1. 策划与制造"病毒"

实施病毒式营销的关键是策划与制造"病毒"产品,不管"病毒"最终以何种形式来表现,都必须具备基本的感染基因。也就是说,"病毒"产品必须具有独特的魅力、不可抗拒的诱惑力、方便快捷的传播力、令人心动的吸引力和顺畅高效的扩散渠道。随着互联网的飞速成长,"病毒式推广"的方式越来越多,如搞笑动画、图片、文字、免费打折券、免费邮箱等。例如,腾讯QQ凭借的就是"鼠标传播",比我们通常所说的"口碑传播"还要快捷。另外,"病毒"不能让受众产生悖逆感,"病毒式推广"的话语模式应该是"允许式"而不是"强迫式"的,让受众能够自愿接受并自愿传播。受众自愿接受的前提肯定是他觉得自己花很少的代价就可以获得很大的收益,要是腾讯QQ刚推出就采取收费形式,"病毒"扩散的速度肯定会大打折扣。

2. 选择易感人群

策划与制造了"病毒"产品后,病毒式营销的成败与否则取决于能否找到"有影响力的人"的早期接受者,或者说能起到意见领袖作用的消费者群体,然后就可能营造出一个目标消费群体。

3. 迅速大规模扩散

易感人群"感染病毒"后,企业还应该不失时机地强化病毒,继续使用大规模迅速传播的机制,创造易感人群与强力传播者、随意传播者及大众传播者之间接触的机会,以强化"病毒"迅速大规模扩散的能力,实现企业推广网站、产品或服务的目的。

4. "病毒"更新

"病毒"产品一般也有自己的生命周期,一旦"病毒"产品的传播基本上达到饱和时,企业就应该适时推出新一代"病毒"产品,开展新一轮病毒式营销,以维系老用户,拓展新市场。例如,每个年度,腾讯QQ都会有自己的年度最新版本,新的版本上会增加很多新的功能,无论是感官还是视觉上都会给人全新的体验。新新人类的特点是"好动、善变、见异思迁",但他们有一点是不变的,就是永远追求最新、最酷、变化最快的东西。腾讯QQ顺应这个特点,将产品研发与更新的步骤与"新新人类"的喜好尽量合拍,它总会在旧的版本颓势渐显时进行版本的更换,这使它总是能够牢牢地吸引住很多忠实的QQ玩家。

病毒式营销具有费用低廉、传播速度快、免费借助社会大众自愿传播、更新速度快等特点。

三、搜索引擎营销的策划

(一)搜索引擎营销的概念

搜索引擎营销目前主要有两大流派:一种为竞价排名广告模式,也叫付费点击广告(PPC);另一种是SEO,即搜索引擎优化推广模式。付费点击广告模式已成为当前发展最快的网络广告模式,它按实际发生的广告点击数来向搜索引擎支付广告费用。客户的广告排名主要由竞标价格决定。广告一般以"赞助链接"的形式出现在搜索结果的左侧或顶端,有时也会出现在自然搜索结果中。搜索引擎优化则指针对特定搜索引擎对网站从结构合理性、内容相关性及外部链接数量和质量等因素着手进行优化。经过全面优化的网站可出现在搜索引擎中自然结果的明显位置上。

（二）搜索引擎营销的步骤

（1）企业信息发布在网站上成为以网页形式存在的信息源（包括企业内部信息源及外部信息源）。

（2）搜索引擎将网站/网页信息收录到索引数据库中。

（3）用户利用关键词进行检索（对于分类目录则是逐级目录查询）。

（4）检索结果中罗列相关的索引信息及其链接URL。

（5）根据用户对检索结果的判断，选择有兴趣的信息并点击URL进入信息源所在网页。

（6）搜索关键词。

（7）看到搜索结果。

（8）点击链接。

（9）浏览企业网站。

（10）实现转化。

阅读思考8-3

网站的优化案例

优化对象：福州欣隆鑫家政，域名：http://www.min91.com，主页如图8.4所示。

图8.4　福州欣隆鑫公司网站主页

权重体现：域名由3个英文字母、2个数字组成，为普通域名且注册时间不长，域名权重较低。

收录正常：baidu：164；google：163；PR值：1。

收录量和PR值很低，加上没有链接建设，需全面改良，做整站优化。

优化的具体分析体现在如下几点：

（1）竞争程度分析。该网站是一个传统的家政服务行业网站，竞争度属于一般激烈。在福州本地类似的网站多达数万个，它的主要竞争对手一般都来自大型的家政服务连锁公司，少数是社区性的家政服务中心，且这些网站提供的服务比较成熟，专业性比较高，也较有知名度。

（2）网站结构优化。该网站整体构架有利于优化，版面整洁简单，并采取DIV＋CSS的网站标准，有利于SEO的正常实施。不足之处在于，客户体验程度不够，主页版面需要重新设计。

目前的服务型网站应该按照搜索引擎的模式去设计，重要的导航设计为树状目录比较好，因为用户的浏览习惯一般是从左到右，从上至下，因此，重要的二级栏目都可设计为树状目录，排列在网站的左、右两侧。

整个网站的导航栏都没有设置二级栏目和相关性的频道，没有深度，页面较少，不利于被搜索引擎抓取多个页面，因此影响了百度收录量的增加及百度快照的更新速率。建议网站首页添加一个"家政动态"的一级栏目，将"怎么找到好的家政人员"作为其二级栏目，并在首页展示。需要每日更新该频道的内容，不然收录就不能增加，关键词排名无从谈起；除"员工信息"和"帮助中心"外，其他一级栏目都需添加二级栏目。

网站底部需要添加一个"友情链接"，并将链接设置为横向排列，全部在首页展示。获取同行业的高质量链接，有利于提高网站权重，让搜索引擎对网站更加关注与重视，因此，友链多多益善。不过，高质量的链接需要成本投入。

（3）网站标题（Title）分析。该网站的标题设置为"福州欣隆鑫家政（福州家政、福州保姆、福州母婴护理、福州护工、福州育婴师、福州家庭服务人员）"，定位比较明确，但还不是非常合理，"福州欣隆鑫家政"这个公司名可以放到后面去，让主要关键词排在前面。

（4）关键词（Keywords）优化分析。在该网站的源文件里没有看到关键词的设置，需要后台程序添加。该企业网站主要面向福州市场，避开了热门关键词竞争的角逐，在一定程度上对整个网站的优化难度有一定缓解，但是并不代表冷门关键词就一定很容易做上排名。SEO关键词排名不是遵循这个法则的，更不是一篇文章被收录了，其关键词排名就能上去，关键词的排名取决于整个网站中各个环节的平衡值，受权重和用户体验优化程度的影响。关键词的选取范围：福州家政、福州保姆、福州母婴护理、福州护工、福州育婴师、福州家政服务、福州家庭服务人员等。选取关键词遵循的原则是以行业为中心，以市场和用户为导向。核心关键词和长尾关键词需要合理分布，力求提高目标客户群在搜索引擎里找到该网站的概率。

（5）网站描述（Description）分析。从源文件里没有看到该网站的描述，需要在后台程序中添加。网站描述的优化技巧是由关键词组合成的一段通顺的企业简介，字数不能超过200字，不能堆积关键词。

（6）内外链分析。该网站的反向链接非常少，没有优质的外链到该站，从而得知，几乎没有做过网络推广。该网站的内页没有建立任何内部链接，致使每个页面都非常孤立，不能自由链接，这样不利于用户搜索与浏览多个页面的内页，也不利于搜索引擎抓取多个页面。

因此需要加强内部链接建设,让搜索引擎认为该网站中的每个页面都很重要。内容是网站的血肉,链接则是网站的经络,经络不通,即使内容再丰富,收录也会缓慢,排名不会靠前。这就需要加强广泛的网络推广和交换友情链接,必要的时候还需要利用其他途径获得 PR 值高的链接。否则,短期内优化排名效果无法显现。对于外链建设,在空余时间,还可以利用自己的特长去创建与编辑百度百科词条来增加网站的外链,这是优质的外链,权重是无比之高的,因为百科词条永远都在首页第一位或前几位。

(7) 网站内页优化及原创内容的增加。福州欣隆鑫家政网站的内页内容处理得比较粗糙,影响用户体验。试想,一个网站如果用词不当,语法混乱,内容编辑不够整洁美观,谁愿意将钱花在这样的网站所宣传的服务上呢?因此需要一个优秀的网站编辑专门编辑好内容。网站要想有好的排名,需要同时具备两个条件:网站要符合搜索引擎的要求,要符合搜索引擎的收录标准和抓取习惯;网站要经常更新和维护,多发原创内容,并合理分布关键词。

(8) 软文的推广。软文是网络推广中比较重要的一种方式,对搜索引擎有着举足轻重的作用。通常一篇好的软文能够带动不俗的流量,并直接转换为企业财富。企业网站如果想获取更多的目标客户,可以时常发布一些网络软文,"软"下公司。

(资料来源:上学吧,http://www.shangxueba.com.)

讨论与思考

案例中对福州欣隆鑫家政公司的网站提供了哪些优化措施?

四、微营销策划

"微营销"实际就是一个移动网络微系统。它是利用微博、微视(微电影)、微信二维码、公众平台、公司微商城等线上产品终端,从事企业产品或服务推广与销售的一种营销方式。"微营销"主张通过"虚拟"与"现实"的互动,建立一个涉及研发、产品、渠道、市场、品牌传播、促销、客户关系等方面更高效的营销平台或链条,整合各类营销资源,达到了以小搏大、以轻搏重的营销效果。

(一) 微博营销策划

微博,即微博客的简称,是一个基于消费者关系的信息分享、传播及获取平台,消费者可以通过 Web、Wap 及各种顾客端组建个人社区,以 140 字左右的文字更新信息,并实现即时分享。微博具有发布门槛低、实时性强、个性色彩浓厚、交互便捷等特色,企业利用微博可以进行品牌宣传、新产品推广、公共关系、顾客服务、市场调研等营销活动。微博营销策划的程序一般包括以下几个步骤。

1. 选择有效的平台

首先要选择一个用于营销推广的 SNS 平台,企业可以选择一个流量大、覆盖率高、关注度较多的平台进行推广。不同平台的消费者,关注度各有不同,与之对应的推广策略也不相同。企业可以在多个人气旺的微博网站上同时开博,如新浪、搜狐、网易、腾讯等,而后一篇博文可以分别发在各微博上,这样可以大大提高传播效率,摊薄经管成本。同时,还应考虑将企业微博、代言人微博、消费者微博相结合,用一种受众能够认同的,并欢迎的方式,对新产品、新品牌等进行主动的网络营销。

2. 形成准确的定位和目标

企业微博的定位是快速宣传企业新闻、产品、文化等的互动交流平台,同时对外提供一定的顾客服务和技术支持,是企业对外信息发布的一个重要途径。企业微博的目标是获得足够多的跟随者,形成良好的互动交流平台,逐步打造具有一定知名度的网络品牌。

3. 内容撰写与发布

微博的内容相对简单,主要包含发布和交流两部分内容。发布信息是指企业单向地把自己的内容(如新品发布、企业新闻等)告知跟随者,以达到扩大宣传范围、提高知名度的效果。互动交流指的是通过和企业微博的跟随者进行交流,达到人际传播和推广的效果。例如,为了形成良好的互动交流,企业微博应该关注更多的消费者,并积极参与回复讨论。

4. 传播策划与推广

再好的内容,如果没有跟随者,也无法得到有效的传播。常用的企业微博推广方式,如开展有奖活动、特价或打折信息、广告宣传、企业内部宣传、合作宣传(如联系微博平台的业务员将企业微博的账号添加到"公司机构"等栏目并通过实名身份认证)及广送邀请(通过邮件或其他渠道邀请顾客、潜在消费者注册使用的是指定的注册链接,这样,别人注册之后会自动关注企业微博)等。

5. 日常运营与管理

企业微博的运营是长期的,可以考虑以多个企业员工共同维护一个主账号的形式进行运营,内容的更新可以采用"人工+自动"的方式。对于重点推广的文章,一定要填写详细的摘要,然后添加文章的短链接地址。邀请企业的客服人员进行微博维护,可以对外回复一些产品技术问题,提高顾客满意度,也可以开辟专门的社区供消费者交流,并由专人进行维护与解答。

(二)微信营销策划

微信是腾讯公司于2011年1月21日推出的一款即时语音通信软件,用户可以通过手机、平板和网页快速发送语音、视频、图片和文字。微信公众平台开通之后,立即使其从一款个体沟通的即时通信应用转变成新的媒体平台,引来众商家的抢夺,微信营销风潮迅速风靡。微信营销策略主要有以下几个方面。

1. 通过微信公众平台账号营销

使用微信公众账号,平台方可以向用户推送包括新闻资讯、产品消息、最新活动等消息。除此之外,还能够完成包括用户咨询、客户服务等功能,这相当于是企业的一个CRM系统。

2. 开放平台+朋友圈

微信允许商家在开放平台上接入自己的应用并推广,以与开放平台最早的合作者美丽说为例,用户通过微信把美丽说上的商品逐个传播,扩大了产品知名度。朋友圈的分享功能从传播学的角度来讲是一种人际传播,给用户提供了分享自我情感的机会,其中更可以渗透商家的广告信息。

3. 二维码设计

宣传二维码是腾讯公司研发配合微信使用的查找和添加好友的新方式。微信客户可以设计自己的二维码名片,通过识别二维码身份添加好友。在互联网日益发达的今天,二维码就是企业在互联网上的名片。通过微信中的"扫一扫"功能,用户只需用手机扫描商家的二维码,就能获得一张存储于微信中的电子会员卡,即可享受商家提供的会员折扣和服务。可见,二维码是线上用户转化为线下用户的关键。

4. 利用漂流瓶传送信息

微信里的一个新应用是用户可以选择"扔瓶子"或"捡瓶子",瓶子里面可以装载语音或文字,借此拓宽客户网。例如,招商银行策划实施的"爱心漂流瓶",微信用户通过"源流瓶"捡到招商银行的漂流瓶并进行简单互动,招商银行就会通过"小积分,微慈善"平台为自闭症儿童提供帮助。此举一是可以培养大量潜在的客户群,二是可以增加招行的知名度。

5. LBS 的营销

LBS(Location Based Services,定位服务),是指通过移动终端和移动网络的配合,确定移动用户的实际地理位置,从而提供用户所需要的与位置相关的服务信息的一种移动通信与导航融合的服务形式。用户通过单击"附近的人",可以搜索到附近的微信用户,可以借此宣传自己的产品信息。

阅读思考 8-4

看富军如何用微信卖大米,3个月卖200万元

微信卖大米,3个月进账200万元。2013年12月1日,上海国际马拉松现场一只"愤怒的小鸟"吸引了众多眼球,这只"小鸟"的真实身份是在微信上卖大米卖火了的富军。富军在2013年和老婆开玩笑说要卖米,之后开始向微信好友赠送大米,为他的大米营销创造基础口碑。任何微信营销都需要2个基础条件,一个是足够多的好友数量,另一个则是与微信好友之间拥有较为紧密的关系。富军通过各种活动,增加自己的微信好友,为了与这些好友保持紧密联系,富军平均每周在朋友圈更新6条消息,并策划过一次具有轰动式效应的活动,于是背着米袋子、贴满二维码的"愤怒小鸟"在上海马拉松赛场上闪亮登场了。富军大米的微信营销是成功的,到2013年11月底,他统计全年订户200个,销售大米200万元,而这些,都源自他的微信好友。

(资料来源:亿邦动力网,http://www.ebrun.com.)

讨论与思考

微信营销的成功条件有哪些?

思政元素

协作与创新——如何树立沟通协作的团队意识,提高探索实践的创新能力?

目前,网络营销已成为企业发展必须考虑的因素之一,但现实中多数企业的网络营销效

果并不理想。企业往往为网站无人问津而苦恼,为网站排名太低而愁闷,面对多种网络宣传手段不知如何取舍。其主要原因是没有将网络技术与营销创意良好地结合起来,没有一个完整的网络营销策划。企业要想通过网络营销实现盈利,不但要有一个严谨的策划,还要不断完善自己的网站,注重网络营销的管理和网站的推广。

资源链接

1. 中国网络营销网:http://www.tinlu.com
2. 中国网络营销传播网:http://www.1mkt.net
3. 通王科技:http://www.tongwang.cn
4. 中国电子商务研究中心:http://b2b.toocle.com

同步练习

一、单项选择题

1. 网络营销策划的原则包括(　　)。
   A. 系统性原则　　B. 操作性原则　　C. 经济性原则　　D. 创新性原则
   E. 以上都是
2. (　　)属于网络营销策划步骤。
   A. SWOT分析　　B. 网站设计　　C. 网站优化　　D. 网站推广
3. 网络营销策划书的重点是(　　)。
   A. 目标市场　　B. 产品　　C. 5W2H　　D. 销售策略
4. 最适合网上销售的商品是(　　)。
   A. 软件　　B. 服装　　C. 化妆品　　D. 葡萄酒
5. 网站访问量低,用户量增长缓慢,不能达到理想状态,这时可以对网站进行(　　)。
   A. 网站优化　　B. 网站诊断　　C. 网站推广　　D. 以上都是

二、多项选择题

1. 网站策划要考虑的因素有(　　)。
   A. 目标受众　　B. 网络产品　　C. 网站内容　　D. 营销策略
2. 网络营销策划的内容包含(　　)。
   A. 网上市场调查　　　　　　B. 网上消费者行为分析
   C. 网络营销策略的制定　　　D. 网上产品和服务策略
   E. 网站推广
3. 企业网站的功能有(　　)。
   A. 网上销售　　B. 网上调查　　C. 企业宣传　　D. 客户关系管理
4. 企业网站诊断一般从(　　)方面入手。
   A. 网站域名诊断　　　　　　B. 网站结构及内容诊断
   C. 网站外部链接诊断　　　　D. 网站更新频率诊断
5. 网站优化一般包括的内容有(　　)。

A. 对用户优化 　　　　　　　　B. 搜索引擎优化
C. 网站运营维护的优化 　　　　D. 对网站内容优化

三、论述题

谈到网络营销,就离不开开展网络营销的平台——各企业的网站。通过网站可以介绍企业的产品,同时可以做好企业和品牌的宣传。请登录达芙妮网站,对其网站进行分析,体会达芙妮网站是怎样进行网络营销与宣传的。请从网站结构的角度进行分析并作答。

四、实践题

请你为某一大中型企业(如娃哈哈集团)撰写一份网络营销方案策划书。

实训项目一　网络营销策划与网站诊断

实训目的:
1. 掌握网络营销整体规划的步骤。
2. 能够进行网站诊断和优化设计。

实训器材:计算机网络机房。

实训指导:把全班同学分成若干小组,调查李阳疯狂英语的网络营销。可在访问网站的基础上进行实地考察,在调查访问中,围绕以下主题:
1. 组建企业网络营销体系的层次。
2. 建立企业营销网站的要求。
3. 企业网络市场调研策略。
4. 企业网络产品策略。
5. 企业网站盈利情况。
6. 企业网站存在的问题。

实训报告:为这次调查写出调查报告,并提出改进措施。

实训项目二　网络营销策划与网站推广

实训目的:掌握网站推广的常用技巧。

实训器材:计算机网络机房。

实训指导:我们通常会在一些门户网站看到京东投放的各种类型广告(见图 8.5、图 8.6),分析京东采用的广告形式具有哪些特点,给网站带来了哪些好处。

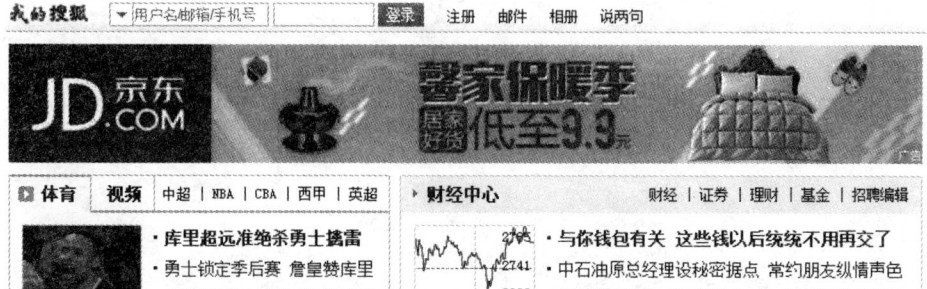

图 8.5 京东在搜狐网上的广告

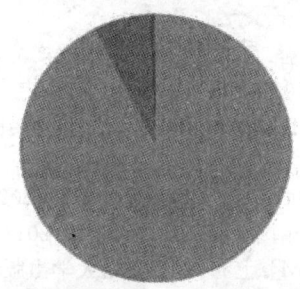

图 8.6 京东商城信息流广告投放

请写一篇实训报告。

参考文献

[1] 蒋晖.网络营销运营之道[M].北京:北京大学出版社,2019.
[2] 唐兴通.引爆社群:移动互联网时代的新4C法则[M].北京:机械工业出版社,2017.
[3] 渠成.全网营销实战:开启网络营销4.0新时代[M].北京:清华大学出版社,2020.
[4] 江礼昆.网络营销推广实战宝典[M].北京:电子工业出版社,2016.
[5] 李东临.新媒体运营[M].天津:天津科学技术出版社,2018.
[6] 窦文宇.内容营销:数字营销新时代[M].北京:北京大学出版社,2020.
[7] 吕白.从零开始做内容:爆款内容的底层逻辑[M].北京:机械工业出版社,2020.
[8] 崔建中.价值型销售[M].北京:北京时代华文书局,2018.
[9] 江涛.互联网思维3.0[M].北京:化学工业出版社,2019.
[10] 惠亚爱.网络营销:推广与策划[M].北京:人民邮电出版社,2019.
[11] 邹霞.基于快速反应的B2C电商物流系统优化研究[M].北京:经济科学出版社,2020.
[12] 毛利.网络营销[M].上海:上海大学出版社,2020.
[13] 江积海,王烽权.O2O商业模式的创新导向:效率还是价值?——基于O2O创业失败样本的实证研究[J].中国管理科学,2019,27(04):56-69.
[14] 李然,王荣.实体商业创新转型下的"新零售"运营模式深度研究[J].管理现代化,2020,40(01):93-96+120.
[15] 李文,宋慧琪,潘雅翔,罗卿卿,马永强.O2O模式下生鲜农产品消费者满意度测评与提升实证分析[J].中国农业资源与区划,2020,41(01):129-137.
[16] 岳宇君,郦晓月.O2O模式下虚拟社区营销对消费者认知和行为的影响[J].哈尔滨商业大学学报(社会科学版),2020,4(02):84-92.
[17] 朱晗.O2O背景下的共享经济研究[J].系统工程理论与实践,2021,41(02):411-420.
[18] 唐麒,江婷.新编网络营销实务[M].南京:南京大学出版社,2017.
[19] 赖洁瑜,王明宇,农政.新网络营销[M].上海:上海交通大学出版社,2020.
[20] 李琳.网络营销与案例分析[M].西安:西安电子科技大学出版社,2019.
[21] 付鸿珍.网络营销[M].北京:电子工业出版社,2017.
[22] 微信营销七,https://blog.csdn.net/sbodakes.
[23] 数桥互动.微信营销活动怎么做?精选7个行业微信活动案例分享,2019.
[24] 商玮,段建.网络营销[M].2版.北京:清华大学出版社,2015.
[25] 六点木木.淘宝开店从新手到皇冠:开店+装修+推广+运营一本通[M].3版.北京:电子工业出版社,2020.
[26] 秋叶,萧秋水,刘勇.微博营销与运营[M].北京:人民邮电出版社,2017.
[27] 杜化俊,张敏洁.电子商务基础与应用[M].长春:东北师范大学出版社,2020.
[28] http://baike.baidu.com,百度百科.
[29] http://ww.cnnic.net.cn,中国互联网信息中心.
[30] http://www.ebrun.com,亿邦动力网.